KB102717

# 부도지 역법과 인류세

: 그레고리력 개정과 부도지 23장 풀어 읽기

**부도지 역법과 인류세**

: 그레고리력 개정과 부도지 23장 풀어 읽기

2021년 1월 26일  초판 1쇄 발행
2023년 11월 8일  초판 2쇄 발행

지은이 | 김상일
펴낸이 | 김영호
펴낸곳 | 도서출판 동연
등 록 | 제1-1383호(1992년 6월 12일)
주 소 | 서울시 마포구 월드컵로 163-3
전 화 | (02) 335-2630
팩 스 | (02) 335-2640
이메일 | yh4321@gmail.com

ISBN 978-89-6447-642-0  94100
    978-89-6447-589-8  94100 (세트)

김상일 사상 전집 2

# 부도지 역법과 인류세
曆 法　　人 類 世

## 그레고리력 개정과 부도지 23장 풀어 읽기

1328

김상일 지음

동연

## 일러두기

■ 표지: 성수 147을 달의 변화를 통해 나타냈다. 하늘, 땅, 사람을 조화시키는 것은 1328 수이다. 징심록 추기의 '두함화주'(頭含火珠)를 상징한다. 1328은 13월 28일의 의미로 국제적으로 통용되고 있다.

■ 본문
  1. 도표는 장별로 나누었다. [도표 5.3]은 5장의 셋째 것을 의미한다.
  2. 장의 순서는 초, 1, 2, 3, 4, 5장으로 나누었다. 0도 셈에 넣는 원칙에 따라 이를 초장이라고 하였다.
  3. 주에 해당하는 (Men, 1993, 31)은 (저자, 출판년도, 쪽수)를 의미한다.
  4. 도표와 도표에 대한 설명을 대조하면서 읽기를 권한다.

■ 이 책에 인용된 자료 중 원저작자가 불분명하여 사전 허락을 받지 못한 자료는 추후에 저작권이 확인되는 대로 조치하겠습니다.

# 추천의 글

    저자가 『부도지』에 관하여 책을 쓴다고 하여 처음에는 반신반의하며 믿기지 않았는데 막상 원고를 접하고 난 후에 생각이 달라졌다. 『부도지』 가운데서도 23장에 들어 있는 불과 몇 개의 글자를 가지고 이렇게 우리 민족 고유력을 재구성한 데 대하여 저자의 창의력에 경하하지 않을 수 없다. 이 책을 처음부터 끝까지 읽는 독자들은 치밀한 논리와 증빙 자료들을 통해 그동안 『부도지』를 위서로 치부하고 경시하던 주장들이 무색함을 알게 될 것이다.

이원재(전 경기대학교 교수)

    국문학 특히 한국 고전문학을 하는 사람으로서 『부도지』는 우리 고대 사서 가운데 가장 상상력을 부추기고 나아가 전 세계 신화소들을 수많이 지니고 있는 자료라고 생각한다. 하지만 국내 학계 특히 사학계의 몰이해로 위서로 몰려, 버려져 왔던 것이 아쉬웠다. 그러나 김상일 교수가 불굴의 노력으로 이러한 몰이해를 모두 불식시켰다. 이 책을 읽고 나서도 여전히 『부도지』를 '위서' 운운한다면 그것은 학자적 양심을 저버리는 것이 될 것이다.

설중환(전 고려대학교 교수)

    지난 7월, 미국에 계신 김상일 교수님과 카톡 대화 중에 13월 28일 달력에 대해 말씀하시는 것을 듣고 저는 깜짝 놀랐습니다. 1993년에 도반들과 함께 13월 28일 달력을 만들었던 저로서는 달력을 처음 만들 때보다도 더 큰 감동으로 다가왔습니다. 그로부터 불과 6개월 만에 전무후무한 책이 발간된 것을 축하드립니다. 2차에 걸쳐 원고를 읽는 중에 외국에서는 이미 13월 28일 고정력 개정 운동이 오래전부터 전개되고 있다는 사실을 알게 되었습니다. 팽개쳐진 우리 문헌들이 김상일 교수님에 의해 재발견된 것은 의미 있는 일이라 아니할 수 없습니다. 코로나19를 이기고 나온 옥고이기에 더욱 값집니다. 앞으로 한국정신문화를 개변시킬 책 중의 하나가 되리라고 믿어 의심치 않습니다.

이찬구(『홍산문화』 저자, 철학박사)

# 머리말

도서출판 동연에서 전집 출간을 구상할 때만 해도 아직 코로나가 지금 같이 창궐하지는 않았을 때였다. 불과 반년 사이에 우리의 일상을 모두 이것이 바꾸어 놓고 말았다. 전통과 관습 그리고 일상은 물론, 코로나는 글쓰기 내용과 방식도 모두 달라지게 하고 있다. 실로 대 문명 전환을 예고하고 있다. 물론 신약新藥이 출시돼 코로나는 극복될 것이다. 그러나 대유행이 언젠가 다시 올 것은 예측하고도 남음이 있다.

이 책은 필자가 지금까지 펴 오던 학문의 지속성과 일관성을 유지하면서, 동시에 현금의 대유행 다음 우리의 미래에 대해 어떤 반응과 태도를 보일 것인가라는 두 가지 고민을 가지고 썼다. 현재 진행 중인 문명의 위기와 그 대안을 이 책은 잘못된 달력 구조, 즉 그레고리력의 오류에서 진단, 그 대책과 대안을 우리 민족 사서 '부도지 23장', 소위 '마고력'에서 찾고 있다. 이 사서를 1985년도 국내에 최초로 들여와 소개한 사람으로서 코로나 위기와 함께 『부도지』에 새삼 관심을 가지지 않을 수 없었다. 그동안 30여 년 해온 학문적 작업은 이 책을 쓰는 데 배경이 되었다. 다시 말해서 그동안 쌓아 온 수학과 역학적 지식은 『부도지』 23장을 파악하고 이해하는 데 도움을 주었다. 그래서 빠른 시일 안에 원고를 완성할 수 있었다.

우리 민족 고유 사서들의 한 가지 공통된 특징은 '수數'를 강조, 그 이해가 남달랐다는 점에 있다 해도 과언이 아니다. 그 특징이 『부도지』 23장에도 여실히 나타나 있으며, '삼정三正'이라 이르는 성수 147, 법수 258, 체수 369로 우주 변화의 원리를 설명하고 나아가 고정력을 말하고 있다. 그러나 이러한 『부도지』를 위서 운운하면서 도외시 내지 무시하는 강단 학계가 이 책을 읽고도 같은 주장을 한다면 그것은 학자적 양심을 저버리는 행위일 것이다. 그만큼 이 책은 삼정의 수학적, 과학적 일관성, 합리성, 적용성을 두루 갖추려 했다.

'7요 13월 28일'로 구성된 한 장 속에 천년만년 달력이 고정될 수 있다는 것이 고정력 개정 운동인데, 이는 이미 서양에서 오래전부터 전개된 바 있으며, 그것은 지금의 그레고리력이 그 사용에 있어서 불편함은 물론 문명의 화禍와 난亂을 조장하는 장본인이 되고 있기 때문이다. 서양에서는 그레고리력의 불편함을 넘어서 문명병의 원인으로까지 보고 그 개정 운동을 전개한다. 그러나 그 자료의 부족함과 이론적 부족함 때문에 좌절되고 말았다. 『부도지』 23장의 '삼정'은 고정력의 수리적, 나아가 철학적 배경이 되고도 남음이 있다. 이 책은 바로 이러한 '배경의 배경'을 뒷받침해 주고 있다. 그러나 『부도지』 23장을 단순히 달력에 국한돼 이해하는 것은 잘못이다. 그 이유는 『부도지』가 세계 모든 주요 신화소들을 다 아우르고 있기 때문이다. 즉, '오미의 난'이라고 하여 인간이 실과를 따 먹고 타락한다는 신화소, 낙원 추방의 신화소, 홍수 신화소와 같은 융의 집단무의식적 신화소들이 하나 빠짐없이 갖추어져 있다. 그래서 『부도지』는 전 편에 걸쳐 우리 겨레의 '얼'과 '수'가 분리되지 않은 서술법으로 기록돼 있다. 이는 구구절절 민족혼이고 그것의 수학소가 『부도지』 그 자체라는 말과도 같다.

지금 인류는 바야흐로 1만여 년의 홀로세holocene를 끝내고 인류 자신이 스스로 부여한 '인류세anthropocene'에 접어들었다. 『부도지』는 인간이 자기가 살던 시대를 '짐세朕世'라고 말한다. 짐세는 인간 자신이 주인이란 뜻이며, 그러나 인간의 주인 됨은 다시 말해서 인간의 얼을 갖춤은 수에서 비롯한다고 함이 『부도지』의 철학이다. 그리고 그 수는 달력을 통해 이루어진다는 것이다. 그래서 역대 임금들과 제왕들이 직접 달력을 챙겼고 제작했던 것이다.

끝으로, 책을 쓰면서 이찬구 박사를 만난 것은 큰 다행이다. 5장에서

언급한 『금역진리』의 저자이시기도 한 이 박사는 이 책의 원고를 정독해 주시고, 2020~2021년도 한력을 제작해 책의 부록에 실어 주셨다. 심심한 감사의 말씀 드린다. 전집을 구상하신 도서출판 동연 김영호 사장님의 이해에 심심한 감사한 마음을 먼저 드리면서 편집과 디자인에 수고해 주신 동연 식구들의 수고와 노고에 고마움을 금할 수 없다. 무엇보다 손 대기를 꺼려하는, 그래서 마치 우리 학계의 금단의 열매같이 된 자료에 대해 공감을 해주시고 추천을 해주신 이원재, 설중환 교수님들께 감사하며 독자 제현들의 질정과 비판을 기다린다.

2021년 정월을 보내며
도봉산 밑 첫 동네 '도토리마을' 서재에서
저자 씀

# 모둠글

'인류세Anthropocene'란 지질학적 연대를 지칭하는 용어로서 대기화학자인 파울 크뤼천과 생태생물학자인 유진 스토머에 의해 2000년대부터 제기되어 자연과학 분야는 물론 인문사회 분야에서도 널리 인용되고 있는 비공식적인 개념이다. 그러나 이 개념은 지금 과학계와 사회 전반에 걸쳐 큰 반향을 불러일으키고 있다. 인류세가 기존의 층서명과는 달리 — 현재의 홀로세를 포함하여— 인류가 스스로 자기가 사는 세에 부여한 층서명이다. 그 이외에도 그 속에 함축된 의미가 지질학적 범주로 국한된 것이 아니라 정치, 경제, 환경 등 인류의 활동과 관련된 다양한 인문사회학적 요소와 관련성이 있다는 데 의의가 있다. 그런데『부도지』에 보면 거기에도 인간이 자기 시대를 '짐세朕世'라고 칭한다. '나의 시대' 혹은 '우리 시대'란 뜻이다. 짐세에서 '오미五味의 난'과 '오행五行의 난'이 발생하여 마고성에서 추방당하는 위기를 겪게 되었고, 그러한 화와 난이 지금까지 이어진다는 것이다. 아마도 지금 우리가 겪는 Covid19도 그 연장일 수 있다. 그런데『부도지』는 그 화의 극복으로 23장에서 대안을 제시하고 있는데, 그것에 대한 주해가 이 책의 내용이라 할 수 있다. 그 대안이란 달력 개정이다. 요임금이 망쳐 놓은 달력을 개정해야 한다는 것이『부도지』가 인류세에 던지는 강한 주문이다. 그리고 그 주문이 이 책의 내용이라는 말이다.

지금 지구촌 전체가 처한 인류세의 위기는 기후변화에 있고, 더 근원적인 원인은 시·공간의 분리에 있다. 그리고 시·공간의 분리는 우리가 지금 사용하고 있는 그레고리력으로부터 유래한다. 손절, 즉 손해 보지만 버려야 할 것이 그레고리력이다. 그레고리력의 손절과 함께 그 대안을 이 책에서는『부도지』23장에서 찾는다. 앞으로 우리 앞에서 코로나보다 더 무서운 위기가 닥쳐올 것이기 때문이다. 그레고리역법은 1년 12개월, 1일 12시, 1시 60분이라는 '12:60' 수리 개념에 기초한, 그래서 매년 달력이 변하는 변화력이지만, 『부도지』가 말하는 역법은 1년 13월, 1월 28일로 고정된 13월 28일 고정력이다. 이 책은 그레고리력을 손절한 대안으로 민족 고유력인 『부도지』 23장에 근거한 고정력 혹은 '한력'을 회복하자는 의도로 쓰였다. 그런데 같은 주장이 이미 마야력에서도 제기된 바가 있다. 요약하면 12:60을 손절하고, 13:28을 복원하자는 것이다.

『부도지』는 세계 신화들의 주요 신화소들을 다 갖추고 있다. 그 가운데 낙원 추방과 복원 신화소는 다른 어느 신화에서도 볼 수 없는 면이 있다. 다시 말해서 어떻게 낙원으로 되돌아갈 수 있을까? 이를 복본複本 신화소라 할 때에 이는 기독교 창세기에도 들어있다. 세계 공통된 신화소는 돌아갈 수 없다는 '불허'이다. 그런데 『부도지』는 23장에서 가능한 길을 제시하고 있는데 곧 역법 개정이다.

즉, 『부도지』 8~20장은 낙원 추방 이후부터 우임금까지의 간략한 역사를 적은 다음, 21~23장은 복본의 길을 가자면 요가 저질러 놓은 '오행의 난'을 바로 잡는 것이라 하면서, 그 바로 잡는 첩경은 역제曆制를 고치는 것이라고 한다. 『부도지』는 5가 항상 중앙에 있는 것이 잘못이라 하면서 5를 탈중앙화시켜 새로운 역제를 만드는 방법을 23장에 기록하고 있다. 총 288자에 불과한 23장은 이 책의 골격이 되고 있다. 창세기도 『부도지』와 같이 추방 이후 아담-노아-아브라함에 이르는 기록(아브라함부터만 역사기록으로 보고 그 이전은 신화로 본다)을 하고 있지만 낙원 회복의 구체적인 방법을 역법과 수리로 말하고 있지는 않다. 그러나 창세기도 십계명의 제5계명인 안식일 준수 계명은 일종의 역제를 강조한 것이라 할 수 있다.

요가 역제를 바로 잡으려 했지만 "마침내 하늘에 죄를 끌어들였다. 역曆이라는 것은 인생증리의 기본이므로 그 수는 몸소 가지고 있지 않는 것이 없다. 그러므로 역이 바르면 천리와 인사가 중합하여 복이 되고, 역이 바르지 못하면 천수에 어긋나 화가 되니…"(22장)라고 복본의 길이 역법을 바로 잡는 것임을 힘주어 강조하고 있다.

역법의 다른 말을 『부도지』에서는 '삼정三正'이라 하며, 성수 147, 법수 258, 체수 369가 그것이다. 이 책은 『부도지』의 역사 부분은 거의 고려하고 있지 않고 1장에서 신화소를 다루는 것이 고작이다. 반면에 삼정에 집중하여 그것의 문헌적 그리고 수리적 근거와 배경을 다루고 있다. 다시 말해서 『부도지』는 세계 주요 신화소들을 유감없이 다 갖추고 있으며, 동시에 다른 여타 신화소들에서 찾아볼 수 없는 역법(혹은 역제)이라는 최첨단 수리와 논리를 갖춘 문헌이다. 역법에 연관하여 삼정을 이 책에서는 마고수, 마고배열, 마고력 등의 용어들을 만들어coin 사용하고 있다.

그런데 부도지의 역법은 상상 밖의 다양한 곳에서 보편성을 인정받고 있다. 그레고리력과 중국 요력이 12:60, 다시 말해서 1년 12개월, 1일 12시, 1시 60분 체계라면, 마고력은 13:28이란 1년 13월, 1월 28일, 1주 7일로 보는 역법이다. 그런데 이러한 후자의 역제가 마야인들이 이미 사용했고 지금도 사용하고 있다는 것과 국내에선 1990년대 초부터 박홍래와 이찬구 제현들이 삼정과 상관없이 독자적으로 13:28을 제작, 이를 '환력恒曆'이라 칭한 것이 이 책을 쓰는 과정에서 밝혀져 5장에 실었다. 특히 이찬구 선생은 2021년 달력을 제작하여 이를 '한력'이라 개칭하였다.

이 모든 일련의 사건들은 부도지가 구태여 강단 사학자들이 위서 운운하며 매도하기 이전에 서양 철학자 A. 콩트 등에 의해서 이미 19세기부터 그레고리력 개정 운동으로 전개된 사실들이 밝혀졌다. 강단 사학자들은 실로 이 책을 보면 "닭 쫓던 개 울 쳐다보는" 듯한 허탈감을 갖게 될 것이다. 그렇게 되어야 할 것이다. '부도지'를 한갓 사서로만 보아온 편협한 생각을 불식하지 않을 수 없을 것이다. 부도지가 그 안에 역사소를 가지고 있는 것도 무시할 수 없다. 그러나 더 중요한 것은 '신화소'이고

'수학소'일 것이다. 이 책은 후자의 경우에 치중하여 쓰였다는 것을 강조해 두는 바이다. 다음은 부도지가 필자에게 입수된 과정에서부터 책의 내용을 장별로 요약하는 것으로 모둠글을 대신하려 한다.

1985년 2월 10년 유학을 끝내고 귀국하는 내 짐 속에 미국 로스앤젤레스 거주 지인이 건네준 부도지가 1985년 5월경 김은수 선생 손으로 전달되었다. 지금 우리가 가지고 있는『부도지』는 이렇게 빛을 보게 된 것이다. 나의 손에서 부도지가 떠난 지 35년 만에 다시 나에게로 왔다. 이정희 여사의『마고력』때문이다. 2019년 11월 우연히 건네받은 책에서 부도지 23장에 눈길이 머물고 말았다.

2014년 멕시코 체첸 이사를 방문한 후 돌아와『옷의 논리와 마야력법』(2015)을 쓸 당시만 하여도 23장의 실체를 몰랐었다. 마야 연구 학자들은 마야의 구성소라고 하는 13, 18, 20 수들의 유래와 정체를 모르고 있다. 2015년도 나의 저술은 옷판에서 이들 구성소를 찾는 데 그쳤다. 그러나 23장에는 이들 수의 정체와 이들 수에 의하여 만들어진 고유력이 있었다는 것을 말해 주고 있다.

부도지가 백안시되고 무시된 원인은 강단 학자들이 위서의 굴레를 만들었기 때문이다. 아침에 집 문 앞에 어느 누가 갓난아기를 두고 갔다고 할 때 그 아기의 부모와 난 날짜와 장소를 모른다고 버릴 수 없듯이, 부도지는 이집트의 공주가 모세의 존재 가치를 알아보듯 문헌 자체가 옥동자 이상의 가치를 매겨 주었다. 마야역법 때 이미 모아 놓은 자료들과 지식들이 이번 부도지 연구를 단숨에 쓰게 하는 데 크게 역할했다.

때마침 COVID19는 인류 문명에 대한 재점검과 검토해야 될 절체절명의 순간 앞에 우리 모두를 멈추게 했다. 인류 문명을 이렇게 병들게 한 원인 가운데 하나가 달력에 있다는 사실을 알게 되었다. 지금 전 세계적으로 사용하고 있는 그레고리력은 정치지도자와 종교지도자들이 인위적으로 작위적으로 급조한 것이다. 이 사실을 안 콩트 같은 학자들과 마야연구 학자들은 19세기 말부터 그레고리력 개정 운동을 전개하였다. 그런데 그 전개하는 내용이 '13월 28일'이다. 다시 말해서 1년을 13개월 1달을 28일로 바꾸자는 운동이다. 이는 마야인들이 쓰던 것이었고 지금도 사용 중이다. 미국 코닥 회사는 무려 60여 년 이상 이 달력을 사용했고 1920년대 초 국제연맹은 달력개정운동위원회까지 구성하였으나 제1차 세계대전 때문에 무산되고 말았다.

이제 코로나는 우리 인류에게 달력 재개정 운동을 하도록 다시 소명하고 있다. 마야인들은 13월 28일 달력을 사용함으로 생리 주기를 쉽게 파악하여 산아 출산율을 쉽게 조절할 줄 알았다고 한다. 이 역법을 사용한 코닥 회사는 요일과 일자가 고정돼 있기 때문에 생산 능력에 엄청난 효과를 보았다고 한다.

그런데 우리에게도 이와 똑같은 고유력 13월 28일 달력이 있었는데 요임금이 이를 폐지했다고 한다. 부도지는 최초의 마고 대성엔 두 가지 화란禍亂이 밀어닥쳤다고 하는데 그 하나는 창세기와 같이 먹는 것에서였고, 다른 하나는 쓰는 달력 때문이라고 한다. 전자를 '오미의 난'이라 하고 후자를 '오행의 난'이라고 한다. 오행의 난의 주도자는 요임금이라 '요의 난'이라 하여 '요란堯亂'이라 부르기로 한다. 다시 말해서 잘못된 달력을 사용하는 데서 오는 난과 화라 할 수 있다. 마야인들은 그레고리력 때문이라고 한다. 이처럼 같은 화와 난이 동·서양에 있었던 것이다. 부도지 저자의 사관과 철학은 이 두 가지 난을 어떻게 극복하고 본래로 돌아갈 것이냐의 '복본復本'이라 할 수 있다. '복본'은 '원시반본'이라는 말과 맥을 같이한다.

이 책을 쓴 근본적인 동기는 복본에 있다. 마고성이 오미와 오행의 난으로 허물어지자 오직 황궁 씨만이 참회하면서 복본을 다짐했다고 한다. 그리고 황궁 씨 후예들이 오늘날의 우리라는 것이다. 복본 운동의 실마리는 달력 개정에 있다. 우리 고유력을 '마고력'이라 부른다. 그 이름은 '환력' 등 다양할 수 있다. 그러나 그 달력의 내용은 동서고금을 막론하고 공시적으로 같다. 마야도 서양도 그리고 우리도 13월 28일이라는 점에서 같다는 말이다. 이상이 이 책의 초장에서 다루고 있는 내용이다.

부도지 23장은 모두 I~IV단으로 나눌 수 있다. 이것이 이 책의 장 구성이 되었다. 초장은 현재 달력 개정 운동의 현황과 그레고리력의 문제점과 폐단을 소개한다. 1장은 부도지 I단을 소개한다. 부도지는 역법의 낙서같이 마방진과 유사한 수의 구조를 만든다. 여기서는 마방진에 대하여 '마첩진麻疊陣'이라고 한다. 마첩진이 마방진과 다른 점은 부도지 23장 I단의 '4첩첩'이란 말에 의한다. 부도지는 수를 이해할 때 '첩첩'과 '윤멱'이란 말로 요약하고 있다. 윤멱이란 같은 수를 제곱한다는 뜻이다. 그런데 이런 제곱이 윤회한다는 것이다. 이를 두고 '첩첩疊疊'이라 한다. 글자의 상형 자체가 의미를 이미 전달하고 있다. 현대 과학과 수학에서 말하는 '프랙털'과 '멱집합'을 두고 하는 말이다. 들뢰즈와 바디우가 들으면 자다가도 깰 만한 말이다.

제1장은 마첩진 가운데 성수 147을 다룬다. 성수는 1주 7일 그리고 4주 28일 그리고 1년 13월을 결정한다. 달력의 기반에 해당하는 수가 성수이다. 성수를 통해 364일을 계산해낸다. 나머지 수들 즉, 윤일을 계산하는 것은 법수의 몫이다. 성수를 포함해 마첩진 전체를 제기차기, 낙서와 구성학九星學 등을 통해 마첩진 전반에 걸친 보편적 특징을 고찰한다. 여기서 말하는 보편적 특징이란 마방진이 세계 보편성을 지니듯이 마첩진도 마찬가지라는 것이다. 마방진과 마첩진 그리고 제기차기의 민속적 자료를 통해 삼자 간에 밀접한 관계를 고찰할 것이다. 여기에 구성학이란 분야에서 마첩진이 어떤 위치 공간에 관여하고 속하는지를 볼 것이다. 마방진의 정대각선과 부대각선이 곧 마첩진의 세로와 가로 배열과 같은

가를 보여줄 것이다. 그리고 이러한 대조에서 전통놀이 가운데 하나인 제기차기가 마첩진과 어떤 관계인가를 보여줌으로써 결국 부도지의 논리는 전통놀이 속에도 스며들어 있다는 사실을 보여 줄 것이다.

제2장에서는 법수 258를 다룬다. 법수는 성수에 대하여 메타수라 할 수 있다. 법수는 모두 다른 수와 달리 피보나치 수열에 속한다. 여기에 착안한 법수란 체수를 재단하는 수, 다시 말해서 다스리는 수라고 보면 된다. 모든 종류의 달력은 지구가 태양을 1회전하고 난 후의 남는 초과분 때문에 성가심에 시달린다. 마고력도 마야력도 예외는 아니다. 바로 이 윤일의 문제를 다루는 것이 법수이다. 마고력은 1년에 1일 초과되는 것을 '단<sup>旦</sup>'이라 하고 4년에 1일 또 초과되는 것을 '판<sup>昄</sup>'이라고 한다. 단과 판의 문제는 가장 다루기 어려운 문제이고, 이를 계산하는 것이 법수이다. 그래서 마방진에서 9개의 수들을 모두 같은 차원에서 본 것과는 판이하게 다른 안목이다. 법수에 이 초과분의 시간을 찾아내려 할 때 음악에서 피타고라스 콤마라는 초과분을 찾아내는 자연로그 함수 $e$를 찾는 특단의 방법을 여기에 가지고 온다. 여기에 선행연구인『악학궤범 신연구』(2019)와『악학궤범 학제적 연구』(2020)가 도움이 된다. $e$와 피보나치 수열의 비례를 연관시킴으로써 단과 판이 보편적 수학적 성격과 같음을 입증할 것이다.

제3장은 체수 369를 다루는 장이다. '체'라는 말이 영어의 'substance'와 본질적으로 다른 'reference'이란 말의 의미를 지닌다. 체란 '자기언급<sup>self-reference</sup>'이라는 말의 의미를 지닌다. 부도지 저자는 체수를 언급하면서 '묘'와 '구'라는 어휘를 구사하면서 300구=1묘라 하면서 '9633묘'는 '눈으로 겨우 느낄 수 있는' 시간의 수라고 한다. 마고나 마야력을 다룰 때 숫자 단위를 분, 초, 각, 시, 주, 일, 년에 국한할 필요가 없다는 것이다. 같은 수가 년도 되고 일도 되기 때문이다. 다음에 다룰 마야력에서 '260'은 일<sup>日</sup>인 동시에 년이기도 하다. 이것이 프랙털 기법으로 시간을 이해하

는 방법이라고 할 수 있다.

이 책이 갖는 특징 가운데 하나가 삼정(성, 법, 체수)을 모두 '9감산법'과 디지털 루트라는 계산법을 통해 파악한다는 점이다. [도표 3.5]~[도표 3.8]에 이르는 이 책의 일련의 도표들은 삼정을 모두 요약하고 윤일이 왜 생기는지 한눈에 파악하도록 한다. 3장 III단에서 말하고 있는 '9633묘'가 확연히 한눈에 파악하도록 만드는 것이 '9감산법'이다. 그리고 '체수'가 자기언급을 의미한다는 것도 쉽게 파악이 될 것이다. 첩첩윤법이 곧 자기언급이고 이러한 자기언급적 성격 때문에, 다시 말해서 같은 수의 중복이 반복돼 곱해지기 때문에 윤일이 생긴다는 것이다. 이를 3장에서 확인하게 될 것이다. 여기서도 체수의 보편적 성격을 말하기 위해서 큐비드 신화, 포세이돈 신화, 오토파지 우로보로스 등을 가져와 설명할 것이다.

제4장은 마야인들은 구라파 스페인의 화를 입었고, 우리는 중원 요란에서 화를 받았다. 그 화난 가운데 하나가 달력이다. 달력의 한을 풀고 인류가 함께 사는 것을 '해력상생解曆相生'이라고 할 때 4장 안의 첫째 부분은 마야력을 소개함으로 그것이 그레고리력과 어떻게 다른가를 보여줄 것이다. 훈밧츠 멘, 호세 아귀레스, 요한 칼레만 같은 마야 연구 학자들은 이미 수십 권의 저서들을 통해 절규하고 있는데 그들은 한결같이 그레고리력이 자연을 고려하지 않은 역이라고 말하고 있다. 케플러가 지동설을 발견할 때 우주가 사람이라는 사실을 몰랐듯이 서양의 달력 속에는 인간도 자연도 없었다. 마야력은 세 구성소(13, 18, 20)들로서 촐킨이라는 260일력과 365일이라는 하아브력을 사용한다. 이 밖에 몇 가지 역을 소개함으로써 우리 마고력과의 관계를 모색할 것이다. 그것은 마고력에 9633묘가 있는가 하면 마야력에는 9360이란 수가 있다. 이 둘은 9진감산법을 통해 쉽게 그 근거를 알 수 있게 된다.

그러나 마야력을 연구하는 학자들은 9감산법을 모른다. 13과 20의

누진 더하기 셈법으로 회전문식 표를 만들었을 뿐이다. 그러나 우리 마고력의 삼정은 철저하게 첩첩윤먹법을 사용한 기법을 사용해서 달력을 만들었다. 이런 비교가 4장의 4.1에서 다루어질 것이다. 4.2절에서는 1990년 초반부터 일련의 사람들이 계룡산에서 부도지와는 아무 상관도 없이 전통 역법을 관류, 관통하면서 명상 수련과 연구를 하던 끝에 금역을 창안하였다. 이 금역을 창안한 구도자들은 23장을 아직 읽지도, 알지도 못한 상태에서 환력을 만들었다. 그 환력이 13월 28일 마고력과 같다. 그래서 5장에서는 이들 구도자들이 결론에 도달하기까지의 전 과정을 소명할 것이다.

구도자들 혹은 수행자들이 하도에서부터 낙서를 거쳐 정역도를 섭렵하는 과정에서 끊임없이 그들의 뇌리를 떠나지 않고 의문으로 남는 것이 왜 5(토)만 중앙에 고정돼야 하느냐는 것이다. 이런 의문의 화두는 이미 동학이 시작될 무렵부터 동학도들의 뇌리에 남아 괴롭히던 것이었다. 그래서 해월이 지리산에서 계시로 받은 것이 지리산 영부이다. 결론은 마찬가지였다. 5 대신에 1과 6 그리고 10을 넣어 교환해야 한다는 명령 같은 깨달음이었다. 이렇게 하여 탄생한 것이 바로 금역이고 환력이다.

5를 중앙에서 추방할 때 구성학(1장)에서 사경과 동회 현상 때문에 마방진의 배열은 바뀌게 되고 거기서 새롭게 돌출돼 나온 구성소가 바로 13, 18, 20, 28이었다. 부도지 없이 환력이 탄생되는 비밀인 것이다. 놀라우면서도 놀랍지 않은 당연한 논리적 귀결이다. 이 책은 바로 이러한 수도자들의 경험적 내용이 세계 보편성을 가지고 있다는 것을 입증하는 책이다.

박홍래, 이찬구 등의 계룡산 구도자들은 낙서와 하도 그리고 정역도와 지리산 영부에 이르기까지 섭렵한 다음, 장고 끝에 '금역金易'(1993년)을 세상에 내놓는다.[1] 그리고 금역에 근거하여 작도된 달력을 '환력桓曆'이라고 한다. 그런데 환력이 마야학자들이 만든 역과 부도지 연구를 한

학자들이 만든 역이 13월 28일이란 점에서는 같다. 융의 집단의식과 공시성SYNCHRONIZING이란 말로밖에는 아직 이해할 다른 말을 모르겠다.

결론적으로 요의 난과 화에 대해 두 방향에서 공시적으로 반격을 하고 있다. 하나는 중원권의 영향에서 숨죽이고 있던 코리아의 변방 계룡산에서 생긴 반격과 다른 하나는 유럽(특히 스페인) 문화와 종교에 의해 거의 파손된 마야에서 생긴 반격이다.

'통쾌하다'는 한마디 말로 글을 끝낼 수밖에 없다. '해력상생解曆相生'이라는 말과 같이 우리가 세계를 위해 할 일이 생겼기 때문에 신바람이 나는 것이다. 새 달력으로 복본復本하여 동세서점東勢西漸하는 것이다. 이 책을 읽는 독자들은 그레고리력이 문명의 대재앙을 초래했다는 한 가지 사실을 분명히 깨닫기 바란다. 그리고 중국에는 숨기고 있어야 할 것이다. 『부도지』마저 자기들 것이라 주장하고 나올 것이 분명하기 때문이다.

---

1 박홍래 저/이찬구 책임 집필, 『금역진리』 (서울:동신출판사, 1993).

# 차 례

## 초장 | 오미(五味)의 난과 오행(五行)의 난　　　　　25

초
장

오미(五味)의 난과
오행(五行)의 난

# 초.1 오미(五味)의 난과 인류세

## '오미의 난'이란?

수로 보아 『부도지』를 기록한 저자의 사관은 수 '오$^{5, \text{五}}$'와의 전쟁에 있었다 해도 과언이 아니다. 그런데 음양오행을 비롯하여 동북아 문명은 수 5를 떠나서는 생각할 수 없다. 거의 보편화돼 있고 신비화되어 있어서 서양에서는 이 수에 대해 'five elements'라고 오해까지 하고 있다. 그러나 5행은 요소가 아니고 회전대칭 개념이다. 정치, 경제, 의학 등 문화 전반에 걸쳐 부도지는 5 자체보다는 그것이 '오행'으로 되는 것에 강한 거부감을 갖고 '오행의 난亂'혹은 '오행의 화禍'라고 하면서 자신의 주체적 입장을 정립한다. 요堯가 오행을 도입함으로 가장 먼저 망쳐 놓은 것이 달력이다. 오미의 난부터 검토하기로 한다.

부도지는 5로 대표되는 다섯 가지 맛, 즉 오미는 신맛, 쓴맛, 단맛, 매운맛, 짠맛이다. 만 가지 경험을 '쓴맛, 단맛' 혹은 식상한 것을 두고는 '밥맛 없다'라고 한다. 인간이 '지유地乳'라는 음식을 주식으로 삼다가, 지유가 나오는 유천乳泉에 갔으나 사람들은 많고 지유는 모자라 허기져 있던 차, 지천에 널부러져 있던 포도를 따 먹자 '오미'의 맛을 처음으로 느끼게 되었고, 힘까지 솟아났는데, 그 '독 때문'인 것을 사람들은 몰랐다. 포도를 처음 따 먹은 지소 씨가 "참으로 좋다" 하므로 사람들이 너도나도 포도를 따 먹기 시작했다(부도지 5장).

당시 마고성에는 금지하는 법이 없어도 사람들이 스스로 법도를 지키는 '자재율<sup>自在律</sup>'이 있었는데, 이 자재율이 파기되기 시작했고, 드디어 이 열매를 따 먹는 것을 금지하는 법이 생겼으며, 지유를 먹을 땐 없던 이빨이 돋기 시작하자 타액은 독사의 독같이 변했고, 눈은 밝아 올빼미 눈같이 되었다. 드디어 사람들의 얼굴은 짐승의 얼굴같이 변했다(6장).

사람들에게 포도 먹기를 권했던 지소 씨는 무거운 책임감과 수치심을 느꼈다. 드디어 원상을 회복하려는 '복본<sup>復本</sup>' 운동을 벌였으나 이것이 불가능해지자 사방으로 족속들이 흩어지기로 했다. 단군의 조부의 조부가 되고 당시 제일 연장자였던 황궁 씨<sup>皇穹氏</sup>는 백모를 묶어 마고 앞에 사죄한 후, 오미의 책임을 스스로 지고, 복본할 것을 서약한 후 성을 떠난다.

이때부터 오미의 재앙이 사방에 거꾸로 밀려오니 성을 나간 사람들이 하늘과 땅의 이치와 법도를 알지 못하고, 다만 어리석음이 불어나기만 했다. 청정<sup>清淨</sup>은 없어지고, 대성<sup>大城</sup>이 장차 위험하게 되었다. 사방에서 앞으로 어떻게 될 것인가라는 탄식과 탄성이 울려 나왔다(8장).

전 감리교신학대학 윤성범 교수는 '삼국유사'의 단군신화를 두고 기독교의 한 종파인 경교<sup>景教</sup>가 7세기경 당<sup>唐</sup>을 통해 전래된 이후 삼위일체 교리의 영향을 받아 일연이 쓴 것이라고 했다. 기독교 중심주의적 견해라아니할 수 없다. 만약에 '부도지'를 생전에 읽었다면 기독교 '창세기'를 보고 그대로 베껴 썼다 할 정도로 부도지는 창세기 기록과 거의 일치한다.

부도지가 한국에 처음 출판 소개된 해는 1985년이다. 필자가 10년 유학(1975~1985)을 끝내고 귀국할 당시 로스앤젤레스 거주 교포 한 분한 테서 200자 원고지에 필사한 것을 받아 짐 속에 넣어 와, 감리교 신학대학 연구실에서 김은수 선생에게 건네주었다. 김은수 선생은 책 출간 후 얼마 안 되어 돌아가셨다(이 책의 초판 서문에서 정시화로부터 직접 받았다고하나, 김상일을 통해 받았다고 함이 바르다고 본다). 당시 필사본을 복사를 못해 둔 것이 아쉽다. 그 이후 기독교계에서는 부도지의 기독교 유래설을 주장하는 분들이 아직 없는 것으로 안다. 지금까지 요약 소개한 내용만으로도 창세기와 부도지는 분명히 어느 한쪽이 표절한 것이 아닌가 여길 정도이다(김은수, 2002, 42).

김은수 선생은 부도지와 창세기는 적어도 아래 다섯 가지 점에서 일치한다고 주장했다.

첫째, 낙원이 설정돼 있다.

둘째, 포도와 선악과가 있었다.

셋째, 두 곳에 다 물이 있었다. 마고성을 쌓은 재료는 물과 돌이었다.

넷째, 부도지의 네 천녀는 겨드랑이를 열고 삼남삼녀를 낳았다. 아담의 갈비뼈에
　　　서 여자가 나왔다.

다섯째, 사람들이 낙원에서 추방당하고, 마고성은 홍수로 망한다.

과연 어느 것이 먼저이고 나중인가. 어느 것이 영향을 주고 영향을 받았는가? 세계 신화들의 신화소들이 이 정도로 같으면 그 역사적 기원의 연관성을 의심해 보지 않을 수 없을 것이다.

그러나 창세기와 부도지의 신화소는 극과 극으로 다른 점도 있다. 창세기는 지금 전 세계 으뜸 경전으로 손꼽히고 있지만, 부도지는 다른 나라도 아닌 우리 강단 자체의 학자들마저 '위서'로 매도하고 있다. 위서로 말하면 구약 창세기를 비롯한 모세 오경 전체가 위서로 내몰린 바 있다. 창세기 1~3장 사이에는 서로 상이한 신의 이름(엘로힘과 야훼)과 두 개의 다른 창조 설화가 있는가 하면, 모세는 자기가 죽는 얘기를 자기가 적어 놓은 글이란 것 속에 들어있고, 같은 글이 같은 행 안에 동시에 기록돼 있는 등 부도지나 환단고기(한단고기)와는 비교가 안 될 정도의 위서적인 요소들이 많다. 신약은 저작 연도와 저작자와 저작 장소 등이 확실한 것은 단 하나도 없다. 다시 말해서 성경 66권 가운데 저자와 저작 장소 그리고 연대가 정확한 것은 단 한 권도 없을 정도이다. 그러나 성서학자들은

문헌 비판과 양식사 비판, 편집 비판 등 다양한 방법 등을 통해 연구한 결과 지금 그 누구도 성경의 권위를 의심하는 자 없다. 한마디로 말해서 한국 강단 학자들의 방법론의 부재와 그 무엇보다 그 어느 곳보다 일본 돈줄에 매여 연구하고 있기 때문이다. 그 왜곡된 연구는 고대사와 현대사 전체를 망라하고 있다.

다시 말해서 성서학자들이 성서에 대한 애정을 가지고 불굴의 노력을 한 것과는 정반대로 우리 강단 학자들은 방법론 도입은 엄두도 못 낸 채, 악의에 찬 의도를 가지고 우리 문헌들을 두고 '위서' 운운하고 있다. 그들이 이러면서도 성서는 신주같이 모신다. 그러나 문헌들은 문헌 자체가 스스로 말하고 있다. 여기 부도지의 신화소들이 창세기의 그것과 일치하는 것은 문헌 자체가 인류 보편적 문명사적 요소들, 나아가 신화소들을 가지고 있기 때문이다. 역사와 고고학적 접근을 하지 않아도 문헌 자체가 스스로 자기 말을 하고 있는 것이다. 창세기와 부도지가 서로 같은 점이 많은 이유도 문헌 자체가 스스로 말하기 때문이다. 이러한 이유로 들뢰즈 등 포스트모던 학자들은 '문헌의 역사적 배경을 묻지 마라. 다만 텍스트 자체가 말하도록 하라'고 한다.

모세를 구한 바로 왕의 공주는 모세라는 텍스트 자체만 보고 그를 길렀다. 그의 출생 연월일 그리고 출생한 지역도 묻지 않았다. 사막에서 금덩어리가 나왔다. 그 어느 누구가 그 출처가 부정확하다고 갖지 않으려 할 것인가? 우리 강단 학자들은 그렇게 할 것이다. 금덩어리의 출처 생성 연도가 정확하지 않기 때문에 우리 것이라 할 수 없다는 것이다. 세계는 지금 금광을 약탈하기에 혈안이었듯이 남의 역사를 자기들의 역사로 둔갑시키기에 혈안이 돼 있다. 이것이 좋은 것은 아니지만, 그런데도 우리 학자들은 자기 것을 자기 것이 아니라고 도리어 손사래를 치고 있다.

여기서 부도지를 우리 역사의 근원으로 여기는 이유는 그 안에 세계 보편적인 그리고 금덩어리같이 값비싼 요소들이 들어 있기 때문이다. 우리가 팽개치고 있는 사이의 중국 학자들이 환단고기와 부도지를 가지고 가서 자기들 것이라고 둔갑시키고 있다. 그리고 우리나라 동북아 역사재단이라는 존재는 이들에게 물량적 지원도 하면서 찬사를 보내고 있다.

'오미의 난'과 '오행의 난'은 동북아 문명사를 단 한 마디로 비판하는 것이라 할 수 있다. '오미의 난'은 창세기를 비롯한 전 세계 문명에 대한 비판이고, '오행의 난'은 특히 동북아 지역을 중심으로 한 전 세계적인 문명사 비판이라고 할 수 있다. 오미의 난과 오행의 난은 중국 황제 문명에 대한 비판이다. '동서이하東西夷夏', 즉 1930년대 중국의 부사년이 주장한 것처럼, 서쪽은 하夏, 동쪽은 동이東夷 문명이라고 한 대비가 오행의 난이라는 말로 요약된다. 요임금이 사용한 오행에 의한 달력은 잘못된 것이라는 비판이다. 어느 문헌의 정당성은 그 문헌 안의 변증법에 의하여 입증이 된다. 다시 말해서 동북아 문명권 그 안에서 정반의 대립을 말하고 있는 그 자체로 부도지의 타당성이 인증된다는 말이다. 부도지가 중국과의 '대립각의 입장을 취했다는 것' 자체가 문헌적 진정성을 입증한다는 것이다.

보통 '위서'란, 글을 쓰는 작가들의 입장을 미화시키기 위한 것이 대부분인데 환단고기와 부도지는 중원 문명권에 대립각을 세우면서 기록을 했다는 것은 생명의 위험까지 감수하면서 글을 썼다는 것을 의미하고 이것은 역사적 진실을 남기기 위한 순명이 아니고는 글을 남기지 못했을 것이다. 마치 오늘날 '반미'라는 글을 쓴 것 자체가 국가보안법에 걸리는 경우와 같다는 것이다. 부도지 저자는 오미와 오행의 난을 통해 중원 문명을 비판하고 있는 것이다.

보통 '환단고기'의 과학적 타당성을 '오성취루五星聚婁'[1]라는 한 구절로 입증하려 하는데, 그보다는 문헌 자체 안에서 중국의 것과의 변증법적 구조를 찾는 것이 더 위서가 아닌 것을 입증한다는 말이다. 더욱이 상대

---

1 5개의 별들이 나란히 늘어서는 것을 두고 하는 말이다(무진, BCE 1733).

와 힘의 불균형 속에서 기록자가 글을 썼다면 그것은 자기의 목숨을 담보하고 글을 쓴 것이나 마찬가지이기 때문에 그 어느 문헌보다 가치를 인증받게 된다. 다른 한 방법은 문헌 자체 속의 내용이 보편적 타당성을 갖는 것이라 할 수 있다.

'오미의 난'을 더 말하기 위해서는 맥켄나[Terence McKenna]의 *Food of the Gods*(Bantam Book, 1992)가 참고가 된다. 맥켄나는 부도지를 읽는 데 필요한 참고서라 할 정도로 도움이 된다. 책 제목 그대로 '신들이 먹던 음식'에 관한 것으로서 부제는 '선악과의 유래에 관한 탐구'이다. 책의 내용은 전체 4장인데, 1장 낙원[PARADISE], 2장 실낙원[PARADISE LOST], 3장 지옥[HELL], 4장 낙원 회복[PARADISE REGAINED]과 같다. 특히 마고성에서 연장자인 황궁 씨가 성을 떠나면서 마고에게 서약한 '복본'이라는 의식은 이 책의 4장과 유사하며 다른 신화소와는 달리 맥켄나는 의문부호 '?'를 붙여 놓았다. 과연 낙원에 인간들이 되돌아갈지는 의문이란 뜻이다. 복본이 의문스럽다는 뜻이다. 그러나 부도지 23장은 달력 개정을 통한 공시성 회복으로 복본이 가능하다고 한다.

부도지 연구에서 텍스트 자체가 말하게 한다고 하는 것은 부도지의 신화소가 다른 신화소들과 비교할 때, 그 자체로 타당성을 받도록 하자는 것이라 할 수 있다. 맥켄나는 책을 쓸 때 아이슬러[Rianer Eisler]의 『찻잔과 칼날』(*The Chalice and Blade*, NY: Harper Onwe, 1988)이 대본이 되었다고 한다. 여성 모계 시대에선 평화를 상징하는 찻잔이 유물로 쏟아져 나오지만, 남성 부계 시대에서는 전쟁을 상징하는 칼들이 유물로 쏟아져 나온다는 것이다. 아이슬러의 책은 다시 중국 여성학자 지아인[Min Jiayin]의 *The Chalice and Blade in Chinese Culture*에 의해 홍산문화에 그대로 적용돼 중국에서 출간된 바 있다. 우리나라 여성학자들이 '미투'에 열중일 때 중국 여성들은 우리 문화유산이라 여겨지는 홍산문화를 서양 여성학 이론에 접목시키고 있다. 그나마 다행인 것은 미국 거주 황혜숙 박사가 홍산문화에 연계해 독보적으로 부도지 세계화에 노력을 경주, 상당한 결과와 효과를 가져오고 있다. 부도지 속 신화소는 앞으로 다른 지역의 그것과 비교 연구되어야 할 것이다.

그러나 아직 이들 외국의 연구자들이 다루지 않고, 못한 분야들이 있다. 맥켄나의 책은 부도지 오미의 난을 부연 설명하는 데 더 없이 좋은 자료이다. 인간이 음식을 잘못 먹어 낙원을 상실했고 그 때문에 지금 지옥 같은 생활을 하고 있으며, 낙원 회복에 회의적이란 내용은 음식문화가 얼마나 인류 문명사에 큰 영향을 주었는가에 대한 성찰이라고 볼 때 부도지는 현대 학자들이 고민하는 이러한 문제와 궤를 같이 하고 있다. 다시 말해서 부도지란 텍스트 자체가 신화소에 있어서 보편적 타당성을 가지고 있다는 말이다.

여기서 마고성이 과연 어디에 있었는지에 관한 역사적 그리고 고고학적 추적은 되도록 피하려 한다. 다만 황궁 씨가 천산주를 맡아 북쪽으로 이동했다는 지리학적 지명만 확인할 뿐이다. 현생 인류의 역사는 제4빙하기 이후부터 거슬러 올라가 셈하는 것이 정상이라고 본다. 그 이전은 과학의 영역에 속하고, 강단 사학자들같이 삼국 중기부터 우리 역사라고 보는 것도 소아병적이다. 빙하기 이전 지구가 온난할 때 지구는 거의 물로 차 있었고, 인간이 살 수 있는 곳이란 고산 지대 동굴이 있는 곳 등이었을 것이다. 그렇다면 천산 고지대 그리고 한반도의 경우는 단양 삼척 지역의 고산지대 굴살이에서 우리 역사의 기원을 찾는 신용하의 주장은 타당성이 있어 보인다.

다시 처음으로 돌아가 본다. 김은수 선생이 지적한 기독교와 부도지의 신화소 가운데는 같은 점도 많지만 다른 점도 많다. 주신이 창세기는 남성이지만, 부도지는 여성이란 점, 포도(혹은 사과와 복숭아)를 따 먹인 이유가 창세기는 신의 명령을 어겼기 때문이라고 하는데, 부도지는 사람 수는 증가하는 데 지유는 제한적이었기 때문에 불가피했다고 하는 점 등이다. 그 해결책에는 외단外丹과 내단內丹의 두 가지 방법이 있는데 지소씨는 그만 전자를 선택했다는 것이다. 이에 대해서는 아래에서 상론될 것이다. 물론 부도지에도 마고의 명령이 있기는 했으나 창세기만큼 강하지 않았다. 종교학자들은 강한 인격신과 약한 인격신으로 이를 설명하려고 한다.

주신이 남성이라고 한 점 이외에도 실과에 처음 손댄 것이 남성 지소씨라고 한 점 등은 수메르 신화에서도 주신이 여성 닌후르삭이고 실과에 처음 손댄 자를 엔키라는 남자로 본 것은 수메르와 부도지의 신화소가 같다 할 수 있다. 이런 점에서 창세기 신화소가 부도지의 그것과 같다고 하기보다는 차라리 수메르의 그것과 같다. 이렇게 수메르, 코리아, 이스라엘 간에 신화소가 같고 다른 이유는 신화의 배경이 모계이냐 부계이냐에 따라 달라진 차이의 결과라고 본다.

### 오미의 난과 '실로시빈 버섯'

만약에 텍스트 자체에서 바라보게 되면 역사를 공시적으로 이해하게 된다. 역사가 유일회적으로 끝나는 것이 아니라 시공 동시적으로 반복되는 것으로 보게 된다. 다시 말해서 에덴동산 혹은 마고성 이야기가 태고적인 것이 아니고 고대, 중세, 현대에 이르기까지 같은 유형이 상사相似를 하면서 프랙털 현상으로 나타난다는 것이다.

맥켄나는 책을 통해 수메르에서부터 구약 창세기에 이르기까지 전 세계 신화소에서 왜 하필 실낙원과 식물성 과일이 연관되는지에 착안하면서, 인류 진화 과정에서 남겨진 의문은 '식물 신기성botanic mystery'이라고 한다(Mackenna, 1992, 40). '복'이라는 물고기는 '복 알'이 인체에 유해하다. 동물에 비해 인간에 유해한 것은 식물에서 훨씬 그 종류가 많다. 대마초와 아편 등 '보암직하고 먹음직한'(창세기), '좋다'(부도지)한 모든 것들이 식물성이다. 동물들 가운데 맹수들은 사람들을 직접 잡아먹지만, 식물의 경우는 인간들이 능동적으로 채취해 먹는 차이가 있다.

포도 같은 과일은 순간적으로 즐거움을 주지만 중독일 때는 패가망신 그 자체이다. 포도의 경우는 그 속에 알코올 성분이 있어서 와인으로서 기분을 좋게 하지만 궁극적으로는 중독증의 올무에 걸리게 한다. 그래서 유발 하라리는 "생화학적 행복 추구는 세계 최대의 범죄의 원인이기도 하다. 2009년 연방교도소에 수감된 죄수들 가운데 절반이 약물 때문이고, 이탈리아에선 수감자의 38%가 마약범죄자들이고, 영국에선 수감자의 55%, 호주에선 62%라고 한다"(하라리, 2017, 65). 이도 역시 식물에 대한 신비감과 호기심을 자극하는 '식물 신기성'이라고 한다. 오미의 난이란 바로 시공간을 초월한 식물 신기성을 두고 하는 말이다. 그런 점에서 부도지는 텍스트 자체가 인류 보편적 타당성을 던져 주고 있다.

'신기성'이라고 한 이유는 포도를 비롯한 이러한 식물들이 '병주고 약준다'는 것이다. 먹기 보암직한 데 곧 독이라는 것이다. 이런 양가성을 데리다는 약 즉 '파르마티콘pharmaticon'이라고 한다. '좋기도 하고 나쁘기도 하다'는 말이다. 그래서 신기성의 다른 말은 '역설paradox'이다. 역설이기 때문에 풀기 어려운 난제라는 말이다. 마고성의 마고여신도 자기가 말로는 금기를 했지만 그것을 막을 수도 후과도 처리할 수 없었다. 에덴동산의 신도 마찬가지이다. 식물의 신기성, 다시 말해서 파르마티콘이기 때문이다. 병을 고치는 것이 곧 병의 원인 제공이 되기 때문에 신도 속수무책이다. 창세기 신과 부도지의 신이 남성이고 여성이란 차이에도 불구하고 이 역설 즉 파르마티콘 앞에서 무력할 수밖에 없었다는 것이 두 문헌이 전달하는 공통점이다.

분명히 유목 생활을 끝내고 농경 정착 생활을 하면서 생긴 역설이다. 유목민의 주식은 동물이지만 농경민은 농산물 즉 채식이다. 맥켄나는 그 식물을 '버섯'이라고 한다. 이 버섯의 이름은 '실로시비psilocycle'이며 오미를 다 갖춘 버섯이다. 1906년 쿠바에서 처음으로 발견되었는데 원산지는 동남아 일대라고 한다. 이 버섯을 먹은 다음부터 인간의 두뇌가 급속도로 발달하고, 그 이후 예술, 종교, 과학 등 사피엔스의 조건을 다 갖추게 되었다. "결국 인간들은 말할 수 있고, 환상을 즐기고, 웃고, 사랑에 빠지고, 잔인해지고도 하고 아니 심지어는 고차원적으로 자기희생적이 되기도 했다"(Mckenna, 1992, 45).

줄리언 제인즈는 그의 '양원적bicameral mind' 이론의 주저인 『의식의 기원과 양원적 마음의 파손』(*The Origin of Consciousness in the Breakdown of the Bicameral Mind*)에서 원래는 좌우 뇌가 균형이 잘 잡혀 있었는데, 사피엔스가 된 후 좌우 양 뇌의 양원적 마음이 좌뇌의 우월로 변하면서 그 균형이 깨져 버렸다고 한다. 맥켄나는 이것이 식물 신기성과 연관이 있는 것으로 보고 있다(Mckenna, 1992, 51). 이러한 현상이 신화적 요소로 나타난 것이 창세기와 부도지의 기록이 전하는 동일한 그리고 보편적인 신화소라고 보면 될 것이다.

부도지의 저자는 오미의 난을 동북아 문명권에서 서쪽 중원 문명과 동쪽 동이 문명 간의 차별화[東西夷夏]로 보는 것 같다. 그것은 부도지 저자가 황궁 씨를 차별화하여 그가 마고성의 정통성을 계승하는 것으로 보고 있기 때문이다. 황궁 이외에 다른 족들의 이동 이주 지역을 두고 다음과 같이 부도지는 기록한다.

청궁 씨는 운해주(파미르고원 동쪽, 중원지역)
백소 씨는 월식주(파미르고원 서쪽, 중근동지역)
흑소 씨는 성생주(파미르고원 남쪽, 인도 및 동남아지역)
황궁 씨는 천산주(파미르고원 북동쪽)

황궁 씨는 단순화시키면 단군의 조부 유인 씨의 아버지이다. 그가 가장 춥고 험한 지역을 택한 이유는 마고에 지은 죄를 혼자 짊어지고 참회를 하기 위해서라고 한다(8장). 제4빙하기 이후 지구상 가장 높은 지역이 파미르고원이라는 점에서 부도지의 문명 기원에 대한 주장이 설득력 없지는 않다고 본다. 천산의 위치로 보아 파미르고원 기원설과 황궁 씨의 이동 경로는 최근 고고학적 발굴과 가히 멀지 않다. 아브라함 조상의 기원을 찾던 W. K. 존슨은 수메르족의 이동을 파미르고원이라고 보고 있다(Johnson, 2001, XIV-XV). 그러나 이에 대한 연구는 전문가들에게 맡겨 둔다.

문제는 식물 신기성으로 되돌아가서 생각해 볼 때 의식이 깨어나 특정 식물을 먹자 사피엔스가 되는 과정에서 맥켄나가 말한 대로 과연 반드시 '실로시비'란 한 가지 방법뿐이었겠느냐 이다. 아니라고 본다. 지역에 따라서 그것은 '포도'일 수도 '사과'일 수도 또는 '복숭아', '대마초'일 수도 있다. 지역에 따라 다른 신화소가 생기는 이유이다. 문제는 식물의 종류가 무엇이냐가 아니고, 왜 하필이면 동물이 아니고 식물인지와 식물 신기성 앞에 대하는 인간의 태도의 차이이다.

다음은 식물 신기성 앞에서 그것에 대처하는 방법이다. 즉, '선악과' '생명수' 혹은 '지혜의 나무'라 불리는 식물을 두고 이에 대처하는 방법에는 두 가지가 있었다. 하나는 '외단外丹'이고, 다른 하나는 '내단內丹'이다. F. 슈온의 말을 빌리면 전자는 '외양적exoteric'이고, 후자는 '내밀적esoteric'이다. 마리화나나 아편 같은 바깥 외물을 섭취하여 초월 경지에 이른다는 것이 외단이고, 금식과 기도 그리고 육체를 괴롭게 하여 이른다고 하는 것(명상, 기도, 요가)이 내단이다. 고등 종교의 한결같은 깨달음의 방법이 내단이란 점에서는 일치한다. 그러나 아직 원시종교나 포스트모던 증상이 외단으로 나타나는 것이 전반적인 특징이다. 다시 말해서 마약에 의존해 초월 경험을 하려는 유혹 말이다. 손에 잡히는 손쉬운 방법이 외단이고, 그래서 인간은 쉽게 외단의 유혹에 빠진다. 수메르에서 중원 그리고 마야에 이르기까지 이들 문명권의 기법은 첨예하게 달랐으며 두 가지 다른 종교와 철학을 가능하게 했다. 중원 문명이 외단에 기울어져 있다는 것과 부도의 시민은 자부선인으로부터 내단법을 배워 알고 있다는 것이다. 즉, 식물 신기성이 오미의 난의 원인이다.

부도지의 저자가 '오미의 난'이라고 하면서 황궁 씨를 다른 종족과 구별한 것은 다름 아닌 오직 황궁 씨 족속만이 내단을 따르고, 다른 족들은 그렇지 않았다는 것이다. 백모(모초의 일종)를 묶어서 들고 마고 앞에서 사죄했다고 했지 '먹었다'고 하지는 않았다. 오미의 책임을 스스로 지고 복본할 것을 서약하였다(8장). 그러면서 다른 3 종족들에게 "오미의 재앙이 거꾸로 밀려오니 이는 성을 떠난 사람들이 하늘과 땅의 이치와 법도를 알지 못하고(不知理道), 다만 어리석음이 불어났기 때문이다"라고 경고한다. 이런 증상들이 바로 내단의 무지에서 나온 것이다. 중원 외단은 아편 전쟁의 증상 자체이다.

이는 황궁 씨가 내단을 하지 않고 외단을 선택한 지소 씨를 비롯한 제족들이 손쉽게 포도 같은 식물, 그것의 신기성, 다시 말해서 외단을 했기 때문이라는 것이다. 창세기에서도 사정은 마찬가지이다. 아담과 이브가 선택한 것은 외단이라는 데 있다. 뱀이 시험에 건 것도 외단이냐 내단이냐의 선택적 유혹이었다. 뱀은 외단의 유혹으로 이끈다. 부도지는 내단을 두고 '천지의 이(理)와 도(道)를 깨닫는 것'으로서 이것은 결코 외단을 통해서가 아니라고 한다. 금식과 기도 그리고 고행의 길을 걸어야 한다는 경고이다. 이런 의미에서 창세기를 다시 읽을 때 그것은 다름 아닌 야훼 신의 명령인 내단의 길을 걷지 않고, 그 반대인 외단의 길을 걸었기 때문이라는 것이 기록자의 의도라는 것이다. 동산의 중앙에 있는 식물은 식물 신기성에 해당하는 것으로서 다른 것과 구별화한다. 사피엔스는 뱀의 말 그대로 지혜로워졌고 4차 산업 시대로 진입할 정도로 지능이 발달해졌다. 자율 주행 차 뒷자리에 앉아서 주연을 벌일 정도로 행복해진 듯하다. 그러나 바이러스들은 인간들의 이런 행태들에 대해 징벌의 눈으로 바라보고 있는 것이 현실이다.

## 내단과 외단

창세기나 부도지 기록은 모두 인간이 애니미즘 단계를 넘어서는 과정에서 생긴 일들의 기록이라고 할 수 있다. 그런데 인류학이나 역사 그리고 심지어는 철학을 공부하는 사람들은 아직도 애니미즘, 즉 무층<sup>巫層</sup>(여기서는 '층'으로 구별)에서 철층(철학)으로 넘어가는 과정에 마나이즘이란 선층<sup>仙層</sup>이 있었다는 사실을 모르거나 구별하지 못한다.

그러나 류병덕 교수는 무층을 '애니미즘<sup>animism</sup>'이라 하고, 선층을 '마나이즘<sup>manaism</sup>'이라고 구별한다(류병덕, 1990, 133ff). 쉽게 무층이 '신내림'이라면, 선층은 '신남'이라고 한다. 전자가 빙의<sup>憑依</sup>같이 수동적이라면, 후자는 수양과 고행 같은 것을 통한 자의적이고 능동적이라 한다. 전 세계 문명권에서 신과 직접 접촉을 통해 신과 내통하던 무층에서 인간이 스스로의 내면에서 반성의식을 통한 자기 부정적 고행의 방법으로 선층으로 넘어가는 데 실패하고 만다는 것이다. 거기에는 '자기 부정<sup>self denial</sup>'을 통해 자아<sup>ego</sup>가 자기<sup>Self</sup>로 의식층변을 해야 하는데 그렇지 못하게 되면 '자아 비틀림 Atman Project' 현상이 나타난다고 켄 윌버는 주장한다. 외단을 선택한 이후부터 비틀림 증상이 심화된다. 류병덕 교수의 주장에 의하면 기후가 온화한 북위 33~43도 지역에선 이러한 층변이 자연스럽지만 대부분의 지역에서 그것이 불가능해져 자아 비틀림 현상이 발생한다.

창세기 에덴동산으로 돌아가 보자. 야훼 신은 자기 부정을 통한, 다시 말해서 내단을 통한 층변을 요구하지만, 뱀은 외단을 유혹한다. 아담과 이브는 그만 자기 비틂을 단행하고 만다. 그것을 '타락'이라고 한다. 자기 비틂의 이후부터는 버섯(혹은 과일)이 돈과 권력 같은 것에 동일시되면서 자아가 초자아가 된 것처럼 착각한다. 다시 말해서 내단이 아닌 외단을 단행한 결과이다. 오미의 난이란 이와 같이 외단이 빚은 결과라고 할 수 있다.

부도지로 돌아가 보아도 사정은 마찬가지이다. 황궁 씨가 다른 세 종족들과 다른 점은 백모란 식물을 먹는 것이 아니고, 몸을 감싸고 마고에게 참회를 하는 데 있다. 이는 삼국유사 단군신화에서 곰의 태도이다. 다시 말해서 내단의 태도이다. 그런가 하면 사방으로 흩어진 다른 종족들은 호랑이와 같이 끝내 내단을 하지 못하고 외단을 한다. 이것이 중국 문명이 아편으로 망하는 원인이고, 서양이 포스트모던 시대를 맞아 모더니즘의 후과인 물질문명으로 인류 멸종의 위기를 초래하자 마약으로 자기 비틈을 하는 것의 원인이다. 그러나 백두산 자부선인의 말을 따라 내단을 선택한 우리 선조는 대마초가 산천에 즐비해도 그것을 입에 대지 않았다. 대마초란 베옷을 만드는 삼 종류가 아닌가? 농촌에 대마초 잎이 산천에 가는 곳마다 있어도 그것을 입에 대지 않은 이유는 우리의 내단의 가르침 덕분이다.

예수의 선택은 외단이 아닌 내단의 선택이었다. 그가 세례받은 직후 시험을 받는 장면은 2000여 년 이상의 외단의 전통(율법)을 끊고 금식과 기도, 그 고행의 길이라는 새로운 종교를 제시한 것이다. "내 제자가 되려거든 십자가를 지고 나를 따르라"고 했다. 안식일만 지키고 무교병만 먹으면 구원을 받는다는 행위, 다시 말해서 율법만 지키면 된다는 의식 행위 자체가 모두 외단의 산물이다. 이를 두고 F. 슈온은 '외양적'이라고 했다. 예수가 초월을 단행하려 식물 신기성에 의존했다면 오늘의 종교로 발전했겠는가? 외단이란 식물 같은 것뿐만 아니라 율법 같은 것도 이에 해당한다. 수운선생이 말한 "운수야 좋거니와 닦아야 도덕이라"(용담유사, 교훈가)라고 한 말도 음미할만하다.

모든 종교를 결국 외단과 내단으로 나누어 보았을 때 외단으로는 종교적인 대화나 통일을 이룰 수 없다. 교리, 건물, 의식, 율법 같은 외양적인 것이 앞서는 한 종교 간의 대화가 이루어질 수 없다는 말이다. 부도지나 창세기가 식물 신기성을 두고 말하려고 하는 것이라고 볼 때 단군 신화에서 호랑이와 곰이 시험한 것도 외단과 내단의 문제였다. 곰은 내단을 단행해 고행을 이겨냈지만, 호랑이는 그렇지 못했다는 것, 그래서 곰이 황궁 씨의 후예들이었다는 것을 그리고 다른 족속들은 호랑이의 후예들이라는 것을 말하자는 것이다. 인류 문명사는 이렇게 '호웅각축虎熊角逐'의 역사였다.

마고성에서 나온 4종족은 사방으로 흩어졌고, 황궁 씨는 내단의 길을 걸었다. 다시 말해 이웃 중국만 하더라도 외단 즉 아편 복용으로 나라가 망하고 말았다. 물질문명의 만연과 내면적 자기 성찰을 하지 않는 종교가 인류의 멸망을 재촉하고 있다. 부도지 저자는 왜 이 지경이 되었는지 그 근원적인 진단을 하고 있다. 지금까지 기독교 신학은 창세기와 예수의 의미를 잘못 해석하였다. 부도지는 그 오류의 근원이 무엇인지 가장 적합하게 진단하고 있다. 오미의 난에서 성서 해석을 다시 해야 할 것이다. 어거스틴의 말대로 자유의지에 의한 타락이 아니고, 식물성 신기성이란 인류 진화과정에서 생긴 풀기 어려운 수수께끼, 그것이 성서 기록의 본질이고, 부도지 저자는 그런 의미에서 본질적인 접근을 하고 있다. 오미의 난 때문이라고. 오미의 난과 앞으로 말할 오행의 난이 인류가 멸종하고 드디어 인류세의 마지막 끝 종을 칠 순간에 처해 있다는 것을 저자는 경고하고 있다.

## 짐세(朕世)와 인류세(人類世)

부도지 저자는 마고가 마고성을 지배하던 시기를 '짐세朕世'라고 한다. 역사의 한 시기를 말하는 것인지, '자기 시대'라는 뜻인지 분명하지 않다. 두 가지를 다 포함한다고 할 수 있다. '짐'이란 말이 원래는 모두 '자기가

'칸' 즉 자기가 왕이란 뜻인데 진시황제는 오직 자기만으로 지칭하는 것으로 바꾸고 만다. 강희제는 앞으로 모든 사람이 칸이 되는 세상을 내다보았다. 마고성에서 '짐세'라고 할 땐 '너도 칸', '나도 칸', '그도 칸'이란 구지가의 노래 가사와 같은 내용이다. 위에서 말한 자재율에 의하여 다스려지던 시대에는 탈중심화의 시대였고, 지배하는 자와 지배받는 자가 따로 있는 것이 아니었다. 그러나 지유 대신에 포도를 먹은 이후부터는 이런 '짐세 이후'의 시대가 도래했다. 과연 그때가 언제쯤일까 관심을 가져보지 않을 수 없다.

여신, 식물 신기성, 홍수와 같은 신화소들을 통해 우리는 마고가 창세한 시기를 추측할 수 있다. 마지막 제4빙하기는 대략 기원전 15000여 년 경에 시작돼 기원전 8300년경에 끝난 것으로 추측한다. 이 빙하기는 기원전 11000년경부터 빙하가 무너져 내리기 시작하여 기원전 2000~3000년경에는 빙판이 다 사라진 것으로 본다. 이 시기를 두고 '홍적세洪積世'라고 한다.

6억 년의 역사를 가지고 있는 우리 지구의 암석층에는 그동안 수많은 생명들이 나타났다 멸종한 기록들이 남겨져 있다. 지금은 과거 1만 년간의 살기 좋던 '홀로세Holocene'를 끝내고 다른 새로운 세世로 접어들고 있는데, 크뤼천이란 학자는 이를 '인류세Anthropoocene'라 한다. 그리고 인류세와 함께 지구상의 인류가 화석층으로 남을 순간에 도달했는데, 해밀턴은 인류의 임종을 막으려면 '신인간중심주의'를 지향하지 않으면 안 된다고 한다.

오존층 파괴 연구로 노벨 화학상을 받은 바 있는 독일 막스플랑크연구소의 파울 크뤼천 박사는 2000년 "인류 전체가 지구에 큰 영향을 미쳤으므로 현 지질시대를 '인류세人類世, Anthropocene'라고 불러야 한다"고 주장했다. 지질시대의 가장 큰 단위가 신생대, 중생대 같은 대代이고 중간이 페름기, 쥐라기 같은 기紀이고, 가장 작은 단위가 홀로세, 플라이스토세 같은 '세世'이다. 인류세가 다른 세와 다른 점은 세의 주인공인 인류가 스스로 붙인 이름이란 점이다. 충적세와 홍적세 그리고 홀로세 등이 있지만 공룡이 자기 살던 세에 이름을 붙인 것은 아니다. 인간들이 그렇게 이름 붙인 것에 불과하다. 그러나 인류는 스스로 '인류세'를 만들었고 이름마저 스스로 붙였다. 그런 점에서 '짐세'는 홀로세에 해당한다 볼 수 있다.

역사시대가 아닌 지질시대 구분법에 따라 인류 문명사를 구분하면 우리가 사는 시대는 신생대$^{Cenozoic}$ 제4기에 속하는 홀로세$^{Holocene}$이다. 신생대가 시작된 지는 6,600만 년밖에 되지 않았고, 그 가운데 제4기가 시작된 지는 고작 258만 년 전이다. 그리고 마지막 빙하기가 끝난 1만 년 전부터 홀로세에 들어섰다. 그런데 바야흐로 그 홀로세가 우리 인간들에 의해 인위적으로 끝나자 인류세가 인위적으로 시작되었다는 것이다. 지금까지 인류세를 정의하는 나의 관점에서 볼 때 인류세는 우리 한반도의 운명과 어느 하나 연관되지 않는 것이 없어 보인다. 1945년과 자본주의 그리고 백인 남성 문화가 인류세 정의의 중심에 등장하는 용어들이기 때문이다.

지구과학자들이 홀로세가 끝나고 인류세가 시작되었다고 믿는 주된 이유는 대기 중 이산화탄소 농도의 급격한 증가와 그로 인한 지구 시스템 전반에 미치는 연쇄적 영향 때문이라 한다(해밀턴, 인류세, 16). 1945년 제2차대전이 끝나고 한반도는 분단되었고, 지구 시스템에는 급격한 혼란이 조성돼 변화의 속도와 파급력이 인류 역사 전체를 통틀어 전에 없던 일이 벌어졌다. 그래서 이 시기를 '거대한 가속도의 시대'라 부른다. 100만 년 이래 암석 기록을 통해서 보면 1945년 원자폭탄 피폭 이후 지표면에 퇴적된 방사능이 급작스럽게 쌓이게 되었고 이를 '밤 스파이크$^{Bomb}$ $^{spike}$'라 부른다.

과거 1만 년 홀로세 동안 인간은 따뜻한 기후 그리고 맑은 공기와 물을 즐기며 살아왔으나, 다시 말해서 홀로세가 주는 제일의 자연 속에서 '자연으로 되돌아가자'라고 구가하며 잘 살아왔으나 이제 인류세의 도래와 함께 제이의 자연 즉 인간이 만들어 놓은 자연을 향해 도연명의 귀거래사를 과연 읊을 수 있겠는가이다.

한반도 분단과 떼어 놓을 수 없는 이 기간에 국제층서위원회가 '인류세'라고 명명한다면 지구의 종말과 함께 한반도는 지구의 지층에 영원히 기록될 것이다. 그러면 무엇이 어떻게 기록될 것인가? 백인 남성 그리고 자본주의에 대척점으로 혹자들은 정착토착민settler colonialism 즉 미국 인디언을 손 뽑는다. 인류세 담론을 비판하면서 자본주의-백인 남성은 1492년 이래로 정착 토착민들을 살던 곳에서 추방하고 살해한 후 거기다 오늘날 자기들 중심의 국가를 건설하였고 드디어 인류세를 도래하게 하였다는 것이다. 그래서 인류세가 이야기하는 기후위기를 극복하기 위해서는 토착민들이 살아온 방식과 그들의 토착 지식과 정신세계를 배워야 인류세의 위기를 극복할 수 있다고 한다.

신인간상이란 토착민과 같은 인간상이고, '인간의 강해진 힘'과 '지구의 강해진 힘'이 결합되는 것이라고 했다. 다시 말해서 신인간상은 인간의 강해짐이 자연을 약화시켰기 때문에 환경 재앙이 왔다는 포스트휴머니즘이나 존재론적 다원주의를 반대한다. 최근 환경론자들이 흔히 강조하는 구호인 인간이 강해짐으로 초래한 과학 혁명을 부정하고 지구의 강해짐도 부정하는 것과 달리 신인간상은 이들 두 요소들을 모두 긍정적으로 보고 취합하려고 한다. 이는 에코 페미니즘의 시각과도 다르다고 볼 수 있다.

신인간 중심주의를 한번 부도지의 시각에서 바라보기로 한다. 부도지 만큼 인류세의 위기를 정확하게 지적하고 있는 문헌도 없다고 본다. 다시 말해서 짐세로 '복본'하는 것이다. 복본은 황궁 씨가 마고성을 떠나면서 마고에게 서약한 것이다. 반드시 되돌아올 것이라고 그리고 에덴의 동쪽에 세운 나라가 아사달 조선이다. 인간들이 마고성으로 되돌아가 지유를 다시 먹으려고 성벽 밑을 파헤치는 장면은 눈물겹다 아니할 수 없다. 과거 1만 년 동안 인간들은 자기들이 무슨 잘못을 했는지를 모르고 지내왔다. 포도주에 취해 '좋은 세상!' 하면서 행복을 구가하였다. 그러나 작은 바이러스 앞에서도 맥을 못 추는 존재라는 사실을 지금 확인했다.

마고성이 처음 창세될 때 마고는 '율려'로 창세했다고 한다. 율려의 구체적 내용을 말하는 것이 부도지 23장에 기록돼 있다. 그것은 마고수 성수 147, 법수 258, 체수 369가 만들어내는 조화이고, 이 조화는 달력으로 나타난다. 그래서 복본 운동은 달력을 개정하는 데서부터 시작하지 않으면 안 된다. 이 사실을 안 마야의 후예들은 우리보다 먼저 그리고 조직적으로 '13월 28일' 달력 개정 운동을 전개하고 있다. 우리 마고의 자손들은 부도지라는 확실한 문헌적 근거를 가지고 율려를 회복하는 일 즉, 달력 개정 운동에 매진해야 할 것이다. 이것이 오미의 난과 앞으로 말할 오행의 난을 극복하는 첩경이다.

## 초.2 오행의 난과 달력 개정

### 오행의 난이란?

부도지의 사관은 '율려사관'이다. 율려에 의한 두 가지 재난을 말하고 있는데, 그 첫째가 오미의 난이고 둘째가 오행의 난이다. 율려사관은 중원 문명과의 대립각 속에서 형성된다. 중원 문명은 음양오행론에 그 근거를 두고 있는데, 부도지 21장은 우임금이 5행의 원리로 황하의 홍수를 다스렸다고 하는데 유호 씨有扈氏가 그 논리를 뒤집는다는 것이다. '유호 씨'란 '집 있는 신선'이란 뜻이다. 수메르인들이 히브리인들을 '하비루'라고 하여 집 없이 떠돌아다니는 자들이라고 했는데, '유호 씨'란 말 자체가 고급 문명의 주인공임을 의미한다. 단군왕검의 신하였지만 나이가 100살이나 더 많았다고 한다. 부도지 21장은 유호가 우임금의 오행 이론을 다음과 같이 정연한 논리로 비판하고 있다.

또 소위 5행이라고 하는 것은 천수의 이치에 이러한 법이 있는 것이 아니다. 방위의 중앙 5는 '교차'의 뜻이요, 달라진 움직임[변행]을 말하는 것은 아니다. 변하는 것은 1부터 9까지이므로, 5는 언제나 중앙에만 있는 것이 아니며, 9가 윤회하여 율과 려가 서로 조화를 이룬 후에 만물이 생겨나는 것이니, 이는 기수基數를 이르는 것이다. 그 5.7이 크게 번지는 고리에[大衍之環] 이르면 그 자리가 5에 한정되는 것이 아니고, 또한 4.7이 있는 것이다. 또 그 순역順逆, 생멸生滅의 윤멱輪冪은 4요 5가 아니니, 즉 원수原數의 9는 불변수이기 때문이다. 또 윤멱이 한 번 끝나는 구간은 2×4=8 사이의 7이요, 5가 아니다.

> 또 그 배성지물(配性之物)은 금 목 수 화 토의 다섯 중에서 금과 토를 왜 따로 구별하는가? 그 약간의 차이 때문에 구별하고자 한다면, 기(氣)/풍(風)/초(草)/석(石) 따위는 어찌 같이 들지 않는가? 그러므로 다 들자면 수가 없는 것이요, 엄밀히 구별해서 들자면 금 목 수 화 혹은 토 목 수 화의 넷이요, 다섯이 되는 것이 아니다. 더욱이 그 물성(物性)이 어떤 이유로 수성(數性)에 짝지우는가. 수성지물(數性之物)은 그 원수가 9요 5가 아니다. 그러므로 오행의 설은 참으로 황당무계한 것이다. 이로써 인간세상을 증명하여 밝히는 증리(證理)를 속여서 미혹하게 하여 화를 만드니 어찌 두려워하지 않을 것인가? (부도지 21장)

중원 문명에 대해 이만큼 강하게 대립각을 세우고 쓴 글이 부도지만 한 것이 있는지 모르겠다. 27장에서는 은나라 기자箕子가 망명 와서 "당우(요, 순)의 법을 행하고 오행삼정五行三正을 써서 천지대법의 무도를 시행하였다. 천웅天雄의 도와는 절대로 서로 용납할 수 없었다"(27장). 중원과 대척점을 세우는 데는 정치政治와 수數 두 가지에 근거한다. 여기서는 수에 제한하여 그것이 중국과는 어떻게 다른가를 보기로 한다. 세종대왕이 "나라 말씀이 중국과 달라"라고 할 때 그 근거가 부도지가 아니었는지 의심이 갈 정도이다. 부도지는 중국적인 것과의 차별화를 하고 있기 때문이다. 21장과 23장에서 거론하고 있는 수는 그것이 얼마나 어떻게 중국과는 다른가를 말하자는 데 있으며, 대척의 수는 중원의 황제黃帝 수라 할 수 있는 '5'이다. 그리고 5를 공략하는 방법론은 '윤멱'이라는 말이다. '멱冪'이란 현대 수학에서 말하고 있는 '멱집합power set'과 동일한 개념이다. 멱이란 같은 수를 반복해서 곱하기 즉 3×3×3…와 같이 누승累乘을 한다는 말이다. 들뢰즈가 그렇게도 집착한 수이다. 그의 주저 『차이와 반복』

은 멱에 관한 것이 전부라고 할 수 있다. 가감승제 가운데서 누승 혹은 '제곱'만이 반복할 때 차이를 만든다는 것이다. 같은 것이 같은 것을 반복해서 곱하기 즉 '제곱'만이 반복의 차이를 가져온다는 것이다. '거짓말의 거짓말의 거짓말…'이 참과 거짓을 만들듯이 말이다. 과학에선 '프랙털'이라 하고, 문학에선 '시뮬라크'라고 한다.

## 허위와 실위의 싸움

마고성에 실달성과 허달성이 있었다. 21장에서 말하는 '윤멱'이란 제곱 작용을 잇따라 한다는 말이라고 했다. 21장의 수에 관한 말들을 바로 이해하자면 23장의 마고수 배열법을 먼저 가지고 와 말해두는 것이 이해를 돕는다. 23장에서는 수를 종합하여 다음과 같이 성수 147, 법수 258, 체수 369로 3분하고 있다.

| 3 | 6 | 9 | →체수(體數) |
|---|---|---|---|
| 2 | 5 | 8 | →법수(法數) |
| 1 | 4 | 7 | →성수(性數) |
| ↑ | ↑ | ↑ | |
| (초수) | (중수) | (말수) | |

[도표 초.1] 윤멱도

위의 [도표 초.1]을 하도와 낙서에 대하여 '마고 배열도<sup>혹은 '윤멱도'</sup>라 부르기로 한다. 하도나 낙서와 비교해 볼 때 몇 곳에서 다른 점이 있다. 하도 낙서<sup>'도서' 혹은 '하락'</sup>를 두고 부도지는 그 비과학성에 비판을 가하고 있다. "천수의 근본을 살피지 못하고 거북이나 명협<sup>풀의 이름</sup>과 같은 미물에서 근본을 취하였느니, 요<sup>堯</sup>는 또 무슨 속셈인가. 천지의 만물이 다 수에서 나와 각각 수를 상징하고 있는데, 하필이면 거북과 명협뿐이겠는가?"(22장). 하도 낙서의 유래에 대한 비판인 것을 바로 알 수 있다. 거북 등과 말 등에서 상징을 취하였다고 하는 하락도서의 유래에 관해서는 여기서 재론을 할 필요가 없다.

이런 하락도서의 신비화에 대하여 "천지의 만물이 수"라고 한 것은 피타고라스의 말을 연상케 하고, 20세기 디랙이란 물리학자가 "신이 우주를 창조할 때 수로써 했다"는 말을 방불케 한다. 이 밖에도 하락도서는 ① 십진법에 의존했기 때문에 5를 중수로 보았다. 그러나 윤몌도는 3진법이다. ② 하도 낙수에서 볼 땐 5가 중수가 된다. 그러나 한국에 와서 모든 수가 중수가 될 수 있다. ③ 5는 한 달 30일의 약수라는 데서 그 효용 가치가 높다. 그러나 한 달을 28일로 보게 되면 5는 무용지물이 되고 오히려 4가 중수가 된다.

위 [도표 초.1]을 볼 때 윤몌도는 수를 성수, 법수, 체수로 나누고 '세1가3가법'으로 배열한다. 다시 말해서 세로줄은 1을 더하는 '1가법'이고, 가로열은 3가법이다. 5는 교차의 뜻이지 중앙이란 뜻이 아니다. 1~9 사이가 다 변하기 때문에 모든 수가 다 중앙이 될 수 있다는 것이다. 5중앙은 하도 낙서에 모두 공통으로 같다. 5를 탈중앙화시킨 것은 한국 역에 와서부터이다. 이를 3장에서 거론할 것이다. 정역 등 민족 종교의 반란은 5에 대한 반란이라 할 수 있고, 이는 이미 부도지에 예견돼 있었다. 1~9의 수를 '기수基數'로서 모든 수가 변화의 주체가 될 수 있다.

"5.7이 크게 번지는 고리[대연지환大衍之環]에 이르면 그 자리가 5에 한정되는 것이 아니고, 또한 4.7이 있는 것이다" 이 말은 5는 법수 중수에 속하고, 7은 성수 말수에 속하는데 5, 7의 짝은 서로 짝이 될 수 없다이다. 짝이 되자면 '세1가 3가법'을 따라야 한다. 이런 규칙에 따르면 147 (성수), 258(법수), 369(체수)이어야 한다. 그래서 5.7은 서로 짝이 될 수 없다. 4.7이 맞는 짝이다. 그래야 '1요 7일,' '4요 1기'가 되어 한 달 '28일'

이 될 수 있다는 것이다. 이것은 4×7=28일로서 5×6=30일 달력을 대체하려는 의도라고 볼 수 있다.

"순역 생멸의 윤멱은 4요 5가 아니다." 하락도서에서 하도는 수를 1차원적으로 보았지만(직선형), 낙서는 생수와 성수로 나누어 보았다(마방진형). 이에 대하여 부도지는 성수<sup>性數</sup>(147), 법수<sup>法數</sup>(258), 체수<sup>體數</sup>(369)로 분류한다. 이에 대한 자세한 논의는 다음에 이어질 것이다. 순역<sup>順逆</sup>, 생멸<sup>生滅</sup>, 윤멱<sup>輪羃</sup>을 좌우하는 것은 성수이다. 그래서 '수행수<sup>performing number, PN</sup>'라고 한다. 사물 속에서 구체적인 작용을 하는 수이기 때문이다. 구체적인 상황 속의 수이기 때문에 '상황수<sup>situational number</sup>'라고 한다. 상황에 대하여 상황의 상태를 진단하는 수가 있어야 하는데 그것이 법수 258이다. 그래서 법수를 '상황의 상태<sup>state of situation</sup>'이라고 한다. 또 성수를 '대상수<sup>objective number</sup>'라고 한다면, 법수는 '메타수<sup>meta number</sup>'라 할 수 있다. 그러면 체수는 전체 상황을 일으키는 사건수<sup>event number</sup>라 할 수 있다.

구체적인 사물 속에서 작용하는 성격을 가진 수는 성수(낙서의 '성수<sup>成數</sup>'와는 다름)이다. 이에 대해 체수는 초수가 3이고 말수는 9로서 3+3=6, 3+3+3=9(혹은 3²=9)이다. 성수와 법수의 경우와는 다른 3이 자기언급을 하여 만들어진 수이다. 그래서 이를 '자기언급의 수<sup>self-referential number, SN</sup>'라 부르기로 한다. 다시 말해서 '체<sup>體</sup>'는 'substance'가 아니고, 자기언급을 의미한다. 자기언급적이기 때문에 그 자체가 성수이고 법수이다. 자기 스스로 작용도 하고(성수) 자기가 자기를 제어도 한다(법수). 그래서 체수는 사물의 수가 아니고 사건의 수이다. 고로 21장은 "9가 윤회하여 율과 려가 서로 조화를 이룬 후에 만물이 생겨난다"고 한다. 9는 1~9계열의 끝인 동시에 전체에 해당한다. 알랭 바디우는 이런 경우를 두고 '사건<sup>event</sup>'라고 한다.

23장에서 성수 147은 13월 28일을 결정하는 수행수이고, 법수 258는 이와는 판이하게 윤일<sup>閏日</sup>을 결정하는 수라는 것이 될 것이다. 147이

속도라면 258은 가속도에 해당하는 수이다. 그 성격이 다르다는 말이다. 그리고 체수는 수라는 성질 다시 말해서 수성<sup>數性</sup> 자체의 성격을 말하는 수이다. 다시 말해서 수는 자기언급적인데 그 성격이 있다는 것을 체수가 말할 것이다. 하락도서는 수를 3종류로 구분하지 못하였다.

이렇게 수를 세 종류로 분류해 놓았을 때 중원 황제의 수와 같은 5('황수'라고 부르기로 한다)를 부도지가 어떻게 공략하는가를 보기로 한다. 핵심되는 공략의 내용은 5란 '교차<sup>交叉</sup>'의 의미뿐이지 그것이 변행<sup>變行</sup>, 즉 달라지는 움직임을 의미하는 것은 아니다. 지금까지 중국 전통에서 '5'란 회전대칭의 의미가 있었다. 다시 말해서 오행론에서 상생상극과 주객이 전도되는 회전을 주도하는 것이 5에 있었다는 것이다. 그래서 하도와 낙서 모두에서 5는 중앙에 자리 잡고 요지부동이다. 그러나 중앙의 수는 5뿐만 아니라는 것이다.

이를 두고 부도지는 '이팔지칠<sup>二八之七</sup> 비오<sup>非五</sup>'(21장)라고 한다. 무슨 의미인가? 한마디로 말해서 낙서 마방진을 비판하는 말이다. 마방진에서 부대각선상에 있는 수는 2-5-8이다([도표 1.9] 참고). 가운데 있는 수가 5가 아니고 7이라는 말이다. 여기서 2-5-8은 법수가 아니고 생수와 성수의 관계에서 만들어진 수이다. 2는 생수<sup>生數</sup>이고 8은 성수<sup>成數</sup>이다.[1] 이 간단한 한 구절은 낙서에 대한 비판이나 5의 자리에 다른 수들이 들어갈수 있게 된 것은 본격적으로 조선에 와서야 비로소 가능해진다. 이에 대한 자세한 논의는 3장에서 이어진다.

3장의 전체 내용이 이에 대한 논의라고 할 수 있다. 역학 누천년 역사에서 이것이 가능해진 것은 조선의 김일부의 정역을 비롯하여 최근 금역, 청황부에 와서야 가능해진다(3장 참고). 조선의 동학이나 남학에서 주도해 가능해진 중앙 5를 제거하기를 부도지가 주도하고 있는 것이다. 동학

---

1 성수(性數) 147과 구별이 된다.

해월은 '영부'의 계시를 통해, 금역의 창시자들은 계룡산에서 불굴의 명상과 기도 그리고 연구 끝에 5를 중앙에서 추방하고 그 자리에 6(금역) 혹은 3과 8(청황부)을 가져다 넣는다.

부도지 저자는 이 세 종류의 수를 두고 '삼정三正, Three Rightness'이라고 한다(22장). 중원[中圓]은 "삼정을 번복하여 구차스럽게 맞추고자 하였으나 얻지 못하여, 마침내 하늘의 죄를 끌어들였다"(22장). 중원 문명의 핵인 하락도서에 대해 "하늘의 죄를 끌어들였다"고 극심한 비판을 하고 있다. 삼정을 번복한 결과 달력을 잘못 만들게 되었으며, 그것이 하늘의 죄를 범하는 결과를 초래했다는 것이다. 공자는 하늘에 죄를 얻으면 용서를 빌 데가 없다고 했다. 부도지는 역을 잘못 만든 요堯가 이런 죄를 범했다고 한다.

> 역(曆)이라는 것은 인생증리(人生證理)의 기본이므로… 역이 바르지 못하면 천수에 어긋나 화가 되니, 이는 복은 이치가 존립하는 데 있고, 이치는 바르게 밝히는 데에 존립하는 까닭이다. 그러므로 역의 바르고 바르지 못함은 인간 세상의 화복의 발단이니 가히 삼가지 않을 수 있겠는가(22장).

부도지의 요와 중원 문명에 대한 이러한 비판은 중원에 국한된 것이 아닌 세계 문명사 전체에 대한 비판이다. 달력을 자기 편의대로 바꾸고 달의 이름을 황제 자신의 이름으로 교체하고 30과 31을 자의적으로 만든 율리우스력이나 교리에 부합시킨 그레고리력도 마찬가지 비판의 대상이다. 부도지에 의하면 이것은 하늘에 죄를 얻는 것이나 마찬가지이다. 지금 인류가 인류세를 맞아 최대의 위기를 겪고 있는 것은 하늘에 죄를 얻음, 다시 말해서 달력을 함부로 만들어 사용했기 때문이다.

'오미의 난'에 비해 '오행의 난'은 그 비교가 안 될 정도이고, 오행의 난 주모자는 요임금이다. "대저 요의 세 가지 잘못은 허위의 욕망에서 나온 것이니 어찌 가히 부도 실위의 도에 비할 수 있겠는가?"(23장). 요의 도는 '허위虛僞'이고 부도의 도는 '실위實僞'이다. "허위는 안에서 리理가 부실하여 마침내 멸망에 이르고, 실위는 리가 언제나 나를 만족하게 하여 스스로 존립하게 한다"(23장).

실로 동북아의 역사는 허위와 실위의 싸움이었다. 하락도서에 매여 허위 속에서 지금까지 살아왔다. 수운은 "유도 불도 누천년에 그 운이 다 했다"고 했다. 허위 속에 온존해 왔으므로 이제는 낡은 도道라는 것이다. 이제 하락도서를 바로잡음, 다시 말해서 중앙에서 5를 주변으로 몰아내고 그 자리에 다른 수들이 자유자재로 들락날락하게 해야 한다. 다시 말해서 탈중심화 시대가 도래해야 한다. 실위의 역이 무엇인가를 부도지는 23장에서 구체적으로 말해 줄 것이다.

끝으로 21장에서 부도지는 '배성지물配性之物'에 대하여 비판하고 있다. 오행을 사물에 대응시켜 목, 화, 토, 금, 수라 한 것을 비판하고 있다. 5행을 부정한 마당에 배성지물도 비판될 수밖에 없다. 일대일 대응은 하늘의 별에만 대응되는 것이 아니고, 땅의 기, 풍, 초, 석에도 대응될 수 있다고 한다. 5행을 부정한 결과 금, 목, 수, 화나 토, 목, 수, 화 등 4행으로 바꾸어야 한다는 것이다. 사실 오행론에서도 토를 다른 4행과 같이 나란히 보기도 하고 그것 자체를 분리하여 다른 것들을 부분으로 토는 전체적인 것으로 본다. 이는 멱집합에서 전체가 자기 자신의 부분 안에 포함包含되는 것을 의미한다. 부도지는 포함包含을 부정하고 있는 것 같이 보인다. 그러면 칸토어의 멱집합을 부인하고 있는 것인가? 그런데 4행을 대상이라면 토는 메타와 같다. 전체가 부분이라면 후자는 전체이다. 부분과 전체를 분리해야 하는 것처럼 들릴 수 있다. 다시 말해서 부분과 전체를 두고 유클리드같이 부분의 합이 전체인 것처럼 보일 수 있다.

그러나 위에서 보는 바와 같이 부도지는 5를 중앙에서 추방한 자리에 다른 수들이 얼마든지 갈마들 수 있다는 것을 말하자는 것이지 중앙 자체를 반대한 것은 아니다. 그것이 위에서 말한 이팔지칠二八之七 비오非五(21장)의 진의인 것이다. 부도지 역시 포함包涵이 아닌 포함包含을 말하고 있다는 것이다. 부도지 저자가 왜 한결같이 달력의 중요성을 강조하고 그것이 인간 삶의 요체일 뿐만 아니라 우주 질서의 근간인 것은 아래 문헌들을 통해서 실감할 수 있을 것이다. 그래서 부도지는 멱집합을 부인한 것이 아니고 5의 중앙화를 부정하고 있다.

달력의 중요성에 관해서는 여기서 다 열거할 수 없을 정도로 그 문헌적 전거가 많다. 김일부는 "무력無曆이면 무성無聖이다"라고 했다. 달력을 모르면 성인될 자격이 없다는 말이다. 그러면서 "역은 역이다. 역자력야易者曆也"이라고까지 했다. 공자 이후까지 역학은 그것이 달력을 연구하는 것인 줄을 모르고 내려 왔다는 것이다. 상수와 의리역에 대하여 역의 본령은 달력 연구임을 강조한 말이다.

서전 대우모편(14장) "천지역수天地曆數 재여궁在汝躬 여종汝終 척원후陟元后", 순임금이 우에게 왕위를 넘겨줄 때, 우의 치수 공덕을 들어 칭찬하면서 하늘이 천거한 왕자로서 원후元后에 오를 것을 강조한다. 논어 요왈편(1장)에 요가 순에게 한 말로서 "천지의 역수가 네 몸에 들어 있으니 그 중심을 잡아라(천지역수天地曆數 재이궁在爾躬 윤집궐중允執其中)"이라 했다. 그러나 부도지 저자는 바로 이 말이 '오행지 난'에 해당한다고 한다. 다시 말해서 요가 전한 역에 관해 "그 역제는 천수의 근원을 살피지 못한 것이다"라고 비판한다. 이러한 요의 역제는 대대로 이어져 주자 역시 논어주에서 "역수曆數 제왕상계지차제帝王相繼之次第, 유세시기절지선후야猶歲時氣節之先後也, 역수는 제왕의 서로 이어가는 차례가, 책력에 있는 해와 달과 날과 때의 차례와 같다. 그러나 '무력無曆이면 무왕無王이다'"라고 한다. 주역에서도 건책수 144와 곤책수 216을 합하면 360을 말하고 있지만, 이것은 마고력에 해당되는 것이 아니다.

마고력에 해당하는 문헌의 글들은 천부경, 환단고기, 태백일사 마한

세가 상 등에 기재되어 있다. 마한세가 상에 의하면 "마침 이때 자부선생이 칠회제신력ㄴ回祭神曆을 만들고 『삼황내문』을 천황께 바쳤다. 공공, 헌원, 창힐, 대요의 무리가 찾아와서 모두 자부 선생에게 배웠다. 그때 윷놀이를 만들어 환역을 자세히 설명하였는데, 대체로 (초대 환웅 때) 신지 혁덕이 기록한 천부경이 전하는 취지이다. 옛적에 환웅천황께서 천하가 광대하여 한 사람이 능히 다스릴 수 없다고 생각하였다."

# 초.3 서양에서의 오미와 오행의 난

## 율리우스력과 그레고리력의 화(禍)와 난(亂)

오미의 난은 기독교의 창조설화와 타락설화에 나타날 만큼 큰 난의 원인이 되었다. 에덴동산에서 첫 인간이 오미의 난을 저지른 것 이상으로 오행의 난을 일으킨 존재가 서양의 황제 율리우스와 교황 그레고리이다. 그런 의미에서 부도지는 동북아 구석에서 일어난 일의 기록이 아니고, 지구촌 전체에 관한 보편적인 기록이다. 그 가운데 율리우스력의 난과 그레고리력의 난의 문제가 얼마나 심각한가를 고찰하기 전에 두 역에 관한 진상을 요약해 두기로 한다.

달력에 있어서 가장 어려운 문제는 윤월과 윤일을 처리하는 것이다. 로마력에서 윤월의 길이가 너무 짧고 또 1년 길이의 장단이 너무 심하기 때문에 율리우스 시저는 천문학자 소시케네스의 건의를 받아들여 기원전 47년 춘분 날을 로마의 제2대 누마왕 시대(기원전 715~673)의 춘분 날인 3월 23일로 했다. 그 결과 당연히 두어야 할 23일의 윤월에 다시 장월 2개월에 해당하는 67일을 부쳐 445일을 1년으로 삼게 되었다. 이 해를 두고 '혼란의 해'라고 한다. 한마디로 말해서 '시저의 난'이라고 해도 무방하다. 이와 같이 오행의 난은 서양에서 더 크게 있었던 것이다. 자연에 순응하지 않고 인간의 작의대로 우주의 질서마저 바꿀 수 있다는, 즉 대혼란을 조장한 것이라 할 수 있다. 그래서 부도지가 말하는 '오행의 난'은 동양에 국한된 것이 아니었다.

시저의 난은 요를 능가할 정도로 더 심각하다. 부도지가 요의 오행의 난을 비판하는 것은 5의 중앙화일 뿐, 5 자체를 배격한 것은 아니다. 그러나 로마 황제 율리우스의 달력 왜곡은 이 정도가 아니다. 율리우스의 이어지는 난은 사정이 더 심각해진다. 기원전 46년 1월 1일부터 소위 율리우스력을 사용해 무려 2000년이 넘게 그 골격은 유지된 채 지금까지 전해지고 있다.

기원전 44년에는 쿠인 틸리스라는 달을 시저의 생월이라는 이유로 'July^Julius'로 바꾼다. 기원후 8년 시저의 생질 아우구스투스가 황제가 되자 오행의 난은 더 심각해진다. 홀수 모두가 31일이던 것을 짝수 월 8월을 '31일'로 하고 8월이 생일인 그는 원래 '섹스틸리스'라는 8월의 월명을 자기 이름을 따 'August'로 바꾸고 시저의 생월인 7월이 '31일'이기 때문에 이를 따라 자기 생일도 31일로 바꾼다. 그 결과 9, 10, 11, 12월의 월, 일수가 모두 바뀌어 버린다. 자기 삼촌 시저의 권위를 이어받는다고 달력의 이름과 월의 수마저 바꾼 것이다. 나아가 1년의 길이가 1일 증가하자 2월을 28일 그리고 윤월일 때는 29일로 4년마다 1일을 추가하였다. 그 결과 1년의 길이가 365.25일로 고정되었다. 그레고리력이 율리우스력을 고스란히 이어받는다는 것을 안다면 그냥 둘 수는 없을 것이다. 그레고리 교황이 율리우스력을 그대로 계승한 것은 기원후 313년 기독교가 로마의 국교로 인정된 것과 떠나 생각할 수 없을 것이다.

율리우스력에 이어서 개정된 그레고리력의 난은 율리우스력의 난을 능가할 정도이다. 예수의 부활일에 맞추기 위해 날짜를 무려 10일이나 가감 조절한 것이 그레고리력이기 때문이다. 율리우스력의 1년 365.2500일이 회귀년 365.2444와의 차이는 0.0078이고 이를 일수로 계산하면 '11분 14초'이다. 이것이 128년 경과하게 되면 무려 '1일'이 돼 차이가 나게 한다. 그 결과 기원후 325년 콘스탄티누스 황제(기원후 306~337년)

는 춘분일을 3월 21일로, 1582년 교황 그레고리 13세 때에는 3월 11일로 변경했다.

이에 그레고리 13세 교황은 춘분일을 3월 21일로 고정하기로 했다. 그런데 문제는 고정하자면 1582년 10월 4일(목요일) 다음 날을 무려 10일이나 잘라버리고 10월 16일(금)로 바꾸어야 한다는 것이다. 실로 어처구니없는 일이다. 하늘의 예수가 내려본다면 과연 자기를 위해 우주의 질서마저 바꾸어 버리는 것을 용납할 것인가 묻지 않을 수 없다. 위에서 본 바와 같이 "무력無曆이면 무왕無王이고, 무력無曆이면 무성無聖이라"이라 했는데, 요임금과 율리우스와 그레고리는 제왕과 교황의 권위로 달력을 자의적으로 바꾸었으니, 그 이후 인류문명사가 아니 병들 수 있겠는가?

## 현행 그레고리력을 바꾸어야 할 일곱 가지 이유

그레고리력 개정 운동에 앞장서고 있는 호세 아귀레스는 2000년대부터 두 권의 책들, *The Mayan Factor*와 *Time and The Technosphere*의 출간과 함께 '새 천년 새 달력 사용 전개운동'(The Campaign for New Time of New Millenium)을 전개하고 있다. 그는 두 번째 책을 통하여 그레고리력의 화와 난을 아래와 같이 일곱 가지로 지적하고 있다.

그는 '시법時法'(Law of Time)이란 말로 시간은 우주 질서이고 법이라고 한다. 그 시법은 '공시성synchronize'에 있는데 그레고리력은 이런 시법을 어겼다고 한다. 호세는 시법은 철저하게 수학의 지배를 받아야 하는데 그레고리력은 인위적이고도 작위적이라고 지적한다. 즉, 그레고리력은 '12:60'이란 법칙의 지배를 받는다고 한다. 1일 12시간 1시간 60분에 지배당하고 있는 그레고리력은 자연의 공시성에 어긋난다는 것이다. 참된 시법은 12:60이 아니고, 13:20 혹은 13:28이라는 것이다. 부도지에서 말하고 있는 1달 28일 1년 13월이란 말이다. 이는 부도지와 우연의 일치이다. 그러면서 다음 일곱 가지 이유로 그레고리력은 시법을 어기고 있다고 주장한다.

(1) 그레고리력의 불규칙성을 지적한다. 위에서 본 바와 같이 28, 29, 30, 31일 들과 같이 불규칙적이다. 그렇게 된 이유마저도 황제와 교황이 작위적으로 자기들의 권위와 자기들의 명예를 위해 고쳐 버렸다. 그래서 이는 시법에 어긋나는 것이다. 만약에 13:28 법칙에 따르면 1년은 모두 28일로 같고, 요일도 불변이다.

(2) 그레고리력은 그달 이름부터 변태적이다. 'January'는 앞뒤 양면상을 가지고 있는 신, 'Janus'에서 유래한다. 그런데 마고력에 의하면 13월이 있어서 구태여 1월이 두 얼굴일 필요가 없다. 'February'는 그 근거가 약간 모호하나 어떤 동물 신과 연관이 된다고 본다. 'March'는 화성을 의미하며 전쟁의 신 'Mars'에서 유래한다. 'April'과 'May'는 봄을 상징하는 신의 이름에서 유래한다. 'June'는 'Jupiter' 신의 아내 이름이다. 'July'와 'August'는 가장 강력한 두 황제의 이름이다. 'September'는 9번째 달이지만 의미는 '칠'이고, 'October'는 '팔'이고, 'November'는 '구'이고, 'December'는 '십'을 의미한다. 앞에서 없던 두 달을 끼워 넣기 때문에 밀려난 결과이다. 지금 우리는 이렇게 비합리적이고 비상식적인 달의 이름을 사용하고 있으면서도 그런 줄 모르고 관습적으로 익숙하다고 해 그대로 사용하고 있다. 그러나 이러한 비합리적인 것을 편리하다고 그대로 받아들이는 것은 다른 것에도 그럴 수 있다는 전례를 남길 수 있다. 아니 서양 역사는 역에서뿐만 아니라 문화 전반에서 이런 관례 속에 함몰돼 있다 해도 과언이 아니다. 첫 단추를 잘못 끼웠다 할 수 있다. 월 명이 특정 지역의 신과 제왕들의 이름들로 점철돼 있으며, 양수와 음수가 달의 이름에 혼용돼 있다. 신들의 이름과 제왕들의 이름은 로마 전통에 따

른 것으로서 '팍스 로마나'의 영광을 그대로 나타낸 것인데 왜 지금까지 이를 묵인하고 있는가? 화毒라 아니 할 수 없다.

(3) 그레고리력은 율리우스력과 그 구분이 힘들 정도이다. 오직 한 가지 점에서만 구별이 되는데, 그것은 윤일$^{leap\ year\ day}$에 관한 것이다. 그레고리 13세는 세기가 시작할 때 3일을 제거하는 방식으로 윤일을 정했다. 그것도 4로 나뉘는 세기를 제외하곤 말이다. '윤일'이란 4년마다 초과하는 시간을 더한다는 것을 의미한다. 1년이 정확하게 365일이 아니고 365.241299로서 초과분 0.241299일이 4년이 되면 1일이 되기 때문이다. 그런데 0.241299는 정확하게 1/4(0.25)이 아니다. 그런데 율리우스력은 이 값을 계산에 넣지 못하고 있다.

이 작은 수가 원인이 돼 춘분 일을 정할 때 매년 어려움을 겪게 되고, 동시에 부활절이 매년 다른 날이 될 수밖에 없게 되었다. 이 값이 매년 춘분 일을 정할 때 10일이나 차이가 나도록 만들어 버렸다. 그러나 마야력이나 마고력은 이 문제에 있어서 전혀 어려움이 없다. 예수가 부활한 날짜가 매년 달라진다는 것은 부활 자체를 의심하게 만들 수 있을 것이다. 불신자들 가운데는 이런 사소한 이유로 기독교를 불신하는 원인이 되기도 한다. 이는 마치 부모의 제사일이 매년 달라지는 것과 같다고 생각할 때 귀신도 혼란스러울 것이다.

그래서 그레고리 13세는 1582년 무려 1627년 만에 율리우스력을 고치기로 했다. 먼저 말한 4로 나뉘는 해에 윤일을 두는 제도를 설정 1900년엔 윤일을 두지 않고 대신에 2000년에 두었던 것이다. 그런데 한 가지 놀라운 사실은 로마 교회가 그들의 축일에 윤일이 끼어 있다는 사실을 잘 모르고 있었다는 것이다. 그 이유는 이렇다. 라틴어를 사용하는 대부분의 나라들에서 윤일 혹은 윤년이란 말을 *bisieso*로 혹은 'bisextile 날'로 또 'bisextile 해'로 이해함에 따라 4년에 한 번 드는 것을 마치 6년에 한 번 드는 것으로 오해하게 되었다는 것이다. 그 이유는 'sextile'이 '6'을 의미하기 때문이다. 교회 정식 달력에는 2월 29일이 없고, 대신에 2월 24일이 두 번 있었던 것이다. 그리고 두 번째 24일은 셈하지 않았다. 만약에 셈에 넣는 초과일이 있게 되면, 교회 고정된 성 축제일이 사라져 버리게 된다. 그러면 '2월 24일'이 '3월의 6번째, sixth of calends of March'가 되고 만다(2월 24일=sixth calends of March, 2월 25일=fifth calends, 2월 26=fourth calends of, 2월 27일=third calends of, 2월 28일=second calends, and March 1=calends of March).

이러한 이유 때문에 윤년이 bisieso로 알려지게 되었던 것이다. 그 이유는 the sixth(siesto) calends of March가 이중적으로 중복되기 때문이다. 즉, 'bi'란 말이 '중복'을 의미하기 때문이다. 그래서 2월 29일은 바티칸의 공식적인 날짜로 인정받지 못했던 것이다. 그리고 이날은 공식 예배의식에 해당하는 날짜로 인정받지를 못했었다. 2월 29일은 16~17세기에 이르러 일반 전통 속에서 자연스럽게 인정받게 되었다. 그런데 천형과 같은 0.241299는 매년 천문학적으로 피할 수 없는 초과분의 수인 것이다. 달력에 대한 연구란 결국 윤일에 대한 연구나 마찬가지이다. 윤일에 대한 연구가 논리적으로 그리고 조직적으로 다방면으로 연구가 이루어지고 있는 이유가 여기에 있다. 호세는 '상자 속의 작은 격자 같은 윤일이 우리 삶의 상당히 큰 부분을 지배하고 있다'(the little grid of boxes that rules so much of our lives)고 개탄한다(Arguelles, 2002, 202). 그러나 마고력 13:28력을 사용하게 되면 이런 문제가 깔끔히 해소된다.

(4) 'Calendar'란 말은 'calends'에서 유래했다. 'calends'란 라틴어는 매달 '초하룻날'을 의미한다. 그런데 이 말은 입출금을 기록하는 장부라는 말이다. 매월 초하룻날이면 빚 갚는 날, 공과금 지불하는 날 등 온갖 월별 출입금을 정리하는 날이다. 서양에서 "시간이 돈이다"란 말이 여기

서 유래한다. 바로 'calendar'란 말의 유래가 calends라고 할 때 이는 시간의 순수성을 의심받게 하는 바, 시장 논리로 시간을 사고파는 것으로 되어 버린다. 그런 의미에서 우리는 달력을 보는 순간 돈의 출입금을 생각하게 된다. 황금과 시간이 같아져 버린 것은 크게 잘못된 일이라 아니할 수 없다. 그러나 마고와 마야력은 단 한 번으로 계산 끝이다. 하루 속히 'calendar'란 말부터 'chronometer'나 'syn-chronometer'라는 말로 바꾸어야 할 것이다.

(5) 그레고리력 속에 이미 마고나 마야 코드가 숨겨져 있다. 다시 말해서, 설령 그레고리력을 사용하고는 있지만 세계질서는 그레고리력의 질서대로 돌아가지 않고 그 안에는 마고나 마야 코드가 암암리에 숨겨져 있는 것을 발견할 수 있다. 왜냐하면 마야 혹은 마고력의 코드는 자연 그 자체와도 같기 때문이다. 한 해의 첫 일요일이 정해지는 그 주의 날짜에 따라서 결정된 알파벳 도미니칸 코드가 숨겨져 있다. 한 주가 7일이기 때문에 오직 7개의 도미니칸 코드와 수 a-1, b-2, c-3, d-4, e-5, f-6, g-7이 있다. 그래서 1974년 미 CIA의 주도하에 세계 경제기구 G-7이 탄생했다. G-7이란 명칭은 도미니칸 코드에서 유래한 것이고 이것은 그레고리력과 관련이 있는 것이다.

2001년 그 해의 첫날이 월요일이었다. 그래서 2001년 한 해의 모든 월요일은 a로 코드화한다. 그리고 그 해의 모든 일요일은 G로 표시한다. 그 해에 해당한 코드는 그 해의 일요일의 코드의 대문자로 한다. 그래서 2001년의 코드는 'G-7'이다. 그리고 28년마다 같은 날과 같은 요일이 반복된다. 그러한 이유로 1973~2001년은 1945~1973년을 반복하고, 1945~1973년은 1917~1945를 반복한다. 그래서 1917, 1945, 1973, 2001년의 달력은 요일과 날짜가 같다. 다시 말해서 다시 사용해도 아무 문제가 없다는 말이다. 달력 사기가 부담스러운 사람들에게는 희소식이다. 이는 그레고리력 속에 숨겨진 비밀이다.

28년 주기마다 거기에는 7개의 윤일이 들어 있다. 이 말은 설령 그레고리력을 사용한다고 해도 그 안에는 마고력의 코드가 숨겨져 있었다는 것을 의미한다. 이는 다음 장에서 마고력의 세 종류의 수 성수 1, 4, 7에서 4와 28일을 추출해내는 것을 의미한다. 다시 말해서 마고력은 우주의 질서이기 때문에 그레고리력마저도 147의 질서를 피할 수 없다는 것을 의미한다.

바티칸이 지동설을 숨겨두려 했지만 천문학은 폭로하고 말았듯이 그레고리력도 어느 날 폭파되면서, 바티칸의 제이의 음모 역시 폭로되고 말 것이다. 마고 배열(147)을 그레고리력이 포장하고 있다고 할 수 있을 것이다. 다음 장에서 이 사실이 밝혀질 것이다.

(6) 그레고리력은 일수와 주를 일치시키는 것이 거의 불가능하다. 그레고리력에 주의 이름이 도입된 것은 기원후 325년 니케아 종교회의에서부터이다. 그 이전엔 유대력이 바빌로니아로부터 도입한 것에 근거하였다. 마고력 성수 147이 공헌한 것 가운데 가장 큰 공헌은 7일 1주 그리고 52주 1년이다(52 x 7=364일). 그리고 매달 3일이 수요일이면 어느 달이든 3일은 같은 수요일이다. 그러나 그레고리력은 2020년 9월 18일 금요일이 2020년 10월 18일이 무슨 요일일지도 2021년 9월 18일이 무슨 요일일지 모른다. 그러나 마고력과 마야력은 어느 해이든 상관없이 같은 달, 같은 날은 같은 요일이다. 그러면 인간의 두뇌가 안정이 되고 조화된 주기성으로 정서가 평온해질 것이다. 그레고리력은 매달 일수가 다른데 이러한 질서와 조화를 기대하기는 어렵다. 다시 말해서 그레고리력은 주의 요일과 월의 일수를 일치시키는 것이 어렵고, 그 자체가 불가능하다.

(7) 그레고리력은 자연적인 것을 인공적인 것이 정복하고 만들어진

역이다. 기원전 46~45년 사이에 제정된 율리우스력은 1582년 10월 5~16일의 10일을 영원히 잃어버리게 만들고(lost forever) 일개 교황에 의해 강압적으로 선포된 것이다. 그 이전에 1년이 445일이 되는 '대혼란의 해'(Year of Confusion, 기원전 46년)를 먼저 기억해야 할 것이다. 이 두 사건을 한 번 생각만 해 보아도 서양 문명이 어디서 왜 병들었는지 알게 될 것이다.

이를 두고 호세는 "달력이 태양을 따라잡기"(the calendar 'catch up' with the Sun, Arguelles, 2002, 205)라고 했다. 그 반대이어야 하는데 말이다. 이렇게 지금 우리가 사용하는 그레고리력은 자연 질서를 송두리째 파괴하고서야 가능한 역이다. 율리우스력은 로마 제국의 지배원리imperial dominance를 떠나 생각할 수 없는 것이다. 이 달력을 가지고 동양을 정복하고 특히 마야, 아즈텍, 잉카를 정복한 서양 기독교 세력은 그 곳에 있던 달력들을 거의 불살라 버리고 사용하지 못하게 했던 것이다. 우리도 일제와 함께 양력설과 음력설이 충돌한 역사를 알고 있다. 그러나 우리에겐 양력도 아니고 음력도 아닌 고유의 역, 즉 마고력이 있었던 것이다. 그런데 그 역이 멕시코 마야인들의 그것과 '13월 28일'이라는 점에서 신기하게 일치하고 있다.

마야력 연구하는 학자들은 호세까지 포함하여 아직까지 자기들의 역이 어디서 유래한 줄을 알지 못하고 있다. 13, 18, 20이란 세 수의 유래와 그 구조를 모르고 있기 때문이다. 그러나 우리에겐 이에 대한 문헌적 배경과 문화 속에 한 치의 오차도 없이 남겨져 있는 것이다. 이어지는 3장에선 이 사실을 밝힐 것이다.

# 초.4 그레고리력 저지를 위한 대행진

## '이이제이'(以夷制夷): 그레고리력 폐기 운동 시동 걸다

로마 제국에서 시작하여 세계 최대 종교 집단이 주도해 개정된 그레고리력은 상상을 초월하는, 다시 말해서 하늘의 해도 10일간 멈추게 하는 기법으로 달력을 만들어 2,000여 년 이상 사용되고 있다. 로마 교황청은 갈릴레오와 다윈에게 사과했다. 다음 차례는 그레고리력을 자기들이 먼저 폐기 선언하고 나와야 한다. 그러나 언젠가는 잘못을 인정하고 스스로 폐기하겠지만 지금은 요지부동이다.

그런데 흥미로운 사실은 그레고리력의 오류와 횡포를 알아차린 서양의 지식인들과 단체들은 동양보다 앞서 그레고리력 폐기 운동을 전개하고 있다.

앞에서 소개한 대로 2000년대부터 호세 아귀레스의 두 권의 책들, *The Mayan Factor*와 *Time and The Technosphere*의 출간과 함께 '새 천년 달력 사용 전개운동The Campaign for New Time of New Millennium'으로 변모, 그 타당성의 이유와 논리가 더욱 확대되고 철저하게 되었다. 이를 바라보는 우리의 눈은 처참하기만 하다. 생각하기로는 달력이 만들어지는 유래와 그 논리적 그리고 수리적 구조가 부도지 만큼 분명한 것도 없는데, 당장 강단 사학은 시비를 걸고 나올 것이 분명하고 이를 뒷받침할 만한 정치권의 실체들도 없다. 정부가 '춘천 중도 유적지'를 놀이터로 덮어 버리려고 하는 마당에 가톨릭과 미국의 눈치를 보지 않고는 전개될 수 없는 것이 우리의 처참한 현실이란 말이다. 그러나 해야 할 일은 시작해 놓는 것이 의무라고 본다.

그레고리 달력은 1562년 가톨릭 신부들이 종전의 이단들이 사용하던 날력들을 모두 교체하기 위해 그레고리력을 선포한다. 달력 변경은 그 당시 천문학자들을 박해하던 그 연장선상에서$^{auto-da-fe}$ 이해해야 할 것이다. 마야를 정복한 가톨릭 신부들은 그 이전까지 사용하던 마야력부터 사용을 금지시키고 그레고리력으로 그 자리를 대신했다. 그러나 1980년대부터 호세의 두 권의 책이 출간되자 마야로부터 그 반격은 시작되었다. 호세는 책에서 그레고리력은 3차원 직선적이지만 마고력은 4차원적이라 하면서 방사상, 프랙털, 동시성 질서, 나아가 자연에 대한 재평가를 하도록 했다고 말했다.

앞에서 그레고리력과 마고력은 12:60과 13:20으로 요약된다고 했다. 다시 말해서 전자는 1년 12개월 1시간 60분이지만, 마고력은 13개월 28개월이라고 했다. 그리고 13과 20(28)을 한눈에 확인할 수 있는 것은 한국의 윷판이다. 즉, 수직과 수평축에 있는 수는 13이고, 원주는 20(28)이다. 수직과 수평이 원주와 만나는 곳을 두 번 자기언급을 의미하는 재귀으로 셈하면 20이 28이 된다. 호세는 13과 18 그리고 20이 어디서 어떻게 유래했는지를 알지도 밝히지도 못하고 있다. 그러나 우리 한국 문화는 사방 이 수들이 안 스며든 곳이 없을 정도이다.

이제 우리의 시각, 다시 말해서 마고력 시각에서 볼 때 달력 개정의 당위성을 알아볼 순간에 서 있다. 다시 말해서 지금 중국력으로 알려져 온 소위 '음력'이란 사우디의 경우와 같이 1년을 12개월이라고 할 때 매년 11일이 부족하여 4년에 한 번씩 윤달을 넣어야 한다. 그러나 마고력은 그럴 필요가 없이 1년 365일 그리고 4년에 한 번씩 366일로 해주면 된다. 사우디가 그때 바꿀 때 차라리 마고력으로 바꾸었더라면 앞으로 두 번 다시 달력 바꿀 일이 없었을 것이다. 실로 사우디 정부의 결정은 시대 역행적이라 아니할 수 없다.

지금까지 달력 개정의 소사를 돌이켜 볼 때 거기에 한 가지 공통된 점은 지금까지 사용된 달력이 작위적이고 인위적이었다는 데 있다. 미국과 영국을 중심으로 서양세계 안에서 전개된 달력 개정의 문제점을 점검해 보기로 한다.

먼저 미국 중심적 사고에서 볼 때 13이라는 수에 대한 거부감이다. 마이크로소프트에서 유독 13버전은 목록에서 찾아볼 수 없다. 그리고 사무실도 13층은 없다. 그런데 13월 28일 달력에 의하면 13일이 하필이면 금요일이다. 그리고 년 일과 윤일은 주에도, 월에도 넣지 않는 공일 Null day 혹은 Zero Day로 처리하는 것도 거부감을 주고 있다. 이는 절대무를 인정하지 않으려는 기독교 인격신관에 위배되는 것이기 때문이다. 다음으로 고정력(13월 28일 달력은 요일이 영원히 고정되므로)을 사용하면 미국 최대 공휴일인 독립기념일이 실종되고 만다. 7월 2일로 바꾸든지 Sol월에 넣는 수밖에 없다. 미국의 가치관과 크게 배치되는 이러한 문제들을 고정력(13월 28일)이 안고 있는 것이 현실이다. 그러나 이것은 어디까지나 미국적 표준에서 본 것이다.

13이란 수가 소수素數라는 것은 수학적으로 풀기 어려운 난점 가운데 하나였다. 1년을 4분기로 나누어 정산하는 12라는 수는 2, 3, 4, 6 같은 약수를 가지고 있어서 은행 같은 곳에서는 편리하다. 12란 '식품점grocery' 이란 뜻으로 과일 등을 샀을 때 묶음 하기가 여간 좋지 않다. 이런 편리함을 버리고 나누어 떨어지는 수가 자기 자신뿐인 소수 13을 사용한다는 것은 어불성설이란 것이다. 그러면 고정력이 가지고 있는 이러한 난점을 해결할 수 있는 출구는 없는가? 있다. 그것이 바로 한국의 부도지 23장이다.

그럼에도 고정력은 무엇이 좋은가? 고정력을 사용한 결과 코츠워즈의 철도회사 관리는 통신과 물류 면에서 상상을 초월하게 편리해졌다.

그리고 이스트만 코닥 회사에서는 연말정산 등 회계분야에서 회계처리도 좋았다. 1989년 회사가 폐사될 때까지 일한 종업원의 말을 들어 보면 고정력의 매력은 회사 안에서 대단했다고 한다.

그러나 밖에 나와서는 그레고리력을 불가피하게 사용해야 되는 문제는 아쉬움으로 남았다고 한다. 달력의 소사를 돌이켜 생각해 볼 때 고정력이 가지고 있는 문제점의 출구는 과연 무엇인가이다.

우리가 아직도 부도지에 대한 문헌 검증 운운하고 있을 때 북미주의 원주민 학자들에 의해 앞장서 또 다른 달력 개정 운동이 전개되고 있다. 문화적 그리고 학문적 뒷받침을 굳게 하고 새 물결이 생기기 시작했다. 20세기 초엽에는 주로 기업인들이 기업의 편리를 도모하기 위해 달력 개정 운동이 전개되었다면, 호세 아귀레스 그리고 칼레만 같은 학자들은 뿌리 깊은 문화적 배경을 가지고 그레고리력에 도전하고 있다.

우리 안에서 1980년대 김은수 선생의 부도지 번역 그리고 이정희 선생의 마고력 그리고 미국에서 황혜숙 박사에 의한 '마고이즘' 연구는 달력 개정의 당위성을 여성주의 시각에서 그리고 지구 보존의 시각에서 20세기 초나 그 이전 19세기에 전개되었던 것과는 양상이 다르게 전개되고 있다. 1993년 이찬구 박사를 중심한 '금역' 운동이 일어나 부도지와 상관없이 '13월 28일' 환력(한력)이 발표된 바 있다.

호세는 13월 28일을 새로운 '시법時法, Law of Time'이라고 했다. 그래서 그레고리력 개정 운동은 시법 운동으로서 의식의 전환과 함께 새천년 새때가 바야흐로 왔다고 한다. 필자의 이 책 출간과 함께 한국에서도 시법 운동이 하루 속이 전개되기를 바란다. '세계13월시법평화운동WTMCCP, World Thirteen Moon Calendar Change Peace Movement'을 우리가 주도할 때가 온 것이다. 새 천년 2000과 함께 '시법개정재단Foundation for the Law of Time'이 창설되었다. 이는 1920년 전개되었던 13월 28일 달력 개정 운동의 연장 선상에서 이해될 수 있다.

# 서양 그레고리력의 난과 화: 1849년 콩트의 달력 개정운동

지금 구글에서 '13월 28일<sup>thirteen months 28days</sup>' 달력을 "역사 이전부터 인도, 중국, 남미, 이집트, 폴리네시아, 마야, 잉카, 라코타, 체로키, 켈크 등지에서 사용한 표준 달력이었다"고 소개하고 있다. 그러나 여기서 '중국'이란 표현은 당연히 잘못되었다. 왜냐하면 '13월 28일 역' 소위 '마고력'은 그 시작부터 요임금과 요임금의 오행 사상을 강한 어조로 비판하였기 때문이다. 우리 것이 중국 것으로 둔갑해 세계에 알려지고 있음의 현장을 여기서도 볼 수 있다. 그런데 이에 가장 자해적인 것은 바로 우리 강단 사학이다. 우리 역사학자들이 우리 역사 자체를 말살하고 있다.[1]

그레고리 12개월짜리 달력을 고집하는 데는 몇 가지 용서받지 못할 이유가 있다. 그것은 정치적으로 식민제국주의와 관련이 되고 다른 한편에서는 가부장제 문화와 연관이 된다. 그레고리 달력은 기독교 교리 특히 예수의 탄생과 부활에 부합되게 기계적으로 조작된 것으로 12:60 으로 요약될 수 있다. '1년 12개월 1시간 60분'이라는 말이다. 이에 대해 마고력은 13:28이라고 한다. 서양의 입장에서 볼 때 13개월 역이 종과 시를 '제로'로 취급하는 것에 거부감도 컸을 것이다. 다시 말해서 이는 창조설에도 반하는 것이 된다. 서양 수학이 0을 17세기에 와서나 수용한 것을 보면 그레고리력을 채택한 것은 서양 사상의 근간과 관계된다고 할 수 있다. 우리나라에서는 일요일은 '공일<sup>空日</sup>'이라고 하고 토요일을 '반공일<sup>半空日</sup>'이라고 한다. 그러나 기독교는 '주일<sup>主日</sup>'이라고 한다. 서양 수학이 0을 받아들일 수 없는 것과 같이 마고력을 받아들여야 할 것은 불가피한

---

1 '마고력'은 선사 이전부터 사용된 것이란 점과 이것이 중국 것으로 알려져 있다는 점이다. 다시 반복해 말하면 마고력은 부도지에 유일하게 기록돼 있고 중국 문명의 원조 요(堯)와 요의 문화에 강력하게 반대하는 것 가운데 하나가 월력이 들어 있다는 것이다. 고대 한국 동이 문명이 중국 것과 다른 것 가운데 하나가 달력이었다는 것이다. 그런데 이런 달력을 중국 것으로 둔갑해 세계 앞에 소개되고 있다는 점이다. 하루 속이 시정되어야 마땅하다.

것이 될 것이다.

　이집트의 여인 '클레오파트라의 코가 한 치만 낮았어도'— 이 말은 지금 우리가 여기서 말하려고 하는 달력의 역사에도 그대로 적용될 것이다. 로마력은 태음력이었지만 로마가 이집트를 점령하자 이집트의 태양력과 이를 조화시켜 율리우스력을 만들었다. 가톨릭교회의 그레고리 13세는 1596년에 이를 조금 개정하여 지금 전 세계가 사용하고 있는 소위 '그레고리력'을 만들었다. 그러나 그레고리력 1개월이 28, 29, 30, 31로 변화무쌍하고 요일과 날짜가 맞지를 않아 당장 미국의 추수감사절을 11월 마지막 목요일에 맞추려고 해마다 날짜를 수정하고 있다. 부활절을 정하기는 더 심각하다 할 수 있다. 시저가 달력을 인위적으로 만들어낸 부작용이 두 개의 천년이 지나도록 고쳐지지 않고 있다. 1년에 11일씩 사라져 버리는 날들을 넣고 매년 11분 14초 삭탈되는 것을 보증하기 위해 4년마다 2월에 1일을 더하여 29일로 만든 것이다. 실로 땜질식 달력이라고 할 수 있다. 달력의 구조가 어디서에서부터 잘못된 것인지를 몰랐던 것이다.

　1927년 9월 잡지 *The Outlook*은 그레고리력의 약점을 두고 "1개월이 매우 불규칙적이다. 이 달력은 어떤 천문학적 이론에 근거한 것도 인간 경험에 근거한 것도 아니다. 불규칙적이고 변화무쌍하고 시간 단위는 임의대로 정한 것에 지나지 않는다. 과학적으로 보아도 오도돼 있으며 사업하는 기업인들에겐 불편하기 짝이 없다. 이것은 한갓 나쁜 관습에 의해 지켜지고 있을 뿐이다"(*The Outlook*, 1927년 9월). 한 가지 이유가 있다면, 클레오파트라의 코의 높이가 오직 그레고리 달력의 기준이 되었을지도 모른다. 기독교 교리에 성급하게 적용시키려다 보니 그레고리력은 그 피해가 얼마나 큰 줄도 모르게 관습에 의한 달력이 되고 말았다. 차라리 태음력과 태양력은 그 달moon과 해sun라는 천문학적 기준이라도 있는데 말이다. 양자를 인위적으로 결합시켜 놓은 것이 지금의 그레고리력의 역사의 기원이다.

이러한 그레고리 달력의 문제점을 파악한 프랑스 실증주의 철학자인 동시에 사회학자인 콩트(Auguste Comte, 1798~1857)는 1849년 소위 '실증주의 달력Positivist Calendar'을 만들었다. 1년 13개월 1월 28일(4주×7요×13달 =364일), 다시 말해서 '13월 28일' 달력을 만들었다. 콩트의 실증주의 달력은 요일이 월요일부터 시작하여 20세기에 시작된 고정달력 운동과는 단지 일요일에서 시작하는 것과는 다를 뿐 마고력의 기본 골격이 같다. 실증주의 달력은 달의 이름을 모두 철학, 종교, 문학, 정치인들을 망라한 이름들로 바꾸었다. 1월 Moses, 2월 Homer, 3월 Aristoteles, 4월 Archimedes, 5월 Caesar, 6월 St. Paul, 7월 Charlemane, 8월 Dante, 9월 Gutenberg, 10월 Shakespeare, 11월 Descartes, 12월 Frederic, 13월 Bichat과 같이. 그리고 그레고리력 1789년을 실증주의력 원년元年으로 삼았다. 그리고 윤일은 어느 해에도 어느 주에도 속하지 않게 했다(*Journal of Calendar Reform*, Vol. XVI. No. 4). 우리나라에서 마고력을 복원한 서단목 선생은 366일에 삼일신고 366자와 참전계경 366조를 적어 넣었다. 콩트와 비슷한 발상이다.

프랑스 혁명 이후 달력 개정 운동은 다시 전개되었다. 한 주를 10일로 한 새 달력은 10년 이상 유지되었으나 나폴레옹 즉위와 함께 폐지되었다. 서양에서 이렇게 달력이 부침하는 이유는 근본적으로 인위적으로 작성된 것과 무관하지 않다. 즉, 기독교 교리와 상관하여 인위적으로 작성된 그레고리력이 가톨릭 세력의 서방 남성 가부장 문화가 건재하는 한 어제나 오늘이나 달력 개정 운동의 앞날이 험난할 것은 이미 예정된 것이나 마찬가지이다. 그러나 한 세기가 지나 20세기 상반기부터 달력 개정 운동은 '고정달력 개정 운동The Fixed Calendar'으로 재점화된다. 영국의 철도 사업가 코츠워즈Cotsworth는 철도 회사 운영의 실무 경험에서 13월 28일로 고정된 달력이 실용적이란 경험에 바탕하여 달력 개정 운동에 앞장선다.

그가 콩트를 알고 있었는지는 확실하지 않다. 그는 미국으로 건너와 조지 이스트만과 손잡고 '세계 달력 개정 운동Wolrd Calendar Plan'을 전개한다. 미국은 호응이 좋았으며 이스트만은 코닥회사 사장으로서 정신적으로 물량적으로 달력 개정 운동에 혼신 투구한다.

이스트만 코닥 회사Eastman Kodak Company의 이스트만George Eastman 회장은 코츠워즈와 함께 13개월 달력 사용 운동을 전개하여 1989년까지 사용한다. 이 운동을 '국제 고정달력 사용 운동IFCL, The International Fixed Calendar League'이라고 했다. 사무실은 런던과 미국 로체스타 두 곳에 두었다. '고정달력'이란 마고력같이 13개월 28일 달력으로서 단 한 장의 고정시켜 놓은 달력을 의미한다. 코츠워즈는 1902년부터 운동을 전개했으며 미국의 이스트만은 1928년부터 채택해 '13월 달력The 13-months Calendar' 혹은 '고정력Equa-Month Calendar'이라 불렀다.

이는 우리의 마고력 그대로라고 보면 된다. 다만 윤달과 윤일을 정하는 방법만 다를 뿐이다. 한 장의 달력으로 고정시켜 놓는다는 의미이다. 1928년부터 1989년까지 거의 60여 년 동안 사용했었다. 당시 사용되었던 달력 원본 복사를 보면 아래와 같다(도표 초.2). 13개월 28일 고정된 요일이 그대로 보인다. 이 달력은 물론 부도지 23장과는 아무 상관도 없이 그리고 그것이 알려지지도 않은 상태에서 만들어진 것이다. 이스트만은 이 달력을 회사 안에서 전 직원들에게 사용하도록 했으며 나아가 국제연맹에 고정달력 변경 운동까지 전개하다 1932년에 생을 마쳤다.

그러나 이 고정력의 개정 운동은 오래가지 못했다. 가부장제 기독교 그리고 세계 제1차 대전과 2차 대전을 겪으면서 관심밖에 밀려날 수밖에 없었다. 13:28일 고정력이 변동적 12:60력 앞에 좌절될 것은 예고되었다 하더라도 그 영향력은 상당했다. 당시 미국을 중심으로 전개된 13월 28일 달력 사용하기 운동은 참가한 인원들의 면모나 언론 보도로 보아 상당한 규모의 크기였다는 것을 발견할 수 있다. 당시 연합통신 보도 내

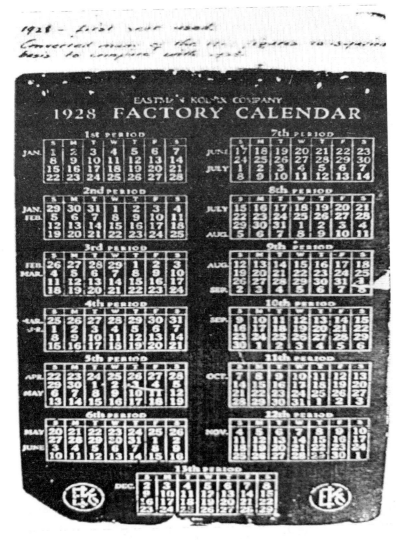

[도표 초.2] 1933~1989년까지 사용된 13월 28일 달력

용에 의하면([도표 초.2]) 미국의 많은 대중이 13월 28일 고정 달력 사용을 찬성한다는 내용을 전국 달력 단순화 위원회The National Committee on Calendar Simplification로부터 받고 이를 제네바에 있는 국가 연맹기구The League of Nations

[도표 초.3] 13월 달력 변경 위원회

at Geneva에 보내 달라는 것이었다.

변경위원회 면모를 보면 좌로부터, ① Secretary Stimson; Dr. G. K. Burgess(벌지스), ② Director of the Bureau of Standards; Dr. Charles F. Marvin(말빈), ③ Chief of the United States Weather Bureau and Vice Chairman of the Committee; Rep. Stephen G. Porter(포터) of Penn., ④ Chairman of the House Committee of Foreign Affairs(하원 외교분과 위원장) ⑤ George Eastman(이스트만) of the Eastman Kodak Co., Rochester, N.Y., and Chair of Calendar Committee와 같다.

이들 5명의 면모들을 볼 때 거의 미국을 대표할 만한 인물들을 모두 망라했다고 할 수 있다. 이들이 운동을 전개할 당시에 우리나라는 일본 식민지배 치하에 있었고, 일본이 부도지 기록 사실을 알았더라면 일본의 이름으로 이 운동에 참가했을지도 모른다. 중국 것으로 알려진 데다가 국적마저 빼앗길 문헌이 될 뻔했다. 그래서 미국에서는 상당한 호응을 얻었으며 뉴욕주 로체스차 시의 교회 지도자들도 이스트만에 달력 변경에 호의적이었다고 한다. 아무런 문헌적 배경 없이 말이다.

## 국제연맹 달력 개정에 개입

놀랍게도 1922년 국제연맹은 '달력 개정위원회'를 구성하였고 무려 185개 정도의 개정안들이 제시되었다. 그 가운데 코츠워즈<sup>Moses B. Cotsworth</sup>의 안이 가장 유력한 제안으로 상정되었다. 이 제안이 국제 상공회의, 특히 뉴욕주 상공회의에서 가장 선호된 안으로 올려졌다. 기업인들이 앞장서 달력 개정에 선도하는 이유는 13개월 달력이 기업 운영에 최적이기 때문이다. [도표 초.4]는 당시 국제연맹 달력 개정 위원들이 토론을 하는 장면이다. 연합통신이 전하는 기사를 보면 위원들은 13개월 달력이 갖는 장단점에 대하여 진지한 토론을 하였다. 13개월 가운데 마지막 sol에 해당하는 달을 6월과 7월 사이에 두자는 안이 강력하게 제시되었다. 끝을 가운데로 옮기자는 안이었다. 그러나 모든 달이 전부 1일을 일요일부터 시작해야 한다는 점에서는 의견이 같았다.

앉아 있는 사람들을 좌측에서 우측으로 이동하면서 보면 아래와 같다.

① Director of the Bureau of Standards; Dr. Charles F.

[도표 초.4] 국제연맹 달력 개정 위원들

# The 13-Months Calendar

## Proposed to be Perpetual and Universal *from 1934.*

The League of Nations has decided to invite all Nations to simplify the Calendar, by International Conference during October, 1931.

*The 3-Methods of Reform to be then considered, are printed on the back.*

### EVERY MONTH—4 WEEKS.

| Sun | Mon | Tue | Wed | Thu | Fri | Sat |
|-----|-----|-----|-----|-----|-----|-----|
| 1 | 2 | 3 | 4 | 5 | 6 | 7 |
| 8 | 9 | 10 | 11 | 12 | 13 | 14 |
| 15 | 16 | 17 | 18 | 19 | 20 | 21 |
| 22 | 23 | 24 | 25 | 26 | 27 | 28• |

Every week-day on its 4 Fixed Monthly Dates. *Leap-day, June 29 and *Year-day, Dec. 29, —both to be International Holidays, after Saturday. Christmas and Holidays on Mondays. The new 28-day month "Sol" would gather up all 29th, 30th and 31st dates, by absorbing the last 13 days of June and the first 15 days of July. All Church Festivals would be "Fixed" to perpetual dates, by fixing Easter Sunday on April 15th (New Style), and Whit-Sunday on June 8th.

*Advantages of the proposed "Fixed Calendar" are summarized on the back.*

## Every Month like February in 1931

### 1931 - CALENDAR - 1931

| JANUARY | FEBRUARY | MARCH | APRIL |
|---------|----------|-------|-------|

May and August have days in 6-weeks. Nine other months have days in 5-weeks. Coming dates for Easter : 1931, April 5; 1932, March 27; 1933, April 16.

**From the International "Fixed Calendar" League, 1, Regent St, London.**

[도표 초.5] 국제연맹이 만든 13월 28일 달력

Marvin(말빈), ② David E. Finlay, Special Assistant Secretary of Treasury, ③ Georgy Eastman, Eastman of Rochester, N.Y. ④ Ethelbert Stewart, Chief of the Bureau of Labor, ⑤ Dr. G. K. Burgess, Director of the Bureau of Standards.

이처럼 한국에서 삼일 운동이 있은 지 불과 3년 후에 국제연맹 기구에서 달력개정위원회가 공식적으로 열렸었다. 그러나 이들 위원들은 13월 역이 이미 우리 역사 문헌 속에 천여 년 전부터 있어 왔다는 사실을 알 리가 없었다. 아니 지금도 모르고 우리 자신들도 이러한 사실을 모르고 알려 하지도 않고 있는 것이 현실이다.

드디어 국제연맹은 1931년 10월 모든 나라를 초청하여 13월로 단순화시켜 달력을 사용하도록 하는 회의를 개최하였다. 1931년 2월은 마침 윤달이어서 모든 달을 2월과 같이 28일로 하도록 했다.

형식은 콩트의 실증주의 달력과 구조는 같으나 콩트와는 달리 달의 이름을 그레고리력의 그것과 동일한 것으로 하였다. 그러나 제13째의 달을 6월과 7월 사이에 넣었으며 이를 '솔$^{Sol}$'이라고 했다. 이는 '하지$^{Soloistic}$'에서 유래한다. 다음 두 개의 달력 가운데([도표 초.6]와 [도표 초.7]) 위의 것은 현재 사용하는 그레고리력이고 아래 것은 미국에서 사용되던 고정력이다. 전자는 매달 28, 29, 30, 31로 변경되고 요일과 날짜가 일치하지 않는다. 매달 시작하는 요일이 다르며 부활절과 추수감사절은 수시로 변경해야 한다.

그러나 고정력은 매달 1일이 일요일로 시작하고 28일 토요일로 끝난다. 윤달과 윤일을 따로 둘 필요가 없다. 다시 말해서 매년 윤달에 해당하는 1개월을 6월과 7월 사이에 넣고 12월 28일 다음에 29일을 두어 이를 '년일$^{Year Day}$'이라 부른다. 그러면 그레고리력같이 4년마다 2월에 29일을 따로 둘 필요도 없고, 태음력같이 윤달을 둘 필요도 없게 된다. 29일은 어느 주에도 월에도 속하지 않는다.

| MONTH | 1st WEEK | 2nd WEEK | 3rd WEEK | 4th WEEK | 5th WEEK | 6th WEEK | MONTH |
|---|---|---|---|---|---|---|---|
| | S M T W T F S | S M T W T F S | S M T W T F S | S M T W T F S | S M T W T F S | S M | |
| Jan | 1 2 3 4 5 6 7 | 8 9 10 11 12 13 14 | 15 16 17 18 19 20 21 | 22 23 24 25 26 27 28 | 29 30 31 | | Jan |
| Feb | 1 2 3 4 | 5 6 7 8 9 10 11 | 12 13 14 15 16 17 18 | 19 20 21 22 23 24 25 | 26 27 28 | | Feb |
| Mar | 1 2 3 4 | 5 6 7 8 9 10 11 | 12 13 14 15 16 17 18 | 19 20 21 22 23 24 25 | 26 27 28 29 30 31 | | Mar |
| Apr | 1 | 2 3 4 5 6 7 8 | 9 10 11 12 13 14 15 | 16 17 18 19 20 21 22 | 23 24 25 26 27 28 29 | 30 | Apr |
| May | 1 2 3 4 5 6 | 7 8 9 10 11 12 13 | 14 15 16 17 18 19 20 | 21 22 23 24 25 26 27 | 28 29 30 31 | | May |
| Jun | 1 2 3 | 4 5 6 7 8 9 10 | 11 12 13 14 15 16 17 | 18 19 20 21 22 23 24 | 25 26 27 28 29 30 | | Jun |
| July | 1 | 2 3 4 5 6 7 8 | 9 10 11 12 13 14 15 | 16 17 18 19 20 21 22 | 23 24 25 26 27 28 29 | 30 31 | July |
| Aug | 1 2 3 4 5 | 6 7 8 9 10 11 12 | 13 14 15 16 17 18 19 | 20 21 22 23 24 25 26 | 27 28 29 30 31 | | Aug |
| Sep | 1 2 | 3 4 5 6 7 8 9 | 10 11 12 13 14 15 16 | 17 18 19 20 21 22 23 | 24 25 26 27 28 29 30 | | Sep |
| Oct | 1 2 3 4 5 6 7 | 8 9 10 11 12 13 14 | 15 16 17 18 19 20 21 | 22 23 24 25 26 27 28 | 29 30 31 | | Oct |
| Nov | 1 2 3 4 | 5 6 7 8 9 10 11 | 12 13 14 15 16 17 18 | 19 20 21 22 23 24 25 | 26 27 28 29 30 | | Nov |
| Dec | 1 2 | 3 4 5 6 7 8 9 | 10 11 12 13 14 15 16 | 17 18 19 20 21 22 23 | 24 25 26 27 28 29 30 | 31 | Dec |

[도표 초.6] 그레고리력

| MONTH | 1st WEEK | 2nd WEEK | 3rd WEEK | 4th WEEK | No 5th or 6th WEEK |
|---|---|---|---|---|---|
| | S M T W T F S | S M T W T F S | S M T W T F S | S M T W T F S | |
| Jan | 1 2 3 4 5 6 7 | 8 9 10 11 12 13 14 | 15 16 17 18 19 20 21 | 22 23 24 25 26 27 28 | |
| Feb | 1 2 3 4 5 6 7 | 8 9 10 11 12 13 14 | 15 16 17 18 19 20 21 | 22 23 24 25 26 27 28 | |
| Mar | 1 2 3 4 5 6 7 | 8 9 10 11 12 13 14 | 15 16 17 18 19 20 21 | 22 23 24 25 26 27 28 | |
| Apr | 1 2 3 4 5 6 7 | 8 9 10 11 12 13 14 | 15 16 17 18 19 20 21 | 22 23 24 25 26 27 28 | |
| May | 1 2 3 4 5 6 7 | 8 9 10 11 12 13 14 | 15 16 17 18 19 20 21 | 22 23 24 25 26 27 28 | |
| Jun | 1 2 3 4 5 6 7 | 8 9 10 11 12 13 14 | 15 16 17 18 19 20 21 | 22 23 24 25 26 27 28 | |
| Sol | 1 2 3 4 5 6 7 | 8 9 10 11 12 13 14 | 15 16 17 18 19 20 21 | 22 23 24 25 26 27 28 | PROPOSED NEW MONTH |
| July | 1 2 3 4 5 6 7 | 8 9 10 11 12 13 14 | 15 16 17 18 19 20 21 | 22 23 24 25 26 27 28 | |
| Aug | 1 2 3 4 5 6 7 | 8 9 10 11 12 13 14 | 15 16 17 18 19 20 21 | 22 23 24 25 26 27 28 | |
| Sep | 1 2 3 4 5 6 7 | 8 9 10 11 12 13 14 | 15 16 17 18 19 20 21 | 22 23 24 25 26 27 28 | |
| Oct | 1 2 3 4 5 6 7 | 8 9 10 11 12 13 14 | 15 16 17 18 19 20 21 | 22 23 24 25 26 27 28 | |
| Nov | 1 2 3 4 5 6 7 | 8 9 10 11 12 13 14 | 15 16 17 18 19 20 21 | 22 23 24 25 26 27 28 | |
| Dec | 1 2 3 4 5 6 7 | 8 9 10 11 12 13 14 | 15 16 17 18 19 20 21 | 22 23 24 25 26 27 28 | 29 "YEAR-DAY" |

[도표 초.7] 고정력

미국에서 그레고리력을 채택한 것은 1745년 존스[Hugh Jones] 목사였다. 1753년 그레고리력은 기독교 성자들의 이름을 따 제정되었다. 실증주의 달력은 다분히 탈기독교적 색채를 분명하게 느낄 수 있으나 이스트만은 월명은 그레고리력을 그대로 채용한 것을 볼 수 있다. 콩트와는 달리 최대한 그레고리력을 따르려고 했으나 달력의 구조만은 근본적으로 콩트의 그것과 같다. 미국이 어떤 달력을 표준으로 사용할 것인가에 대해서는 아직까지 정해진 것이 없다. 지금 미국이 사용하고 있는 그레고리력은 1751년 대영제국 의회 시행령Act of Parliament of United Kingdom'에서 유래한다. 1751년 영국 달력시행령British Calendar Act은 영국의 식민지 영토 내에 국한하여 사용하도록 한 것이다. 1920년대 미국에서부터 달력 개정 운동이 전개되었던 이유 역시 미국이 영국으로부터 완전한 독립을 의미하는 하나의 행동이라 볼 수 있을 것이다.

1923년 설립된 IFCL은 위원장으로 프레밍Sir Sandford Fleming을 선출한 후 영국 런던과 미국 로체스타에 사무실을 두고 국제연맹에 고정달력 개정 안건을 제출하였다. 이 안이 받아들여져 국제연맹은 각국으로부터 달력 개정안을 접수하기 시작했었다. 무려 185개 안건이 제시되었지만 그 중에 2개만 채택되었다. 그 가운데 IFCL의 안이 포함돼 있었다. 그러나 잇달아 제1차 대전이 발발하고 이스트만이 1923년 자살을 하면서 개정 운동은 중지될 수밖에 없었고 1946년 국제연맹이 해체되면서 달력 개정 운동은 물거품이 되는 듯했다.

다른 한편 사우디아라비아 같은 나라는 2016년 10월 2일 마지막 일요일부터 그들이 사용해 오던 달력을 그레고리력으로 바꾸었다. 봉급체계와 국제 유가 문제와 민감하게 연계되어 있는 마당에 사우디는 경제적 손실을 막기 위해 달력을 그레고리력으로 바꾼 것이다. 그 이유는 그 이전에 사우디는 12개월 그리고 29과 30일로 된 지금의 음력을 사용한 결과 1년이 354일 되고 매년 11일이 모자라게 되었다. 이의 경제적 손실은 막대했던 것이다. '히즈리Hijri'라고 하는 이들이 사용해 오던 음력은 마호멧이 메카에서 메디나로 순례를 떠나던 해를 기념하기 위한 것으로 1932년부터 사용해 왔다.

이제 우리의 시각 다시 말해서 마고력 시각에서 볼 때 달력 개정의 당위성을 볼 순간에 서 있다. 다시 말해서 지금 중국력으로 알려져 온 소위 음력이란 사우디의 경우와 같이 1년을 12개월이라고 할 때 매년 11일이 부족하여 4년에 한 번씩 윤달을 넣어야 한다. 그러나 마고력은 그럴 필요가 없이 1년 365일 그리고 4년에 한 번씩 366일로 해주면 된다. 사우디가 그때 차라리 마고력으로 바꾸었더라면 앞으로 두 번 다시 달력 바꿀 일이 없었을 것이다.

우리가 아직도 부도지에 대한 문헌 검증 운운하고 있을 때 북미주의 원주민 학자들이 앞장선 또 다른 달력 개정 운동이 전개되고 있다. 문화적 그리고 학문적 뒷받침을 하고 새 물결이 생기기 시작했다. 20세기 초엽에는 주로 기업인들이 기업의 편리를 도모하기 위해 개정 운동이 전개되었다면 호세 아귀레스 그리고 칼레만 같은 학자들은 뿌리 깊은 문화적 그리고 우주적 배경을 가지고 그레고리력에 도전하고 있다.

[도표 초.8]의 불협화를 조장하는 그레고리력을 고집할 것인가 [도표 초.9]의 조화의 마고력을 사용할 것인가를 결단할 순간이 왔다. 이제 제이의 13월 28일 달력 사용 운동을 전개할 때이다. 가부장제의 청산과 패권주의 그리고 코로나의 팬데믹pandemic은 달력을 바꿀 제이의 기회를 예고하고 있다.

# DIS-HARMONY + ENTROPY

## GREGORIAN CALENDAR YEAR EXAMPLE

**JANUARY**

| 1 | 2 | 3 | 4 | 5 | 6 | 7 |
|---|---|---|---|---|---|---|
| 8 | 9 | 10 | 11 | 12 | 13 | 14 |
| 15 | 16 | 17 | 18 | 19 | 20 | 21 |
| 22 | 23 | 24 | 25 | 26 | 27 | 28 |
| 29 | 30 | 31 | | | | |

**FEBRUARY**

| | | 1 | 2 | 3 | 4 |
|---|---|---|---|---|---|
| 5 | 6 | 7 | 8 | 9 | 10 | 11 |
| 12 | 13 | 14 | 15 | 16 | 17 | 18 |
| 19 | 20 | 21 | 22 | 23 | 24 | 25 |
| 26 | 27 | 28 | 29 | | | |

**MARCH**

| | | | 1 | 2 | 3 |
|---|---|---|---|---|---|
| 4 | 5 | 6 | 7 | 8 | 9 | 10 |
| 11 | 12 | 13 | 14 | 15 | 16 | 17 |
| 18 | 19 | 20 | 21 | 22 | 23 | 24 |
| 25 | 26 | 27 | 28 | 29 | 30 | 31 |

**APRIL**

| 1 | 2 | 3 | 4 | 5 | 6 | 7 |
|---|---|---|---|---|---|---|
| 8 | 9 | 10 | 11 | 12 | 13 | 14 |
| 15 | 16 | 17 | 18 | 19 | 20 | 21 |
| 22 | 23 | 24 | 25 | 26 | 27 | 28 |
| 29 | 30 | | | | | |

**MAY**

| | 1 | 2 | 3 | 4 | 5 |
|---|---|---|---|---|---|
| 6 | 7 | 8 | 9 | 10 | 11 | 12 |
| 13 | 14 | 15 | 16 | 17 | 18 | 19 |
| 20 | 21 | 22 | 23 | 24 | 25 | 26 |
| 27 | 28 | 29 | 30 | 31 | | |

**JUNE**

| | | | | | 1 | 2 |
|---|---|---|---|---|---|---|
| 3 | 4 | 5 | 6 | 7 | 8 | 9 |
| 10 | 11 | 12 | 13 | 14 | 15 | 16 |
| 17 | 18 | 19 | 20 | 21 | 22 | 23 |
| 24 | 25 | 26 | 27 | 28 | 29 | 30 |

**JULY**

| 1 | 2 | 3 | 4 | 5 | 6 | 7 |
|---|---|---|---|---|---|---|
| 8 | 9 | 10 | 11 | 12 | 13 | 14 |
| 15 | 16 | 17 | 18 | 19 | 20 | 21 |
| 22 | 23 | 24 | 25 | 26 | 27 | 28 |
| 29 | 30 | 31 | | | | |

**AUGUST**

| | | 1 | 2 | 3 | 4 |
|---|---|---|---|---|---|
| 5 | 6 | 7 | 8 | 9 | 10 | 11 |
| 12 | 13 | 14 | 15 | 16 | 17 | 18 |
| 19 | 20 | 21 | 22 | 23 | 24 | 25 |
| 26 | 27 | 28 | 29 | 30 | 31 | |

**SEPTEMBER**

| | | | | | | 1 |
|---|---|---|---|---|---|---|
| 2 | 3 | 4 | 5 | 6 | 7 | 8 |
| 9 | 10 | 11 | 12 | 13 | 14 | 15 |
| 16 | 17 | 18 | 19 | 20 | 21 | 22 |
| 23 | 24 | 25 | 26 | 27 | 28 | 29 |
| 30 | | | | | | |

**OCTOBER**

| | 1 | 2 | 3 | 4 | 5 | 6 |
|---|---|---|---|---|---|---|
| 7 | 8 | 9 | 10 | 11 | 12 | 13 |
| 14 | 15 | 16 | 17 | 18 | 19 | 20 |
| 21 | 22 | 23 | 24 | 25 | 26 | 27 |
| 28 | 29 | 30 | 31 | | | |

**NOVEMBER**

| | | | 1 | 2 | 3 |
|---|---|---|---|---|---|
| 4 | 5 | 6 | 7 | 8 | 9 | 10 |
| 11 | 12 | 13 | 14 | 15 | 16 | 17 |
| 18 | 19 | 20 | 21 | 22 | 23 | 24 |
| 25 | 26 | 27 | 28 | 29 | 30 | |

**DECEMBER**

| | | | | | | 1 |
|---|---|---|---|---|---|---|
| 2 | 3 | 4 | 5 | 6 | 7 | 8 |
| 9 | 10 | 11 | 12 | 13 | 14 | 15 |
| 16 | 17 | 18 | 19 | 20 | 21 | 22 |
| 23 | 24 | 25 | 26 | 27 | 28 | 29 |
| 30 | 31 | | | | | |

TWELVE IRREGULAR MONTHS 12:60 SIXTY MINUTES PER HOUR

ARTIFICIAL TIME

[도표 초.8] 불협화 그레고리력

# HARMONY + EVOLUTION
## PERPETUAL 13-MONTH X 28-DAY CALENDAR

**MONTH 1** ●

| 1 | 2 | 3 | 4 | 5 | 6 | 7 |
|---|---|---|---|---|---|---|
| 8 | 9 | 10 | 11 | 12 | 13 | 14 |
| 15 | 16 | 17 | 18 | 19 | 20 | 21 |
| 22 | 23 | 24 | 25 | 26 | 27 | 28 |

**MONTH 2** ● ●

| 1 | 2 | 3 | 4 | 5 | 6 | 7 |
|---|---|---|---|---|---|---|
| 8 | 9 | 10 | 11 | 12 | 13 | 14 |
| 15 | 16 | 17 | 18 | 19 | 20 | 21 |
| 22 | 23 | 24 | 25 | 26 | 27 | 28 |

**MONTH 3** ● ● ●

| 1 | 2 | 3 | 4 | 5 | 6 | 7 |
|---|---|---|---|---|---|---|
| 8 | 9 | 10 | 11 | 12 | 13 | 14 |
| 15 | 16 | 17 | 18 | 19 | 20 | 21 |
| 22 | 23 | 24 | 25 | 26 | 27 | 28 |

**MONTH 4** ● ● ● ●

| 1 | 2 | 3 | 4 | 5 | 6 | 7 |
|---|---|---|---|---|---|---|
| 8 | 9 | 10 | 11 | 12 | 13 | 14 |
| 15 | 16 | 17 | 18 | 19 | 20 | 21 |
| 22 | 23 | 24 | 25 | 26 | 27 | 28 |

**MONTH 5** ▬

| 1 | 2 | 3 | 4 | 5 | 6 | 7 |
|---|---|---|---|---|---|---|
| 8 | 9 | 10 | 11 | 12 | 13 | 14 |
| 15 | 16 | 17 | 18 | 19 | 20 | 21 |
| 22 | 23 | 24 | 25 | 26 | 27 | 28 |

**MONTH 6** ●
▬

| 1 | 2 | 3 | 4 | 5 | 6 | 7 |
|---|---|---|---|---|---|---|
| 8 | 9 | 10 | 11 | 12 | 13 | 14 |
| 15 | 16 | 17 | 18 | 19 | 20 | 21 |
| 22 | 23 | 24 | 25 | 26 | 27 | 28 |

**MONTH 7** ● ●
▬

| 1 | 2 | 3 | 4 | 5 | 6 | 7 |
|---|---|---|---|---|---|---|
| 8 | 9 | 10 | 11 | 12 | 13 | 14 |
| 15 | 16 | 17 | 18 | 19 | 20 | 21 |
| 22 | 23 | 24 | 25 | 26 | 27 | 28 |

**MONTH 8** ● ● ●
▬

| 1 | 2 | 3 | 4 | 5 | 6 | 7 |
|---|---|---|---|---|---|---|
| 8 | 9 | 10 | 11 | 12 | 13 | 14 |
| 15 | 16 | 17 | 18 | 19 | 20 | 21 |
| 22 | 23 | 24 | 25 | 26 | 27 | 28 |

**MONTH 9** ● ● ● ●
▬

| 1 | 2 | 3 | 4 | 5 | 6 | 7 |
|---|---|---|---|---|---|---|
| 8 | 9 | 10 | 11 | 12 | 13 | 14 |
| 15 | 16 | 17 | 18 | 19 | 20 | 21 |
| 22 | 23 | 24 | 25 | 26 | 27 | 28 |

**MONTH 10** ▬
▬

| 1 | 2 | 3 | 4 | 5 | 6 | 7 |
|---|---|---|---|---|---|---|
| 8 | 9 | 10 | 11 | 12 | 13 | 14 |
| 15 | 16 | 17 | 18 | 19 | 20 | 21 |
| 22 | 23 | 24 | 25 | 26 | 27 | 28 |

**MONTH 11** ●
▬
▬

| 1 | 2 | 3 | 4 | 5 | 6 | 7 |
|---|---|---|---|---|---|---|
| 8 | 9 | 10 | 11 | 12 | 13 | 14 |
| 15 | 16 | 17 | 18 | 19 | 20 | 21 |
| 22 | 23 | 24 | 25 | 26 | 27 | 28 |

**MONTH 12** ● ●
▬
▬

| 1 | 2 | 3 | 4 | 5 | 6 | 7 |
|---|---|---|---|---|---|---|
| 8 | 9 | 10 | 11 | 12 | 13 | 14 |
| 15 | 16 | 17 | 18 | 19 | 20 | 21 |
| 22 | 23 | 24 | 25 | 26 | 27 | 28 |

**MONTH 13** ● ● ●
▬
▬

| 1 | 2 | 3 | 4 | 5 | 6 | 7 |
|---|---|---|---|---|---|---|
| 8 | 9 | 10 | 11 | 12 | 13 | 14 |
| 15 | 16 | 17 | 18 | 19 | 20 | 21 |
| 22 | 23 | 24 | 25 | 26 | 27 | 28 |

13 MONTHS/MOONS
OF 28 DAYS EACH
+1 "DAY OUT OF TIME"
=365 DAYS WHICH
MAKES AN ACTUAL
SOLAR/LUNAR CALENDAR.

**+1**
"DAY OUT OF TIME"
7/25
CELEBRATION OF
PEACE THROUGH
CULTURE,
OBSERVED GLOBALLY.

THIRTEEN PERFECT MOONS **13:28** OF 28 DAYS EACH

*Natural/Organic Time*

[도표 초.9] 조화의 상징 13월력

# 마고력의
# 문헌적 배경과 구조

『부도지』 23장의 성수, 법수, 체수를 중심으로 문헌적 고찰과 함께 구체적으로 마고력이 어떻게 이를 통해 성립하는가를 고찰한다. 1.1에서는 성수 147를 통해 13월 28일 성립하는 배경과 실제 달력을 만들어 본다. 법수 258을 통해 윤일이 어떻게 법수를 통해 성립하는가를 본다. 1.2에서는 신화와 과학적 이론을 가지고 와 마고력의 타당성을 고찰할 것이다.

## 1.1 『부도지』 23장

### 마고수와 마고 배열법

23장을 I, II, III, IV 단으로 나누어 성수, 법수, 체수를 순서대로 고찰할 것이다.

> [I단] 천도가 돌고 돌아 종시 즉 '끝'과 '첨'이 있고, 종시가 또 돌고 돌아 4단씩 겹쳐 나가 다시 종시가 있다. 1종시의 사이를 '소력小曆'이라 하고, 종시의 종시가 '중력中曆', 네 번 겹친 종시를 '대력大曆'이라 한다. 소력의 1회를 '사祀'라 하니 1사에는 '13기期'가 있고, 1기에는 '28일日'이 있으며 다시 '4요曜'로 나뉜다.

[II단] 1요는 7일이 있고, 요가 끝나는 것을 '복服'이라 한다. 그러므로 1사에 52요복이 있으니 즉 364일이다. 이는 1, 4, 7의 '성수性數'요, 매 사의 시작에 '대사大祀'의 '단므'이 있으니, 단과 1은 같기 때문에 합하여 365일이 되고, 3사의 반에 대삭大朔의 '판販'이 있으니, 판은 사의 2분절이다. 이는 2, 5, 8의 '법수法數'요, 판이 긴 것이 1일과 같기 때문에 제4의 사는 366일이 된다.

[III단] 10사의 반에 대회大晦의 '구朞'가 있으니, 구는 시時의 근원이다. 300구가 1묘眇가 되니, 묘는 구가 눈에 느껴지는 것이다. 이와 같이 9,633묘를 지나서 각刻, 분分, 시時가 1일日이 되니 이는 3, 6, 9의 '체수體數'이다. 이렇게 끝나고 또 시작하여 차차 중력과 대력에 미쳐서 이수理數가 곧 이루어지는 것이다.

[IV단] 대저 요의 이 세 가지 잘못은 허위의 욕망에서 나온 것이니 어찌 가히 부도 실위實爲의 도에 비할 수 있겠는가? 허위는 안에서 리理가 부실하여 마침내 멸망에 이르고, 실위는 리理가 나를 언제나 만족하게 하여 스스로 함께 존립한다.

IV는 23장을 쓴 저자의 의도를 드러내고 있다. 즉, 중국의 우상적 문화영웅이고 제왕인 요堯를 비판하고 있다. 필자는 부도지 저자가 이렇게 중국과 대립각을 세우는 변증법적 접근 태도에서 부도지에 대한 문헌적 가치를 인정하게 되었다. '허위'와 '실위'란 두 어휘를 구사하면서 요임금은 세 가지 허위의 화신이고 허위는 개인이나 국가를 멸망시키고 만다는 것과 허위를 버리고 실위로 요가 돌아와야 한다는 것이다.

요의 허위 가운데 하나가 바로 잘못된 달력을 사용하게 한 것이다. 잘못된 달력이란 1년을 12개월을 매월 29일과 30일로 나누고, 4년마다 한 달 더 추가하는 것을 두고 하는 말이다. 이는 '허위'라는 것이다. 그러면서 실위에 근거한 달력이 '13월 28일력'이라는 것이 23장에서 부도지 저자가 말하려는 의도이다. 실위에 근거한 달력의 구체적인 내용이 I, II, III 단에 해당한다.

시간에 관하여 초, 분, 시, 일, 월, 연과 같은 귀에 익숙한 용어들도 있지만 사, 기, 회, 삭, 단, 판과 같이 대부분 지금 우리가 사용하고 있지 않는 것들이 많다. 이 용어들과 함께 이 용어들에 대한 메타 용어들이 있다. 그중 가장 중요한 것이

성수性數 Performing Number(PN): 1, 4, 7

법수法數 Lawful Number(LN): 2, 5, 8

체수體數 Reference Number(RN): 3, 6, 9

이다. 이들 수들을 '마고수'라고 하며 '3줄 3칸'으로 하도와 낙서와 같은 정방형 속에 넣는 순간 이들 수들은 둔갑을 할 정도로 획기적인 의미를 갖기 시작한다. 지금까지 부도지 연구가 전진 계기를 만들지 못한 이유가 이들 세 종류의 수들을 정방형 속에 넣지 않은 데 있다고 볼 수 있다. 부도지 저자는 이들 세 수들을 '삼정三正'이라고 한다. 삼정의 특징은 '윤멱輪冪'이다. 즉 같은 수를 반복해서 곱하기하는 것이며 이를 두고 현대 과학에선 '프랙털'이라고 한다.

1, 2, 3, 4, 5, 6, 7, 8, 9의 9개수들을 [도표 1.1]과 같이 정방형 안에 배열하는 것을 '마첩진麻疊陣' 혹은 '마고 배열법Mogoist Array'이라 부르기로 한다.

| 3 | 6 | 9 |
|---|---|---|
| 2 | 5 | 8 |
| 1 | 4 | 7 |

[도표 1.1] 마첩진(마고 배열법)

마고 배열은 일종의 '사전식 배열법lex-icographical'이다. 역의 방도에서 세로줄 하나에 여러 개의 의미를 달아나가는 식이란 뜻이다. 사전에서 단어들을 배열할 때 가나다… 혹은 abcd… 식으로 순서대로 배열하는 것을 두고 하는 말이다. 그런 의미에서 123, 456, 789는 사전식 배열법이라 할 수 있다. 좌측에서 우측으로 그리고 위에서 아래로(이것은 동양식 순서로서) 우측에서 좌측으로 위에서 아래로 배열한 것이다. 세로칸은 1만큼 증가하고 가로줄은 3만큼 증가한다.

마방진 같으나 정확하게 같지는 않다. 부도지는 마방진같이 5를 중앙화 한 것에 강하게 반대를 한다. 그래서 마고 배열법('삼정도' 혹은 '윤멱도'라고도 함)은 수들에 사물에 해당하는 금, 목, 수, 화, 토와 같은 이름 붙이는 것을 반대한다. 그런 의미에서 상수학과도 다르다. 순수하게 수만으로만 마고력을 말하는 것에 특징 가운데 특징이다. 이렇게 명협이나 동물 같은 것에 마고 배열법을 일치시키거나 어떤 상과도 일치시키는 것을 부도지는 반대하고 이것이 우리 고유의 과학 정신이 아닌가 한다. 이는 마치 기의없는 기표만을 강조하는 라캉의 주장같이 보인다.

5를 반대하는 것은 5만이 중앙화되는 것을 반대할 뿐이다. 5 이외의 모든 수들이 중앙화될 수 있다는 것이다. 이것은 동양 수천 년 역사 속에서 코리아에 와서야 가능해진다. 3장에서 이를 다룰 것이다. 그래서 앞으로 우리의 관심사는 15마방진만이 아닌 13과 18 마방진도 가능하다는 것을 보여줌으로써 마고력이 성립할 수 있는 이론적 배경을 마련할 것이다.

성수 1, 4, 7에서 13월 28일 개념을 도출해 내고, 13과 18 마방진에서 13개월 개념도 찾아낼 것이다. 이에 앞서 부도지에서 말하고 있는 다른 메타언어들은 '종시'와 '첩첩'이다. 즉, '첩첩4진'에 의한 시간 개념들을 산출해 낼 것이다. 첩첩4진이란 윤멱의 다른 말이라고 보면 된다. 단별로 구체적인 설명을 하기로 한다.

## 성수 147의 구조와 마고력

> **I 단.**
> 천도가 돌고 돌아 스스로 종과 시가 된다. 또 돌고 돌아 4단씩 겹쳐 나가 다시 종시가 있다(天道回回 自有終始 終始且回 疊進四段以更有終始也).

우주 삼라만상 속에는 오직 두 가지 대칭, 반영대칭과 회전대칭이 있을 뿐이다. '음양'이 전자라면 '오행'은 후자이다. 중국 사상에 비해 한국 사상이 가장 강조해 말하고 있는 것은 회전대칭인 '돌고 도는' '회回'이다. 중국이 '회會'를 강조한다면 우리는 '회回'를 강조한다. 서양 사상은 처음부터 회전대칭을 두려워해 우로보로스 뱀을 살해한다. 에덴동산에서 뱀이 갖는 상징은 회전대칭이다. 그러나 우리 한국 문화에서 뱀은 상서로운 동물로서 그 이유는 뱀은 모든 동물 가운데 자기 몸으로 회전을 만들 줄 알기 때문이다. 에덴동산에서 뱀을 악마화시킨 이유도 그 모양이 '회회回回'이기 때문이다. 그러나 우리 민족의 상징은 바로 '회회'에 있다. 그래서 하늘의 도를 '회회'라 한 것이다.

뱀이 자기 입으로 자기를 먹는 '우로보로스 자체식Ouroboros Autophagy'을 '자유종시自有終始'라고 한 것이다. '종시'가 다시 회전하는 것을 '종시차회終始且回'라 하고 그것이 "4단으로 첩첩이 감돌아 그 가운데에 또 종시가 있다"[輪羃]. 여기서 '첩첩'이란 마치 고사리 잎이 같은 모양을 반복하는 것과 같은, 다시 말해서 '프랙틸' 현상을 그대로 두고 하는 말이다. 모든 한국 사상은 첩첩에서 시작한다고 해도 과언이 아니다. 의상대사의 해인 법계도가 좋은 예가 될 것이다. 그리고 이것은 현대 최첨단 사상이다. 프랙털은 현대 과학이 찾은 최대의 선물이고 발견이다. 첩첩을 다른 말로 '자기상사'라 해도 좋다. 자기상사自己相似를 두고 '체'라고 하며 자기상사는 '자기언급self reference'을 의미한다. 그래서 3, 6, 9는 3 자신에 3을 더해 만들어졌기 때문에 이를 '체수reference number'라고 한다. 성수와 법수는 모두 체수가 자기언급을 하는 과정에서 나온 파생이다.

'1종시'의 사이를 '소력小曆'이라 하고, '종시의 종시'를 '중력中曆'이라 하고, 네 번 겹친 종시를 '대력大曆'이라 한다. 종시와 '종시의 종시' 그리고 '종시의 종시의 종시의 종시'(종시ⁿ)와 같다. 소력의 1회를 '사祀'라 하니 1사에는 '13기期'가 있고, 1기에는 '28일日'이 있으며 다시 '4요曜'로 나뉜다. 위의 말을 정리하면,

소력은 1년
중력은 2년
대력은 4년


사祀: 1년(제사는 1년에 한 번씩 회전하기 때문에)
기期: 달과 월경 주기. 13기=1사
일日: 지구의 자전(1회전)기간
요曜: 1주(7일) 일월화수목금토 1요=7일
요복曜服: 1요1회전(한 주의 1회전을 마침)
(이상은 1년, 1달, 1일, 1주에 대한 언급)


회晦: 28일째 한 달이 끝나고 다음 한 달의 첫 날의 시작하기 전까지 28일째. 한 달의 끝남.

삭朔: 한 달의 첫째 날(무월)

(이상은 달이 회전하는 것에 해당하는 것에 대한 용어).

이상은 모두 해와 달의 해당 주기를 결정하는 것으로서 1년은 1사로서 그 안에 13기가 들어 있고, 1기 안에는 7일 4요가 들어 있어서 28일이 된다. 28일은 달의 1주기로서 회와 삭을 반복한다. 그래서 1, 4, 7 성수가 기제 장치로 작용하고 있어서 이를 천도가 돌고 돌아 스스로 종과 시가 된다고 한다. 혹은 또 돌고 돌아 4단씩 겹쳐 나가 다시 종시가 있다고 한다. 이와 같이 성수 1, 4, 7에 근거하여 만들어지는 13월 28일력을 '마고력'이라 한다. 부도지에 '마고력'이라는 이름은 없지만, 부도지가 마고로부터 시작되었으므로 부도지에서 말하고 있는 고유의 달력을 필자는 앞선 연구를 토대로 '마고력'이라 칭한다. 그리고 마고력을 구성하는 수를 '마고수', '마고 배열' 등으로 표기할 것이다. '마야력'에선 이러한 치밀한 수의 분류가 약하다.

그런데 마고력은 위 초장에서 본 바와 같이 부도지란 문헌과는 아무 상관도 없는 곳에서 이미 국내외에서 만들어 사용되고 있었다는 것이다. 앞에서 설명한 대로 18세기 콩트라는 실증주의 철학자는 그레고리력을 폐기하고 13월 28일 사용하기 실천 운동을 벌인 바도 있다. 우리나라 안에서는 서로 다른 네 곳에서 서로 교류도 없이 각자 마고력을 만들었다. 가장 오래된 것이 1993년 부도지와는 상관없이 제작된 박홍래본이고, 이어서 부도지에 근거하여 2003년 서단복본, 2015년 황혜숙본, 2016년 이정희본이 있고, 금역에 기초한 2020년 이찬구본 등이 있다.

특히 박홍래본은 일명 환력桓曆이라고 한다. 황혜숙(존칭 생략)은 미국 매리 데일리의 제자로서 부도지 연구로 Claremont Graduate University에서 박사학위를 받았다. 1개월 28일 그리고 1년 13월이란 점에서 모두 같으나 II단에서 말할 윤일을 셈하는 방법에서는 견해의 차이가 있는 것

| 金易眞理 | 우주시간의 비밀<br>(제4의 문명) |  |  |
|---|---|---|---|
| 1993년 박홍래 저 | 2003년 서단목 저 | 2015년 황혜숙 저 | 2016년 이정희 저 |

[도표 1.2] 마고력 관련 도서들

같다. 여기서는 금역의 박홍래본(1993년) 1, 2월과 이정희본(2016년) 정한
월, 1월, 2월 등 3개월 달력을 소개하기로 한다. 이찬구본은 부록을 참고
바란다.

　(1) 박홍래본은 부도지를 전혀 알지 못한 상태에서 역을 연구하던 과
정에서 금역金易을 창안, 자생적으로 작도된 것으로 '환력'이라 한다.
1990년을 환기 1년으로 삼았으며, 아래의 (a)는 환기 3년(1993년) 1, 2
월에 해당한다(박홍래, 1993, 258). 부도지와 상관없이 작도된 것이지만 13
월 28일이 정확하게 부도지와 일치한다. 금역 연구에 참가한 바 있는 이
찬구는 환력을 계승하여 2021년 '한력'이라는 새 달력을 만들어 배포하
였다.

　(2) (b)와 (c)는 이정희본(2016년)으로서 이정희 자신이『마고력』이
라는 단행본을 통해 부도지에 대한 연구 결과로 작도된 것이다.

　(3) 서단목본은 마고력을 천부경, 삼일신고, 참전계경 등에 연관시켜
366자를 달력 속에 기입해 넣는 것이 특징이다. 그러나 이는 부도지 저
자가 순수 수만을 다루어야지 사물들의 명칭과 일치시키는 것을 금한 것
과 다르다 할 수 있을 것이다.

## 환기 3년 1월

| 土 | 日 | 月 | 火 | 水 | 木 | 金 |
|---|---|---|---|---|---|---|
| 1 | 2 | 3 | 4 | 5 | 6 | 7 |
| 1.23 | 1.24 | 1.25 | 1.26 | 1.27 | 1.28 | 1.29 |
| 8 | 9 | 10 | 11 | 12 | 13 | 14 |
| 1.30 | 1.31 | 2.1 | 2.2 | 2.3 | 천제일 | 2.5 |
| 15 | 16 | 17 | 18 | 19 | 20 | 21 |
| 1월 보름 | 2.7 | 2.8 | 2.9 | 2.10 | 2.11 | 2.12 |
| 22 | 23 | 24 | 25 | 26 | 27 | 28 |
| 2.13 | 2.14 | 2.15 | 2.16 | 2.17 | 2.18 | 2.19 |

※하단에 있는 작은 숫자는 양력 표시, 요일은 서기나 환기 모두 같다. 다만 일주일의 첫 시작이 土요일이다.

## 환기 3년 2월

| 土 | 日 | 月 | 火 | 水 | 木 | 金 |
|---|---|---|---|---|---|---|
| 1 | 2 | 3 | 4 | 5 | 6 | 7 |
| 2.20 | 2.21 | 2.22 | 2.23 | 2.24 | 2.25 | 2.26 |
| 8 | 9 | 10 | 11 | 12 | 13 | 14 |
| 2.27 | 2.28 | 3.1 | 3.2 | 3.3 | 천제일 | 3.5 |
| 15 | 16 | 17 | 18 | 19 | 20 | 21 |
| 3.6 | 2월보름 | 3.8 | 3.9 | 3.10 | 3.11 | 3.12 |
| 22 | 23 | 24 | 25 | 26 | 27 | 28 |
| 3.13 | 3.14 | 3.15 | 3.16 | 3.17 | 3.18 | 3.19 |

※보름달은 음력 15일을 뜻함(단 3월까지, 4월부터는 음력의 보름달이 환기로 18일로 됨).

※1월 13일 입춘(立春)일이 1년 주천도수의 환기 기준점이 됨.

**(a) 박홍래 본(한기 3년 1, 2월)**

### (b) 이정희본 1월

2016년 · 4349년(단군기원) · 5914년(환웅기원)

**1**

| 화성 | 수성 | 목성 | 금성 | 토성 | 해 | 달 |
|---|---|---|---|---|---|---|
| 1 | 2 | 3 | 4 | 5 | 6 | 7 |
| 12.22 동지 음11.12 | 12.23 | 12.24 | 12.25 상한절 | 12.26 | 12.27 | 12.28 |
| 8 | 9 | 10 | 11 | 12 | 13 | 14 |
| 12.29 | 12.30 | 12.31 | 1.1 신원 | 1.2 | 1.3 | 1.4 |
| 15 | 16 | 17 | 18 | 19 | 20 | 21 |
| 1.5 | 1.6 소한 | 1.7 | 1.8 | 1.9 | 1.10 음12.1 | 1.11 |
| 22 | 23 | 24 | 25 | 26 | 27 | 28 |
| 1.12 | 1.13 | 1.14 | 1.15 | 1.16 | 1.17 | 1.18 |

### (c) 이정희본 2월

2016년 · 4349년(단군기원) · 5914년(환웅기원)

**2**

| 화성 | 수성 | 목성 | 금성 | 토성 | 해 | 달 |
|---|---|---|---|---|---|---|
| 1 | 2 | 3 | 4 | 5 | 6 | 7 |
| 1.19 음.12.16 | 1.20 | 1.21 대한 | 1.22 | 1.23 | 1.24 | 1.25 |
| 8 | 9 | 10 | 11 | 12 | 13 | 14 |
| 1.26 | 1.27 | 1.28 | 1.29 | 1.30 | 1.31 | 2.1 |
| 15 | 16 | 17 | 18 | 19 | 20 | 21 |
| 2.2 | 2.3 | 2.4 입춘 | 2.5 | 2.6 | 2.7 | 2.8 입하절 음1.1 |
| 22 | 23 | 24 | 25 | 26 | 27 | 28 |
| 2.9 | 2.10 | 2.11 | 2.12 | 2.13 | 2.14 | 2.15 |

[도표 1.3] 박홍래본(a)과 이정희 마고력(b,c)

이처럼 아직 부도지가 학계에서 연구조차 되고 있지 않는 차제에 국내외에서 학위 논문으로도 다루어지고 마고력이 동시다발적으로 부도지와 직접 연관하여 혹은 아무 상관도 없이 제작된 것을 높이 기리지 않을 수 없다.

이정희는 반만년 전에 1요(1주) 개념이 우리에게 있었다는 사실에 경탄하면서 이것은 창세기에서 엘로힘이 6일 동안 일을 하고 7일째 쉬었다고 하는 것은 곧, "수들이 나온 이치도 밝혔으니 '1사, 4요, 7일 즉, 성수라고 칭하는 1, 4, 7의 원리가 적용됨"(이정희, 2016, 214)이라 한다.

이에 대하여 황혜숙은 주로 영어권을 상내로 서술을 하였는데 그 대표적인 것이 *Mago Alamanac*(Helen HWANG, MAGO BOOKS, 2019)이다. 황혜숙은 마고 배열을 '3타래 9수'(The Srands of the Nine Numbers)라고 한다. 마고수를 1년 364일을 만드는 요소 숫자들이라고 하면서 아래와 같이 한 타래를 만든다고 한다(Helen Hwang, 2019, 58).

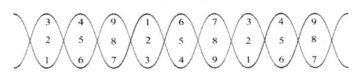

[도표 1.4] 성수의 3타래9수도

성수 147에 의하여 1년 364일에 다음에 의하여 계산된다.

| $4 \times 7 = 28$ | $364 \div 13 = 28$ |
|---|---|
| $52 \times 7 = 364$일 | $52 \div 4 = 13$ |
| $13 \times 4 = 52$ | $364 \div 7 = 52$ |

[도표 1.5] 성수의 28-13-7-4-52-1-364 셈법

위의 곱셈과 나눗셈 표는 성수 1, 4, 7이 요<sup>曜</sup>와 기<sup>期</sup>와 사<sup>祀</sup>를 정하는 데 결정적 역할을 하는 것을 볼 수 있다. 그래서 성수를 '수행수<sup>Performing Number</sup>' 혹은 '고유수<sup>Proper Number</sup>'라 부른다. 일, 주, 월, 년을 직접 대상으로 하는 수이기 때문에 '대상수<sup>Object Number</sup>'라 한다. 이는 다음에 말할 법수를 '메타수<sup>Meta Number</sup>'로 부르기 위한 명칭이다. 28-13-7-452-1-364를 연계하여 147이 만드는 요소수들이라 할 수 있다. 이들 수들은 법수와 체수가 실타래 같이 꼬이면서 시종이 일관한다. 성수 147에서 7일을 1요<sup>曜</sup>, 1달을 1기<sup>期</sup>, 1년은 52요, 13기가 유래한다. 성수는 실제 대상에 관하여 언급하는 수이다.

'1요는 7일'이 있고, 요가 끝나는 것을 '복<sup>服</sup>'이라 한다. 그러므로 1사에 52요복이 있으니 즉 364일이다. 이는 1, 4, 7의 '성수<sup>性數</sup>'요, 매 사의 시작에 '대사<sup>大祀</sup>'의 '단<sup>旦</sup>'이 있으니, 단과 1은 같기 때문에 합하여 365일이 되고, 3사의 반에 대삭<sup>大朔</sup>의 '판<sup>販</sup>'이 있으니, 판은 사의 2분절이다. 이는 2, 5, 8의 '법수<sup>法數</sup>'요 판이 긴 것이 1일과 같기 때문에 제4의 사는 366일이 된다. 법수는 성수와는 달리 비례<sup>rate</sup>에 해당하는 수로서 다음 2장에서 피보나치 수와 연관하여 설명될 것이다.

주요한 두 단어 단과 판에 대해 부연 설명해두면,

단<sup>旦</sup>: 12월 28일이 끝나고 1일이 추가된 12월 29일. 이는 동시에 새
　　해가 시작되는 날이기도 하다. 1년에 한 번씩 두는 윤일,
판<sup>販</sup>: 4년에 한 번씩 두는 윤일

과 같다. 이는 윤일을 정하는 규칙을 두고 하는 말이다. 윤일은 비례에 관한 수이고 법수가 결정한다. 음력과 같이 4년에 한 달을 두는 것도 아니고, 양력 같이 4년에 한 번 '2월 29일'과 같은 윤일을 두는 것도 아니다. 그러나 마고력은 매년 '13월 29일'로 하고 4년에 한 번 윤일을 둔다. 이러

한 윤일을 결정하는 수가 법수 2, 5, 8이다. '단旦'이 1년 속도에서 생긴 초과분이라면(윤일), '판昄'은 4년간의 '초과에 대한 초과'의 개념이다. 단과 판에 관해서는 2장에서 다시 상론될 것이다. 다음 법수 258로 가기 전에 전통놀이 '제기차기'(1.2)를 통해 마고 배열에 대한 개념을 더 분명하게 해 두기로 한다.

전 세계적으로 달력 연구에 있어서 가장 어려운 점 가운데 하나가 윤일과 윤월의 문제이다. I단 성수에서 남겨진 의문은 바로 성수로는 1년을 364일로밖에는 셈할 수 없다는 것이다. 그러나 1년은 365.25...일이다. 나머지 1.25...일을 마고력은 어떻게 처리하고 있는가? 그 대답을 하는 것이 바로 법수 258이다. 성수 147에 의해 13월 28일로는 그 안에 364일(4x7x13)밖에 더 들어가지 않는다. 한 타래의 수가 회전을 한 다음, 모든 달력에서 다 그러한 바와 같이 한 해가 다 경과한 다음 남는 시간, 즉 윤일을 어떻게 처리할 것이냐가 문제이다. 즉 윤일閏日, Intercalation day을 결정하는 방법을 부도지는 다음과 같은 두 개의 신조어를 통해 언급하고 있다. 윤일에 대하여 부도지는 단과 판이란 두 신조어를 통해 말하고 있다.

단旦은 "사祀마다 시작에 대사의 단이 있으니 단이란 것은 1일과 같기 때문에 고로 합하여 365일이 된다. 매사지시每祀之始 유대사지단有大祀之旦 단자여일일동旦者與一日同 고故 합위삼백육십오일合爲三百六十五日"와 같다. 1기는 1달이고 1사는 1년이다. 12월 28일이 끝나고 1일이 추가된 12월(또는 13월) 29일이 1일이 추가되는 것을 '대사'이고 곧 이를 단旦이라고 한다. 이는 동시에 새해가 시작되는 날이기도 하기 때문에 이정희는 '정한달'이라고 한다. 이정희는 정한달을 마지막 달에 놓지를 않고 처음에 두어 1월 앞에 두어야 한다고 한다.

이정희는 단을 매해 '소설'에 두고 새해를 시작해야 한다는 것이다. 정한달이란 1년 어디에도 속하지 않는 그러나 한 해 그 자체인 달이다.

| (2016년)<br>2015년 | | | 4349년<br>(단군기원) 4348년 | | | (5914년)<br>(환웅기원) 5913년 |
|---|---|---|---|---|---|---|
| | | | 정한 달(정월正月.설달,섣달) | | | |
| 설(단,旦)<br>11.23 | 1<br>11.24 | 2<br>11.25 | 3<br>11.26 | 4<br>11.27 | 5<br>11.28 | 6<br>11.29 |
| 7<br>11.30 | 8<br>12.1 | 9<br>12.2 | 10<br>12.3 | 11<br>12.4 | 12<br>12.5 | 13<br>12.6 |
| 14<br>12.7 | 15<br>12.8 | 16<br>12.9 | 17<br>12.10 | 18<br>12.11 | 19<br>12.12 | 20<br>12.13 |
| 21<br>12.14 | 22<br>12.15 | 23<br>12.16 | 24<br>12.17 | 25<br>12.18 | 26<br>12.19 | 27<br>12.20 |
| 28<br>12.21 | | | | | | |

이정희 2015년 정한달의 단

| 2016년 | | | 4349년<br>(단군기원) | | | 5914년<br>(환웅기원) |
|---|---|---|---|---|---|---|
| | | | 1 | | | |
| 화성 | 수성 | 목성 | 금성 | 토성 | 해 | 달 |
| 1<br>12.22 | 2<br>12.23 | 3<br>12.24 | 4<br>12.25 | 5<br>12.26 | 6<br>12.27 | 7<br>12.28 |
| 8<br>12.29 | 9<br>12.30 | 10<br>12.31 | 11<br>1.1 | 12<br>1.2 | 13<br>1.3 | 14<br>1.4 |
| 15<br>1.5 | 16<br>1.6 | 17<br>1.7 | 18<br>1.8 | 19<br>1.9 | 20<br>1.10 | 21<br>1.11 |
| 22<br>1.12 | 23<br>1.13 | 24<br>1.14 | 25<br>1.15 | 26<br>1.16 | 27<br>1.17 | 28<br>1.18 |

2015년 1월

**한기1년 13월 (서기 2020년 12월,21/1월)**

| 토 | 일 | 월 | 화 | 수 | 목 | 금 |
|---|---|---|---|---|---|---|
| 1<br>12.26 | 2 | 3 | 4 | 5 | 6 | 7<br>1.1 |
| 8<br>1.2 | 9 | 10 | 11 | 12 | 13 | 14 |
| 15<br>1.9 | 16 | 17 | 18 | 19 | 20<br>角 | 21 |
| 22<br>1.16 | 23 | 24 | 25 | 26 | 27 | 28<br>1.22 |
| | | | | | | 29<br>설날<br>1.23 |

이찬구 2020년 13월의 단 29

[도표 1.6] 정한달과 1월(이정희, 2016, 313-4)과 이찬구의 29일 금요일

마치 나이테에서 나무의 표피 자체도 하나의 테로 셈해야 하는 것과 같다. 이 테는 나무 자체 전체이면서 마지막 나이테이기도 하다. 이는 부랄리-포르테의 순서수의 역설을 그대로 반영한 것이다. 종래의 달력은 이

점을 간과하고 말았다. 대부분의 사람들이 나이테를 셈할 때 표피 자체를 셈하지 않는다. 여기서 초과분의 정체 그리고 윤일의 정체가 드러났다. 그것은 순서수 역설의 결과물이라는 것이고, 그 윤일을 전체 자체이면서 마지막 한 부분이다. 그래서 이를 두고 '대사大祀'라고 한다.

반면에 박흥래본의 환력이 윤일閏日문제를 처리하지 못한 것을 이찬구가 박흥래 사후에 확정하고 환력을 계승한 한력(韓曆; 이찬구본)을 새롭게 발표하였는데, 몇 가지 특징적인 것이 보인다. 우선 한력도 13개월 28일 (364일) 달력이고, 토요일로 시작하여 금요일로 끝난다는 점에서도 같다. 다만 28일이 '각항저방'의 별자리수 28수라는 의미 외에도 북두칠성을 비롯한 사대칠성을 28수로 이해한 것과 윤일을 둔 것이 차이가 난다.

한력에서는 현행 달력의 평년(365일)에 남는 1일은 13월 마지막 금요일의 다음 날, 즉 '29일 금요일'에 두고, 4년마다 돌아오는 윤년(366의)에 남는 1일은 하지가 들어있는 6월 마지막 다음 날에 역시 '29일 금요일'에 두는 치윤법을 제시했다. 그러니까 13월의 '29일 금요일'은 주역의 종즉유시終則有始와 천부경의 일종무종일一終無終一에 의해 설날(부도지에서 말하는 '단')이 된다고 하였다. 그래서 13월을 '종시월終始月'이라 칭한다. 또 6월의 '29일 금요일'은 부도지의 '판'과 같다고 보는 것이다. 이런 6월과 13월에 '29일 금요일'을 두는 것은 금역에서 말한 4지地 9천天으로도 설명이 가능하다고 한다. 결론적으로 이정희본에서는 설날을 정한달선달의 맨 앞에 놓았으나, 이찬구본에서는 마침과 시작의 종시를 같이 보는 관점에서 13월의 맨 끝에 둔 것이 차이가 있으나, 그 취지에서는 같다고 할 수 있다.

이처럼 1일을 두고 이렇게 명칭을 정한 이유는 바로 순서수의 역설에서밖에 다른 이유를 찾을 수 없다. 전체가 다시 부분이 돼 되먹힘하는 것을 두고 멱집합이라고 하며 멱집합은 대칭과 윤회적 구조를 가지고 있다. 첩첩의 구조를 갖는다는 말이다. 이정희가 '단'을 '1해'와 '1일'로 본 것은 바로 멱집합 원리에 따른 것이다.

다음은 4년에 한 번 윤일을 두어 366일을 만드는 것에 관하여 논하기로 한다. 바로 이 점에 관하여 논하는 것이 법수이다. 법수 258의 특징은 세 수가 모두 피보나치 수열에 해당하는 수라 할 수 있다. 3이 빠져 있지만 3은 가로열이 형성되는 과정인 3가법에 이미 들어가 있다. 즉, 2+3=5, 5+3=8과 같다. 그래서 법수는 2, 3, 5, 8과 같이 완벽하게 피보나치 수열에 해당한다. 다음 2.2절에서 다룰 피보나치 수열에서 비로소 그것이 자연로그 함수와 연관이 되면서 어떻게 윤일과 연관되는지를 알게 될 것이다.

4년에 한 번 1일 두는 윤일을 단과 구별하여 '판販'이라고 한다. 법수에 대해 부도지 본문은 "3사의 반에 대삭초하루이 있고, 판은 사를 2분절 안다. 이를 2, 5, 8 법수라고 한다." '판이 길어진다'는 것은 4사가 된다는 말과 같으며 4사가 되면 하루가 더 생긴다. 가속도가 붙었다는 말이다. 그러면 4년 만에 하루 윤일이 생겨 366일이 된다. 13월 28일이니 '364일이나 1년에 하루 생긴 것 때문에 365일이나 4년 만에 가속도가 붙어 1일 더 생겨 366일 된다는 말이다. 실로 '단'은 고분 벽화에서 궁수는 정지하면서 사냥감만 달리지만, '판'은 사수와 사냥감이 모두 달리는 것과 같다. 이렇게 단과 판은 그 성격이 다르다. 하나가 속도라면 다른 것은 가속도이다. 법수를 메타수란 한 이유가 여기에 있다.

이상은 성수에 의하여 년, 일, 요를 정하는 방법과 해가 1회전하고 해가 4회전하고 남는 초과분 즉 윤일에 해당하는 용어들이다. 성수란 해와 달이 달리는 속도에 관한 것이라면 법수란 속도의 속도 다시 말해서 가속도에 관한 것으로서 그 논리적 계형이 다르다. 평일과 윤일을 나누어 이를 성수와 법수라고 한 것은 탁월한 생각이라 할 수 있다. 사실 달력의 문제는 평일(364일)에 있는 것이 아니고 윤일에 있다. 그만큼 다루기가 어렵다는 말이다. 수학에서도 가속도의 문제는 뉴턴과 라이프니츠가 미분적분학을 발견한 이후부터 계산을 할 수 있었다. 그러나 부도지는 이에 앞서 둘을 성수와 법수로 나누어 본 것은 실로 논리적 사고의 계형을 분명히 달리하고 있었음을 보여주는 탁견이라 할 수 있다.

# 1.2 성수의 민속학과 구성학

성수는 윷놀이는 물론 우리 민속 제기차기와도 밀접하게 연관이 된다. 제기차기에서 9명이 둘러서서 하는 제기차기 순서는 마고수 배열과 연관이 되는 것을 밝힐 것이다. 그리고 구성학九星學은 9개의 수를 마방진의 중앙의 수에 9개 수 모두를 넣어 만들어 다양한 변화를 관찰한다. 마고수 배열과 밀접하게 연관되어 있는 것을 볼 것이다.

## '제기차기'와 마고 배열

마고 배열은 우리 민족 고유놀이 가운데 하나인 제기차기에도 그대로 나타난다. 제기차기는 주로 남자아이들이 하는 놀이인데, 제기를 땅에 떨구지 않고 발을 이용해 누가 많이 하늘 위로 차올리는지 셈하는 놀이이다. 평안도에선 '테기차기', '채기차기', 전라도에선 '제기차기', 제주도에선 '쪽기차기'라고 한다.

제기차기는 삼국시대까지 거슬러 올라갈 만큼 오래되었다. 최근 미국 인디언들도 제기차기와 유사한 놀이를 하는 것이 발견되었다. 삼국유사에는 '축국蹴鞠'이란 이름으로 제기차기 놀이하는 장면을 보여주고 있다. '수서'에는 '롱주희'라는 이름으로 백제인들이 즐겨 노는 놀이라고 소개하고 있다. 동국세기에도 축국하는 놀이 모습을 묘사하고 있다. "'축국'은 이름만 다를 뿐 놀이 방법과 형식이 제기차기와 같다"(과학백과사전 편집부, 1995, 36-7).

제기차기는 한 명씩으로도 여러 명씩으로도 할 수 있는 놀이이다. 그 다양한 방법은 아래 6개 그림에 잘 나타나 있다.

위 6개 방법 가운데 8명이 함께 하는 것을 보면 1~8개의 수를 2명씩 남 12, 동 34, 북 56, 서 78에 배열한 다음 제기를 던져 주는 순서는 마고 수 147-258-361과 같다. 여기서는 1이 처음이자 끝이기 때문에 9대신 역할을 대신하고 있다. 성수-법수-체수의 순서대로 제기를 보내야 한다. 같은 방향에 있는 것끼리는 주고받지 않는다. 그리고 반드시 손 떼지 말고 처음과 끝을 잇는 한 붓 긋기를 해야 한다. 그래서 한 번 '주기'는 해도 '받지'는 못한다.

(a)는 두 사람이 서로 제기를 주고받기를 하는 것으로 이는 반영대칭에 해당하는 구도이다. 마주 보는 두 사람은 팔과 다리 모두가 거울 안을 들여다보듯이 반대이다. 그래서 전형적으로 거울대칭 혹은 반영대칭의 구도이다. 아래 삼각형에서 A-B, B-C, C-A와 같이 두 꼭지점들 간의 대칭이다. (b)는 3인이 제기를 돌려가며 차게 하는 것이다. 삼각형 ABC, BCA, CAB와 같이 회전시키는 회전대칭에 해당하는 구도이다.

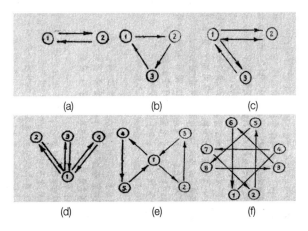

[도표 1.7] 제기차기와 마고 배열 비교

(c)는 3인이 반영대칭을 하는 구도이다. 즉, 1과 2 그리고 1과 3이 서로 주고받는 반영대칭에 해당하는 구도이다.

(d)는 4인이 3인과 주고받는 반영대칭의 구도이다.

(e)는 5명 중에 ①이 가운데서 ②③④와 제기를 일방적으로 던져주어 자기를 중심으로 1회전시키는 일종의 회전대칭의 구도이다.

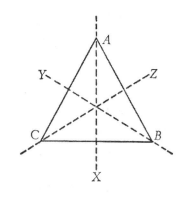

[도표 1.8] 삼각형의 반영과 회전대칭

(f)는 9명이 ①④⑦-②⑤⑧-③⑥⑨ 순서로 제기를 차 9명이 모두 이 순서대로 제기를 던져 완전히 1회전하는 회전대칭의 구도이다. (f)에서 우리는 마고수 1-9가 모두 등장하는 것을 볼 수 있으며 성수 147-법수 258-체수 369의 순서로 제기를 던질 때 원래의 위치 ①로 되돌아오는 것을 발견할 수 있다. 이는 군론에서 말하는 반영대칭과 회전대칭을 실현하는 것을 발견하게 된다. 이는 마치 '3타래9수'의 구조와도 같다(도표 1.7)(과학백과사전 출판부, 1995, 36-38). 왜 마고 배열을 해야 반영과 회전대칭을 동시에 할 수 있는가에 대해서는 피보나치 수열을 통해 더 자세하게 알 수 있을 것이다.

## 낙서와 마첩진

낙서와 마고수 배열의 문제는 제5장 초반부에서 다시 거론될 것이다. 여기서는 마고수 배열법과 낙서의 제작 되는 과정을 배경을 알아보고 이를 제기차기와도 연관시킬 것이다. 위 [도표 1.7] (f)에서 9개 수들의 순서쌍들^ordered pairs(12, 34, 56, 78, 중앙99)이 마름모꼴로 배열돼 있다.

낙서는 (a)와 같이 3×3과 같은 가로 3줄, 세로 3칸 안에 9개의 수들 1, 2, 3, 4, 5, 6, 7, 8, 9를 배열하는 것이다. 생수生數 1, 2, 3, 4, 5에 5를 더한 성수成數 6, 7, 8, 9, 10을 짝지어 1 6, 2 7, 3 8, 4 9를 정사각형 안에 배열하는 것이다. 여기서 5는 현대수학의 허수 i와 같은 개념으로서 성수는 사실상 복소수(실수+허수=복소수, 즉 2+5=7과 같이) 개념을 적용한 것이

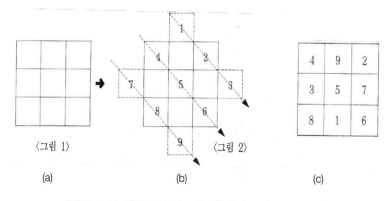

〈그림 1〉          〈그림 2〉

(a)                    (b)                    (c)

[도표 1.9] 마름모와 마고수 배열(안소정, 1997, 93)

라 볼 수 있다. 이에 대한 자세한 논의는 여기서 생략한다.

(1) (a)는 모두 실선으로 된 정사각형이지만, (b)는 실선과 허선이 함께 그려져 있다. 즉 (a)에서는 허선으로서 작은 사각형 4개를 그려 넣고 비스듬한 사선 방향으로 위에서부터 성수 147, 법수 258, 체수 369를 적어 넣는다. 그러면 1, 3, 7, 9은 허선 안에 그리고 나머지 2, 4, 5, 6, 8은 실선 안에 들어가게 된다.

(2) [도표 1.9]에서 상하와 좌우 허선 안에 들어가 있는 1(상)과 9(하)와 7(좌)과 3(우)에 있는 수들을 상은 하로, 하는 상으로, 좌는 우로, 우는 좌로 가게 한 다음 바로 자기 옆에 있는 실선 안으로 들어간다. 그러면 그

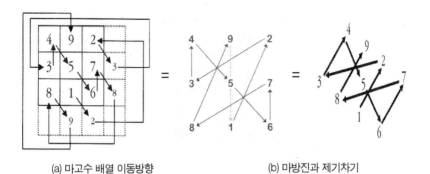

(a) 마고수 배열 이동방향　　　(b) 마방진과 제기차기

[도표 1.10] 마고수 배열과 마방진 수 이동 방향(김동현, 2008, 171).

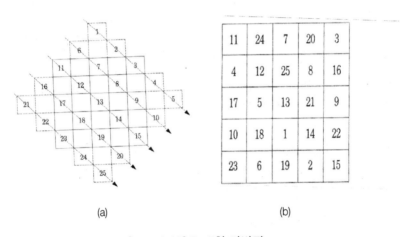

(a)　　　　　　　　　　(b)

[도표 1.11] 5×5형 마방진

것이 마방진(c)이다. 안소정은 이것이 우리 겨레 마방진 만드는 것이라 소개하고 있다.

(a)는 완성된 마방진에서 역으로 마고수 배열법을 복원하는 방법이다. 다시 말해서 마방진에서 9와 1의 위치 상하를 바꾸고, 7과 3의 위치를 바꿔놓으면 마고수 배열법이 복원된다. (b)는 (a)를 평행사변형 형으로 마방진 정사각형으로 바꿔놓은 것이다. 이것이 바로 제기차기의 순서라

고 보면 될 것이다.

그러나 어떤 형인가가 중요한 것이 아니다. 마방진의 기본은 마방진 자체가 아니고 마름모 혹은 평행사변형으로 마고수 배열법을 먼저 만드는 것이 중요하다. 그러면 다양한 마방진을 만들 수 있다. 그래서 마방진은 '마법의 정사각형magic square'이 아니고 보편적인 사각형general square이 될 것이다. 다시 말해서 마고수 배열법을 모를 때엔 그것이 마법같이 보일지 몰라도 마고수 배열법을 아는 순간 그것은 마법이 아니고 보편적인 단순 배열법에 지나지 않는 것이다.

사각형에는 마름모, 지가사가형, 정사각형, 로부스트, 평행시변형 등 다양하다. 그 가운데 가장 융통성이 없는 것이 정사각형이다. 질서정연해 보이기 때문에 사람들이 선호한다. 그러나 가장 융통성이 많은 것은 평행사변형이다. 화이트헤드는 허수라는 존재를 i라는 기호를 사용하지 않고도 평행사변형을 좌표계 위에 올려놓고 순서쌍 개념으로 증명했다. 위의 허선 공간 같은 곳에 허수 개념에 들어갈 것이다. 정사각형에 허선을 첨가하면 그것이 바로 평행사변형이 된다. 정사각형은 융통성이 없어서 9개의 수들을 사각형 안에 가두어 버린다. 제기차기에서 9명의 사람들을 비스듬히 평행사변형으로 배열을 해 놓고 제기를 주고받을 때 9명의 사람들이 한 붓 긋기로 제기를 던질 수 있다.

안소정은『우리 겨레 수학 이야기』(1997, 93-95)에서 우리 겨레의 마방진 만드는 방법을 위와 같이 소개하고 있다. 물론 저자가 마고수 배열법을 알고 말하고 있는 것은 아니다. 제기차기, 마방진 그리고 마고수 배열법이 여기서 한자리에 모여 앉게 되었다.

### 마첩진과 구성학

마첩진과 낙서의 구조가 비교 관찰되었다. 그런데 낙서는 구성학九星學

| 巽 4 木 辰巳 | 離 9 火 午 | 坤 2黑土 未申 |
|---|---|---|
| 사업궁, 대인궁 | 문서궁, 명예궁 | 가정궁, 직업궁 |
| 신용궁, 결혼궁 | 탄로궁, 이별궁 | 부모궁, 처궁 |
| 震 3 木 卯 | 中 5 土 戊己 | 兌 7 金 酉 |
| 계획궁, 명성궁 | 욕심궁, 부패궁 | 재물궁, 소비궁 |
| 시작궁, 사기궁 | 고질적 문제궁 | 연애궁, 구설궁 |
| 艮 8 土 丑寅 | 坎 1 水 子 | 乾 6 金 戌亥 |
| 부동산궁, | 자식궁, 부하궁 | 발전궁, 종교궁 |
| 변화궁, 형제궁 | 이성궁, 고난궁 | 부모궁, 법규궁 |

[도표 1.12] 구성정위반

과 밀접한 연관이 된다. 구성학이란 아홉 개의 별로 운명을 점치는 분야인데 하도, 낙서, 음양, 오행을 이용하지만 낙서가 주된 역할을 한다. 부도지에 의하면 이들은 모두 중원 문명의 요란堯亂에 속하는 것이다. 그러나 부도지 마첨진이 구성학에 중요한 역할을 하기 때문에 소개하기로 한다.

구성학의 기본 원리는 낙서의 중앙 즉, 중궁中宮에 5뿐만 아니라 다른 1-9 사이의 모든 수들이 들어갈 수 있다는 것에서 출발한다. 낙서를 기본으로 할 때 5가 중앙에 있고 다른 수들이 주변에 배열된다. 중궁 5에 진입해 들어가는 것을 '경사傾瀉, 동회動會, 피동회彼動會'라 한다. 그리고 9에는 괘의 이름과 별들의 이름이 적시되고 나아가 운명에 관한 말들이 따라붙는다. 수밖에 없던 시니피앙에 많은 시니피에가 첨가됐다는 말인데, 이를 '구성정위반九星正位盤'이라고 한다([도표 1.12]).

중앙의 '중궁 5' 황제의 자리에 주변의 제후들이 침공을 하여 궁을 빼앗으려고 하는, 즉 경사(혹은 동회)를 거사함에 있어서 규칙이 따른다. 그 규칙을 아는 첩경은 본방인 낙서의 구조를 파악하는 것이다. 마방진에서 중궁의 수를 n이라고 할 때 주변 8개의 다른 방에는 다음과 같은 규칙이 낙서 안에 들어있다.

| n-1 | n+4 | n-3 |
|-----|-----|-----|
| n-2 | n | n+2 |
| n+3 | n-4 | n+1 |

[도표 1.13] 낙서의 구조도 n=5

만약에 n=1, n=2, n=3, n=4, n=6, n=7, n=8, n=9이면 경사돼 다음과 같이 된다.

| 2 | 7 | 9 |
|---|---|---|
| 1 | 3 | 5 |
| 6 | 8 | 4 |

n=2

| 9 | 5 | 7 |
|---|---|---|
| 8 | 1 | 3 |
| 4 | 6 | 2 |

n=3

| 1 | 6 | 8 |
|---|---|---|
| 9 | 2 | 4 |
| 5 | 7 | 3 |

n=1

| 3 | 8 | 1 |
|---|---|---|
| 2 | 4 | 6 |
| 7 | 9 | 5 |

n=6

| 4 | 9 | 2 |
|---|---|---|
| 3 | 5 | 7 |
| 8 | 1 | 6 |

n=4

| 5 | 1 | 3 |
|---|---|---|
| 4 | 6 | 8 |
| 9 | 2 | 7 |

n=5

| 6 | 2 | 4 |
|---|---|---|
| 5 | 7 | 9 |
| 1 | 3 | 8 |

n=8

| 7 | 3 | 5 |
|---|---|---|
| 6 | 8 | 1 |
| 2 | 4 | 9 |

n=9

| 8 | 4 | 6 |
|---|---|---|
| 7 | 9 | 2 |
| 3 | 5 | 1 |

n=7

[도표 1.14] 구궁 경사도(안병내, 2012, 42-44 참고)

만약에 n+ 혹은 n-의 값이 9를 초과할 시에는 디지털 루트를 사용하면 된다. 예를 들어서 n=6 방에서 n+4=10일 경우에는 10-9=1과 같다.

이를 '9감산법'이라 한다. 만약에 경사 값이 9가 될 경우는 9를 적는다. 예를 들어서 n=1인 경우 n-1=1-1=0=9와 같다.

이제 가장 중요한 마첩진과 구성도를 비교하기로 한다.

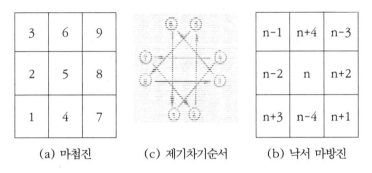

| 3 | 6 | 9 |
|---|---|---|
| 2 | 5 | 8 |
| 1 | 4 | 7 |

(a) 마첩진

(c) 제기차기순서

| n-1 | n+4 | n-3 |
|---|---|---|
| n-2 | n | n+2 |
| n+3 | n-4 | n+1 |

(b) 낙서 마방진

[도표 1.15] 마첩진, 제기차기도, 낙서

(1) 마첩진의 세로칸 123, 456, 789는 낙서 마방진의 정대각선 (n-1).n.(n+1)과 같고, 가로줄 147, 258, 369를 보면 그것은 낙서 마방진의 부대각선 (n-3).n.(n+3)과 같다.

(2) 제기차기 순서(c)로 되돌아와 볼 때 12, 34, 56, 78, 9(정대각선)는 사람 서는 순서이고, 147, 258, 369(부대각선)는 제기를 던지는 순서이다.

구성학의 수학적 구도는 그 속에 반영대칭과 회전대칭을 조화시키고 있다. 다시 말해서 경사나 동회 같은 개념은 회전대칭에 해당한다고 할 수 있다. 그리고 n을 대칭점으로 하여 (n-1)과 (n+1)과 같은 것은 사각형의 수평과 수직 그리고 두 대각선에서 반영대칭을 만드는 것이라 할 수 있다. n 중궁의 수에 따라서 궁 자체가 회전한다. 여기서는 이러한 구성학의 수학적 구조 만을 언급하는 것으로 소임을 다 하려 한다. [도표 1.12] 구성정위반 속에 들어있는 씨니피에(기의)들은 구성학을 이용한 인간의 운명을 점치는 것으로 여기서는 시니피앙(기표)에 충실한다.

　마첩진이 마방진 낙서와 다른 점은 삼정三正, 다시 말해서 수를 성수, 법수, 체수로 분류해 보았다는 점이다. 그리고 그 성격이 각각 다르다. 낙서 안 9개의 수는 그 수들의 성격에 있어서 평면적이다. 서로 간에 차이가 없다는 것이다. 그리고 5를 중앙에 고정시켜 놓는다. 구성학이 암시하는 바는 중궁은 1~9의 모든 수들이 될 수 있다는 것이다. 제4장에서 다룰 마야력(4.1)과 금역(5.3)에서는 구성학에서와 같이 중궁의 수를 바꿀 수가 있으며 심지어는 0 혹은 10도 중궁수가 될 수 있다. 인간의 제도나 법은 중앙 5로 고정될 수 있지만, 자연은 탈중잉화로 모두 수들이 중앙화될 수 있다. 이것이 자연이기 때문이다. 마고수는 이런 탈중앙화에 근거한다.

# 1.3 성수와 월경 주기

## 성수로 본 여포기와 황체기

1년 13개월 28일의 기제 장치가 된 것은 성수 147이다. 휴대전화기 숫자판에서도 흔히 볼 수 있는 숫자 배열이지만 부도지 저자는 위에서 본 바와 같이 이를 '성수'라 하면서 1년 13개월-52주-1개월 28일을 계산하였다. 그레고리력은 자연의 질서에나 인간의 질서에나 그 어디에도 조화가 힘들다. 그러나 만약에 1달 28일로 삼게 되면 달의 변화와 밀물과 썰물, 그 무엇보다 여성들의 생리 주기와 알맞게 된다.

인간이 신의 명령을 어긴 죄과가 남녀에게 각각 다르게 따로 내려졌는데 여자에게 내려진 죄과가 아이를 낳는 고통이다. 그런데 최근 의학은 무통 분만도 가능하게 했고, 심지어 인공수정에 의한 분만도 가능하게 되어 신의 저주가 무색하게 되었다. 그러나 여성에게서 산고의 고통보다 더 큰 고통이 월경menstruation이라는 사실이 최근 *Scientific American*(2019년 특집호)에서 다루어졌다. 그런데 특집호의 결론은 지금의 달력이 아닌 한 달 28일로 된 달력을 사용해야 한다는 것과 나아가 휴대전화에 여성들 자신의 생리 주기를 정확하게 알리는 정보를 입력하는 것이 필요하다고 했다.

2007년부터 힐로 하와이대 수잔 브라운 등 교수진들이 여성들의 월경에 대한 연구해 온 상세한 보고서를 *Scientific American*(2019)에서 특집으로 다루었다. 월경에 대하여 여성들이 스스로 처방해 온 과정을

1960년대부터 최근까지 순서대로 다루고 있다. 그 가운데 하나가 월경에서 나오는 피를 쥐에게 먹인 결과 쥐가 죽는 실험을 통해 연구자들은 큰 충격을 받았다고 한다. 세계 도처의 문화나 종교가 여성들의 월경에 대하여 가지고 있는 편입견과 여성들이 겪어 온 수모와 고통을 다루고 있으나 여기서는 이를 생략한다. 월경에 대하여 여성들이 스스로 대처한 사건 가운데, 1960년대부터 여성들이 알약pill을 복용하기 시작했다는 것이라고 지적하고 있다. 푸에토리코 여성들에게 필을 복용시킨 결과 유방암 등 온갖 병을 유발하는 것을 발견하고 이번 특집이 내놓는 최종적인 결론은 28일 월경 주기율표를 만드는 것이라고 싱세한 보고를 하고 있다 (SA, 2019).

이에 앞서 여성주의 학자들 가운데는 여성과 남성의 생리적 구조를 연구하는 학자들도 있다. 그 가운데 노스럽Christiane Northrup의 *Womens's Bodies, Women's Wisdom*(1989) 부제 'Creating Physical and Emotional Health and Healing'에서 보는 바와 같이 이는 여성 신체와 생리 구조를 여성들의 정신세계에 연관시켜 보고한 방대한 저작물이다. 여기서는 노스럽의 책과 최근 하와이대 연구팀들이 연구한 결과를 연관시켜 마고력이 얼마나 자연의 질서에 부합하는가를 보여주고, 특히 여성 생리 주기를 마고력과 연관시켜 보려 한다. 먼저 여성의 월경 주기와 성수의 관계를 논하고 다음으로 여성의 생리적 특징이 남성과는 어떻게 다른가를 보여 줌으로써 여성 생리 주기는 육체와 정신 그리고 몸과 마음의 조화라는 종교적 내지 나아가 철학적 문제와 상관 된다는 것을 다룰 것이다.

노스럽에 의하면 월경은 어떻게 물질이 의식이 되고 생각이 실재가 될 수 있는가를 보여주는 거울과 같다고 한다. 남성들이 여성들보다 더 이원론적이 되는 이유가 여성에게는 있는 것이 남성에게는 없기 때문인데, 여성에게 자궁은 뇌의 중심부와 연관돼 있기 때문에 몸과 마음이 따로일 수가 없다는 것이다. 그래서 여성의 생리 주기인 월경은 이러한 비이원론적 논리적 근거에서 생긴 현상이라고 한다(Northrup, 1989, 105). 이제부터 그 구체적인 근거를 탐색해 보기로 한다.

　인간은 월경 주기를 뇌와 연계하여 경험하는 특이한 종들 가운데 하나이다. 여기서 특이하다는 것은 월경이 뇌하수체<sup>pituitary</sup>의 조정을 받고 있다는 점이다. 다시 말해서 인간은 월경이 단순히 생식기에서 발생하는 현상이 아니고 뇌하수체가 난소를 자극하여 호르몬을 분비하도록 명령한다는 것이다. 뇌하수체는 간뇌의 시상하부 아래쪽에 매달려 있는 내분비기관 가운데 하나로서 일명 '골밑샘'이라고도 한다.

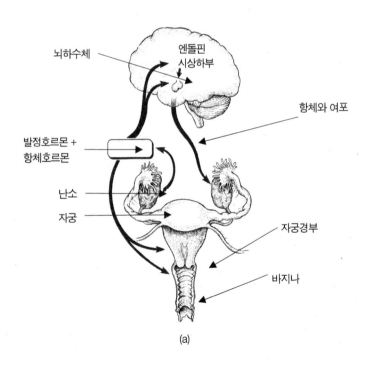

(a)

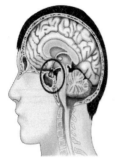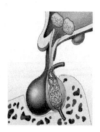

뇌하수체는 뇌의 한가운데에 존재하는 작은 크기의 샘으로, 인체의 성장과 대사에 필요한 중요한 호르몬들을 분비하는데 이를 뇌하수체호르몬이라 한다. 뇌하수체호르몬들은 뇌하수체의 바로 위에 위치한 시상하부와 싱호작용에 의해 조절되는데, 다양한 원인에 의해 뇌하수체와 시상하부가 손상을 받는 경우 뇌하수체에서 분비되는 호르몬의 분비에 문제가 발생한다.

(b)

[도표 1.16] 뇌하수체와 자궁의 관계도

1개월 28일이 여성들의 평균적 월경 주기와 일치한다고 할 때, 28일을 반으로 나누어 1~14일을 여포기<sup>follicular phase(FP)</sup>라 하고, 15~28일을 황체기<sup>luteal phase(LP)</sup>라고 한다. 출발에서부터 마고력의 편리함이 드러난다. 월경이 시작돼 배란기까지를 '여포기'라고 하는데, 난자가 자라서 성장해 나가는 기간을 '황체기'라고 한다. '여포기' 동안은 여성들이 힘과 창의력이 넘치는 기간이다. 두 기의 중간기가 배란기<sup>ovulation</sup>에 해당하는데, 이 기간에 황체형성호르몬<sup>luteinizing hormon(LH)</sup>은 뇌하수체 전엽에서 분비되는 호르몬 중의 하나로서 배란을 일으키는 역할을 한다. 그런데 중요한 사실은 이 호르몬이 뇌하수체가 자극을 받아서 분비되는 호르몬이란 점이다. 여기서 여성에게는 생리적으로 유물론과 관념론이 나뉠 수 없다는 것을 웅변적으로 보여준다. 여포자극 호르몬은 난소 안의 여포를 자극해서 난자가 나오도록 자극하는 호르몬이다. 우리는 다시금 마고력의 큰 의미를 실감하게 된다. 월경이 진정한 의미에서 산고의 고통이다.

여성이 평생 400번 이상(34년 정도)을 월경 경험을 해야 한다고 할 때 그 규칙적인 주기를 알고 있게 된다면 여간 복된 것이 아닐 것이다. 그러나 이러한 행복을 빼앗아 간 것이 요임금이고 율리우스 황제이고 그레고

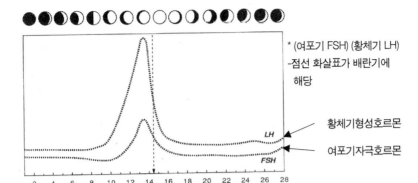

[도표 1.17] 월경 주기표(Northrup, 1989, 106)

리 교황이다. 여성들의 월경 주기를 기준한 것도 아니고 바다의 밀물 썰물을 참고한 것도 아닌 오직 남성 편의로 만들어진 것이 지금 우리가 사용하고 있는 그레고리력이다.

[도표 1.18]은 달의 차고 기우는 것과 생리 주기가 조화를 이루는 것을 보여준다. 달뿐 만 아니라 여성들의 면역이 높고 낮은 것도 이 월경 주기와 연관이 있다고 한다.

(1) 월경 주기를 초승달부터 시작하여 만월까지의 1~14일 기간(여포기 FSH) 그리고 만월부터 그믐까지의 14~28일 기간(황체기 LH) 사이에 생기는 변화를 달의 변하는 모양과 함께 나타내었다.

(2) 먼저 초승달에 에스트로겐estrogen이라는 호르몬의 분비와 함께 여포기 다시 말해서 난자를 생산하는 일정이 시작된다. 반달 즈음에는 프로게스트론progesterone, 에스트로겐estrogen이라는 호르몬이 분비되면서 황체기가 시작돼 만월 즈음에 배란기에 도달 난자가 태어난다. 여포기 기간에 여성들은 새로운 창조적 발상과 영감을 감수하는 발상기inspiration이고, 보름달 만월부터 그믐달까지는 반추기reflection라고 한다.

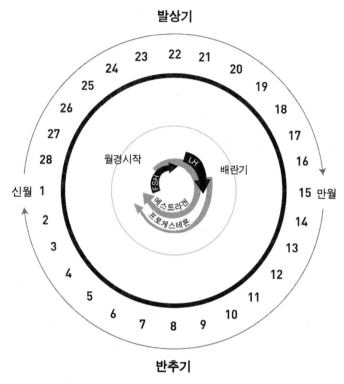

발상기

23  22  21
24          20
25              19
26                  18
27                      17
28                          16
신월 1          월경시작  LH  배란기       15 만월
2          FSH                    14
3          에스트라겐              13
4          프로게스테론          12
5                              11
6                          10
7  8  9

반추기

[도표 1.18] 여포기(FSH)와 황체기(LH)

## 성수로 본 SAD와 PMS

남성들과는 달리 평생 400회 약 34년이란 시간 동안 여성들은 월경을 해야 하고, 여성들의 60% 이상이 '월경전 증후premenstrual symdrome, PMS'와 '계절병적 장애seasonal affective disorder, SAD'를 앓고 있다고 한다. 그러나 남성들은 여성들의 이런 증후군과 장애를 죄과로 무시하고, 여성들은 월경의 고통을 숨기고 감수하면서 수천 년을 살아왔다. 여성들의 고통인 두 증상은 잡지 *Family Circle*을 통해 알려지기 시작했으며, 이를 알리는 데당시 여성해방운동가들의 공헌이 컸다. 1980년대 중반부터는 연구의 대

상이 되었고 강연 주제가 되기도 했다. 그리고 두 증상이 별개의 것이 아니고 서로 연관이 된다는 사실도 알려졌다. 다시 말해서 아래 [도표 1.19]에서 보는 바와 같이 두 병적 현상이 가을철에 특히 발생하는 것을 볼 수 있다.

PMS는 월별 주기이고, SAD는 연별 주기이다. 두 증상이 동일한 치료법에 근거하는 데도 이는 여성들이 자연의 큰 두 질서에 영향을 받는다는, 그래서 어떤 주기법에 관한 지혜를 얻어야 함을 [도표 1.19]는 암시하고 있다.

여기서 우리는 부도지 23장을 다시 읽을 수밖에 없다. "천도가 돌고 돌아 종시가 있고, 종시가 또 돌아 4단씩 겹쳐 나가 다시 종시가 있다.

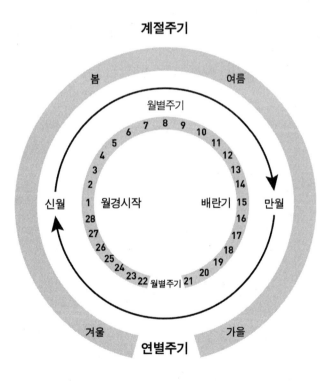

[도표 1.19] SAD와 PMS

1 종시의 사이를 소력이라 하고, 종시의 종시를 중력이라 하고, 네 번 겹치 종시를 대력이라고 한다. 소력의 1회를 사<sup>祀</sup>라 하니, 사에 13기<sup>期</sup>가 있고, 1기에 28일이 있으며, 다시 4요<sup>曜</sup>로 나뉜다.”

이렇게 시간을 나누어 보는 이유는 부도지 기록이 여성들의 월경 주기가 표준인 것이라 볼 수밖에 없기 때문이다. 왜냐하면 영양과 의료기술이 없던 시대에 가장 중요한 것은 생존이고 그것은 다산으로 이어질 수밖에 없다. 다산 없이 생존은 불가능하기 때문이다. 그렇다면 다산을 좌지우지하는 것은 여성들이고 여성들의 생산과 관계되는 월경 주기는 가장 중요한 것 가운데 하나이다. 그러나 남성 중심의 가부장제 시대에 들어와서부터 제작된 달력의 기준은 농업과 전쟁이 되었다.

그렇다면 여성들의 월경 주기는 단순히 달<sup>month</sup>에만 관계되는 것이 아니라, 해<sup>year</sup>에도 관계된다는 것이 분명해진다. 이러한 견해가 반영된 것이 위 부도지 23장 벽두의 강조이다. 두 증상들<sup>SAD와 PMS</sup>에 대하여 여성들은 숨기거나, 드러내지 않거나, 못했다. 월경 자체를 불결한 것으로 금기시한 문화가 가부장제 시대에 등장했기 때문이다. 2019년 *Scientific American*이 여성들의 월경 문제를 특집으로 다룬 것도 더 이상 미룰 수 없는 이유는 인류의 반에 해당하는 여성들 산고의 고통을 외면할 수 없기 때문이다.

여성들의 생리 주기가 밀물과 썰물과도 연관되면서 두 증상에 대한 치료법이 의학적으로 거론되지 않을 수 없었다. 그 증상들이 가을과 겨울로 변하는 계절에 특히 많이 발생했기 때문에 썰물과 연관을 짓게 되었고 그리고 여성들의 몸이 햇볕을 많이 받지 못하는 것과 연관된다고 결론을 내리게 되었다. 그래서 인공광을 만들어 여성의 몸에 열을 가하기도 하였으나 이는 오히려 부작용을 더 많이 초래했을 뿐이었다.

월경은 위에서 본 바와 같이 여성들의 간뇌에 위치한 뇌하수체와 해마와도 연관이 되어 단순히 신체적인 고통뿐만 아니라, 피곤, 의기 상실, 좌절감 등 심리적인 것과도 연관된다는 사실이 알려졌다. 이는 요즘 사회적으로 문제시되는 낙태의 문제와 결부돼 여성들의 고통은 이중적이 되었다. 월경 주기가 임신과 연관이 된다는 사실이 알려진 것은 차라리 최근이다. 인간의 성 관계가 반드시 임신과 연관이 있다는 사실을 안 것도 비교적 오래되지 않았다.

다시 말해서 월경이 배란기$^{ovulation}$와 연관이 된다는 사실이 알려지면서 여성들은 알약을 먹기 시작하였다. 그러나 힐로 하와이대 연구의 보고에 의하면 푸에토리코 여성들을 상대로 피임약을 실험한 결과 피임약이 암과 같은 더 많은 부작용을 초래하는 사실을 알게 된 결과, 결국 피임약 사용을 중단할 것을 권고하는 연구보고서가 나왔다.

피임약은 자연에 반하는 인위적인 행위로서 인간의 생명 탄생과 관계되는 것을 인위적 그리고 인공적으로 작위를 하려 한 것 자체가 인간이 선악과를 따 먹는 이상의 위험한 것이 되고 말았다. 원하지 않는 임신을 하지 않으려 하고, 원하지 않은 태아를 제거하려 하는 것은 모두 여성을 떠나 모든 인간의 고유 권한일 것이다. 그러나 작위나 인위적인 방법은 사태를 더 악화시킬 뿐이다.

노스럽은 말하기를 PSM과 SAD가 따로가 아니고 하나라는 이 명백한 사실에서 해답을 찾아야 한다고 한다. 이 두 사건이 둘이 아니고 하나라는 이 명백한 사실이야말로 여성의 몸이 자연과 분리될 수 없는 것임을 의미하고 이것은 지식이 아닌 지혜의 문제라는 것이다. 천자문에 '추수동장$^{秋收冬藏}$'이란 말이 있다. 가을에 거두어 겨울에 저장해둔다는 의미이다. 두 증상이 가을과 겨울철로 변하는 시기에 많이 발생한다는 것은 가두어 간직해 두라는 자연의 명령이다. 이때 여성들은 자기 내면의 세계에로 눈을 돌려 내면의 자아를 반추하라는 신호이다. 배란기의 시작과 함께 시작하는 황체기$^{나}$에는 추수동장을 인체에 명령하는 것이나 마찬가지이다.

부도지 23장은 바로 이러한 자연의 지혜를 경고 아닌 경고로 알리고 있다. "우리의 문화는 이 사실(추수동장)을 알지 못하고 있다. 그래서 자연의 순환질서 자체를 두려워하고, 우리의 몸도 거두고 거둔 것을 간직해 두는 것의 지혜를 망각했기 때문에 약물을 대신 개발한 것이다. 에덴 동산의 생명과를 따 먹지 말라 한 것은 빠른 효과를 내는 약물 특히 식물성 대마초나 이편 같은 마약류 같은 것에 가까이 가지 말라는 경고일 수 있다. 그래서 마고 성에서 마고는 식물성 과일 일체에 대한 금식령을 내렸던 것이다. 인간의 영혼을 피폐하게 만드는 약물의 위험성을 경고한 것이라 할 수 있다.

### 성수로 본 낙원의 저주와 치유

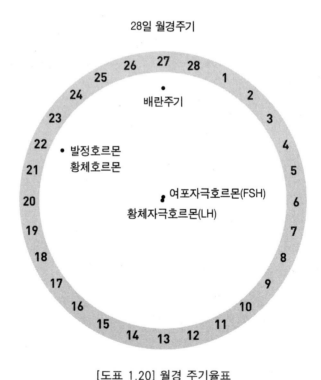

[도표 1.20] 월경 주기율표

피임약의 부작용을 지적한 힐로 하와이대 교수진들의 대안은 자연스런 주기법을 이용하는 것이라고 한다. 결국 1989년도 노스럽의 제안이나 30년 후 하와이대 교수진들의 제안이나 같다. [도표 1.20]은 [도표 1.14]를 좀 더 상세하게 확대 구체화시킨 것이다. 양자는 공히 28일 주기 동안의 배란주기를 중심으로 여포와 황체기 안의 두 호르몬이 분비되는 양을 배란기 주기와 자궁 주기에 대응시켜 놓았다. 여기서 관심의 표적이 되는 것은 모두 28일을 기준으로 삼았다는 점이다.

(1) 크게 두 개의 동심원을 보면 외곽의 동심원은 자궁주기$^{\text{Uterine cycle}}$로서 1개월 28일이다.

(2) 1~14일은 여포기$^{\text{FSH}}$이고, 15~28일은 황체기$^{\text{LH}}$이고 이 두 개의 주기에서 자궁주기에 따라 분비되는 호르몬의 양을 원과 원안의 작은 점으로 나눈다. 원의 크기는 난소에서 분비되는 호르몬의 양을 나타낸다. 11~13일 기간에는 두 호르몬의 양이 거의 같아져 버린다.

(3) 난소를 자극하여 호르몬을 분비하게 하는 여포$^{\text{FSH}}$와 황체$^{\text{LH}}$의 호르몬의 비교하기를 보자. 난소 안의 여포들이 자라가는 주기 14일에 이르러 난자가 성숙돼 정자를 받을 준비를 완비한다. 난소 안의 작은 여포에서 난자를 길러서 배란기 동안 방출한다. 이때 정자를 만나면 임신을 하게 된다. 이때 난소도 호르몬을 내보내 자궁이 성숙한 정자를 받아들일 수 있도록 준비시킨다.

(4) 만약에 임신이 안 되면 자궁은 정열을 취소하고 다음 주기가 시작하도록 한다. 사람에 따라서는 주기가 2주 정도 빠를 수도 늦을 수도 있다.

위의 [도표 1.20]을 만든 연구진들은 단서를 달고 있다. 프리오르 연구원은 "오늘날 여성만큼 오래 약을 복용하지 않은 세대의 여성들로부터 나온 결과물이다"라고 한다. 키스링은 "역사상 여성을 대상으로 한 가장 큰 통제되지 않은 의학 실험"(SA, 2019, 19)이라고 한다. 이 두 연구진들의 말은 현재 피임약을 복용하고 있는 대부분의 여성들에겐 위의 표가 무용지물일 수 있다는 것을 의미한다.

이제야 부도지에서 요의 난과 요의 화가 얼마나 심각한가를 새삼 깨닫게 된다. 부도지의 말을 다시 상기한다. "대저 요의 세 가지 잘못은 허위의 욕망에서 나온 것이다"(부도지, 2002, 86). 허위의 욕망이란 무엇인가? 그것은 남성 위주의 가치관을 두고 하는 말이다. 아이즈러가 말한 '여성 찻잔 문명'을 '남성 창검 문명'으로 바꾸면서 제일 먼저 한 것이 달력 개정이었다. 그 후부터 달력은 여성 생리 주기나 간만의 주기와 아무 상관이 없는 것이 되고 말았다.

만약에 여성들이 마고력을 사용했더라면 약물 복용 없이도 자기의 생리 주기를 조절할 수 있었을 것이고, 무엇보다 PMS와 SAD의 고통을

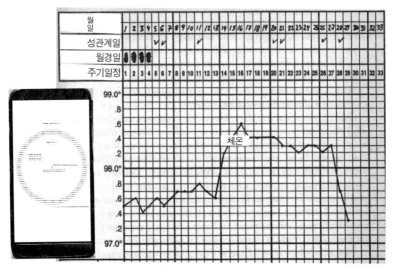

[도표 1.21] 월경주기와 체온측정

스스로 자가 치유를 할 수 있었을 것이다. 주기를 아는 한 아는 것 자체가 치유가 되고도 남는다. 바로 마고력이 그런 역할을 하기에 충분하다. 노스럽과 힐로 하와이대 연구진들은 여성들이 월경 주기 혹은 생리 주기를 사용할 것을 권하면서 [도표 1.21]과 같은 주기 일정표와 휴대폰을 사용하라고 권한다.

[도표 1.21]의 (b)는 노스럽이 1989년도에 만든 여성들이 약물 복용보다는 체온을 스스로 재어 기록하는 표를 만들라고 표본으로 제시한 것이다. 33일까지 긴 여유를 준 표이다. 그러나 28일까지 체온을 측정해도 아무 문제가 없다. 이 표에서도 1~14일과 15~28일의 구분은 분명하게 배란기에 온도가 급상승하는 것을 보여준다. 이 온도 측정기를 통해 어느 정도 증후군이 오는 것을 예측하고 관리할 수 있다. (a)는 하와이대 교수진들이 추천하는 단말기이다. 30여 년 사이에 수기로 체온을 측정하여 기록하던 때와는 격세지감이 있다. (a)와 (b)의 차이가 그것이다. 그러나 여기서 한 가지 변하지 않은 것은 28일 주기이다.

# 마법수 258과 율려:

## 피타고라스 콤마와 피보나치 수열

## 2.1 피타고라스 콤마와 율려

마고 배열법은 당연히 율려<sup>律呂</sup>에 그 근거를 두고 있다. 부도지를 기록한 기록자의 사관은 율려 그 이상도 이하도 아니다. 요임금이 율려를 파손한 것을 두고 '오행지난'이라 한 것이다. 달력을 논함에 있어서 가장 큰 난제는 윤일의 처리 문제이다. 법수 258은 오직 마고력이 윤일을 결정하는 것에 관한 수라고 할 수 있다. 매년 1일씩 두는 윤일을 단<sup>旦</sup>이라 하고, 4년에 한 번씩 두는 윤일을 판<sup>販</sup>이라고 한다. 2장에서는 두 가지 관점, 음악의 율려 관점과 수학의 피보나치 수열 관점에서 법수를 다룰 것이다. 2.1에선 율려를 먼저 다루고 율려를 조절하는 수 자연로그 함수 e를 통해 피타고라스 콤마를 찾고, 이를 피보나치 수열과 연관을 시킨다. 그리고 피보나치 수열이 마고수 배열과 어떤 관계인가를 추구할 것이다.

### 12율려와 피타고라스 콤마

> [II단] 1요는 7일'이 있고, 요가 끝나는 것을 '복<sup>服</sup>'이라 한다. 그러므로 1사에 52요복이 있으니 즉 364일이다. 이는 1, 4, 7의 '성수<sup>性數</sup>'요, 매 사의 시작에 '대사<sup>大祀</sup>'의 '단<sup>旦</sup>'이 있으니, 단과 1은 같기 때문에 합하여 365일이 되고, 3사의 반에 대삭<sup>大朔</sup>의 '판<sup>販</sup>'이 있으니, 판은 사의 2분절이다. 이는 2, 5, 8의 '법수<sup>法數</sup>'요, 판이 긴 것이 1일과 같기 때문에 제4의 사는 366일이 된다.

마고성은… 성 중의 사방에 네 명의 천인이 있어서 관管을 쌓아 놓고 음흡을 만드
니… (1장). "오직 8려의 음만이 하늘에서 들려오니 모두 이 음에서 나왔으며 마고
대성과 마고도 이 음에서 나왔다. 이것이 짐세이다(2장). "마고가 궁희와 소희를
낳아 두 딸에게 '오음칠조五音七調'의 음절을 맡아보게 하였다(부도지 2장).

'오음칠조五音七調'란 조선조 성종대에 저술된 악학궤범樂學軌範에서 60
조를 배열하는 방법이다. 다시 말해서 세로에 '7조궁,상,각,변치,치,궁,변궁'를
'오음궁,상,각,치,우'을 12율려律呂와 배합해 배열하는 것을 두고 하는 문제
이다.

부도지 23장은 다음과 같이 세 가지 역에 대해 말하고 있다.


소력 1년

중력 2년

대력 4년


회晦와 삭朔


결론부터 말해두면 이들 3력과 회와 삭은 율려에서 말하는 '삼분손익
법三分損益法'의 다른 말이라고 본다. 그 이유는 1, 2, 4가 삼분손익법에 해
당하는 수이고 회는 익을, 삭은 손을 의미한다고 보기 때문이다. 성수에
의하여 1사(1년)가 364일-365일-366일 세 가지로 나뉘는 것을 보았다.
147에 의하여 364일이 구해진다. 그러면 매년 1일 윤일이 생기는데 이
를 단旦이라고 하여 364+1=365일 된다. 그리고 4년마다 또 윤일이 1일
생기는데 이를 판昄이라고 한다. 그래서 365+1=366일이 된다. 여기서
도 간단한 손익법

과 같이 365에서 364는 '손일損一'이라 하고, 366은 '익일益一'이라고 한다. 앞으로 이 두 가지 질운挃運 작용을 다방면에서 목격하게 될 것이다.

삼분손익법은 반고의 반지상생도에서 쉽게 볼 수 있다. 반고는 12악률을 아래와 같은 '반지상생도班志相生圖'1 속에다 12율이 생성되는 방법을 가족 관계로 표시하고 있다. 부도지 저자가 12율을 [도표 2.1]과 같이 가족관계와 연계시켜 설명한 것과 비교가 된다. 부부와 아들을 취하는 방법에 비유한 것을 그림으로 나타낸 것이 '반지상생도' 혹은 일명 '처자취생법妻子取生法'이라고도 한다.

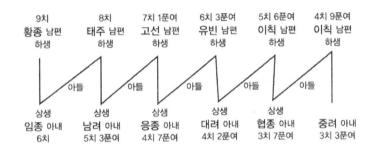

[도표 2.1] 반지상생도

평행사변형을 그리면서 좌에서 우로 이동하면서 상하로 율과 려가 배열되었다.

---

1 '반지상생법'이라는 말 자체는 반고가 쓴 『한서』의 『율려지』에서 유래한다.

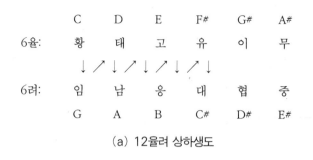

(a) 12율려 상하생도

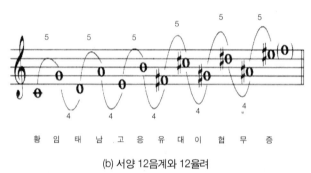

(b) 서양 12음계와 12율려

[도표 2.2] 12율려와 12음계 상생(上生)과 하생(下生)

영어 알파벳은 서양 음계이고 화살표 ↓는 하생 곧 '손일'이고, ╱는 상생 '익일'이다. 이렇게 12율려의 구조가 반지상생도에 의하여 표시되었다. 그런데 12율려는 곧 12월에도 일대일 대응이 된다. 12월에 관계되는 12지지와 함께 대응을 시키면 [도표 2.3]와 같다.

이렇게 12율과 12월을 일치시키는 이유는 시간에서 생기는 단이나

| C | C# | D | D# | E | F | F# | G | G# | A | A# | B |
|---|----|---|----|---|---|----|---|----|---|----|---|
| 황 | 대 | 태 | 협 | 고 | 중 | 유 | 임 | 이 | 남 | 무 | 응2 |
| 자 | 축 | 인 | 묘 | 진 | 사 | 오 | 미 | 신 | 유 | 술 | 해 |
| 11 | 12 | 1 | 2 | 3 | 4 | 5 | 6 | 7 | 8 | 9 | 10월 |

[도표 2.3] 12율려·12지지·12월 대응관계

판 같은 초과분인 윤일과 음악에서 생기는 그것과 어떻게 서로 상관성이 있는지를 발견하기 위해서이고, 나아가 발견을 통해서 법수 258의 의미를 구명하기 위해서이다.

반지상생도를 다시 들여다보면, 6양률인의 황종(양. 남)이 아래로 하생下生하여 같은 위치에 있는 6음려로 내려가서, 임종(음. 려)을 취하는 것은 황종이 처를 얻는 것이라 한다. 이어서 임종(음)이 위로 상생上生하여 태주(양)를 취하는 것은 임종이 아들을 취하는 것이라고 한다.

그런데 위 [도표 2.2]와 [도표 2.3]을 비교해 보면 큰 차이가 보인다. 후자는 전형적으로 C 다음이 C# 등인 것으로 보아 황과 대는 한 옥타브(7도) 차이가 반복되고 있어서 이를 '옥타브형'이라 하고, 전자는 C와 G 그리고 G와 A 사이 등은 모두 5도 차이이기 때문에 '5도형'이라고 한다. 양자는 그 성격에 있어서 크다. 옥타브형은 음의 음고 순서로 배열한 것이고, 5도형은 음의 발생순서로 배열한 것이다. 한 가정에서 형제간에 출생순서와 키 순서와 같지 않는 것과 같다고 비유적으로 생각해도 좋을 것이다.

그런데 문제는 옥타브형(7도)과 5도형은 서로 같은 곳에서 같은 길이 선상에서 달리기를 시작해 회전을 한 다음 목적지에서 서로 만나야 하는데 그렇지 못하다는 것이다. 35미터 길이라고 할 때 5도형은 7번을 옥타브형은 5번 끊어서 5와 7이 서로 반대 방향에서 달리더라도(이를 '순8역6'이라 함) 35미터 끝에서 서로 만나야 할 것이다. 그런데 옥타브형과 5도형 사이에는 후자가 전자보다 더 길어서 1.0136718…만큼 차이가 생긴다. 이 차이를 두고 서양에서는 '피타고라스 콤마'라고 한다.[3]

---

2 12율려의 첫 자만으로 나타내었다.

3 김상일, 『악학궤범 신연구』(2019)와 『악학궤범 학제적 연구』(2020) 참고.

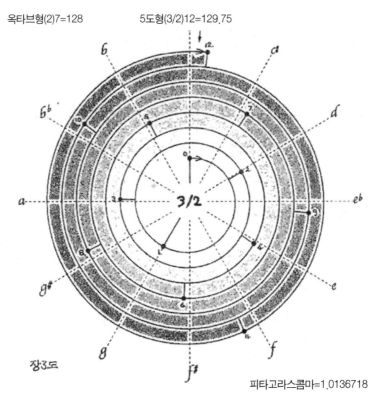

옥타브형(2)7=128　　　　5도형(3/2)12=129.75

장3도

피타고라스콤마=1.0136718

[도표 2.4] 옥타브형과 5도형

$(3/2)12=129.75$

$(2)7=128$

$129.75 \div 128 = 1.0136718\ldots$ 피타고라스 콤마


와 같다. 일단 피타고라스 콤마가 다름 아닌 단과 판과 같은 윤일 혹은 초과분에 해당한다고 본다. 이 초과음 때문에 5음(궁, 상, 각, 치, 우)에 변음인 변치와 변궁이 더해져 '7음'이 된다[도표 2.4]. 옥타브형과 5도형 중앙에서 옥타브형은 방사형(점선)으로 그리고 5도형은 나선형(실선)으로 음이 퍼져나가며 회전한다. 상단부의 같은 장소에서 만나야 하나

약간의 차이가 난다. 이 차이가 나는 피타고라스 콤마는 실제 연주에서 성가시게 하는 존재이고 한 옥타브를 1200센트라고 할 때 콤마는 24센트 정도이다. 365.24...에서 5.24...와 같은 존재이다. 이에 대해 속수무책일 수밖에 없고, 16세기 바하가 이 콤마를 12율 사이에 골고루 흩어 평균화시켰는데 이를 두고 '평균율$^{equal\ temperament}$'이라고 한다. 그 이전에는 이를 피타고라스 이후 줄 곧 '순정률$^{pure\ temperament}$'이라고 한다.

동양음악에서 이 콤마를 처리하는 방법은 위에서 소개한 삼분손익법이다. 그렇다면 부도지 23장의 3력의 문제로 돌아와 생각할 때 소력, 중력, 대력은 역을 3분한 것이고 1년(소력), 2년(중력), 4년(대력)으로 간주해 볼 수 있게 된다. 삼분손익법에 의하면

2/3   〈 3/3   〈 4/3
(손일)    1     (익일)

과 같다. 한태동은 이를 '인자진법$^{因子辰法}$'이라고 한다(정해임, 2007, 50). 즉, 3/3에 1/3을 손하면 2/3이 되고, 3/3에 1/3을 익하면 4/3이 된다는 것이 인자진법이다. 분모 3에 대하여 분자 2와 4 그리고 1(3/3) 자체가 곧 소력1, 중력2, 대력4로 볼 수 있다. 그리고 '회'와 '삭'은 '익'과 역시 '손'의 다른 말이라고 할 수 있다.

3력이 이와 같이 삼분손익법으로 읽히게 되면 후속으로 따르는 문제가 많다. 이에 큰 도움을 주는 것은 한태동의 악학궤범 연구라 할 수 있다. 이에 대한 후속 연구로 필자의 『악학궤범 신연구』(2019)와 『악학궤범 학제적 연구』(2020) 등이 있다. 한태동은 삼분손익법에 의하여 12율을 모두 인자진법으로 [도표 2.5]와 같이 지수화하였다. 12율 모두에 인자진수를 저수로 하여 0-0(황), 1-0(임),1-1(태), 2-1(남),2-2(고), 3-2(응),3-3(유),4-3(대),4-4(이), 5-4(협),5-5(무), 6-5(중)-(임)와 같이 지

| 12律 | 因子辰法(power series) |
|---|---|
| 황종(黃鍾) | $(2/3)^0(4/3)^0$ |
| 임종(林鐘) | $(2/3)^1(4/3)^0$ |
| 태주(太簇) | $(2/3)^1(4/3)^1$ |
| 남려(南呂) | $(2/3)^2(4/3)^1$ |
| 고선(姑洗) | $(2/3)^2(4/3)^2$ |
| 응종(應鍾) | $(2/3)^3(4/3)^2$ |
| 유빈(蕤賓) | $(2/3)^3(4/3)^3$ |
| 대려(大呂) | $(2/3)^4(4/3)^3$ |
| 이측(夷則) | $(2/3)^4(4/3)^4$ |
| 협종(夾鍾) | $(2/3)^5(4/3)^4$ |
| 무역(無射) | $(2/3)^5(4/3)^5$ |
| 중려(仲呂) | $(2/3)^6(4/3)^5$ |

[도표 2.5] 12율의 인자진법

| 12律 | 12月 | 律數 | 三分損益 | 上下相生 |
|---|---|---|---|---|
| 황종(黃鍾) | 11월 | 81 | 三分損一 | 下生林鍾 |
| 임종(林鐘) | 6월 | 54 | 三分益一 | 上生太簇 |
| 태주(太簇) | 정월 | 72 | 三分損一 | 下生南呂 |
| 남려(南呂) | 8월 | 48 | 三分益一 | 上生姑洗 |
| 고선(姑洗) | 3월 | 64 | 三分損一 | 下生應鍾 |
| 응종(應鍾) | 10월 | 42 | 三分益一 | 上生蕤賓 |
| 유빈(蕤賓) | 5월 | 56 | 三分益一 | 上生大呂 |
| 대려(大呂) | 12월 | 76 | 三分損一 | 下生夷則 |
| 이측(夷則) | 7월 | 51 | 三分益一 | 上生夾鍾 |
| 협종(夾鍾) | 2월 | 68 | 三分損一 | 下生無射 |
| 무역(無射) | 9월 | 45 | 三分益一 | 上生仲呂 |
| 중려(仲呂) | 4월 | 60 |  | 極不生 |

[도표 2.6] 회남자 12율의 삼분손익과 상하상생

수를 붙여 놓은 것이 [도표 2.5]이다. 이를 일반화하면 6양률은 진수 $(2/3)n(4/3)n$이고, 6음려는 $(2/3)n-1(4/3)2n-1$과 같다.

이렇게 12율과 12달 사이의 삼분손익 관계가 만들어졌다. 그렇다면 이로 인해서 부도지가 말하는 3력 이론이란 다름 아닌 12월에 삼분손익법을 그대로 적용한 것이라 할 수 있다. [도표 2.6]을 통해 음악에서 피타고라스 콤마(콤마)란 달력에선 단과 판이란 것을 알 수 있다. 그렇다면 음악에서 콤마를 다루는 방법은 곧 달력에서도 마찬가지로 적용될 수 있다.

| I | II | III | 순서 |
|---|---|---|---|
| 12율(음계) | 인자진법수 | 자연로그상수(Ln) | |
| 황(C) | $(2/3)^{-12}(4/3)^{-12}=4.1099$ | 1.4134 | |
| 임(G) | $(2/3)^{-11}(4/3)^{-12}=2.7399$ | 1.0079 | |
| … | … | … | |
| … | … | … | |
| 황(C) | $(2/3)^{-6}(4/3)^{-6}=2.0273$ | 0.7067 | 1 |
| 임(G) | $(2/3)^{-5}(4/3)^{-6}=1.3515$ | 0.3012 | 2 |
| 태(D) | $(2/3)^{-5}(4/3)^{-5}=1.8020$ | 0.5889 | 3 |
| 남(A) | $(2/3)^{-4}(4/3)^{-5}=1.2014$ | 0.1835 | 4 |
| 고(E) | $(2/3)^{-4}(4/3)^{-4}=1.6018$ | 0.4711 | 5 |
| 웅(B) | $(2/3)^{-3}(4/3)^{-4}=1.0679$ | 0.0657 | 6 |
| 주(F#) | $(2/3)^{-3}(4/3)^{-3}=1.4238$ | 0.3533 | 7 |
| 대(C#) | $(2/3)^{-2}(4/3)^{-3}=0.9492$ | -0.0521 | 8 |
| 이(G#) | $(2/3)^{-2}(4/3)^{-2}=1.2656$ | 0.2356 | 9 |
| 협(D#) | $(2/3)^{-1}(4/3)^{-2}=0.8438$ | -0.1699 | |
| 무(A#) | $(2/3)^{-1}(4/3)^{-1}=1.125$ | 0.1178 | |
| 중(E#) | $(2/3)^{0}(4/3)^{-1}=0.75$ | -0.2877 | |
| 황 | $(2/3)^{0}(4/3)^{0}=1$ | | 0 |

[도표 2.7] 12율의 삼분손익과 자연로그

(1) 한태동은 12율(I) 모두를 삼분손익법과 인자진법으로 처리한 후

(II)에 이를 자연로그함수의 값으로 바꿨다(III).

(2) 지금까지 다루어 온 경과 과정은 모두 자연로그 함수값 e=2.2718...
을 구하기 위해서이다.

(3) [도표 2.7]에서 어느 인자진수의 경우 e를 저수로 한 후 그것을
지수로 했을 때 생겨난 값이 (III)이다. 예를 들어서 황종의 경우라는

$$\frac{2.718^{4.1099} \quad =1.4134 \quad \cdots \ 황}{2.7182^{1.8020} \quad =0.5889 \quad \cdots \ 태}$$

(II)            (III)

의미이다. 그러면 여기서 자연로그 e란 무엇이고 그것이 피타고라스 콤
마와는 어떤 관계인지를 알아보는 과제가 남아있다.

(4) 그러나 우리가 도달하려고 하는 종착지는 자연로그 e가 마고수
배열과는 어떤 관계가 있는가이다.

[도표 2.8]은 [도표 2.7]의 III칸에 있는 12율의 값들로 만든 좌표계
이다. 이 좌표계를 한태동은 '음양률쌍곡선'이라고 한다. 이는 평행사변
형 모양의 반지상생도 [도표 2.1]이 쌍율 곡선으로 변한 것이다. 아래 곡
선은 6양률(황태고유이무)이고 위 곡선은 음양률(임이남응대협중)이다.

이제 한 번 좌표계의 부대각선 위치에 놓인 두 쌍률 곡선을 한 번 x축
과 y축에 직교 수선을 내려 투영시켜projecting 보라는 것이다. 그러면 x축
에는 옥타브형(황대태협고중유임이남무응)이, y축에는 5도형(황임태남고
응유대입협무중)이 배열된다. 이는 경이로운 일이다. 왜냐하면 두 형의 비
례 차이에서 피타고라스 콤마가 생기는 것을 보았기 때문이다. 음양률

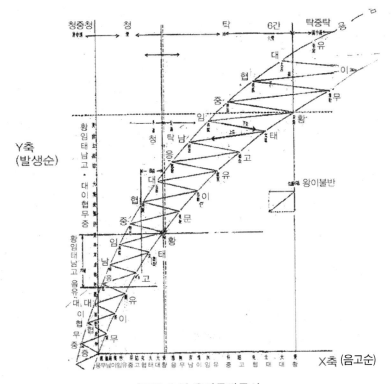

[도표 2.8] 음양률쌍곡선

쌍곡선은 포물선같이 보이지만 그것이 아니다. 갈릴레오도 이를 혼동했을 정도로 유사해 보인다. 음양률 쌍곡선은 쉽게 우리나라 한옥 지붕이 만드는 현수곡선과 두 전신주 사이에 자연스럽게 늘어지는 전선과 같은 것이다. 미국 세인트루이스시는 최초로 현수곡선으로 Gateway Arch를 만들어 자랑하고 있다.

그렇다면 여기서 두 가지 중요한 사실은 삼분손익법과 인자진법 그리고 자연로그 함수 e이다. 전자에 관해서는 위에서 소개한 바이다.[4] 남은 것은 자연로그 함수이다. 이 함수를 알게 되면 부도지 마고수 배열의 전모

<hr />

4 김상일 저, 『악학궤범 신연구』, 『악학궤범 학제적 연구』를 참고하기 바란다.

를 알게 된다. 이상은 "1종시(1사)의 사이를 소력이라 하고, 종시의 종시(2사)를 중력이라 하고, 4번 겹치는 종시를 대력이라 한다"(23장)에 대한 주석이라 할 수 있다. '3분손익법'에서 3력을 '3분'으로서 분모와 같고, 1, 2, 4를 분자로 한 2/3-3/3(1)-4/3이란 삼분손익법의 달력에 대한 표현이라고 본다. 그리고 364-365-366도 일종의 삼분손익법이라 할 수 있다. 삼분손익법은 일종의 질운 작용으로서 음악과 달력뿐만 아니라 다양한 곳에 적용이 된다고 본다. 이제 부도지의 보편적 성격을 추구하는 마당에 피타고라스 콤마 속에 숨어 있는 자연로그함수에 대해 검토해 보자.

### 자연로그함수 e 값에 관하여

e 값이 어떻게 구해지는지 그 방법을 알아보기로 한다. 어느 제한된 공간 안에 들어있는 물건의 양을 1이라고 할 때 그것을 무한히 꺼내 들어내는 방법은 1을 분자로 하고 분모의 수를 무한히 많이 그리고 크게 만들면 될 것이다. 떡 하나에 n개의 사람들이 있다면 1/n 식을 아래와 [도표 2.9]와 같이 만들면 될 것이다.

분모가 순차대로 곱하여 나갈 때 어느 끝수 n을 지정하여 느낌표 'n!'로 표시하고 이를 '팩토리얼factorial'이라고 한다.5 팩토리얼은 군론에서 대칭의 수를 결정할 때 흔히 쓴다. 예를 들어서 3각형의 대칭수는 6개(1×2×3), 4각형은 24개(1×2×3×4) 등과 같다. 다시 말해서 조합과 순열을 계산할 때 가장 많이 쓰인다. 관심의 적인 자연로그natural log(ln)6는

---

5 느낌표로 나타낸 이유는 급격히 상승하는 궤적에 수학자들은 놀라움과 경탄을 금할 수 없었기 때문이라고 한다. 일명 'n admiration'이라고까지 한다(알렉스 벨로스, 2016, 219).
6 log와 e의 관계는 $\ln x = \log e^x$로 표시한다.

$e=1+(1/n!)^n=2.718\ldots$

| 0 | 0!=1 |
|---|---|
| 1 | 1!=1 |
| 1×2 | 2!=2 |
| 1×2×3 | 3!=6 |
| 1×2×3×4 | 4!=24 |
| 1×2×3×4×5 | 5!=120 |
| … | |
| … | |
| … | |
| 1×2×3×4×5×6×7×8×9×10 | 10!=3,628,800 |
| 1×2×3×4×5…n | n! |

[도표 2.9] 팩토리얼 구성도

이다. 여기서 처음 수 1이 들어가는 이유는 n은 0보다 커야 하나 0인 경우는 $n^0=1$이기 때문에 예외적으로 넣은 수이다. $1+(1/n!)n$를 전개하면, 분모가 팩토리얼이고 분자가 1인 분수들의 합이 나온다. 12율 가운데 처음 수인 황종의 지수는 0이기 때문에 그 값이 1이다(즉, n0=1).

그런데 위의 식에서 $(1/n!)^n$은 한껏 커봐야 2.718... 즉, 2보다는 크지만 3을 넘지 못한다. 이것이 '오병이어' 기적의 의미이다. 그 이유는 분자는 1로 제한돼 있는데 분모가 커진다는 것은 그 전체 값은 더 작아진다는 것을 의미한다. 다시 말해서 e의 값 전체는 3보다 작으나 2보다는 크다. e는 원주율 $\pi=3.14159\ldots(3<\pi<4)$와 함께 초월수 취급을 받는다. 원주율 $\pi$가 e보다 역사가 길지만 지금 우리가 사용하는 계산기에 전자는 없고 후자 e는 들어가 있다. 그래서 [도표 2.7]을 만들려면 계산기를 사용하면 쉬울 것이다.

여기서 지수 n승은 분모의 팩토리얼과 같다. 분자는 항상 1이기 때문이다. 이것이 e를 만드는 전모이다. 그런데 e는 팔방미인의 수로서 은행 이자 계산과, 전선 가설과, 고고학에서 동위원수 측정법과, 호수 안에서 먹이사슬 고리, 나아가 카오스와 프랙털 이론의 핵심을 창출해낸다.

n이 분모의 팩토리얼인 동시에 지수라는 것은 자기 자신을 증가시키면서 동시에 자기 자신을 감소시킨다는 것을 의미한다. 분모로서의 n은 감소시키지만 지수로서의 n은 증가시킨다. 자기 자신 자체(n)를 증가시키면서 감소시킨다는 자기언급적 것이 e이다. 그래서 마고수 배열법 가운데 자기언급을 여기서 발견한다(3장 참고). 이는 '자기먹기'(혹은 '자체식')인 오토파지 혹은 우로보로스와 같다 할 수 있다.

G. 레이코프는 "e라는 수는 함수의 저수이면서 제곱을 해나가면서 변하는 율이 자기 자신과 같은 수이다"(Lakoff, 2000, 411)라고 했다. 자기가 자신을 언급하면서 제곱해 나가는 수가 e가 가지고 있는 특징 가운데 특징이라 할 수 있다. 이런 특징을 부도지는 '윤멱'이라고도 혹은 '첩첩'이라고도 한다. 자기 증가를 시키면서 동시에 감소도 시키기 때문에 역설적인 수라고도 할 수 있다. 바로 이러한 역설적 성격 때문에 e가 팔방미인과 같은 역할을 한다.

그래서 은행에 저금해 놓고 일정 기간에 원금을 꺼내 쓰면서 동시에 이자를 늘리게 하는 소위 복식계산법에 이 수식이 이용될 수밖에 없게된다. 제논의 역설도 e로 설명될 수 있다. 다시 말해서 아무리 나눈 것을 무한히 또 나눈다 하더라도 아킬레스는 거북이를 3시간 이내(2.2781…시간)에서는 따라잡을 것이다. 먹이사슬 고리에서 개체수가 늘면서 동시에 줄어드는 관계에서도 이 수식이 응용될 수밖에 없고, 드디어 이 세상에 나타난 수 가운데 만인이 추천하는 가장 아름다운 공식에서도 e가 저수가

$$e^{i\pi}+1=0 \ 혹은 \ e^{i\pi}+0=-1$$

되어 허수 i와 파이$^\pi$가 지수가 돼 생성된다. 가장 중요한 세 개의 수 -1, 0 그리고 +1이 e와 i 와 $\pi$의 기호에 의하여 만들어지는 것이 증명되었다 (Edwards, 2003, 276-289).

수학자들이 지수적 증가를 중요시한 이유는 '제곱'이란 말 때문이다. 어떤 수가 자기 자신을 반복해 곱한다는 것이 '제곱'이다. '자기언급' 혹은 '재귀적'이란 말 때문이다. 이 말은 러셀역설 혹은 프랙털 이론과 연관하여 4차 산업사회를 이끌어 나갈 주제어이다(글릭, 2011, 248). 그런 의미에서 러셀이 "인류의 가장 큰 결함은 역설을 이해하지 못하는 것"이라고 선언한 것은 바틀릿의 선언과 맥락을 같이 한다. 위에서 본 바와 같이 제곱의 한가운데에 자연로그 e가 있다.

'지수'란 정상 크기 수(저수)의 오른쪽 어깨에 붙는 작은 수이다. 제곱이란 그 자체로 주요한 것이 아니라 그것이 역설을 조장하기 때문이다. 그리고 역설은 인간의 난제 가운데 하나로서 최대의 화두가 되고 있다. 앞으로 4차 산업사회로 인류가 넘어가는 데 있어서 역설은 해의해야 할 최대 과제 가운데 하나이다. e에서 n이 n을 제곱하는 과정에서 증가하면서 동시에 감소하는 성격이란 가히 그 위력을 짐작하고도 남음이 있다. 그래서 동양의 역은 제곱에 대한 각별한 관심을 갖게 되었고 음양오행이란 그 역설 해의의 한 방편이라 할 수 있다.

한태동이 삼분손익법에 소위 인자진수란 기법을 사용한 것은 이러한 지수적 성격을 남다르게 생각했기 때문이라고 본다. 음률을 양율과 음려로 나누고 양률에는 손익에 모두 지수 n과 n을 사용한 반면에 음려에서 손에는 지수 (2n-1)을, 음률에서는 지수 (2n-2)로 다르게 적용한다. 전자의 (n)(n)이 '짝재기$^{paired}$'라면, (2n-1)(2n-2)는 '짝짝이$^{unpaired}$'로 다르다. 그래서 인자진수는 'paired-unpaired'라 할 수 있다.

수학에서 e를 표기하는 방법은 두 가지가 있다. 한태동의 '음양률 쌍곡선을 이해하기 위해서는 두 가지 표기법을 동시에 아는 것이 필수이다.

여기서 'ln'은 natural log의 약자이다. 상용로그에서 $\log 10^{100}=2$로 흔히 알려져 있다. 마찬가지로

$\ln(x) = \log e(x)$

$\log e(1) = 0$ ($e^0 = 1$이기 때문에)

$\log e^e = 1$ ($e^1 = e$이기 때문에)

의 경우들은 모든 다른 수들과 다를 바 없이 연산이 같게 표시되었다. e를 통하여 우리는 피타고라스 콤마의 값(1.0136...)을 알게 되었다. 2.4절에선 피보나치 수열을 통해 '136 혹은 137'의 값을 발견할 것이다. 그리고 이 값이 마고수 배열법과 직접 연관이 되는 것을 증명할 것이다. 그러면 e=마고수 배열=136이란 등식을 만날 것이다.

### 오음칠조와 피타고라스 콤마: 단과 판

마고수 배열과 단과 판의 관계 그리고 '오음7조'를 피타고라스 콤마에 의하여 재조명하기로 한다. 피타고라스 콤마를 음악에서 어떻게 다루는가를 더 알아보기 위해서 뫼비우스 띠 위에 6율과 6려 그리고 5음7성을 다 함께 넣어 표시해 보기로 한다[도표 2.10].

(1) (a)에서 7성과 12율과 센트를 대응시켜 놓았다. 변치와 변궁만 90센트이고 나머지는 모두 204센트이다. 피아노 건반에서 변음들이란 반음과 연관되는 부분들이다. 그리고 변음들은 무리수적 성격을 가지고 있다.

| 궁 | 상 | 각 | 변치 | 치 | 우 | 변궁 | 궁 |
|---|---|---|---|---|---|---|---|
| ↓ | ↓ | ↓ | ↓ | ↓ | ↓ | ↓ | ↓ |
| 황 | 태 | 고 | 유 | 림 | 남 | 응 | 황 |
| 204 | 204 | 204 | (90) | 204 | 204 | (90) | =1200센트 |

(a) 7성과 12율려 그리고 센트의 대응

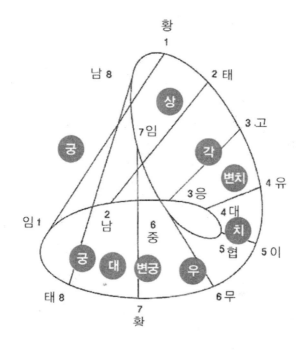

(b) 뫼비우스띠와 7성 12율

[도표 2.10] 12율려.7음.센트

(2) (b)는 뫼비우스띠 위에 같은 번호가 상하에서 혹은 하상에서 율과 려로 번갈아가면서 배치돼 있다. 예를 들어서 율인 1황-1임, 2태-2남, 3고-3응…과 같이 대응돼 있다. 변치에 해당하는 '유'와 변궁에 해당하는 '황'은 12율 가운데서 처음과 중간 부분으로서 뫼비우스띠를 통해

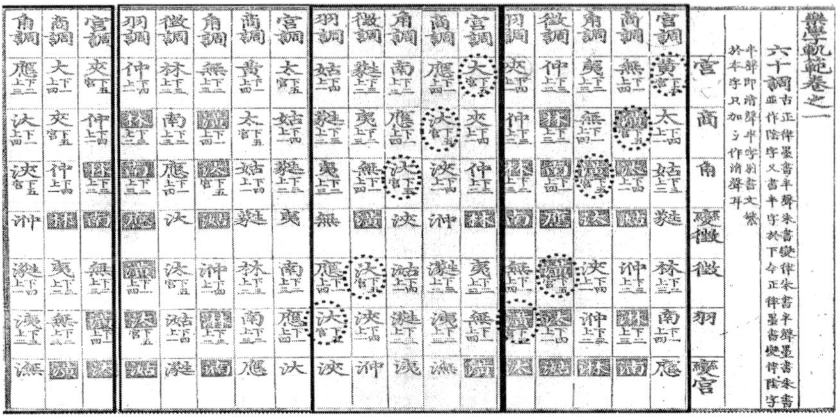

[도표 2.11] 악학궤범 부분도

볼 때 회전이 생기는 곳이다. 사각형을 비틀었을 때 회전이 생기는 곳이다. 그래서 자기언급 현상이 생기게 되고 '동명이음' 혹은 '이음동명' 같은 이중적 현상이 생긴다. 바로 이러한 이유로 변음이 발생하는 데 이를 두고 변치와 변궁이라 한다는 것이다.

한 해 동안 지구가 태양을 회전할 때 춘분과 추분 같은 곳이 다름 아닌 황과 유가 위치한 곳이다. 그래서 이곳에서는 낮과 밤의 길이가 같듯이 동명이음 이음동명 현상이 생긴다. 그렇다면 피타고라스 콤마 혹은 부도지가 말하는 단<sup>旦</sup>이나 판<sup>販</sup>은 피타고라스 콤마의 다른 이름이라고 할 수 있다. 그리고 콤마, 단, 판을 가능하게 하는 것이 자기언급이다. 그러면 이 초과의 콤마(단과 판)를 처리하는 방법이 율려이고, 이를 부도지 2장은 '5음7조'라고 한 것이다. 판과 단을 다루는 방법이란 말이다. "마고가 궁희와 소희를 낳아 두 딸에게 '오음칠조<sup>五音七調</sup>'의 음절을 맡아보게 했다"(부도지 2장) 5음은 '궁상각치우'이고 7조는 여기에 변음 두 개를 더한 것이라고 본다. '오음칠조<sup>五音七調</sup>'란 조선조 성종대에 저술된 악학궤범<sup>樂學軌範</sup>에서 60조를 배열하는 방법이다. 다시 말해서 세로에 '7조<sup>궁,상,각,변치,치,궁,변궁</sup>'를 '오음<sup>궁,상,각,치,우</sup>'을 12율려<sup>律呂</sup>와 배합해 배열하는 것을 두고 하는 문제

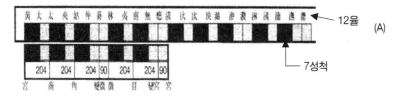

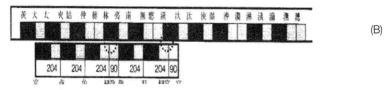

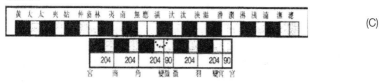

[도표 2.12] 악학궤범 5음7조

이다[그림 2.11].

(1) 세로는 7성을, 가로는 12율려를 5음으로 자른다. 그러면 12율 ×5성=60조가 만들어진다. 악학궤범 첫 장은 이 60조도([그림 2.11])로 장식을 한다.

(2) 5음은 7성에 포함된다. 7성에서 변치와 변궁을 제외한 것이 5음이다.

(3) 세로 7성으로 가로 12율을 자를 때(재단할 때) 7성을 사용한다. 그래서 '7성척'이라고 한다. 7성의 길이로 된 잣대로 재단을 하지만 두 변음을 계산에 넣지는 않는다. 다시 말해서 5성척을 사용하지 않고 7성 척을 사용한다는 데 유의해야 한다.

(4) 12율을 위에 고정시켜 놓고(가로) 7성척을 이동시켜 가면서 12 율을 재단한다.

(5) 세로 칠성척을 가지고 12율려(옷감)를 5음 단위로 재단해 나간다고 생각할 때, 중요한 것은 5음에서 초과된 변치와 변궁 두 개의 변음을 5음에 더한 7성을 가지고 잣대 역할을 한다고 하여 '7성척'이라 한다.

(6) 두 개의 변음이란 다름 아닌 윤일 콤마, 단<sup>旦</sup>, 혹은 판<sup>販</sup>에 해당한다. 변음의 의의를 [도표 2.12]를 통해 더 알아보기로 한다. 아래 글들은 변음 두 개를 단과 판이라 여기고 이것들이 12율(12개월)과 어떻게 연관이 되는지에 주안점을 두고 읽으면 된다.

(7) (A)에서 7성척을 황종궁에 가져다 대응시켜보면 변율은 대려궁, 협종궁, 중려궁, 유빈궁, 이칙궁, 무역궁에서 생기며, 그 생기는 위치는 황종, 태주, 고선, 임종, 남려 응종에 가까운 곳, 즉 이들 음보다 약간 높은 곳에서 변율이 발생한다(김수현, 2012, 256). 이것이 의미하는 바는 황종궁의 경우는 7성과 12율 간의 간격이 맞게 돼 있다는 데 있다.

(8) 7성척을 태주궁, 고선궁, 임종궁, 남려궁에 옮겨다 놓아도 사정은 같다. "대려궁, 협종궁, 중려궁, 유빈궁, 이칙궁, 무역궁에서는 7성의 간격 선과 율의 간격선이 한 부분에서 보이듯이 일치하지 않고 어긋나

있는 것을 알 수 있다"(김수현, 2012, 257). (D)의 유빈에서는 7성 모두에서 변율이 생긴다.

(9) "변율이 발생하는 지점을 보면 황. 태. 고. 임. 남. 응의 율보다 조금 낮은 곳에서 발생한다. 이것을 모두 율로 계산하여 18율을 만들어주면(12+6), 12개의 어떤 궁(조)을 가지고 와 으뜸으로 삼아도 음 간격에 문제가 생기지 않는다"(김수현, 2003, 258)는 것을 의미한다.

(10) 6변율을 12율에 첨가해 '18율'을 만든다는 것은 초과분을 가로에 첨가한다는 것을 의미한다. 이것은 무한에 더하기를 하여 더 큰 무한을 만든다는 말과도 같다. 그리고 새롭게 된 가로 18은 다시 세로 7성과 일대일 대응을 하면서 좌표계의 음양률 쌍곡선에 사영된다. 이것은 [도표 2.8]의 음양률 쌍곡선 좌표계에서 볼 때 가로(x축)와 세로(y축)를 음양률 쌍곡선에 사영mapping하는 것을 '대각선화'라면, 그 반대로 대각선을 다시 가로와 세로에 투영projecting하는 것을 '반대각선화'라 한다. 대각선의 반대각선화 그리고 다시 대각선화를 의미한다.

(11) 이것이 곧 마고수 성수性數에 의하여 364일을 만든 다음(대각선화) 윤일 1일(단)을 매년(사)마다 더하여 29일로 한 것(정한달, 29일 금요일)을 해의 첫 부분(첫 달이 아님)에 배치한다는 것이다(반대각선화).

(12) 이렇게 단에 해당하는 1일을 첨가한 29일짜리 달을 정한달로 하여 첨가하여도 4년에 한 번씩 1일을 또 더해 주어 366일로 해야 하는데 그 1일을 단에 대하여 '판販'이라고 한다. 왜 하필이면 4년마다 판을 더해 주어야 하는가? 일단 마고력은 생수 147에 의하여 364일을 만든 다음 단으로 1일을 첨가해 365일로 하고, 4년 후엔 또 1일을 첨가하여

366일로 한다는 것이다. 그런데 1년은 365.25일이다.

　(13) 법수 258의 비례 관계에 의하여 단 1일과 판 1일이 만드는 가설을 세워 보았다. 그리고 법수 258은 체수와는 달리 그것이 메타수이고 즉, 비례를 좌우하는 수라는 것도 보았다. 피보나치 수열의 수와 마고 배열수가 일치하는 것과 황금비율의 135도(혹은 137.5)를 확인했다. 부도지는 1장에서 마고대성과 마고 자신도 율려의 소산물에 지나지 않는다고 한다. 인격신보다 먼저 비인격적인 율려가 있었다고 하는 창조관을 부도지는 가지고 있다.

　(14) 율려란 음이고 그것은 7조 5음이라고 했다. 2.2절에서는 7조 5음과 피보나치 수열 그리고 황금 미율과 황금 각을 모두 하나로 묶는 작업을 하기로 한다. 그러자면 12음률과 12시간과 일치시켜야 하고, 3분손익법을 마고 배열수와 연관시켜야 한다. 황금비율을 음률에서 찾아내야 한다. 이는 곧 부도지 23장의

　　소력은 1년
　　중력은 2년
　　대력은 4년

　　회晦
　　삭朔

을 주석하는 것과도 같다 할 수 있을 것이다.
　5음 궁상각치우에 초과음인 변치와 변궁을 더하여 이를 7조라 하는데 일명 '칠성척七聲尺'이라고 한다. 세로 칠성척을 가지고 12율려(옷감)를

| 분수로 나타낸 피보나치 수 | 소수로 나타낸 피보나치 수 |
|---|---|
| 1/1 | =1.0 |
| 2/1 | =2.0 |
| 3/2 | =1.5 |
| 5/3 | =1.666... |
| 8/5 | =1.6 |
| 13/8 | =1.625 |
| 21/13 | =1.6153... |
| 34/21 | =1.6190... |
| 55/34 | =1.6176... |
| 89/55 | =1.6181... |
| 144/89 | =1.6179... |

[도표 2.13] 피보니치 수와 비례 관계

5음 단위로 재단해 나간다고 생각하면 될 것이다. 여기서 중요한 것은 5음에서 초과된 변치와 변궁 두 개를 5음에 더하여 7조를 만들어 세로에 잣대 역할(7성적)을 하도록 했다는 것이다. 두 개의 변음이란 다름 아닌 윤일에 해당하는 것인데 이를 본음에 더하여 7로 만든 다음 이를 7조로 하여 12 율려를 재단한다는 말이다. 이것이 곧 성수 147에 의하여 364일을 만든 다음 윤일 1일(단)을 매년(사)마다 더하여 29일로 한 것(정한달)을 해의 첫 부분(첫 달이 아님)에 배치한다는 것과 같다. 다시 말해서 마고력은 1년(1사)을 13개월로 함으로써 이 윤일 문제를 해결한다. 1개월 28일을 13개월로 하면 364일밖에 안 돼 단 1일을 추가해 365일로 한다. 그래도 남아도는 시간을 4년간 모아 '판'이라 하여 366일로 한다. 음악이 얼마나 치열하게 이 문제를 고민했는가는 악학궤범 60조도 논에서 발견이 된다. 12율을 7성척으로 재단할 때 막상 변치와 변궁은 셈하지 않지만 잣대의 길이는 7성이다. 이러한 절묘한 방법으로 초과분 문제를 해결하려고 한 것은 음악이나 마고력이나 같았다고 할 수 있다. 다음 피보나치 수열을 통해 피타고라스 콤마가 어떻게 다루어지는가를 보기로 한다. 황금비율각 137도와 피타고라스 콤마 '… 136…' 간의 관계를 다룰 것이다. 피보나치수는 비$^{rate}$를 나타내는 수이기 때문에 법수에 해당한다. 이 비례를 분수와 소수로 나타내면 [도표 2.13]와 같다. 이 비례속에 판$^{販}$이 보인다.

## 2.2 법수와 피보나치 수

마고력은 마고 배열에 근거한 순수 수리에 의한 인류 최초의 달력이
다. 천체 관측 도구에 의한 것도 아니고 특정 종교의 교리에 맞춘 것(그레
고리력)도 아니다. 심지어는 율리우스력같이 어느 두 달력의 약점들을 보
완하기 위해서 인위적으로 만들어진 것도 아니다. 지금까지 만들어진 달
력이란 해와 달이 지나는 길에 제멋대로 인간들이 칼로 난도질을 해 놓은
것과도 같다. 마고력은 순수 수의 배열에 의하여 만들어진 것이지만 가
장 자연의 질서에 부합한다. 여성학자들이 강조해 말하는 것과 같이 마
고력은 여성의 생리 주기에 알맞은 것은 물론이지만, 우주 천체뿐만 아
니라 식물과 동물을 포함한 자연의 질서에도 부합<sup>符合</sup>한다. '부도지<sup>符都誌</sup>'
란 바로 그러한 의미를 우리에게 던져 주고 있다. 다음 글은 피보나치 수
열이 마고 배열과 일치한다는 것을 보여줌으로써 마고력이 얼마나 자연
의 질서에 부합하는지를 보여줄 것이다.

### 피보나치 수열과 법수 258

여기서는 식물학 연구에 획기적인 공헌을 한 순수 수학의 수열에 관
한 '피보나치 수열'[1]와 마고 배열이 어떤 관계가 있는지를 알아보기로 한

---

1 피보나치가 처음 연구한 것은 아니고 인도의 수학자가 최초란 기록이 남아있다. 기원전
450년 핑갈라가 쓴 책에서 최초로 이 패턴이 언급되었고 이후 인도의 수학자들이 이 수에

다. 이언 스튜어트는 『생명의 수학』(*The Mathematics of Life*) 4장에서 피보나치 수열과 꽃잎을 거론하는 중에 마고 배열법을 말하고 있다. 물론 그가 '마고 배열법'이란 용어를 사용하고 있는 것은 아니지만. 피보나치 수열법은 너무나 많이 알려져 있고 이해하기도 쉽기 때문에 여기서 상세한 설명은 피하려고 한다.

피사의 레오나르도로 널리 알려진 레오나르도 피보나치가 1202년 토끼의 번식을 언급하면서 이 수에 대하여 연구했다. 피보나치 수가 처음 언급된 문헌은 기원전 5세기 인도의 수학자 핑갈라가 쓴 책이다. 유럽에서 피보나치 수를 처음 연구한 것은 레오나르도 피보나치로 토끼 수의 증가에 대해서 이야기하면서 이 수에 대해 언급했다. n번째 달 토끼 수는

첫 달에는 새로 태어난 토끼 한 쌍만이 존재한다.
두 달 이상이 된 토끼는 번식 가능하다.
번식 가능한 토끼 한 쌍은 매달 새끼 한 쌍을 낳는다.
토끼는 죽지 않는다.

따라서 첫 달에는 새로 태어난 토끼 한 쌍만 있고, 두 번째 달에도 그대로 토끼 한 쌍, 세 번째 달부터는 이 토끼 한 쌍이 새끼를 낳기 시작, 토끼가 2쌍이 되고, 네 번째 달에는 3쌍, 다섯 번째 달에는 5쌍이 된다. 이때 n번째 달에 a 쌍의 토끼가 있었고, 다음 n+1번째 달에는 새로 태어난 토끼를 포함해 b쌍이 있었다고 하자. 그러면 그다음 n+2번째 달에는 a+b 쌍의 토끼가 있게 된다. 이는 n번째 달에 살아있던 토끼는 충분한

---

대하여 연구한 흔적들이 발견되었다. 그 때문에 피보나치도 동방 쪽에서 넘어온 정보를 접한 적이 있지 않았을까 생각하는 무리도 있긴 하나 공식적인 연관성은 불명. 어쨌든 서유럽에서 이 수열을 연구하고 체계화할 수 있는 업적을 세운 것은 피보나치였기 때문에 피보나치 수열이란 이름이 붙게 됐다. 다만 피보나치 수열이란 이름은 19세기가 되어서야 붙여졌다(구글 검색창에서).

나이가 되어 새끼를 낳을 수 있지만, 바로 전 달인 n+1번째 달에 막 태어난 토끼는 아직 새끼를 낳을 수 없기 때문이다.

이를 마치 부도지 23장에서 말하는 '첩첩n진'(부도지에서는 '첩첩4진'이라고 한다)과 같아 보인다. 같지 않다. 그러나 다시 보면 같다. 적어도 두 단계에 걸쳐 비교하면 마고 배열과 피보나치 수열이 같은 것을 보게 될 것이다. 피보나치 수열은 단순한 단조 증가(monotonically increasing) 수열로 0번째 항은 0, 1번째 항은 1, 그 외 항은 전번, 전전번 항의 합으로 아래와 같이 표현된다[도표 2.14].

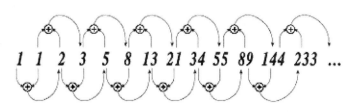

[도표 2.14] 피보나치 수열

피보나치 수열과 비교하여 마고 배열법을 소개하면 [도표 2.15]와 같다. 마고 배열([도표 2.15])은 피보나치 수열([도표 2.14])과는 달라 보인다.

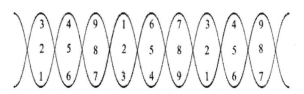

[도표 2.15] 첩첩형 마고 배열법

'첩첩'이란 동일한 것이 자기 상사하는 점진 반복을 해야 하는데 피보나치는 이전 수와 지금 수가 합해져 다음 수가 되기 때문에 자기 상사도 아니고 반복도 아니다. 마고 배열은 뱀이 자기 입으로 자기를 먹는 자체식으로서 순환적이지만 피보나치 수열은 자기 다음 다른 수를 더해 가는 일종의 자체식같이 보인다. 그러나 결코 같은 수로 반복해 되돌아오지 않는 직선 운동을 하는 것처럼 보인다. 하지만 한 번 먼저 수와 다른 수를 비례 관계로 보면 전혀 다른 차원의 피보나치 수열의 한 단면을 보게 된다. 다시 말해서 5와 3을 분자와 분모로 하여 5/3=1.666...과 같이 비례 관계로 보게 되면 마고 배열과 피보나치 수열은 공통성을 갖게 된다. 피보나치 수열이 '꽃잎'의 증가 수와 연관이 되는 것은 양자 간에 아무 관계가 없는 것 같지만 전과 후의 잎이 자라 나갈 때 그 벌어지는 '각도'를 보면 이것은 마고 배열과 같아지는 현상이 나타난다는 것이다.

일단 1과 2를 제외하고, 피보나치 수열에서 4, 7, 11, 14, 29가 안 보이는 것도 꽃잎의 수와 피보나치 수열 사이의 근친성을 보여준다. 이들 수들이 피보나치 수열에도 없지만 꽃잎의 수에도 없기 때문이다. 다시 말해서 있는 것은 같이 있고 없는 것도 같이 없기 때문에 양자 사이의 관계가 우연의 일치라고는 볼 수 없게 만든다. 이에 피보나치 수열을 몇 가지 점에서 관찰을 먼저 하기로 한다. [도표 2.14]는 피보나치 수열의 첫 13개 항 정도를 보여주고 있다. 13, 21, 34, 55는 유명한 피보나치 수이다. 그런데 1부터 10까지의 자연수의 합 55와 10번째 피보나치 수가 55로 같다(55를 하도 수라고도 한다). 벌써 신비한 기분에 감싸이게 한다.

1765년 오일러가 최초로 피보나치 수열의 생성함수를 발표했으나 별로 주목을 받지 못했다. 그 이후 1848년 비네가 이 생성함수를 재발견하여 발표했고 결국 피보나치 수의 생성함수는 '비례의 식'이라 이름이 붙었다. 그러나 한국의 부도지는 생성함수의 차원이 아니라 꽃잎이 자라 커져 나가는 각도라는 관점에서 보았을 때 그것이 피보나치 수열의 생성함수와 같다는 사실을 알고 있었다. 그래서 처음에는 마고 배열([도표 2.7])과는 피보나치 수열이 달라 보인다. 마고 배열의 '첩첩'이란 동일한 것이 자기 상사하고 점진 반복을 해야 하는데 피보나치는 이전 수와 지금

수가 합해져 다음 수가 되기 때문에 자기 상사도 아니고 반복도 아니다. 여기까지는 마고 배열과 피보나치 수열 사이에 아무 상관이 없어 보인다.

있는 것은 같이 있고 없는 것도 같이 없기 때문에 양자 사이가 우연의 일치라고는 볼 수 없게 한다. 현재는 이 수열이 프랙털 이론과도 연관돼 주목을 받게 되었다. 물론 여기서 우리의 궁극적 관심사는 피보나치 수열과 마고 배열과의 관계이다. 위에서는 토끼의 번식과 관련하여 언급했지만 더 관심을 끌게 하는 것은 이 수열이 꽃잎이 번식하는 수와 연관되면서 더 일반화되었다는 것이다. 나아가 피보나치 수열이 황금비율과 황금각과 연관이 되면서 그것이 꽃잎의 전개 과정과 일치하는 것을 발견하게 된다. [도표 2.16]은 꽃들(우측)과 그 꽃들의 꽃잎의 수를 알아본 것이다.

| 꽃잎 수 | 꽃 이름 |
|---|---|
| 1장 | 카라꽃 |
| 2장 | 등대 풀, 꽃기린 |
| 3장 | 백합, 붓꽃, 아이리스 |
| 5장 | 무궁화, 동백, 딸기, 도라지꽃 |
| 8장 | 모란, 코스모스 |
| 13장 | 금불초, 금잔화, 노랑데이지 |
| 21장 | 샤스타데이지, 치커리, 애스터 |
| 34장 | 데이지, 질경이 |
| 55장 | 물망초꽃, 쑥부쟁이 |

[도표 2.16] 꽃잎의 수와 꽃의 이름들

잎의 수들 3, 5, 8, 13, 21, 34, 55, 89, 144는 모두 피보나치 수열에 속한다. 피보나치 수열이 아닌 4, 7, 11, 18 그리고 29는 꽃잎에도 이런 수를 가진 꽃은 없다. 그래서 있는 것은 같이 있고 없는 것은 같이 없다.

피보나치 수열은 '꽃잎차례petal'는 물론 나무의 '풀잎차례phyllotaxis'에도 그대로 나타난다. 가닥형strand은 풀잎이 가지에 쌍으로 마주 붙는 것이 있고, 대부분은 나선형<sup>helix</sup>으로서 나무를 감싸고 나선형으로 휘감고 올라간다. 이 나선형의 경우 일정한 간격으로 각도를 만들면서 위로 상향한다. 이전 잎과 다음 잎 사이의 잎차례가 만드는 데는 일정한 간격의 각도가 있는데 그것이 피보나치 수열과 관계가 있다는 것이다(Stewart, 2011, 40). 그중 가장 대표적이며 보편적인 각도가 '135도'이다. 이 각도의 피보나치 수열의 3과 8, 즉 3/8이 전체 각도 360도와 만드는 각도와 일치한다. 즉, 360도×3/8=135도와 같다. 다시 말해서 처음의 잎을 0도(혹은 360)라고 할 때 0번째, 2번째, 3번째… 그리고 다시 0번째로 돌아올 때 그 사이에 잎이 각각 만드는 각도는 다음과 같다.

| 잎차례 | 잎1 | 잎2 | 잎3 | 잎4 | 잎5 | 잎6 | 잎7 | 잎8 | 잎9 |
|---|---|---|---|---|---|---|---|---|---|
| 각도 정수비례 | 0 | 135 | 270 | 45 | 180 | 315 | 90 | 225 | 0 |
| 비례 | 0(9/8) | 3/8 | 6/8 | 1/8 | 4/8 | 7/8 | 2/8 | 5/8 | 0(8/8) |

[도표 2.17] 잎차례의 각도와 비례

연속되는 잎들이 만드는 각도는 135도의 정수배(1배, 2배, 3배…)이다. 즉, 135×2=270, 135×3=45(405-360), 135×4=180(540-360)… 같다. 잎3의 6/8은 270/360, 잎4의 1/8은 45/360… 등과 같다. 이러한 형태는 무한히 반복될 것이다. 그리고 여기서 참고로 말해 둘 것은 6/8=3/4, 4/8=1/2와 같다는 점이다. 그런데 한 가지 또 놀라운 사실은 분모는 모두 8인데 분자는 그것이 마고열과 같다는 점이다. 즉, 분자만을 따로 여기에 가지고 와 잎1~잎8까지 순서대로 나열하면,

$$\frac{9(0) \quad 3 \quad 6}{8} \qquad \frac{1 \quad 4 \quad 7}{8} \qquad \frac{2 \quad 5 \quad 8(0)}{8}$$

잎1과 잎8은 모두 0이고 잎은 모두 9개이다. 잎1을 0(9/8)이라 하고
잎8을 0(8/8)이라 하는 이유는 [도표 2.17]을 아래와 같이 [도표 2.18]
로 만들어 보면 알 수 있다(Stewart, 2011, 41).

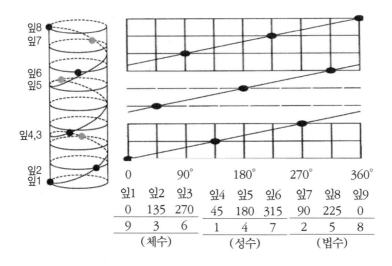

| | | | | | | | | |
|---|---|---|---|---|---|---|---|---|
| 잎1 | 잎2 | 잎3 | 잎4 | 잎5 | 잎6 | 잎7 | 잎8 | 잎9 |
| 0 | 135 | 270 | 45 | 180 | 315 | 90 | 225 | 0 |
| 9 | 3 | 6 | 1 | 4 | 7 | 2 | 5 | 8 |
| (체수) | | | (성수) | | | (법수) | | |

[도표 2.18] 나선형 잎차례와 나선형

(1) 잎1-잎8을 좌측 원통에선 나선형으로 3/8 비례로 배열하였고
(좌측), 이 원통을 직사각형 평면 위에 펼쳐 놓았다(우측). 360도는 0도와
같기 때문에 양쪽 끝은 말려 붙게 된다.

(2) 우측 그림에서 대각선 방향의 검은 점들은 가로줄도 3 그리고 세
로칸도 3으로서 이는 마고 배열법과 일치한다. 물론 여기서는 평행사변
형으로서 정방형은 아니지만 줄과 칸이 모두 3인 것이 중요하다.

이로써 우리는 피보나치 수열로 보았을 때 그것이 마고 배열법과 일
치하는 것을 발견하게 된다.

그런데 식물의 종류에 따라서는 분수법이 일정하지 않고 다르다. 그
러나 이 다른 것들끼리 한자리에 모아 놓으면 그것 자체가 [도표 2.19]에
서 보는 바와 같이 피보나치 수열과 같아진다(Stewart, 2011, 41).

| 연속하는 잎들 간의 분수 비율 | 식물 이름 |
|---|---|
| 1/2 | 잔디 |
| 1/3 | 너도참나무 |
| 2/5 | 상수리, 개암나무 |
| 3/8 | 포플러, 살구 |
| 5/13 | 버드나무, 알몬드 |

[도표 2.19] 종류가 다른 나무들 간의 피보나치 수열

위 5종류의 풀과 나무들은 서로 한 지역 공간 안에서 같이 서식한다. 그러나 그 잎차례는 다 다르다. 이들 전체를 하나의 계열을 만들면 서로 연결돼 피보나치 수열을 만드는 것을 발견할 수 있다. 이는 동일한 식물 안에서의 잎차례와 그리고 다른 종류의 식물이지만 한 자리에 모아 놓으면 같은 피보나치 수열을 만드는 것을 볼 수 있다.

[도표 2.19]는 잎차례의 비례이지만 그것이 꽃잎과도 밀접하게 같다는 것을 보여준다. 1, 2, 3, 5, 8, 13 가운데서 2개씩 모여 분자와 분모가 돼 있는 것을 발견한다. 여기서 1과 2를 제외하고는 모두 꽃잎$^{petal}$의 수들이다. 꽃잎이란 것도 사실은 잎이 수정된 것$^{modified}$에 지나지 않는다. 어떤 식물은 잎 자체가 꽃잎인 경우도 있다.

### 황금각과 황금비율 그리고 마고 배열

마고 배열법은 그것이 피보나치 수열인 것은 물론, 황금비율$^{Golden\ rate}$과도 연관됨을 여기서 보여 줄 것이다. '상수'란 일정하게 변하지 않는 수를 두고 하는 말이다. 그런데 우주 속에는 소우주 원자에서 대우주 은하계에 이르기까지 그 속에도 상수라는 값이 존재한다. 다시 말해서 중력, 전자기력, 강력과 약력에도 상수값이 존재한다는 말이다. 특히 전자기력

에는 1/137이란 상수값이 있는데 디랙(1902~1984)은 죽어서 신 앞에 가면 왜 하필이면 1/137이어야 하는지를 반드시 물을 것이라고 농담을 한 적이 있다. 상수값이 진화의 산물인지 아니면 신의 창조물인지는 아무도 모른다(Livio, 2002, 106). 피보나치 수열 역시 89라는 상수값을 가지고 있는데 1/89는 0.01123595...로서 이 값은 피보나치 수열에 근접한다. 매우 단순해 보이는 수열에서 상상치 못한 결과들이 나오기 시작한다. 그 가운데 하나가 이 수열이 황금비와 연관이 있다는 점이다.

자연의 상수값 가운데 0.618034...란 황금비율이란 상수값도 빼놓을 수 없다. 1000여 년 전 그리스인들은 이 황금비율을 건축 등에 응용하면서 각별한 관심을 가졌다. 위대하고 중요한 것일수록 간단하듯이 황금비율도 예외가 아니다. 여기서 AC라는 선분이 하나 있다고 하자. 이를 '긴 선분'(BC)과 '짧은 선분'(AB)으로 나누었을 때, '짧은 선분 AB'의 길이 대(對) '긴 선분 BC'의 길이 비(AB/BC)가 '긴 선분 BC'의 길이 대 '전체 선분 AC'의 길이의 '비'(BC/AC)와 같을 경우 이 '비'를 소수점 6째 자리까지 표시하면 0.618034...와 같고 이를 R로 표시한다. 즉,

황금비율 R=(AB/BC):(BC/AC)=0.618034...

A       B       C

와 같다. 어느 한 선분을 크고 작게 나누었을 때 '큰 선분 대 작은 선분의 비율은 '전체 선분 대 큰 선분'의 비율과 같을 때 그 비례 값은 황금비 R이란 말이다.

그런데 위에서 말한 피보나치 수열에서 연속하는 두 항의 비는 일정한 특성을 가지고 있는데, 그 특성이 황금비에 접근해 버린다. 기하학적으로 피보나치 수열은 직사각형으로 나선형으로도 나타난다. 그러면 황금비율 R이 피보나치 수열의 연속하는 두 항의 비와 어떤 상관성이 있는

지 알아보기로 한다. 피보나치 수열에서 앞의 수와 뒤의 수 가운데 어떤 것을 분자로 하든 분모로 하든 상관없이 두 수간의 비율은 황금비율 (0.618034...)과 같아진다.

1/1=1.000, 2/1=2.000, 3/2=1.500, 5/3=1.666, 8/5=1.600, 13/8=1.625, 21/13=1.615, 34/21=1.619, 55/34=1.617 (Stewart, 2011, 43)

(이 경우는 분자를 뒤의 수로, 분모를 앞의 수로 한 것이다.)

1/2=0.500000, 3/5=0.600000, 8/13=0.615385, 21/34=0.617647, 55/89=0.617978, 144/233=0.618026 (에르스코비치, 2000, 16)

(이 경우는 분자를 앞의 수로, 분모를 뒤의 수로 한 것이다.)

두 경우 모두에서 피보나치 수열은 황금비율에 접근하는 것을 발견할 수 있다.

그런데 대부분 식물들의 꽃잎 수가 3, 5, 8, 13, 21, 34, 55, 89라는 피보나치 수열을 가진다는 것은 "꽃의 유전자가 이와 같은 모든 정보를 구체적으로 결정하고, 유전자 속에 들어있는 정보가 꽃의 모습으로 그대로 드러난다는 것이다. … 어쩌면 진화가 자연적으로 발생한 수학적 패턴과 함께 시작되어서 자연선택에 의해 그 패턴을 점차 미세하게 조절할 수도 있다"(스튜어트, 1996, 178, 180). 기독교 신학자들이 들으면 섭섭해할 것 같다. 여기서 우리의 관심사는 이러한 피보나치 수열과 황금비율이 마고력과 어떤 관련성이 있는가에 있다. 만약에 마고력이 이러한 자연과 수학적 비밀 속에 있었다면 마고력은 자연적인 동시에 수학적이라고 할 수 있을 것이다. 식물뿐만 아니라 토끼의 번식에서도 동일한 피보나치 수열이 적용될 수 있다는 사실은 그것이 자연의 상수를 결정하는 수라는 것을 의미한다.

마고력과 피보나치 수열이 연관성이 있다는 것을 설명하기 위해서는 여기서 또 다른 측면, 즉 꽃과 잎이 발생하는 데 있어서 그것들이 발생해 발산해 나가는 각도인 '발산각divergent angle'을 생각해 보지 않을 수 없다. 아직까지는 피보나치 수열이 마고 배열과 어떻게 직접적인 연관이 있는 지가 밝혀지지 않았다. 그런데 만약 각의 문제를 다루게 되면 피보나치 수열에서 마고력의 배경이 되는 마고 배열을 보게 될 것이다. 발산각을 알기 위해서는 잎과 꽃잎이 발생하는 순서부터 알아보아야 한다.

지금부터는 두 가지, '나뭇잎 차례'와 '꽃잎 차례'를 순서대로 조사해 나가기로 한다. 이 둘의 비례 관계를 피보나치 수열과 연관시켜 나가는 연구는 1868년 독일의 식물학자 호프마이스터Wilhelm Hofmeister가 시작하였 으나, 비교적 최근에 와서야 식물 성장동력학이나 컴퓨터를 통해 큰 진척 이 이루어졌다. 나뭇잎, 꽃잎, 꽃받침 등을 가지 끝 중심에서 보면 아무런 특징도 없는 덩어리져 있는 하나의 정점apex같이 보인다. "그런데 이 정점 주변에 '원시세포primordium'라 불리는 작은 덩어리들이 하나씩 형성된다. 그런 다음 각각의 원시세포들은 정점 근처에서 벗어나 있게 되고 — 좀 더 정확하게 이야기하면 정점이 성장하면서 원시세포의 덩어리들이 뒤 로 쳐지게 되는 것이다 — 그 덩어리들이 나뭇잎과 꽃잎 등으로 발전한 다"(스튜어트, 1996, 181).

이상 스튜어트의 말은 피보나치 수열과 마고 배열이 형식상 같다는 것을 보여주는 데로 우리를 가깝게 인도하고 있다. 스튜어트는 이해를 돕기 위해서 분수대 물의 분출에 비유해 설명하고 있다. 새싹이 발아되 는 모습은 마치 분수대에서 물방울이 분출되는 것과 같다 할 수 있다. 분 수대의 중앙에서 물이 분출되기 시작하면 일단 물이 방사형을 그리면서 물이 위로 상승해 오르다 다시 아래로 떨어진다. 전체 로켓이 발사대에 서 위로 솟아오른다고 상상하면 될 것이다. 분수의 머리 부분이 땅에 닿 을 무렵 꼬리 부분이 갑자기 얼어버린다고 하자. 그러면 물기둥을 하나 만들 것이다. 중앙에서 솟아오르던 물이 아래로 떨어져 땅에 닿을 무렵 갑자기 얼어버린 다음에 생긴 얼음 기둥을 상상해 보라는 것이다. 새로운 물 전체는 물기둥의 꼭대기에 있는 분출된 물에 의하여 생성될 것이다. 물기둥 끝부분에서부터 새로운 물은 방사형으로 기둥의 가장자리에 도달할 때까지 방상형으로 이동하다가 결국 얼어버릴 것이다(Stewart, 2011, 45).

만약에 새로운 세포를 분수대 물의 물방울에 비유하면 식물의 발아 모습도 이와 닮았다고 할 수 있다. 식물의 발아 순서는 마치 위에서 감겨져 내려오는 원기둥([도표 2.18 좌측])과 같다고 보면 된다. 대부분의 새로운 성장은 줄기의 중앙 근처에 있는 발아체의 첨단 꼭대기에서 일어난다. 세포 분열을 하면서 새로운 세포는 꼭대기 중앙부 근처에서 나타나 가장자리를 향해 외곽으로 이동한다. 이 가장자리에서 성장은 멈춘다. 마고 배열의 비밀이 나뭇잎과 꽃잎의 생성 비례에서 밝혀지는 순간이기 때문에 이에 대한 자세한 설명을 스튜어트의 말을 통해 해두기로 한다.

### 마고 배열, 피보나치 수열, 황금비율

식물이 점점 자라나갈수록 줄기는 더 굵어지고, 잎은 더 커지고, 드디어 싹이 돋기 시작할 것이다. 그러나 잎차례를 연구하는 학자들의 관심사는 여기에 있는 것이 아니고 잎의 기본 형태가 결정되는 곳인 '성장 팁 growing tip'에 있다. 성장 팁에서 성장에 관한 모든 일들 즉, '원생세포primordia'로 알려진 작은 세포 덩어리가 여기에 있다. 식물 성장에 관한 모든 정보가 여기에 모여 있고 현미경으로만 관찰 가능하다. 바로 이 미세한 곳에 마고 배열의 비밀이 숨어 있었던 것이다.

독일의 식물학자 호프마이스터는 성장 팁에서 일어나는 거의 모든 일들을 관찰하여 우리에게 보고하고 있으며, 그가 발견한 식물 성장의 비밀 속에 우주 달력의 비밀이 숨겨져 있었다는 사실을 그가 알 리가 없었을 것이다. 그러나 그의 연구는 바로 한국의 우리에겐 더 큰 의의가 있었던 것이다. 마고력과 연관이 되기 때문이다.

호프마이스터는 두 개의 원시세포가 처음으로 나타나면서 성장의 전 과정이 시작된다는 사실을 발견한다. 이 두 개의 원시세포는 꼭대기 중앙에서 서로 마주 보면서 대칭을 이루며 자리 잡는다. 이는 두 가지 대칭 사이에 반영대칭이 형성된다는 뜻이다. 이제 나머지 남은 대칭인 회전대칭이 식물이 성장해 나가면서 나타나기 시작한다. 여기서 수학의 군론이 바로 적용되는 면모를 앞으로 보게 될 것이다. 이는 마치 역易에서 태극이 음양을 낳는다는 말과 같다고도 할 수 있다.

반영대칭에 의하여 생긴 이 두 개는 외곽을 향해 방사상radially으로 움직이기 시작함과 함께 '제삼'의 원시세포가 이 둘 사이에 있는 중심부 근처에 나타난다. 그런데 지금 있는 그 자리 안에서는 이 새로 생긴 제삼의 원시세포가 충분한 크기로 자라기에는 공간이 부족하기 때문에 제삼의 것을 중심부에서 추방해 더 넓은 공간으로 나아가도록 한다. '사회적 거리두기'와 비슷한 현상이 나타난다. 그러면 얼마만 한 거리로 서로 떨어져야 알맞은 거리두기가 될 것인가? 바로 여기서 황금비율이 등장하게 된다.

이렇게 중앙으로 끌어들였다가 다시 외곽으로 밀어내는 과정에서 힘들이 상호작용을 해야 하는데, 너무 멀어도 너무 가까워도 안 되는 알맞은 거리두기가 필요한 것이다. 세 개의 원시세포가 서로 지혜를 짜내야 하는데 첫째와 둘째 사이에 거리두기, 둘째와 셋째 사이에 거리두기를 그 각도를 결정하는 것이 바로 황금비율(137.5도)이란 말이다.

초기 단계의 발아체를 '움'이라고 하며 움은 원시세포를 두고 하는 말로 이는 아직 잎이나 꽃잎 같은 형체가 아닌 무형체이다. [도표 2.20]에서의 순서대로 원시세포가 전개된다. 처음 생긴 1과 2는 137.5도 반영대칭을 만들고 있다. 137.5도는 시계바늘 방향에서 보았을 때이다. 반시계바늘 방향은 역원$逆元,$inverse 관계로서 360-137.5=222.5도이다.

137.5도를 일명 '발산각$^{di-}$$^{vergent angle}$'이라 한다. 이를 처음으로 말한 사람은 결정학자 오지스트 브라베와 루이 형제이다. 왜 하필이면 이 수이어야 하는 이유도 피보나치 수열로만 설명이 된다. 즉, 피보나치 수열 간의 두 연속되는 두 수 '34와 55'의

[도표 2.20] 원시세포의 발생순
(Stewart, 2011, 46)

경우 이 두 수로 분수를 만들면 34/55가 된다. 이를 각도와 전환 시키면 360도×34/55=222.5도가 된다. 이는 180도보다 크기 때문에 이 각도와 역원 관계에 있는 각도는 360-222.5=137.5도가 된다. 그런데 34/55=0.6182로서 피보나치 수열 비율 0.618034...에 접근한다. 이 비율이 판$販$을 결정한다. 이는 무리수이기 때문에 정확한 수치로 나타내면 $\sqrt{5}-1/2=$ φ 와 같다. 이는 우주 속에 있는 자연의 상수 가운데 괄목할 만한 것 가운데 하나이다. 자연의 진화과정에서 만들어진 상수일 것이다. 언젠가는 변할 수도 있을 것이다. 137.5도를 파이$^φ$값으로 나타내면

$$360(1-φ)=137.5도$$

와 같다.

[도표 2.20]에서 1과 2가 외곽을 향해 방사상 형태로 물러나기 시작함에 따라서, 제삼의 원시세포가 이 둘 사이에 있는 중심부 근처에 나타난다. 있는 그 자리에서는 3의 것을 자라나기엔 충분한 공간이 부족하기 때문에 1과 2가 텃세를 부려 제삼의 것을 중심에서 몰아내 좀 더 먼 열린

공간으로 가게 한다. 일종의 '사회적 거리두기'를 하고 있다. 바로 이렇게 중심으로 중심화되고 다시 외곽을 내보내는 힘들이 상호 작용하는 것이 1, 2, 3 세 개의 원시세포가 제자리 잡을 때 회전 운동을 하는데 그때 만드는 각도가 황금 각도인 137.5도라는 말이다. 개구리자리와 [도표 1.7] 제기차기(f)와 비교를 해보기 바란다.

이들 1, 2, 3 세 개의 원시세포가 너무 멀리 거리두기를 해서는 안 되기 때문에 성장 팁이 중심부 근처에 나타난다. 그러면서 황금각의 3배인 412.5도는 360도보다 크기 때문에 넷째 원시세포는 첫째 근처로 회전해 간다. 지금부터 보는 것은 마고 배열에서 성수가 형성되는 첫 장면이다. 다시 말해서 성수 147 가운데 4가 1 다음에 형성되는 배경이란 말이다. 3이 4를 외곽으로 밀어 내버려 1 근처로 가게 한다. 그다음 5, 6, 7, 8, 9는 모두 동일한 방법이 반복될 뿐이다.

즉, 제5의 것은 중심부 근처에서 나타나 둘째 것 부근으로 밀쳐 내버려진다. 마고 배열에서 법수 258이 형성되는 순간이다. 여기까지 법수 258이 만들어지는 과정이다. 체수 6은 4가 밀쳐내어지던 방식으로 5와 황금각을 만들면서 4의 우측 반영대칭 지점으로 이동한다. 다시 성수 7은 6과 황금각을 만들고, 8은 5와 황금각을 만들고, 9는 같은 체수 6과 황금각을 만들면서 시계바늘 방향으로 좌선한다. 이를 스튜어트는 '밀침shoving', '터짐popping'이라고 한다. 좁은 공간에 있기에는 너무 부족해 외곽으로 밀쳐내기를 하여 황금각도로 거리두기를 한다. 이렇게 반영대칭을 하면서 동시에 회전대칭하는 것을 스튜어트는 '발생적 나선generative spiral'이라고 한다. 발생적 나선은 이미 [도표 2.18]의 원통을 통해서도 확인되었다.

[도표 2.20] 자체를 구조적으로 피보나치 수열을 살펴보면 잎들이 모두 3층 구조인데, 가장 아래층은 5개로서 1, 4, 2, 5, 3, (6)과 같이 성수 첫 자리 2개(1, 4), 법수 첫 자리 두 개(2, 5), 체수 첫 자리 두 개(3, [6])와

같고, 가운데 층은 성수 1개(7), 법수 1개(8), 체수 1개(6)와 같다. 그리고 마지막 층은 체수 1개(9, [10])와 같다. 각 층에 성수, 법수, 체수가 규칙적으로 고르게 분포돼 있는 것을 발견할 수 있다. 만약에 세 가지 수들(성, 법, 체)을 하나의 나무줄기에 배열해 놓아도 거기서 피보나치 수열을 발견할 수 있다. 피보나치 수열 가운데 초수들 1, 2, 3은 성(1), 법(2), 체(3)수 모두에서 나타나며 특히 법수의 경우에는 2, 5, 8이 모두 피보나치 수열에 속한다. 그 순서마저 동일하다. 하도나 낙서에서는 발견할 수 없는 현상으로 이는 마고 배열법이 자연의 수에 더 가까운 것임을 입증한다. 식물을 포함한 동물에 이르기까지 황금비와 피보나치 수열은 자연에 가장 근접하는 수열임이 증명됨에 따라 마고 배열 역시 그러함을 말해준다.

식물의 하나의 가지에서 m번 회전하는 동안 잎이 n개 나오는 비율을 m/n이라고 할 때 그 비율 속에서도 마고 배열을 발견할 수 있다. 먼저 꽃 이름과 꽃잎의 수를 본 후 거기에 따라서 m/n 비례가 어떻게 나타나는지를 보면 피보나치 수열의 비례로 결정되는 것을 발견한다. [도표 2.20]를 여기에 다시 불러와 그것을 마고 배열과 더 구체적으로 비교 검토하기로 한다.

| m/n의 비례 | 꽃 이름 |
|---|---|
| 1/2 | 물푸레나무, 보리수 |
| 1/3 | 개암나무, 뽕나무 |
| 2/5 | 떡갈나무, 참나무, 사과나무, 자두나무, 벚꽃나무 |
| 3/8 | 배, 장미, 포플러, 버드나무 |
| 5/13 | 편도나무, 갯버들, 아몬드 |

위 다섯 가지 가운데서 2/5(a와 b)와 3/8(c와 d)와 5/13(e와 f)의 세 경우 나뭇가지를 여기에 가지고 와 비교함을 통해 마고 배열과 관계시켜 보기로 한다.[2]

(1) [도표 2.21]의 (a)와 (b)는 2/5의 경우로서 2번 회전하는 동안 5개의 꽃잎(혹은 나뭇잎)이 나왔다. 마고 배열에서 볼 때 성수의 7, 법수에서 8, 체수에서 9가 안 보인다. 9는 전체 그 자체인 동시에 배열의 끝이다. 중심부에 숨어 보이지 않는다. 그래서 1-4-2-5-3-(6)의 반시계 바늘 방향으로 회전하고 있다(b). 그래서 아직 미완성의 마고 배열이다.

(2) (c)와 (d)는 3/8의 경우로서 3번 회전하는 동안 8개의 꽃잎(혹은 나뭇잎)이 나왔다. 마고 배열에서 볼 때 성수, 법수, 체수가 모두 다 보인다. 9는 전체 그 자체인 동시에 배열의 끝이다. 중심부에 숨어 보이지 않는다. 그래서 (1-4-7)-(2-5-8)-(3-6-(9))의 순서로 반시계 바늘 방향으로 회전하고 있다.

(3) (e)와 (f)는 5/13의 경우로서 5번 회전하는 동안 13개의 꽃잎(혹은 나뭇잎)이 나왔다. 마고 배열에서 볼 때 성수, 법수, 체수가 모두 다 보인다. 9는 전체 그 자체인 동시에 배열의 끝이다. 그래서 중심부에 숨어 보이지 않는다. 마고 배열 수 이외에 추가로 10, 11, 12, 13이 더 생겼다. 그래서 (1-4-7)-(2-5-8)-(3-6-9)-(10-11-12-13)의 순서로 시계바늘 방향으로 회전하고 있다.

---

2 [도표 2.21]의 a, b, c, d는 아르망 에르스코비치가 그의 『수학 먹는 달팽이』에서 자연계 속에 숨겨진 수학적 이야기를 통해 소개한 발생적 나선을 방사상(a)과 직선형 나뭇가지(b)를 통해 소개한 것이다. 여기서 (b)는 실제 나무에서는 원통([도표 2.18])이 될 것이다.

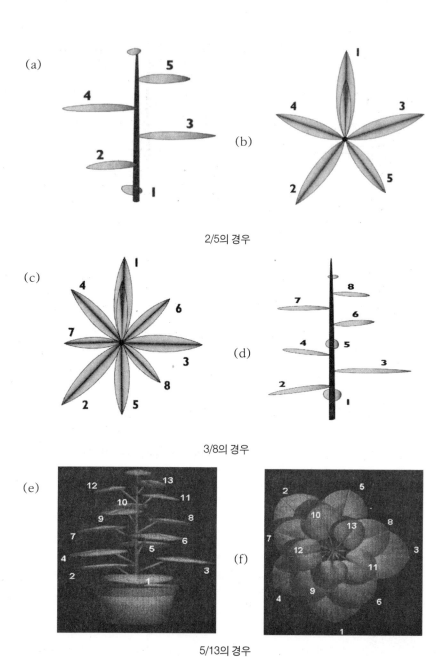

2/5의 경우

3/8의 경우

5/13의 경우

[도표 2.21] 3/5, 5/8/8/13의 경우

(4) [도표 2.22]는 마고 배열의 이상으로 연장되는 수들로 본 잎차례이다.

A, B, C, D, E, F에서 수가 아무리 증가한다 하더라도 같은 십자리의 수들(예: 41, 42, 43… 이나 31, 32, 33… 등)일 때 모든 1자리의 수들은 마고 배열을 그대로 보여준다. 41, 44, 47(성수), 42, 45, 48(법수), 43, 46, 49와 같이. 이는 수의 증가는 잎의 증가이지만 그 비례에 있어서는 마고 배열과 항상 같다는 것을 의미한다. 즉 n+3의 기법으로 같다.

[도표 2.23]은 미나리 제비과에 속하는 '개구리자리$^{Arabidopsis}$' 혹은 '놋동이 풀'로 알려진 캐비지나 겨자류에 속하는 작은 식물이다. 개구리가 올라 앉아 쉬는 풀이라고 하여 이름 붙여졌다. 이 식물은 비록 작고 하잘 것없이 보이지만 식물학 연구에선 원시세포가 발전해 나가는 과정을 극명하게 보여주는 것으로서 각광을 받고 있다. 다시 말해서 마고 배열을 가장 전형적으로 보여주는 식물이다.

P1, P4, P7(성수), P2, P5, P8(법수), P3, P6, P9(체수)가 순차적으로 반시계바늘 방향으로 배열돼 있다. 그리고 147, 258, 369가 만드는 각은 모두 137.5도이다. 모든 식물 가운데서 개구리자리가 전형적으로 마고 배열을 잘 나타내고 있어서 애정과 관심을 가지지 않을 수 없다.

## 마고 배열법(윤멱)과 135도

잎과 잎 사이가 모두 황금각도 137.5도를 유지하고 있다는 점에서는 같다. 황금각도를 유지할 때 거기서 생기는 새로운 수열은 다름 아닌 마고 배열의 성수 147, 법수 258 그리고 체수 369인 것을 확인한다. 9가 안 보이는 것은 그것이 중심부 혹은 '모든' 잎들의 자체이기 때문이다. 마고수에서 9를 기본 성장 단위로 보는 이유는 [도표 2.24]에서 보는 바와 같이 1번에서 잎이 나와 1번과 같은 방향에 있는 잎이 나오는 것은 9번이

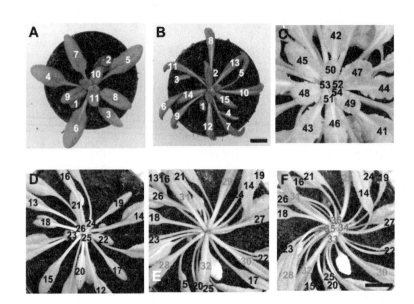

[도표 2.22] 마고 배열의 연장

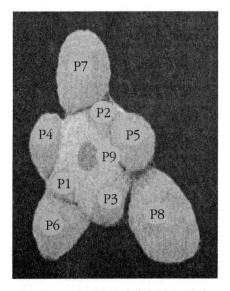

[도표 2.23] 개구리자리와 마고 배열

기 때문이다[도표 2.24]. 다시 한번 마고 배열의 특징을 확인하게 된다. [도표 2.24]는 하나의 나무줄기에 1번 잎의 방향과 같은 방향으로 놓인 잎은 9번인데 그 사이에 5바퀴 회전한 피보나치의 수들과 8개 갯수의 잎들이 있음이 보인다.

끝으로 마고 배열, 황금 비율 그리고 피보나치 수열을 하나로 통일시켜 생각할

순간에 이르렀다. 1907
년 G.벤 이트슨은 나선
선상을 따라 137.5도를
따라 들어가 본 결과 [도
표 2. 25]와 같이 하나는
시계바늘 방향으로 13
개, 반시곗바늘 방향으
로 8개 나선이 있다는
사실을 발견하였다. 그
리고 연속하는 점들은
감겨져 나선 방향으로
137.5도를 만드는 것을

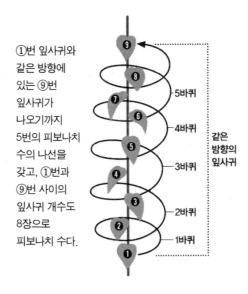

①번 잎사귀와
같은 방향에
있는 ⑨번
잎사귀가
나오기까지
5번의 피보나치
수의 나선을
갖고, ①번과
⑨번 사이의
잎사귀 개수도
8장으로
피보나치 수다.

[도표 2.24] 1번과 9번은 잎의 방향이 같다.

발견했다. 눈으로도 확연하게 시곗바늘 방향으로 13개(1~13) 반시곗바늘
방향으로(①~⑧) 8개를 확인할 수 있다. 피보나치 수열이 마치 직선으로
직진하는 것 같지만 황금비율과의 관계 때문에 회전하는 방향이 반대인
두 개로 되어있다. 여기서 마고 배열에서 왜 1~9까지의 수인가는 나선이
얼마나 촘촘하게 감겨 있는가에 달려 있다. 137.5도 간격으로 나선을 그
려 갈 때 그것은 직선 운동을 하지 않고 1~13까지는 시곗바늘 방향으로
그리고 ①~⑧까지는 반시곗바늘 방향으로 회전한다. 만약에 45도나
90나 180도와 같이 수들 사이가 나뉜다면 이런 현상은 나타나지 않을 것
이다.

시곗바늘 방향(1~13)과 반시곗바늘 방향(①~⑧)은 8곳에서는 만나지
만 5곳에는 오직 시곗바늘 방향(1~13)뿐이다.

전체 13회전 가운데 시곗바늘 방향과 반시곗바늘 방향이 만나는 곳
은 8곳, 만나지 않는 곳은 5곳이다. 결국 [도표 2.25] 속에 숨어 있는 수
는 피보나치 수 5, 8, 13이고 이는 모두 마고력과 연관이 있는 수이다.

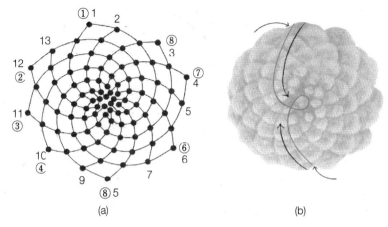

[도표 2.25] 황금각, 피보나치 수열 그리고 마고 배열(a) 파인애플 회전방향(b)

| |
|---|
| 1-① |
| 2 |
| 3-⑧ |
| 4-⑦ |
| 5 |
| 6-⑥ |
| 7 |
| 8-⑤ |
| 9 |
| 10-④ |
| 11-③ |
| 12-② |
| 13 |

특히 5와 8은 법수에 해당한다. 그러면 2는 어디에 있는가? 그것은 바로 2개의 다른 회전 방향이다. 2는 반영대칭을 그리고 5와 8은 회전대칭을 좌우하여 13이라는 수를 만들어내고 있다. 실로 절묘하게 마고 배열과 일치한다고 할 수 있다. (b)는 해바라기씨가 발산하는 것을 그대로 보여준다. (d)는 (a)와 같은 모양이다.[3]

[도표 2.25]는 137.5도로 점을 찍어 나가면서 점과 점을 연결한 것이다. 그런데 조개껍질의 등에 집에 있는 원형 각도기를 이 조개의 등 위에 얹어 보면 약 137도에 가까운 수치를 보게 될 것이다. 에르스코비치는 "자연계에 널리 분포돼 있는 이 기하학적 구조가 인간의 무의식 속에서 조화와 균형을 이룬 완벽한 형태로 인식되었다고 한다. 이것은 바로 인간 자체가 자연의 일부라는 사실을 인정한다는 뜻이므로, 어찌 보면 인간에게 겸허함을 일깨우는 하나의 보기로 작용했음이 분명하다고 했다. 결론적으로 말해서 황금비율

---

3 5와 8의 문제는 악율에서 5도형도 옥타브형 간의 관계 그대로인 것이다. [도표 2.4]에서 다른 피타고라스 콤마의 문제가 결국 황금비율 관계였다.

0.618034…라는 수는 자연계의 보편적 상수에 해당한다"(에르코비치, 2000, 23). 여기서 말하는 0.618034는 황금각 137.5도와 직접 연관이 되는 것을 위해서 보았다

지금 피보나치 수열과 황금비율이 한국 고대 달력의 구조를 결정하는 마고 배열

[그림 2.26] 조개 모양과 137도

과 연관이 되고 여기에 근거하여 달력이 제작되었다는 사실을 아는 사람들은 아직 소수이다. 자연계의 보편적 상수인 피보나치 수열의 비례 상수가 마고달력 속에 있었다는 사실 앞에 우리는 같은 겸허한 태도를 취하게 한다. 수학적 성장과정과 기하학적 형태가 잎차례 속에 들어 있었다. 연속적 원시세포는 발생적 나선에 들어 있었다. 잎들은 황금각도에 의해 거리두기를 하면서 반영대칭과 회전대칭을 한다. 시간이 경과함에 따라서 어느 한 원시세포는 방사상 형으로 줄기의 가장자리를 감싸기를 향해 감돌며 성장 팁을 향하다 거기서 동작을 멈춘다. 회전대칭을 하여 자기가 출발한 곳으로 되돌아 왔다. 발아체가 움이 터는 곳도 팁이고 돌아온 곳도 팁이다. 이 전 과정을 두고 '원시세포 연쇄고리'라 해도 좋을 것이다.

지금까지의 여정은 피보나치 수열 자체를 말하기 위함이라기보다는 그것이 마고 배열법과 어떤 관계가 있는지를 알기 위해서이다. 식물이 피보나치 수열을 선호하는 이유는 되도록 많은 햇볕을 받기 위함이고, 그것은 생존을 위한 필요불가결한 것이기 때문이다. 식물뿐만 아니라 모든 사물을 자연과 적당한 비례 관계를 유지하는 것이 생존과 지속성을 유지하는 데 가장 알맞다. 슈나이더는 잎이 성장해 퍼져나가는 것과 잎들 간에 만드는 각도를 아래 [도표 2.27]과 같이 요약하고 있다(Schneider,

1994, 170-1). 식물이 성장해 나감에 따라 마고수 배열이 다양한 각도를 만드는데, 이는 궁극적으로 생수, 법수, 체수가 다 종합될 때 잎들 사이가 아래 [그림 2.27]과 같이 135도를 만든다는 것을 의미한다.

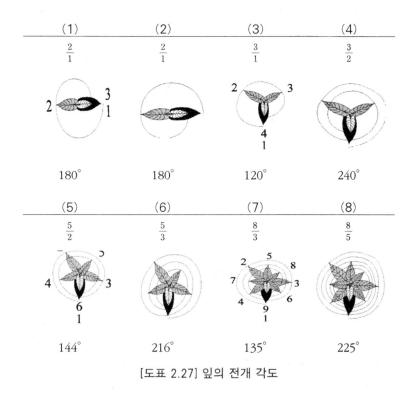

[도표 2.27] 잎의 전개 각도

(7)째에 있는 135도(137 1/2)도에 시선이 멈출 수밖에 없다. 피보나치 수열의 비례는 8:3(8/3분수)이고 성수 147-법수 258-체수 369가 반시계바늘 방향(순)으로 배열돼 있다. 극적인 장면이다.

마지막 (8)번째를 보라 225도이며 비례는 8:5(8/5분수)이다. 그리고 135+225=360이다. (7)과 잎의 개수와 모양이 같다. 2, (3), 5, 8이 모두 법수에 해당한다. 이만큼 마고수 배열법과 피보나치 수열과의 관계 그리고 황금비율의 관계를 결정적으로 보여주는 것도 없을 것이다. 끝으

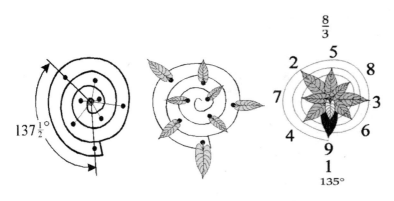

[도표 2.28] 잎의 위치와 각도의 대응 (같은 책)

로 가장 중요한 한 가지 과제가 남겨져 있다. 그것은 피보나치 수열을 단閏과 판䏚에 어떻게 연결할 것인가이다. 1년마다 1일을 더 하고[閏], 다시 4년마다 1일을 더하는 배[䏚], 윤일을 처리하는 과제 말이다. 이것 역시 피보나치 수열에 답이 있다. 먼저 법수 258의 비례를 보면 8/5=1.6이다. 여기서 1은 단閏에 해당한다. 그리고 남는 0.6은 0.6x3년=1.8이 된다. 4년마다 1일이 초과되는 판을 1.8의 1에서 구하면 된다. 그러면 또 0.8이 남는다. 우선 여기서는 단과 판을 구하는 방법만 말해 둔다. 4가 아니고 3을 0.6에 곱하는 이유는 4는 4년째란 순서이지만 기수는 3이기 때문이다. 나무를 4그루 심으면 그 간격은 3이란 말이다. 이렇게 법수는 윤일(단과 판)을 결정한다. 다시 말해서 1년 365일 5시간 48분 46초에서 365일을 뺀 남은 수 5시간 48분 46초를 '3번 모아 4년째' 되는 해에 하루를 더해[䏚] 366일로 정한다. 이렇게 단과 판은 피보나치 수열에 의해 결정된다.

3
장

체수 369와
수의 본질 문제

마고수인 성수, 법수, 체수 가운데 체수를 말할 차례이다. 별다른 설명 없이 시작되는 23장 III단은 가장 난해한 부분이다. 갑자기 등장하는 '구<sup>晷</sup>'라는 말 앞에 당황할 수밖에 없다. 그러나 현대 수학에서 다루고 있는 '시계순환주기법'과 '디지털 루트<sup>Digital Root</sup>'라는 방법을 사용하면 초등 수준의 수학으로도 III단을 설명할 수 있다. 실로 체수 369는 말 그대로 성수와 법수의 배경이 되는 수로서 수의 성격과 본질에 관한 내용을 말하고 있는 수이다. 그러나 부도지가 가지고 있는 수를 이해하는 두 가지, 즉 부도지의 수는 철학이고 과학이라고 할 수 있는 '첩첩'과 '윤멱'을 떠나서 따로 체수가 있는 것은 아니다. 체수는 수의 본질적 성격과 구조 그리고 단과 판이 생기는 원인을 말하고 있다.

## 3.1 체수와 '9 감산법'(casting out nines)

### '디지털 루트'로서의 체수

[III단] 10사의 반에 대회<sup>大晦</sup>의 '구<sup>晷</sup>'가 있으니, 구는 시<sup>時</sup>의 근원이다. 300구가 1묘<sup>眇</sup>가 되니, 묘는 구가 눈에 느껴지는 것이다. 이와 같이 9633묘를 지나서 각<sup>刻</sup>, 분<sup>分</sup>, 시<sup>時</sup>가 1일<sup>日</sup>이 되니 이는 3, 6, 9의 '체수<sup>體數</sup>'이다. 이와 같이 끝나고 또 시작하여 차차 중력과 대력에 미쳐서 이수<sup>理數</sup>가 곧 이루어지는 것이다(23장).

$$3 \ + \ 6 \ = \ 9$$

(a) 체수 369의 등식　　　　　　(b) 9의 원방각

[도표 3.1] 체수 369의 등식과 원방각

체수가 성수나 법수와 다른 점을 한눈에 파악하게 하는 것은 3+6=9 이나[노표 3.1-a]. 다른 수들은 $1+4 \neq 7$, $2+5 \neq 8$이기 때문이다. 먼저 체수의 총아라고 할 수 있는 수 9에 대하여는 피보나치 수열에서 보았다. 나뭇잎도 아홉째 것은 첫째 것과 그 방향이 같다[도표 2.24]. 회전의 반환점에 해당하는 수이다.

나아가 9는 다른 어느 수와도 달리 방·원·각이 자유자재로 가능한 수이다(b). 이 밖에도 완벽한 미로를 가능하게 하는 것도 수 9이다. 9만큼 다양한 설명이 가능한 수도 없는데, 9는 완전, 균형, 질서를 의미한다. 그리스에서는 특별히 3×3=9를 두고 '수평선$^{horizon}$'이라고 하면서 특별히 '에니애드$^{Ennead}$'라고 불렀다. 아브라함이 99세에 자식을 얻고 예수는 9시간 만에 운명한다. 우리나라 황룡사 9층탑 그리고 악률을 정할 때 기장 씨 9개로 하는 등 9는 말 그대로 수평선 상에 있는 사물의 끝자락에 있는 수이다. 그런데 성수나 법수와는 달리 체수 만은 3+6=9이다. 마고수 배열법에서 세로수도 3이고 가로수도 3이란 점이다.

그런데 이러한 체수를 디지털 루트법 혹은 '9감산법$^{casting\ out\ nine}$'으로 그 정체를 파악할 수 있다는 것이다. 실로 이 장면은 마고력의 전모를 파악하는 것인 동시에 III단 본문에서 말하고 있는 '구'와 '묘'의 정체를 쉽게 파악하도록 한다.

'9 감산법'이란 정사각형의 가로와 세로에 공히 9개의 수 1, 2, 3, 4, 5, 6, 7, 8, 9를 나열하고 가로와 세로를 곱하기하여 격자에 적는 방식인데, 만약에 곱하기하여 9를 넘을 때는 9, 18, 27, 36...과 같이 9의 배수를 감산하는 방법이다. 그래서 13은 13-9=4, 21-18=3... 등과 같다. 이에 이러한 방법으로 표를 만들면 아래 [그림 3.2]와 같다.

| X | 1 | 2 | 3 | 4 | 5 | 6 | 7 | 8 | 9 |
|---|---|---|---|---|---|---|---|---|---|
| 1 | 1 | 2 | 3 | 4 | 5 | 6 | 7 | 8 | 9 |
| 2 | 2 | 4 | 6 | 8 | 10 | 12 | 14 | 16 | 18 |
| 3 | 3 | 6 | 9 | 12 | 15 | 18 | 21 | 24 | 27 |
| 4 | 4 | 8 | 12 | 16 | 20 | 24 | 28 | 32 | 36 |
| 5 | 5 | 10 | 15 | 20 | 25 | 30 | 35 | 40 | 45 |
| 6 | 6 | 12 | 18 | 24 | 30 | 36 | 42 | 48 | 54 |
| 7 | 7 | 14 | 21 | 28 | 35 | 42 | 49 | 56 | 63 |
| 8 | 8 | 16 | 24 | 32 | 40 | 48 | 56 | 64 | 72 |
| 9 | 9 | 18 | 27 | 36 | 45 | 54 | 63 | 72 | 81 |

(a)

| X | 1 | 2 | 3 | 4 | 5 | 6 | 7 | 8 | 9 |
|---|---|---|---|---|---|---|---|---|---|
| 1 | 1 | 2 | 3 | 4 | 5 | 6 | 7 | 8 | 9 |
| 2 | 2 | 4 | 6 | 8 | 1 | 3 | 5 | 7 | 9 |
| 3 | 3 | 6 | 9 | 3 | 6 | 9 | 3 | 6 | 9 |
| 4 | 4 | 8 | 3 | 7 | 2 | 6 | 1 | 5 | 9 |
| 5 | 5 | 1 | 6 | 2 | 7 | 3 | 8 | 4 | 9 |
| 6 | 6 | 3 | 9 | 6 | 3 | 9 | 6 | 3 | 9 |
| 7 | 7 | 5 | 3 | 1 | 8 | 6 | 4 | 2 | 9 |
| 8 | 8 | 7 | 6 | 5 | 4 | 3 | 2 | 1 | 9 |
| 9 | 9 | 9 | 9 | 9 | 9 | 9 | 9 | 9 | 9 |

(b)

[도표 3.2] 9감산법 표

예를 들어서 12라는 수를 디지털 루트란 법으로 56을 셈하면,

56=7×8, 5+6=11, 1+1=2

고로 56=2

와 같다. 이를 [도표 3.2] (a)은 감산법을 사용하지 않고 가로수와 세로수를 곱한 것을 격자 안에 적어 넣은 것이다. 예를 들어서 81은 '가로9×세로9=81'과 같다. 그러나 (b)에서 가로7×가로8=2인 이유는 56÷9=2는 56-54=2이기 때문이다. 여기서 54=9×6이다. 그런데 가로9×세로9=9은 81÷9=9이기 때문이다. 81는 나누는 수9와 나머지가 같은 9이다. 이런 현상이 3+6=9와 함께 체수에 나타나는 전형적인 현상이다. 이

러한 수학의 기법을 '디지털 루트digital root'라고 한다. 이 기법이 체수를 이해하는데 있어서 주요한 역할을 한다. '체수'라는 말 자체가 디지털 루트라 할 수 있다. 9를 두고 '수평선horizon'이라고 한다. (b)를 망망대해 바다라고 할 때 9는 외곽 가로와 세로의 끝자락에 있다. 가운데 등대가 있는데 그것 역시 9이다. 이에 대해서는 다음에 더 설명하기로 한다.

(b)와 함께 음악이론에 연관하여 넘어가기로 한다. 상商나라 이래로 10진법에 기초한 수 체계를 지니고 있었음에도 불구하고, 12율을 만드는 황종척은 9진법에 기초해서 9촌을 1척으로 하는 9분척을 사용했다. 그런데 9라는 수는 아래에서 보는 바와 같은 성격을 지닌다.

| | | | | |
|---|---|---|---|---|
| .11111 | $\cdots \to 1/9$ | | | |
| .22222 | $\cdots \to 2/9$ | | $2 \times 9 = 18$ | $81 = 9 \times 9$ |
| .33333 | $\cdots \to 3/9$ | $= 1/3$ | | |
| .44444 | $\cdots \to 4/9$ | | $3 \times 9 = 27$ | $72 = 9 \times 8$ |
| .55555 | $\cdots \to 5/9$ | | | |
| .66666 | $\cdots \to 6/9$ | $= 2/3$ | $4 \times 9 = 36$ | $63 = 9 \times 7$ |
| .77777 | $\cdots \to 7/9$ | | | |
| .88888 | $\cdots \to 8/9$ | | $5 \times 9 = 45$ | $54 = 9 \times 6$ |
| .99999 | $\cdots \to 9/9$ | $= 1$ | | |
| (a) | | | (b) | |

[도표 3.3] 체수 9의 성격

(a)는 분모 9로 나뉘는 수는 분자를 소수점 이하에서 무한 반복하도록 한다. 한 어머니(9)의 사랑이 9자녀에게 무한히 그리고 공평하게 나뉜다고 생각하고 넘어가기로 한다. (b)는 반영대칭과 연관이 된다. 18-81, 27-72, 36-63, 45-54와 같이 수들끼리 27-72와 같이 거울 대칭을 한다. 어느 한 수를 거울 앞에 두었을 때 좌우가 바뀌는 것과 같다. 어떤 수든지 9로 곱하기 하면 그 결과는 항상 9에 더하기 한 것과 같다. 그래서 히브리인들은 9를 '불변하는 진리immutable number'의 상징이라 하기도 했다.

항상 자기 자신을 만들어내고, 자기에로 되돌아오고, 그러면서 모든 것을 자기의 품속에 감싸안는 수가 9이다. 묘와 구에 연관된 9633이 두 대칭 구조에서 밝혀진다. 그래서 부도지는 체수라고 하는 것이다. 체수 자체를 자기 안에 감싸 안을 정도이다.

그런데 이러한 9가 악율과 연관하여 다음과 같은 성격을 갖는다.

| 0 | $81 \cdot (2/3)^0(4/3)^0=81$ | $9 \times 9=81$ | 궁 |
|---|---|---|---|
| 1 | $81 \cdot (2/3)^1(4/3)^0=54$ | $9 \times 6=54$ | 치 |
| | | 56 | (변치) |
| 2 | $81 \cdot (2/3)^1(4/3)^1=72$ | $9 \times 8=72$ | 상 |
| 3 | $81 \cdot (2/3)^2(4/3)^1=48$ | $8 \times 6=48$ | 우 |
| | | $7 \times 6=42$ | (변궁) |
| 4 | $81 \cdot (2/3)^{03}(4/3)^{02}=64$ | $8 \times 8=64$ | 각 |

[도표 3.4] 9와 9성 그리고 삼분손익법

7성과 9의 배수 그리고 삼분손익법과 관계를 일목요연하게 보여주고 있다. 삼분손익법을 4번 연속한 결과 5(7)성을 얻는다. 더 이상의 자세한 상론은 위의 주에 있는 참고문헌을 참고하기 바란다.

체수를 이해하는 데 있어서 주요한 수학적 기법 가운데 하나가 '디지털 루트'[1]이다. 이러한 계산법을 디지털 루트 계산법이라고 한다.

이렇게 디지털 루트 계산법에 의하여 9 혹은 9의 제곱수를 감산할 때 모두 9의 수들로 [도표 3.2]의 격자들을 다 채울 수 있다. 지금부터 [도표 3.5]를 통하여 마고수 배열법의 전모가 드러나기 시작하고 체수의 의의를 더욱 분명히 한 후, 나아가 '구'와 '묘'의 정체도 파악할 수 있게 된다.

[도표 3.5] 안에서 같은 수끼리 연결시킨 결과 (a)은 성수 147, (b)

---

1 '디지털 루트'란 어느 수의 자릿수(일, 십, 백, 만…)를 무시하고 가감승제를 자유자재로 하는 것을 두고 하는 말이다. 이는 수를 회전대칭으로 파악한 것이다. 즉, '27653'이라 할 때 2+7+6+5+3=23은 자릿수를 무시한 더하기로서 '27653'을 '35672'로 회전시켜 자리를 바꾼 것과 같다.

는 법수 258, (C)는 체수 369가 된다.

(1) 성수와 법수는 서로 대칭관계이다. 다시 말해서 성수의 1은 법수의 8과, 4는 5와, 7은 2와 방향이 반대일 때 그 모양은 같다. 실로 마고수 배열법을 흥분의 도가니 속으로 몰입하게 하는 장면이라 할 수 있다.

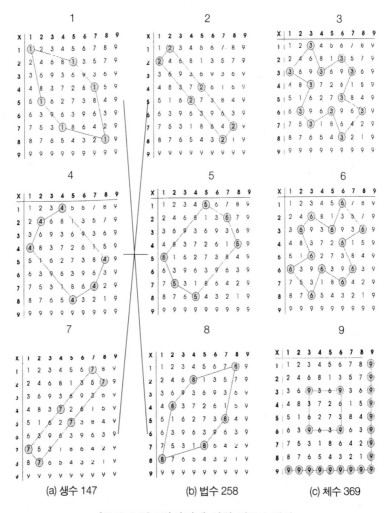

(a) 생수 147          (b) 법수 258          (c) 체수 369

[도표 3.5] 9감산법에 의한 마고수배열

(2) 문제의 체수 369는 자기 자체 안에서 대칭을 만든다. 즉, 3은 6과 모양이 같고 방향이 반대이다. 9는 자기 자신이 자신에 대하여 같은 모양이고 같은 방향의 대칭이다. 9를 수평선이라 한 이유가 선명해졌고, 9의 가운데 정사각형 9999는 등대와도 같고 바로 이곳이 수 9633이 있는 묘와 구의 영역이다.

(3) 성수와 체수는 서로 거울대칭을 한다. 다시 말해서 1과 8, 2와 7, 3과 9 그리고 4와 5, 9와 9는 합수가 9가 되면서 서로 방향이 반대이면서 같은 위치에서 거울 대칭을 한다. 9와 9는 자체와 대칭을 한다. 여기에 묘와 구가 들어 있다.

(4) 여기서 한 가지 중요한 사실은 동양에서 '체體'라 할 때에 그것은 서양의 'substance'와는 정반대로 다른 의미의 '자기 자체' 즉 '자기언급'이라고 할 수 있다. 그래서 체수를 'self-reference number' 혹은 'reference number'라고 한다.

이러한 설명에 근거하여 '구'와 '묘'의 내용은 체수에서 찾을 수 있다. 부도지는 "10사의 반에 대회의 구가 있으니, 구는 시의 근원이다. 300구가 1묘가 된다"(三百眇爲一眇)고 하면서, "묘는 구가 눈에 느껴지는 것이다. 이와 같이 9633묘를 지나서 각刻, 분分, 시時가 1일日이 되니 이는 3.6.9의 체수이다"라고 한다. 1묘는

1묘=300구, 9633묘=2889900구

이다. 9633묘는 '구절묘'라 부르기로 한다.

여기서 중요한 수는 9633묘이다. 그런데 이 수를 (c)의 9에서 확인

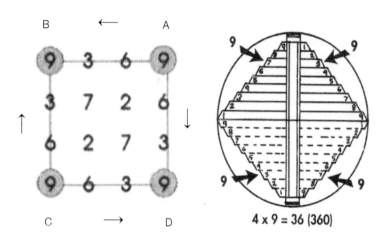

[도표 3.6] 9633묘와 마야 피라미드 9층

할 수 있다. (c)를 망망대해라고 할 때 9는 수평선이고 가운데 정사각형
9999 [도표 3.6]은 등대와도 같다. 바로 이곳이 구이고 묘이다. '9633묘'
과 2889900을 디지털 루트로 바꾸면,

9+6+3+3=21, 2+1=3,
2+8+8+9+9+0+0=36, 3+6=9

와 같다. 즉, '구䷿'는 '구䷁'이다. 체수 369가 복원되었다. 9633묘, 즉
2889900구는 '감안感眼' 즉, 눈으로 느낄 수밖에 없는 수로서 이는 시간이
라는 수량이 아니고, 감각이라는 것을 의미한다. 체수가 의미하는 바는
디지털 루트로서 수의 본질을 말하고, 나아가 9는 무한의 바다에 보이는
수평선의 수이다. 이 수평선을 바로 볼 수 있는 곳은 구와 묘의 영역 사각
형 9999라는 것이다. 9999는 9 자신이 자신에 대하여 대칭인 수인 것을
의미한다. 다시 정리하고 나아가 9633을 확인하기로 한다. 9999가 구䷿
라면 9633은 구䷁이다. 전자는 [도표 3.6]에서 볼 때 돌저귀와 같다.

9633이 회전문이라면 그 돌저귀란 말이다.

(1) 3과 6은 같은 체수 안에서 반영대칭(거울대칭)을 하면서 서로 방향이 반대이다. 9639 → 9369 → 9639 → 9369와 같이 회전문을 만든다. 군론의 회전대칭이다.

(2) 9는 자기 자신이 자신과 반영대칭을 하면서 동시에 회전대칭을 한다. 다른 수끼리 대칭을 만드는 경우(1-8, 2-7, 3-6, 4-5)는 반영대칭이고, 자기 자신과 대칭을 하는 경우(11, 22, 33, 44, 55, 66, 77, 88, 99)는 회전대칭이다. 회전대칭은 자기 자신에게로 되돌아오는 항등원$^{Identity}$이기 때문이다. 이제부터 9633표를 확인하기로 한다.

(3) [도표 3.6] 중앙의 작은 정사각형 9999를 ABCD로 부호를 바꾼다. 그러면 사방이 9633으로 둘러싸여 회전 방향이 반대이다. [도표 3.6]에서 ABC, CBA, ADC, CDA이 서로 반대 방향으로 회전하면서 9633을 만든다. 여기서 9의 경우는 9감산법에 의해 한 번 감해 9-9=0과 같다. 정사각형 9999(ABCD)의 화살표를 보면 서로 마주보는 변끼리 반대이다. 이는 위상학에서 구$^{球}$의 구조이다.
사영평면과 유사하나 다른 2차원의 '구$^{球}$'이다.

(4) 9. 6. 3. 9. 3에서 넷째 9는 무시해도 좋다. 그 이유는 처음 9와 항등원이기 때문에 무시해도 좋다. 다시 말해서 9-9=0이기 때문이다. 그러면 4각형의 모서리에서 시작된 9는 서로 회전방향을 반대로 하면서 9633을 만들어 나간다. 실로 이는 마고력 재발견의 정수라고 할 수 있다.

(5) 정사각형 9999의 화살표 방향을 보면 서로 마주 보는 변들끼리

모두 반대이다. 이는 뫼비우스띠 2개가 연접해 있는 사영평면$^{projective\ plane}$이고, 마고수 배열이 위상기하학적 구조를 가지고 있음을 의미한다.

정리하면 구$^{几}$=구$^{豬}$=구$^{球}$와 같다.

## 10사와 10사의 반: 단과 판의 유래에 관하여

부도지 본문으로 돌아가서 지금까지 전개한 논리에 따라 설명을 하면 다음과 같다. 먼저 '10사의 반'이란 말을 검토해 보기로 한다. 마고수에서 수 '10'이 설 자리는 없어 보인다. 그러나 [도표 3.5]에서 그것을 발견한다. [도표 3.5]에서 모두 9개의 정방형을 확인하다, 나머지 1은 체수 369에서 확인된다. 다시 말해서 체수는 자기 자신과 스스로 대칭이 돼 1개가 추가돼 9+1=10이 된다. '10사'의 '사'란 10년이다. 그러면 그 '반' 즉 '10사의 반'이란 [도표 3.8]과 같이 서로 대칭되는 1-8, 2-7, 4-5, 3-6 끼리 붙여버리면 4개가 되는데 여기서도 체수 3-6은 자기 자신끼리 대칭이 돼, 1이 추가돼 4+1=5이다. 이것은 마고수 삼 정이 서로 만드는 대칭 관계, 특히 반영대칭을 의미한다.

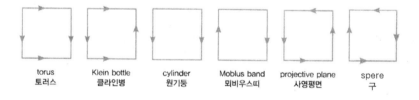

| torus | Klein bottle | cylinder | Moblus band | projective plane | spere |
| 토러스 | 클라인병 | 원기둥 | 뫼비우스띠 | 사영평면 | 구 |

[도표 3.7] 위상범례

(1) 여기서 드디어 '10사'에 이어 '10사의 반'을 확인한다. 다시 말해서 [도표 3.7]의 9+1=10을 확인한 다음, 대칭들 간에 결합시켜 놓은 [도표 3.8]에서 '10의 반' 즉 5를 확인한다. [도표 3.8]의 대칭 접촉점들 12

는 5개 속에 공히 들어 있다. 3-6대칭은 같은 사각형 안에서, 9는 자기 자신과 대칭이다.

(2) 정사각형 9999는 수평선이기 때문에 곧 바다 자체이다. 순서수의 역설에 의해 순서수의 끝은 기수 전체와 같기 때문이다. 그래서 순서수에는 플러스 알파[1]가 있기 마련이다. 이는 마치 나무의 나이테에서 나무의 표피 자체 1개가 한 살을 의미하는 것과 같다. 이러한 역할을 하는 것이 '판'이다. 판이란 기수로서 1이지만 4년에 걸쳐 있는 전체의 수이다. 1년마다 단甲 1이 생기는 과정에서 해마다 남아도는 시간이 축적돼 윤일을 만드는데 그것이 판1이다. 실로 [도표 3.8]은 '10사의 반'인 5인 개념을 확실하게 한다. 다시 말해서 3-6 대칭은 중복을 해 +1일을 만든다.

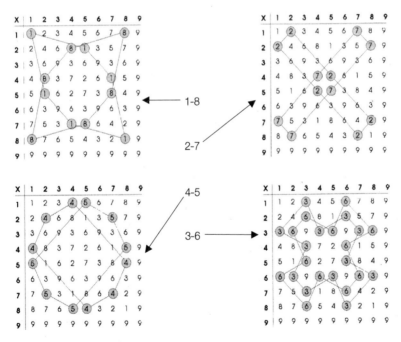

[도표 3.8] 성수, 법수와 체수들의 대칭 결합 관계

그리고 9999는 네 대칭 1-8, 2-7, 3-6, 4-5에 고루 분배돼 12+1=13이 되게 한다. [도표 3.8]에 의하여 13월, 28일, 단1, 판1을 다 구해낼 수 있게 되었다. 단과 판과 같은 윤일이 생기는 이유는 바로 체수의 자기언급 때문에 +1이 반복해 생기기 때문이다. 체수에서 +1이 생기면 법수에서 그것을 피보나치 비례(8/5)로 조절한다.

# 3.2 마고수 배열과 오토파지(자체식)


## 오토파지와 우로보로스

마고력은 1~9까지의 수를 구사해 만든 달력으로서 단순히 달력인 차원을 넘어 문화적/천문학적/종교적 의미를 지닌다. 마고력의 수 개념을 이해하는 데 있어서 중요한 것 가운데 하나가 '디지털 수digital number'였다. 위에서 본 바와 같이 '디지털 수'란 11을 1+1=2로, 10을 1+0=1로 반복적으로 더하기 하여 만든 수이다.

마고력은 성수性數 147(Number of Nature), 법수法數 258(Number of Law), 체수體數 369(Number of Self)라는 마고열을 구사해 28일日, 7요曜, 13월月을 결정하는 매우 단순한 구조처럼 보인다. 마야에서도 이들 수들을 구사해 달력을 만들었지만, 마고수 배열의 각각 수들에 대하여 이름을 부여하지는 않았던 것 같다. 그러나 한국의 부도지 저자는 하나하나의 열에 고유한 이름을 부여하고 있고, 이 이름들이 각 열의 성격을 특징짓는다. 다시 말해 성수란 삼라만상의 성격을 나타내는 '대상수object number'라 할 수 있다. '법수'란 대상수를 제어하는 메타수meta number라 할 수 있다. '체수'란 자기가 자기언급을 하는 자기 자체의 수란 의미이다. 그런 의미에서 세 수는 모두 논리계형이 다르다. 성수와 체수는 서로 반영대칭 관계임을 보았다([도표 3.8]).

세 수에 한 가지 공통된 점은 1, 2, 3에 가로로 3을 더하기 해 4와 7,

5와 8, 6과 9를 만들었다는 점이다. 그런데 3은 3 자기 자신을 더하기해 6과 9를 만들었다. 그래서 이를 '체수'라고 한다. '체'란 말을 서양철학을 이해하기 위한 수단으로 서양철학의 'Substance'로 번역해 버렸기때문에 화이트헤드가 말하는 '잘못 놓은 구체화의 오류'를 범하고 말았다. 별개의 독립된 유일한 존재로서 이해되었다는 말이다. 그러나 '체'란자기언급을 의미하는 것으로 여기서는 보고 있다. 스피노자의 'causa sui'(자기 원인) 같은 자기원인적 존재이다. 마고력은 체수에 대한 바른 이해로부터 시작한다. 동양과 서양은 서로 체수를 이해하는 방법이 다르다. 동양의 경우 체수에 대한 바른 이해 없이는 철학 사상 자체를 바로이해할 수 없다. 그러나 서양에서는 세로와 가로에 같은 수 혹은 사물을배열한다는 것 자체가 불가능하다. 예를 들어서 세로에 이데아를 배열하면 가로에는 사물들을 배열해야 하기 때문에 자기언급이 안 돼 체수 자체를 만들 수 없다. 체수 대신에 타자언급other-reference를 하는 substance란개념을 사용한다. 세로에 해당하는 Idea는 열외적 존재이다. 그래서 서양에서 존재란 항상 '밖에 존재ex-ist'한다.

이제 3줄 3칸 마고수 배열법을 두고 부도지는 '첩첩疊疊'이라고 한다. 현대적 용어를 빌리면 '프랙털fractal'이라고 할 수 있을 것이다. 첫 줄의 성수 147은 한 해 364일을 결정한다. 즉, 4줄 7칸의 직사각형은 그 안에 28일을 담고 있으며 이는 1개월을 의미하고 이를 '기朞'라고 한다. 13기가 모이면 한 해가 되는 데 이를 '사祀'라 한다. 1년 혹은 1사는

$$4 \times 7 \times 13 = 364일$$
$$364 \div 7 = 52주$$

와 같다. 이제부터 우로보로스를 통해 성수가 7, 13, 28을 만드는 법을보기로 한다.

여기서 7을 요<sup>曜</sup>라 하며 52요가 1년이다. 그래서 1년은 '13기'(1기는 28일)라 할 수도 있고, '52요'라고 할 수도 있다. 1사 안에서 기와 요는 자기 입으로 자기 꼬리를 물고 먹고 있는 것과 같은 순환적 '우로보로스 먹이고리'<sup>Ouroboros Autophagy</sup>를 만든 대[도표 3.9]. 우로보로스 뱀의 몸을 13개의 영역<sup>section</sup>으로 나뉜다. 뱀

[도표 3.9] 우로보로스 먹이고리
(Pickover, 2001, 48)

의 몸은 동심원을 그리며 7개 등분으로 안쪽을 향해 작아지고 있다. 7개 동심원은 일, 월, 화, 수, 목, 금, 토(혹은 토, 일, 월, 화, 수, 목, 금)로 동심원의 지름을 따라 분절된다. 그리고 우로보로스 면을 4등분 시킨다. 그러면 각 등분마다 3으로 나뉠 것이다. 그러나 마지막 등분은 4개(0, 1, 2, 3)가 된다. 0, 1, 2, 3, 4, 5, 6, 7, 8, 9, 10, 11, 12와 같이.

그런데 0, 1, 2, ,3, 4는 4등분이 되고 0등분이 초과하는 윤일과 윤시에 해당한다[도표 3. 8] 참고). 매년 종1일과 4년마다 시1일에 해당하는 시간이 0등분에 해당한다. 이 0등분에 해당하는 수를 258 법수라고 한다. 다시 말해서 수 0은 종<sup>種</sup>과 시<sup>始</sup>로서 부도지 23장의 '종시'와 같은 개념이다. 바로 0에서 두 개의 윤일 즉, 종<sup>種</sup>1과 시<sup>始</sup>1이 만들어진다.

1기(한 달) 28일이 '7일 1요'에 의하여 나뉘면 각 요<sup>曜</sup>는 7일이 된다. 이것은 지금 요일 개념과 같은 것이다. 그래서 성수 147에 포함되는 수 개념은 28, 13, 7, 4, 1, 364와 같다. 그중 가장 중요한 1, 4, 7과 13이 모두 [도표 3.9] 우로보로스 먹이 고리 속에 다 들어있다. 그래서 성수에서 파생된 13-7-4-52-1-364는 모두 하나의 톱니바퀴같이 맞물려 회전한다. 여기서 중요한 사실은 우로보로스 뱀이 자기가 자신을 먹는다<sup>Autophagy</sup>고 할

때 어떻게 그것을 수학적으로 표현할 수 있을까이다. 우로보로스는 전 세계 어느 곳에서나 발견되는 원시적 상징이고, 모든 지역의 신화에서 흔히 발견된다. 그러나 수학자들은 자기가 자기를 먹는 되먹임의 현상도 정확하게 수학적으로 표현하고자 한다. 그것을 '우로보로스 오토파지'Ouroboros Autophagy, OA'라라고 한다.

실로 OA는 우주의 생멸주기를 나타내는 상징(symbol of grow, destruction, and the cycle nature of the universe)이라고 할 수 있다. 0을 포함한 12개의 수로 나눈 것으로서 원환 뱀을 4세대[4 generations]로 나눈 것이다. 4세대 13영역으로 나누었는데 하나하나를 『부도지』는 '기期'라 하고 13기 모두를 '사祀'라 한다. 1사가 1년이란 말이다. 위 [도표 3.9]에서는 아직 각기마다 빈 공간으로 남겨 두었지만 이제 뱀이 자기 입으로 자기 꼬리를 먹어 들어간다고 할 때 뱀의 몸은 가운데 중앙에서 몸체가 다 사라지고 (멸), 다시 자기 입에서 새로운 생명이 탄생할 것이다(생)([도표 3.10]). 이런

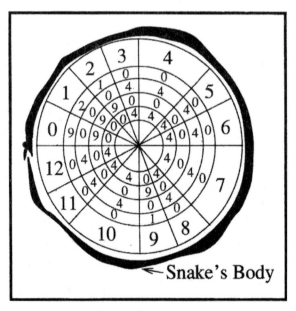

[도표 3.10] 우로보르스의 자기 수 먹기

전 과정, 다시 말해서 부도지 23장의 성수의 전개 과정을 수학적으로 표현하면 아래와 같다.

위 [도표 3.10]은 우로보로스가 자기 몸을 자기가 먹는 '자체식自體食'을 수로 표현한 것이다. 이는 우로보로스라는 신화적 존재를 수학적으로 파악하는 것과 같다. 동양사상의 가장 중심되는 개념은 실체를 자체식으로 파악하는 것이다. 이 점에 있어서 동양과 서양 사상의 존재론은 판이하게 달라진다. 체수가 바로 이러한 자체식(자기언급) 개념에 해당한다.

(1) 동심원 7개는 7요를 의미하고 외곽에서부터 내곽을 향해 동심원이 일월화수목금토 순서대로 자체식을 한다고 한다. 뱀이 타래를 틀고 있는 모습이다. 즉, 외곽 동심원부터 차례로 동심원1(일), 동심원2(월), 동심원3(화), 동심원4(수), 동심원5(목), 동심원6(금), 동심원7(토)이라고 부르기로 한다. 뱀이 자체식을 하는 방법은 이러하다. 자체식 한다는 것은 달이 삭월과 망월을 하는 것과 같으며, 모든 존재의 생과 멸 그리고 나고 죽음을 의미한다. 그래서 이것은 시간의 변화로 보아야 한다.

(2) '동심원 1'(일요)는 뱀의 몸 전체와도 같다. 나무의 표피 자체이다. 그래서 '동심원 2'(월요)부터 시작하면서 '동심원7'(토)까지 그린다. 거기에 0-12(모두 13개)까지의 수들이 적혀 있다. 7은 '요'이고 13은 '기'이다. 이제부터 각 요일은 7요일이고 이는 7개 뱀의 몸인 사체蛇體이다. 그래서 동심원이란 말과 사체라는 말은 같은 말이다. 즉, '동심원 1'은 '사체 1'과 같다. 그러면 7개의 사체들이 13개의 '등분'으로 나뉜다. 그래서 동심원 1에 있는 수에 따라 '0등분' '1등분' '2등분'… '12등분'이라 부르기로 한다. 부도지 23의 주요한 '요'와 '기'의 개념을 찾았다(4×7×13=364).

(3) 지금부터 [도표 3.10]에서 각 사체의 등분마다 들어갈 수가 어떻

게 정해지는가를 보기로 한다. 동심원 2(사체 2 혹은 월요)의 수 0등분에 들어갈 수를 결정하기로 한다. '동심원 2(월요)에 들어갈 수는 동심원 1(일)에 있는 수 0이 동심원 2(월요)에 몇 개 있느냐의 '개수個數'에 의하여 결정된다.

(4) 즉, 동심원 1(일)의 0등분에 있는 수 '0'이 동심원 2(월)에 보면 9개 들어 있다. 그래서 0등분의 동심원 2(월)에 수 '9'를 적는다. '0'이 9개 동심원 2(월) 속에 들어 있다는 말로서 즉, 일요일의 수 '0'이 월요일 안에 9개 들어 있다는 말이다. 일요일이 월요일에 이렇게 잠식당했다.

(5) 여기서 각별히 주의를 요하는 것은 수와 그 수에 해당하는 개수의 구별이다. 전자를 ' '안에 넣어서 표현하기로 한다. 다시 요약하면 동심원 1 안의 '0'이 동심원 1 안에 9개 있다는 말이다. 논리 계형상으로 볼 때 동심원 1(월)이 동심원 2(화)에 대해 메타와 대상의 관계로서 논리 계형이 다르다. 지금 우리는 자체식하는 방법 다시 말해서 성수 147이 일, 요, 기, 사를 만드는 법을 보고 있다.

(6) '동심원 2'의 0등분 안에 들어 있는 9라는 수는 동심원 2 안에 들어 있는 0의 개수를 의미한다. 이것이 우로보로스 뱀이 자기 몸을 자기가 먹는 자체식하는 방식이다. 여기서 숫자 '9'는 부류개념(메타)이고, 0은 요원개념(요원)이다. 집합 형식으로 표시하면 '9'={0, 0, 0. 0, 0, 0, 0, 0, 0}과 같다. '9'가 0 아홉 개를 포식하고 있는 형국이다.

(7) 부도지는 이러한 수학적 개념을 알고 있었던 것이다. 그리고 이런 수학적 개념은 차라리 원시인들이 더 잘 알고 있었고 그들이 흔히 구사하던 수학적 개념이었다.

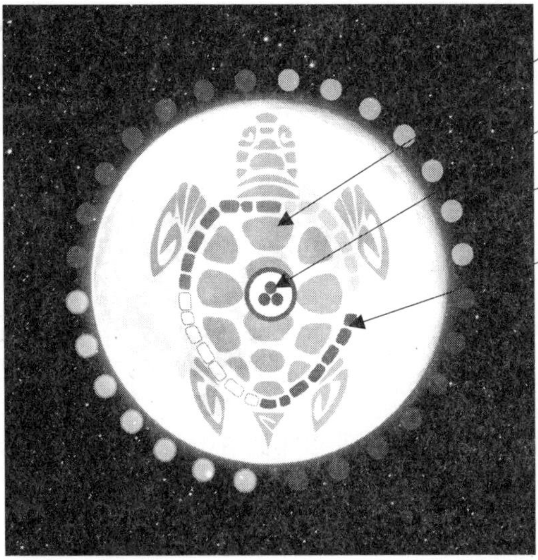
13(거북 등 무늬)
3
28(바깥점)
7(4×7=28)

[도표 3.11] 거북등 위의 마고수 배열

19세기 말 칸토어가 집합론을 발견하기 전까지 서양 수학사에서는 망각된 개념이었다. 에덴동산에서 뱀을 악마시한 가장 큰 원인이 뱀의 자체식 때문이다. 순환하는 개념 자체를 용납할 수 없었기 때문이다. 이런 자체식이 무서워 달력을 제일 처음 바꾸어 버렸다. 회전하고 순환하는 달력을 직선적이게 만들어버린 것이다. 13을 12로 바꾸는 것이 그 첩경이었다. 순환형을 일직선형의 시간으로 바꾸었다는 말이다. 그래서 현대인들이 이러한 달력 개념을 망각했다고 할 수 있다. 아니 망각하도록 만든 것이다.

[도표 3.11]은 부도지에 상관없이 호세 아귀레스가 제작한 마야 달력으로 만든 작품으로서 거북 등에서 3, 4, 7, 13, 28이 선명하게 보인다. 일종의 우로보로스라 할 수 있다.

(8) 화요일(동심원 2)은 월요일(동심원 1)을 자체식하고, 수요일은 화

요일을, 목요일은 수요일을, 금요일은 목요일을, 토요일은 금요일을, 일요일은 토요일을 자체식한다. 이와 같이 자체식은 항상 먹는 것과 먹히는 것의 두 쌍의 세트 안에 있는 수들로 결정된다. 그러면 7요는 끝없이 순환하게 될 것이다. 뱀이 자기 몸을 다 자체식하면 아무것도 없는 일요일(동심원 1)에서 다시 자체식 생멸이 반복된다.

(9) 여기서 한 가지 중요한 사실은 칸토어의 먹집합 이론 없이는 자체식을 이해할 수 없다는 점이다. 먹집합이란 논리 계형에서 상위가 하위 속에 하위가 상위 속에 순환적으로 자체식 하는 것을 두고 하는 말이다. 예를 들어서 집합 {a, b, c}의 부분집합 혹은 먹집합은

$$\{a, b, c\} = \{a, b, c, ab, bc, ca, abc, \varnothing\}$$

과 같다. 부분집합 속에는 자기자신 {abc}과 공집합 {∅}까지 포함한다. 이러한 포함은 한자로 포함<sup>包含</sup>이라 하고, 나머지들(a, b, c, ab, bc, ca)은 포함<sup>包涵</sup>된다고 한다. 이 두 개의 포함 개념의 구별은 매우 중요하고 이 먹집합의 구조가 곧 우로보로스 자체식의 구조이다.

(10) 먹집합에서 집합은 자기 자신을 자기의 한 부분으로 포함<sup>包含</sup>시킨다. {abc}는 제자신 속에 포함<sup>包涵</sup>된다. 이것이 바로 자체식이다. 그리고 공집합 {∅}=1이란 사실은 곧 위에서 0이 9개란 말과 같다고 할 수 있다. 공집합이 1개란 의미이다. 이러한 현대 수학의 주요한 개념은 마고력을 이해하는 데 필요충분조건이라고 할 수 있다.

## 큐피드의 화살과 마고열

로마신화에서 큐피드는 날개가 달린 활과 화살을 가진 아이 모습을 하고 있다. 이성 간의 사랑을 일깨우는 신으로 그리스신화에서는 에로스에 해당한다. 큐피드는 인간과 신의 눈에 안 보이는 두 개의 화살을 늘 갖고 다녔다. 그가 쏜 금화살에 맞으면 사랑의 열병을 앓지만, 납화살에 맞으면 증오를 갖게 된다. 중세 서양 미술에서 큐피드는 눈을 가린 모습으로 곧잘 등장한다. 우리 전통 속에서는 인간이 천상을 향해 혹은 신을 향해 화살을 쏘는데 로마신화에서는 반대로 신이 인간을 향해 화살을 쏜다. 이를 좌계 김영래는 '큐비드의 화살과 마고의 화살'이라고 비교한다 (김영래, 2003, 83-84).

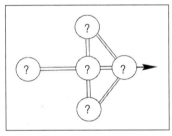

[도표 3.12] 큐피드의 화살(1)

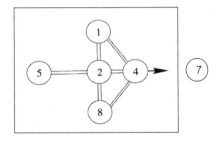

[도표 3.13] 큐피드 화살 안의 마고열

[도표 3.12]는 큐피드의 화살 5곳에 넣어야 할 숫자를 ?로 남겨 두었다. 큐피드의 두 개 화살을 7과 13이라고 하자. 그러면 ?자리에 어떤 수를 넣어야 7과 13으로 나누어 떨어질까? 이 질문에 대한 답이 아래 큐피드 화살 속에 있다. 왜 하필 부도지 수 7과 13인가?

[도표 3.13]에서 ?를 채운 수들을 보면 마고열에 해당하는 수들 성수열 [1, 4, 7] 가운데 1과 4가 보이고, 법수열에 해당하는 [2, 5, 8]이 보인다. 이들 5개의 인접하는 수들 가운데 두 개씩 붙여서 7과 13으로 나누면

모두 나머지 없이 나누어 떨어진다.

$84 \div 7 = 12(3 \times 4)$

$52 \div 13 = 4$

$42 \div 7 = 6(3+3)$

$28 \div 7 = 4$

$21 \div 7 = 3$

$14 \div 7 = 2$

성수 7은 화살의 방향 → 이고 체수는 성수와 법수 속에 들어 있어서 활 그 자체이다. 즉,

| 1 | 2 | 3 |
|---|---|---|
| + | + | + |
| 4 | 5 | 6 |
| + | + | + |
| 7 | 8 | 9 |
| 12 | 15 | 18 |
| (3) | (6) | (9) |

와 같다. 이것이 체수의 정체이다. 즉, 체수는 디지털 루트가 곧 자기 자체이다.

큐피드 화살 속에 들어 있는 수들은 이와 같이 마고수 속에 들어 있다. 이들은 포수(기마무사)가 사격할 때 각 위치에서 힘을 받는 양에 해당한다. 다시 말해서 [도표 3.13]에 나타난 힘의 비례로 포수가 힘을 주게 되면 가장 알맞은 사격이 된다는 것을 의미한다. 그런 의미에서 수렵도에

서 기마무사가 사냥감을 겨냥할 때 활의 각 위치에 주는 힘의 비례가 [도표 3.13]과 같아야 함을 의미한다. 동이족이 활을 잘 쏘는 이유가 마고수에 있었다. [도표 3.13]에서 수들은 기마무사가 활의 시위를 잡아당기는 힘의 균형을 의미한다. 명사수란 손과 팔에서 이 균형을 잘 잡는 자라 할 수 있다. 그리고 서양은 사랑과 증오의 차이로 보았다.

### 포세이돈 열과 마고열

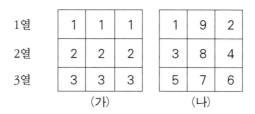

[도표 3.14] 포세이돈 열

마고열은 자연수 1, 2, 3, 4, 5, 6, 7, 8, 9라는 9개의 수로 3줄 3열로 사각형 안에 배열한 것이다. 그런데 이 간단한 수 배열에 천기누설에 해당하는 우주의 비밀이 숨어 있었다. 이를 서양에서는 '포세이돈 열'이라고 한다. 신이 가장 싫어하는 것은 천기누설天機漏泄이다. 불의 사용법을 인간에게 알려준 프로메테우스의 형벌을 짐작해 보면 그 벌이 얼마나 큰가를 알 수 있을 것이다. 에덴동산에서 천기누설을 한 존재가 바로 뱀이고 뱀은 저주의 형벌을 받았다. 그러나 인간은 부단히 천기누설을 해 왔고 신의 감추어진 비밀을 들춰내 왔다(Xenophanes of Colophon의 말). 그 가운데 하나가 바로 아래에서 말하려고 하는 '포세이돈 열Poseidon Arrays'이다. '포세이돈 열'이란 3개의 열과 3개의 줄로 된 사각형 안에 아래와 같이 수를 배열하고 첫째 열에 2배 한 것을 둘째 열로, 첫째 열을 3배 한 것을 셋째 열에 배열한 것을 두고 하는 말이다. 즉, 위의 [도표 3.14]의 (나)에서 둘째 열의 384는 첫째 열 192를 2배 한 것(192×2=384)이고, 셋째 열은 첫째 열을 3배 한 것(192×3=576)이다.

그런데 신기한 현상은 각 열의 합은 첫째 열은 12, 둘째 열은 15, 셋째 열의 합은 18로 일정하다는 점이다.

(1) (도표 3.15)의 (가)에서 체수는 역대각선 방향으로 즉, 위에서부터 아래로 936 순서로 배열돼 있고 법수와 성수는 분산돼 있다. (나)에서 체수 369는 우측 줄, 성수 741은 중앙 줄에, 법 258은 좌측에 배열돼 있다. (다)에서 체수는 좌측 열, 법수는 중앙에 성수는 우측 줄에 배열돼 있다.

| 2 | 1 | 9 | | 2 | 7 | 3 | | 3 | 2 | 7 | =12(3) |
|---|---|---|---|---|---|---|---|---|---|---|--------|
| 4 | 3 | 8 | | 5 | 4 | 6 | | 6 | 5 | 4 | =15(6) |
| 6 | 5 | 7 | | 8 | 1 | 9 | | 9 | 8 | 1 | =18(9) |

법　성　체　　　체　법　성

(가)　　　　　(나)　　　　　(다)

[도표 3.15] 포세이돈 열과 마고열

(2) 여기서도 (가), (나), (다) 모두 각 열에 있는 세 수들의 합은 위에서부터 순서대로 12, 15, 18이다. 포세이돈 열과 마고열에서 모두 이는 동일하다. 여기서 수 10에 근저로 하였을 때 이런 고정된 값이 나왔는데, 10이 아닌 다른 수를 근저로 했을 때도 동일한 고정값이 나올 것인가이다(Pickover, 2001, 293).

(3) 여기서 만약에 657을 첫째 열로 시작하여 2배가 3배가 원칙을 적용하게 되면 셋째 열은 1,384(657×3=1384)가 될 것이다. 이때 천 단위

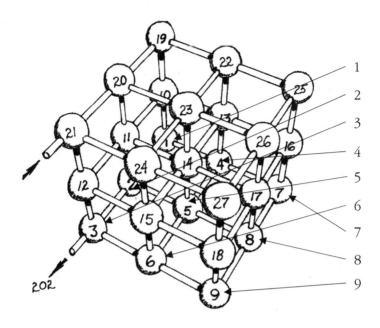

[도표 3.16] 정육면체 미로

수 1을 제거하면 384가 될 것이다. 단 한 가지 규칙은 같은 수를 반복해 사용해서는 안 된다는 점이다.

(4) [도표 3.15]의 (나)와 (다)는 다름 아닌 마고 배열이란 점이다. 다시 말해서 성수, 법수, 체수의 배열 위치만 다를 뿐이다.

### 큐브 미로와 마고열

미로는 복잡한 길을 찾아 출발점부터 시작해 도착점까지 도달하게 하는 것이다. 미로는 길을 잃게 만들어 목표지점에 도달하기 어렵게 만드는 구조이다. 미궁은 목표지점에 도달할 때까지 갈림길이 없이 연결되도록 한 것이다. 마고열을 기저로 하여 육각형 미로를 [도표 3.16]과 같이 만들었다.

위 [도표 3.16]은 마고열로 만들어진 정육면체 미로이다. 가로, 세로, 높이가 모두 셋으로 된 정육면체이다.

| 1 | 4 | 7 | 성수 |
|---|---|---|---|
| 2 | 5 | 8 | 법수 |
| 3 | 6 | 9 | 체수 |

를 정사각형을 밑으로 하고 9만큼씩 증가하여 높이가 만들어지면 입방체 Cube가 생겨난다. 그런데 문제는 [도표 3.16]을 보면 화살표 방향대로 들어 갈 때 마지막에 입방체 안의 모든 수들을 다 합한 202가 빠져나올 수 있느냐이다. 픽코버는 그의 책 *Wonders of Numbers*에서 "지구상의 그 어느 누구도 풀 수 없는 문제"라고 말하고 있다(Pickover, 2001, 114).

이 말은 마고력이 미궁에 들어 있다는 것을 의미한다. 마고열에 근거한 마고력은 미궁 속에 있음을 의미한다. 우주의 변화는 미궁 속에 있다는 것을 마고력이 보여주고 있다는 것을 의미한다. 성수와 법수와 체수의 성격상 마고력은 미궁이다. 그렇기 때문에 참 달력이다. 미궁의 다른 말은 '비결정성'이다. 그레고리력은 이런 비결정성을 제거하고 달력을 결정적이게 하려 했다.

## 완전수, 친화수, 4, 7, 13, 28

13월 28일 달력을 반대하는 이유 가운데 하나가 '13'이 소수라는 데 있다. 12는 약수가 1, 2, 3, 4, 6, 12와 같이 가장 많은 수이다. 12진법이 유용한 이유가 여기에 있다. 그런데 13은 소수이기 때문에 자기 자신인 13밖에는 다른 약수가 없다. 은행 같은 데서는 4분기마다 정산을 하는 마당에 13이란 수는 불편한 무용지물이다. 기업이나 사업 차원에서 12가 더 편리한 것은 두말할 필요가 없을 것이다. 이에 대한 반론은 다음과 같다.

달력의 경우 '13'이라는 수는 12에 초과 1개월을 추가했기 때문에 생긴 것이다. 그래서 본래는 12월이다. 그렇다면 12월을 고집한다는 것은 초과하는 윤달이나 윤일 같은 것을 무시하고 달력을 무리하게 만들었다는 것을 의미한다. 마치 음악에서 음계에서 벗어나 있는 피타고라스 콤마를 삭제하거나 난처하게 처리하는 것과 같다고 할 수 있다. 그래서 12개월 그레고리력은 자연의 질서에 반하는 것이라 할 수 있다. 마고 배열 가운데 법수에 해당하는 258은 각별히 이 초과분의 날 수를 다룬다. 13월이 소수인 문제를 마고력은 13수 자체에서 다루지를 않고 4, 7 그리고 28에 연동하여 다룸으로 13의 약수 문제를 해결한다.

어떤 수를 나누기할 때 나머지 없이 나누어 떨어지게 하는 수를 '약수約數'라고 한다. 그런데 어떤 수의 약수들의 합이 그 수 자체와 같아질 때 그러한 수를 '완전수perfect number'라고 한다. 물론 더하기를 할 때, 그 수 자체는 제외해야 한다. 예를 들어서 6의 약수는 1, 2, 3, 6인데 6을 제외한 나머지 약수들의 합은 1+2+3=6과 같다. 이러한 약수가 많을 것 같지만 사실은 매우 드물다. 6 다음의 약수가 많은 것이 다름 아닌 '28'이다. 즉, 28의 약수들은 1, 2, 4, 7, 14인데 이들의 합은 1+2+4+7+14=28과 같다. 문제의 12는 1+2+3+4+6=16으로서 완전수가 아니다. 이 경우를 두고 'abundant'라고 하고, 자기 자신의 12보다 초과한다. 그 반면 8의 경우는 1+2+4=7로서 자기 자신보다 작아진다. 이 경우를 두고 'deficient'라 한다. 우리는 주요한 한 가지 사실을 발견한다. 그레고리력의 12는 완전수가 아니라는 사실과 마고력의 28은 완전수란 사실 말이다. 그리고 28의 약수 속에는 1, 4, 7이 들어있어서 완전수를 만드는 필요조건이 되고 있다.

'완전수' 발견이 대대적으로 보도된 적이 있었다. 1936년 3월 27일, *New York Herald Tribunes*는 크리거(S. I. Krieger) 박사가 155개 디지트 수가 완전수라는 것을 발견했다고 보도하였다. 그러나 오류인 것이 증명되어 결국 정정 보도되었다(Pickover, 2001, 362-3). 그런데 완전수 7은 $1^3+2^0$, $1^3+2^0+2^0$, $1^3+2^0+2^0+2^0$... 같이 계산된다. 완전수 28, 496, 8128은 다음과 같이 연산된다.

$$28=1^3+3^3$$
$$496=1^3+3^3+5^3+7^3$$
$$8,128=1^3+3^3+5^3+7^3+9^3+11^3+13^3+15^3$$

세제곱을 한 양수들의 합이 완전수와 연관이 된다는 사실은 마고 배열이 [도표 3.16]과 같이 입방체로 생각할 때 완전수에 연관하여 생각해 볼 수 있을 것이다. 그러나 이보다 더 완전수 개념이 마고력에 연관이 된다는 사실은 다음과 같은 데서 분명해진다.

마고 배열에서 성수 147과 28은 '친화수$^{amicable number}$'라는 데서 그 중요성이 인정된다. 친화수는 어느 두 수가 있을 때 첫 번째 수의 약수들의 합이 그다음 수의 약수들의 합과 같은 때 이를 두고 '친화수'라 한다. 가뭄에 콩나듯 할 정도로 그 수가 많지는 않지만 존재한다. 그 첫 번째 친화수가 220과 248이다. 즉

220의 약수들의 합=1+2+4+5+10+11+20+22+44+55=248
248의 약수들의 합=1+2+4+71+142=220

와 같다.

친화수들은 극히 드물고 대부분의 수들은 비친화수들이다. 고대 철

학자들은 친화수의 신비에서 종교적인 의미를 찾으려 했으며, 이 세상에 미움이 사랑보다 많은 이유도 친화수를 보면 알 수 있다고 했다. 드물게나마 친화수들을 열거하면 아래와 같다.

| | |
|---|---|
| 220과 248 | 5,020과 5,564 |
| 1,184와 1.210 | 6,232와 6,368 |
| 2,620와 2,924 | 10,744와 10,856 |

친화수 하나 찾는 데 백 년 혹은 천년이 걸리기도 한다. 지금도 찾고 있으나 인간 두뇌와 컴퓨터 용량의 한계로 벽에 부딪히고 있다. 그런데 이 친화수 개념이 놀랍게도 마고력 성수에 해당하는 4와 7과 28에 연관이 된다.

완전수, 친화수에 이어 사교적 수도 있다. 성수 개념은 이 사교수에서 그 정점에 이르게 될 것이다. '사교수'(社交數, Sociable Numbers)란, 친화수의 발전된 내용으로, 서로 다른 세 개 이상의 자연수의 모임이다. 어떤 수 A의 약수의 합이 B가 되고, B의 약수의 합이 C가 된다고 할 때 이것을 계속해 나갔을 때, 다시 원래의 수 A로 돌아오는 수의 모임을 사교수라고 한다.

말돌림놀이 가운데 '리리 리자로 끝나는 말'과 같이 어느 수의 약수의 합이 다음 수가 되어 하나의 사슬 고리chain를 만들면 이를 사교수라고 한다. 코로나19에서 감염자를 찾을 때 이 사교수 개념을 적용하면 좋을 것이다. 예방 차원에서는 물론 '사회적 거리두기'를 해야 하겠지만 말이다. 1918년에 폴레트Poulet란 사람이 아래와 같은 다음과 같은 사교수 사슬을 만들었다.

$$12,496 \rightarrow 14,288 \rightarrow 15,472 \rightarrow 14,536 \rightarrow 14,264 \rightarrow 12,496$$

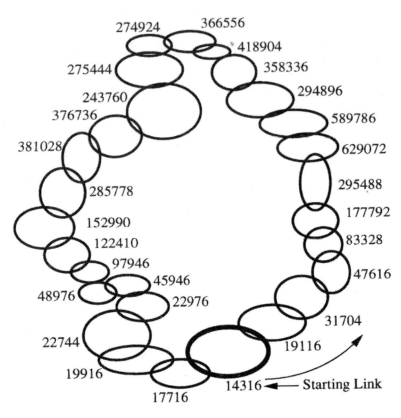

[도표 3.17] 7사슬 4고리 사교수(社交數)

이는 마치 프랙털에서 말하는 먹이사슬 고리와도 같다. 공원에서 여우와 토끼와의 관계에서와 같이 더하기를 하는 데도 결국 제자리에 되돌아오고 만다. 이를 '풀레트 사슬Poulet chain'이라고 한다. 마치 우로보로스 자체식과도 같다.

다시 강조해 말해두면, 사교수의 조건은 사슬고리의 다음다음이 반드시 앞 수의 약수들의 합이어야 한다는 것과 그 합이 다시 제자리의 수로 돌아와야 한다는 것이다. '풀레트 사슬'은 위에서 본 바와 같이 단 하나의 고리일 뿐이다. 그런데 1969년 코헨Henri Cohen은 14316으로 시작했을

# The 13-Months Calendar

## Proposed to be Perpetual and Universal *from 1934.*

The League of Nations has decided to invite all Nations to simplify
the Calendar, by International Conference during October, 1931.

*The 3 Methods of Reform to be then considered, are printed on the back.*

### EVERY MONTH—4 WEEKS.

| Sun | Mon | Tue | Wed | Thu | Fri | Sat |
|-----|-----|-----|-----|-----|-----|-----|
| 1 | 2 | 3 | 4 | 5 | 6 | 7 |
| 8 | 9 | 10 | 11 | 12 | 13 | 14 |
| 15 | 16 | 17 | 18 | 19 | 20 | 21 |
| 22 | 23 | 24 | 25 | 26 | 27 | 28 |

[도표 3.18] 7요4주 달력

때 7개의 새로운 고리가 발견되었고, '7개의 사슬들[7chains]'이 '4개의 연결
[4links]'([4×7=28])로 돼 있다는 사실을 발견했다.

[도표 3.17]과 [도표 3.18]을 비교할 때 양자 사이에는 하나 차이가
없어 보인다. 다만 13월 28일에서는 같은 달력이 12개 반복되고 1개가
더 끼어들어 1일이 더 추가될 뿐이다. [도표 3.17]에서도 이 제한된 수들
안에서만 가능하다. 이를 벗어나 무한대로 연장될 수는 없다. [도표
3.17]도 사슬 7개씩 4개의 고리이고 [도표 3.18] 역시 4요7일이다.

그렇다면 친화수 '220과 284'의 관계는 '1사슬 2고리'에 해당하고 완
전수란 '1사슬 1고리'일 뿐이란 것을 알 수 있다. 코로나19 시대에 우리

는 모두 사교가 끊어지고 자신 혼자 안에서 완전해지고 가족들과의 관계에서만 친화적이 될 수 있다는 것을 보여주는 것 같다. '3고리 3사슬'을 가진 것은 아직 발견되지 않고 있다. 이와 같이 존재하지 않는 '3고리 사슬3-link chain'을 두고 '혼잡crowds'이라 한다. 수학적으로 혼잡이란 매우 혼몽스럽고 존재하지 않는 비실재란 것을 의미한다(Pickover, 2001, 215). 마고 배열상에서 볼 때 '3'은 체수에 속하고 체수는 자기언급을 하면서 1+3=4, 2+3=5, 3+3=6... 등에서 보는 바와 같이 다른 수들을 만드는 촉매적 역할을 하나, 자기 자신은 실체적으로 없는 수이다. 그래서 실체의 없음이 곧 체수가 되는 조건이라는 것이다.

# 마야력과 마고력의
# 그레고리력에 대한 비판

4장은 부도지 23장 IV단 '요의 난과 화'에 대해 두 방향에서 반격하는 것에 관한 것이다. 하나는 중원권의 영향에서 숨죽이고 있던 코리아[1]의 변방 계룡산에서 생긴 반격과 다른 하나는 유럽(특히 스페인) 문화와 종교에 의해 거의 파손된 마야에서 생긴 반격이다. 코리아와 마야의 역사적 상관관계는 여기서 관심 밖이다. 그러나 13월 28일 달력 문제에 있어서는 기적같이 일치하는 점이 많다. 그래서 양자가 동맹이나 한 듯이 함께 그레고리력을 공략할 것이다. 13, 18, 20이란 상수를, 마고력은 세 종류의 마고수 배열(삼정)을 가지고 있다. 4장에서는 마야력과 마고력의 비교를 통해 마고수에 대한 이해를 심화 확장시킬 것이다.

## 4.1 마야력과 마고력의 비교

[IV단] 대저 요의 이 세 가지 잘못은 허위의 욕망에서 나온 것이니 어찌 가히 부도 실위實爲의 도에 비할 수 있겠는가? 허위는 안에서 리理가 부실하여 마침내 멸망에 이르고, 실위는 리理가 나를 언제나 만족하게 하여 스스로 함께 존립한다.

---

1 '코리아'라 한 이유는 남북을 아우르기 위함 때문이다.

## 마야력와 마고력의 해력상생(解曆相生)

마야의 후예들은 여기서 소개하려고 하는 호세 아귀레스 같은 학자들의 손에 의해, 그레고리 달력 개정 운동을 전개, 이미 수권의 책들을 출간했고, 그 전개 운동 역시 대규모적이다. 그러나 이들은 13월 28일의 문헌적 근거를 갖지 못하고 있어서 13, 18, 20의 수가 어디서 유래했는지 모른다. 이에 필자는 『윷의 논리와 마야력』(2015)을 통하여 이 세 수들이 모두 우리 윷판 속에 들어 있음을 입증했다. 부도지 23장을 네 단으로 나누었을 때 I-III단은 이 책의 1, 2, 3장에 나누어 이미 다루었고, 여기 4장에서는 IV단의 요의 화난禍亂을 코리아와 마야 두 방향에서 다루어 반격을 가할 것이다. 물론 양자가 서로 조우한 바도 없었지만 13월 28이란 무기 하나로 중원 문명과 그리고 유럽 문명에 대해 협공을 할 것이다. 실로 두 문명은 거대한 세력에 의하여 수 천 년 동안 원한 속에 묻혀 있었다. 두 달력은 서로 상생하여(4.1과 4.2에서) '해력상생解曆相生'해야 할 과제를 안게 되었다.

중미와 남미 일대로 내려간 인디언들은 크게 마야, 아즈텍 그리고 잉카 등 셋으로 나뉜다. 그중 유카탄반도 일대에 살고 있는 마야인들은 아직도 600만여 명이 생존하고 있다. 이들 문명이 갖는 한 가지 공통된 것은 '달력calendar'이라고 할 수 있다. 마야는 달력으로 시작해서 달력으로 끝났다고 할 수 있다. 이들은 지역에 따라 많은 종류의 달력을 사용했지만 스페인 신부 란다의 손에 파손, 훼손, 소멸되고 현재 17개 정도가 겨우 남아 있다.[2] 실로 스페인의 란다는 '요임금'에 해당할 수 있다. 문명 파괴란 점에서 동일하다.

여기서는 가장 대표적이면서도 우리 마고력과 거의 같은 쿠쿨칸 피

---

2 란다는 1562년 224개의 마야 문헌에 불을 질렀으며, 5000여 개의 석비 등 돌로 된 유물들을 파손했다 (Men, 1983, 30-9).

라미드(Kukulcan Pyramid)를 가지고 와 서로 간의 비교를 통해 그 연관성을 찾아보기로 한다. 쿠쿨칸 피라미드는 현재 멕시코 유카탄반도 체첸이사(Chichen Itza)에 소재하고 있으며, 마야인들이 남긴 가장 상징적인 유물 가운데 하나이다. 필자는 2010년도와 2018년도 두 차례에 걸쳐 체첸이사를 방문한 후 마야력을 결정하는 세 가지 수 13, 18, 20의 중요성을 알게 되었다. 그런데 마야 연구학자들이 이 수들의 기원을 알지 못하고 있는 점에 착안하여 그것들을 우리나라의 윷판에서 찾아냈고 책을 출간하게 되었으나, 그때는『부도지』23장의 마고력에 대해서는 알지 못하고 있었다.

2020년 봄 한국 방문시 이정희 저『마고력』과 서단목 저『우주의 신비』그리고 황혜숙 저 *Mago Almanac*을 접할 수 있었던 계기들은 세 마고수에 대한 새로운 이해를 갖게 했다. 다시 말해서 23장의 마고수들 성수, 법수, 체수와 그 배열법은 순수 숫적 관점에서 마야력의 세 수들을 다시 보게 하였고 윷이 아닌 달력이라는 그 범위가 확장된 관점에서 다시 보게 되었다. 마야력을 마고력과 비교하는 작업을 통해 마야력이 우리 문화, 나아가 역사와 어떻게 직간접으로 연관되는 것을 발견하게 되었다. 즉, 이 세 종류(성, 법, 체수) 마고수와 세 마야 수들(13, 18, 20)이 윷을 넘어서 동북아 역학사易學史와는 송두리채 그 뿌리에 있어서부터 그 연원을 같이하고 있는 것을 발견하게 되었다.

선행연구에 이어 여기서는 마고수와 그 배열에 국한하여 그것이 어떻게 마고력의 세 수들과 구조적으로 일치하는가를 고찰해 나갈 것이다. 마고수들 9개(1, 2, 3, 4, 5, 6, 7, 8, 9)는 위에서 본 바와 같이 동북아 역학발전사 즉, 하도, 낙서, 정역도, 금역도와 그 맥락을 같이 하고 있으며 그리고 요순 이전의 문명사와 문화사의 흔적을 달력을 통해 알게 된다. 마고력은 요순우堯舜禹 문명의 소산인 지금 우리가 사용하는 태음력이 음양오행의 잘못된 것임을 지적, 비판적 도전을 하고 있다. 마야력도 그레고리력에 같은 이유로 도전하고 있다. 동북아 문명은 그 동안 음양오행론에 매몰돼 있었다 해도 과언이 아니다. 이 말은 하도와 낙서에 매몰돼 있었다는 말과 같다. 그리고 마고수 삼정三正에 의해 문명사는 새롭게 쓰여야 할 것이다.

우리의 마고 문명은 요순우의 '오행의 난'이라고 하면서 문명 병의 근원이 오행에 근거한 달력에 있다고 보았다. 이에 코리아에는 구한말부터 정역正易·正曆을 비롯하여 민족 종교 진영에서는 이 오행론의 오류를 지적하면서 하도 낙서를 넘어, 새로운 역도를 그려 왔다. 이에 대해서는 5장에서 상론할 것이다.

마야력의 수는 13:20(260일)과 18:20(360일)에 의하여 결정된다. 마야인들은 20진법을 구하였다. 10진법은 손가락 10개에 근거한 것이지만, 사람 몸에는 발가락 10개가 또 있기 때문에 20진법이 되어야 우주질서에 걸맞은 달력을 만들 수 있다는 것이다. 그런데 위에선 우리 마고력을 말하면서 20을 말해 오지 않았었다. 물론 10의 배수가 20이긴 하지만 '20'이란 수 자체에 대해서는 말하지 않았다. 20을 말하지 않는 한 마야력과 대화하기란 어렵다. 이에 5.6절에서 말할 이찬구 박사의 청황부靑皇符를 통해 마야수 13, 18, 20을 모두 도출해낼 것이다. 그리고 여기서 다루려고 하는 대표적인 마야력인 쿠쿨칸 피라미드는 원, 방이라는 기하학적 구도 속에서 만들어진다. 그러나 지금까지 다룬 역도들에선 이 점을 또한 간과하고 말았다. 성세영의『익청사고』,『부인경』을 통해 원방각과 마고수들을 찾을 수 있어서 쿠쿨칸 피라미드 달력과 그 일치점을 찾을 수 있게 되었다.

### 마야력의 13, 18, 20과 마고수배열법

현존 남아있는 17개의 마야 달력을 여기서 다 다룰 수는 없고, 그럴 필요도 없다. 체첸 이사의 피라미드, 즉 쿠쿨칸에서는 마고 배열수들을 모두 찾을 수 있으며, 1년 364일과 그 계산법도 마고력과 같다. 쿠쿨칸은 위에서 말한 대로 원$^{Circle}$과 방$^{Square}$을 작도하는 데서 시작한다. 마치 신라 첨성대가 그러하듯이. 이런 기하학적 접근에 앞서 마야력의 수와 수들의 명칭과 그것들의 체계 그리고 수들 간의 구성적 관계들을 먼저 쉽게 알아

| 명칭 | 길이 | 구성적 관계 |
|---|---|---|
| 1. 기본 단위 Basic Units | | |
| a 지상신의 주기(Earth God Cycle) | 7일 | |
| b 밤의 기사(Lords of the Night) | 9일 | |
| c 천상신의 주기(Heaven God Cycle) | 13일 | |
| d 우이날(Uinal) | 20일 | |
| e 달주기(Lunar Cycle) | 29일과 30일 | |
| f 두 달주기(Two Month Cycle) | 59일 | 2e |
| 2. 년 Years | | |
| g 촐킨(Tzolkin) | 260일 | cd |
| h 툰(Tun) | 360일 | 2cd |
| i 계산년(Computing Year) | 364일 | 4ac(4x7x13) 마고력 |
| j 하아브(Haab) | 365일 | 2bd+5 |
| 3. 행성주기 Planet Cycle | | |
| k 금성주기(Venus Cycle) | 584일 | 73x8 |
| l 화성주기(Mars Cycle) | 780일 | 3촐킨(g) |
| m 목성/토성주기(Jupiter/Saturn Cycle) | 819일 | abc |
| n 3식년 주기(3 Eclipse Year Cycle) | 1040일 | 4촐킨(g) |
| 4. 순환주기 Rounds | | |
| p 달력순환(Calendar Round) | 18,980일 | 52j and 73g |
| q 금성순환(Venus Round) | 2달력 주기 | 65k, 104j, 146g |
| r 화성순환(Mars Round) | 6달력 주기 | 146i, 195k, 312j, 438g |
| 5. 장기계산법 Long Count | | |
| s 카툰(Katun) | 7,200일 | 20툰(h) |
| t 박툰(Baktun) | 144,000일 | 20카툰s, 400h |
| u 순(Sun) | 5,125년 | 13박툰t, 260s, 5,200h |
| v 세차(Processional) | 25,626년 | 5순u, 26,000h, 36,000g |
| w 우야엡(Uyayeb) | 5 | (초과) |

[도표 4.1] 마야력 수의 구조도

보면 아래 [도표 4.1]과 같다.

[도표 4.1]은 단주기와 장주기 그리고 두 종류의 달력(260일과 365일)이 어떻게 만들어지고 기본단위에 의하여 마야력의 구성적 관계가 어떠한지를 일목요연하게 보여준다. 마야력은 마고력과 마찬가지로 두 가지 대칭, 즉 회전대칭과 반영대칭을 철저하게 달력에 적용해 사용한다. 특히 위의 [도표 4.1]은 회전대칭에 해당하는 주기법을 사용해 날짜 수와 그 상호 연산관계를 보여준다. 그러나 수들의 연원을 소개하고 있지 않는 점은 마야력이 마고력과 다른 점이라 할 수 있다. 그리고 달력에 있어서 가장 중요한 유일 윤월을 다루는 치윤법도 사용하고 있지 않는 것이 마야력과 마고력이 다른 점이다. 그러나 두 력은 '13월 28일'에 근거하고 있다는 점에서는 같다.

[도표 4.1]에서 '기본단위'란 마야력이 성립하는 데 있어서 기본이 되는 단위들(a-f)로서, 가장 중요한 수들이다. 이들의 수들이 마고력의 세 종류의 수들(성수 148, 법수 258, 체수 369) 가운데 4, 7, 9, 13, 20과 같은 수들에 해당한다. 그러나 마야력은 기본단위가 어떻게 결정되는지, 왜 이들이 기본단위가 되어야 하는지, 그 이유에 대한 설명을 하지 않고 있지만,3 마고력은 그렇지 않음을 위에서 보았다. 다시 말해서 세 종류의 마고수와 그 배열법은 규칙적으로 그리고 구조적으로 그것이 기본 단위가 되는 이유를 설명하고 있다.

다양한 마야력이 언제 어떻게 시작되었는지를 학자들은 아직 모르고 있다. 마야력의 골격과 같은 260일 역인 촐킨[Tzokin]과 360일 역인 하아브[Haab]가 어떻게 만들어졌는지도 모를 정도이니, 거기에 따른 수들의 유래는 더욱 알 수 없다. 그러나 마고력은 사정이 달라 달력의 유래가 요순의

---

3 필자가 2010년 1차 체첸 이사를 방문할 당시 여행가이드 역시 13, 18, 20의 유래에 관해서는 지금까지 방울뱀 산란주기, 옥수수 생산 주기, 여성 생리 주기 등으로 짐작을 할 뿐, 그 과학적 합리적 근거는 알 수 없다고 했다. 그러나 필자는 그 근거를 윷판에서 찾았다.

그것을 비판하는 데서 출발했으며, 인류 양대 재난인 먹는 음식의 재난 즉, '오미五味의 난亂'과, 잘못된 시간 측성의 재난인 달력의 재난 즉, '오행五行의 난亂'을 말할 정도로 마고력은 인류의 재난과 타락 이전에 시원의 력이 있었음을 강조해 말하고 있다. 현시점에서 생각해 볼 때, 후대학자들이 마야력 역시 그레고리력의 오류를 지적하면서 마고력과 마야력으로 되돌아가 사용해야 한다는 취지에서는 양자가 궤를 같이한다.

두 달력의 체계가 '13월 28일'(혹은 13:20)이라는 점에서 같은 이유에 대한 문명사적 이유도 있는 것인가? 훈밧츠 멘은 그의 책에서 마야인들이 사라진 대륙인 무Land of Mu와 아틀란티스에서 왔다고 한다. 그러나 아직 정확하게 규명되지 않은 채 대륙에서 기원했다고 하는 것은 설득력이 떨어진다고 본다. 왜냐하면 그 사라진 대륙에서 유사한 달력을 사용했다는 근거를 제시해야 하기 때문이다. 이에 대하여 제프 스트레이는 마야 문명의 선조들은 시베리아 수렵 채집인들이 신대륙으로 확장돼 베링해를 건너 북미, 중미, 남미로 내려온 것으로 본다. 그 시기는 3기期로 나누어, '팔레오 인디언기'(Palaeo-Indian Period, 기원전 20000~8000년), '고대기'(Archaic Period, 기원전 8000~2000년)에 이르기까지 적어도 세 차례에 걸쳐 이동, 남미 페루에까지 이르렀다고 본다. 현재 알래스카에 거주하는 인디언들은 가장 최근인 4000년 전에 정착한 것이라고 보고 있다.

이는 대부분의 학자들이 언어, 생활 도구 등 유적들을 통해 합의를 보고 있는 내용들이다. 그중 유카탄반도 중심의 마야인들과 현재 멕시코시 중심의 아즈텍인들이 달력에 관한 많은 유산들을 남겨 놓고 있다. 달력이란 당연히 농경문화의 유산이다. 고대기에는 인디언들이 한 곳에 정착해 옥수수를 기르며 주식으로 사용하기 시작한다. 마지막으로, '전고전기'(Pre-Classic Period, 기원전 2000~기원후 250년)까지는 작은 도시까지 건설하면서 여타의 다른 문명권에서 보는 바와 같은 모계 태모를 통한 다산 숭배라는 소위 말하는 '마야 문명'이 탄생한다(Stray, 2007, 24).

이때 마야인들이 이주해 온 곳이 '시베리아'라고 할 때 정확한 지역은 북만주 일대가 될 것이다. 지금은 중국과 러시아가 점령하고 있기 때문에 '중국 유래' 운운하지만 이는 학자들이 아직도 정확하게 이 지역의 고대사를 알지 못하는 소치라고 할 수 있다. 이 지역은 고대 코리안(남한과 북한 포함)들이 살고 있던 지역이었으며, 역<sup>易</sup>의 창시자라고 할 수 있는 복희가 바로 이 시기에 만든 것이 역법<sup>易法</sup>이다. 부도지는 요순우 문명을 오미의 난으로 비판하고 있는 것으로 보아, 그 이전의 원형 문명을 언급하고 있음이 분명하다.

구약성서의 창세기를 일종의 문명 비판서라는 관점으로 볼 때 '에덴'이란 원형과 그것으로부터의 일탈을 말하고 있고, 부도지도 똑같은 방식으로 마고대성과 그것으로부터의 일탈을 언급하고 있음을 보게 된다. 동서양을 막론한 역사 연구 학자들이 이러한 맥락을 무시하고 현재의 지정학적 관점에서 인디언의 유래를 중국이나 러시아라고 말하고 있는 것은 큰 오류라 할 수 있다. 여기서는 달력 하나를 통해서 그 원형과 이후의 일탈을 말함으로써 문명사의 진면목을 엿볼 수 있는 기회를 만들려 한다.

동북아에선 역법이 그동안 달력과는 상관없이 발전하였으나 코리아의 김일부에 의하여 "역<sup>易</sup>은 역<sup>曆</sup>이다"라고 함으로써 중국의 역과는 다른, 그러나 역의 본래 모습을 다시 찾게 하였다. 김일부의 정역 이후 한국 역은 금역과 청황부 등에서 보는 바와 같이 달력과 불가분의 관계를 다시 찾게 한다. 5장에서 다룰 일명 금역<sup>金易</sup> 연구가들은 마고력이나 마야력과 동일한 달력을 1993년에 제작하였다. 13월 28일 력은 중국 문명의 시조라 불리는 요순의 12월 29일(30일)인 력과는 판이하게 다르다. 이것 하나를 보아서도 마야인들이 동북아 지역에서 이동했을 때 부도지에 기록된 마고성과 그 지역적 유래를 같이하고 있었음을 입증하지 않는가 추측해 본다. 이 문제는 전문가 연구에 넘길 수밖에 없다. 그러나 이러한 역사적 맥락보다는 수리적 근거에서 역사적 맥락과는 아무 상관없이 18세기 유럽에서도 이미 13월 28일 역이 전개된다. 전 지구적 동시다발적인 것이 마고력이다.

마야인들이 중미지역으로 이동한 후 그 지역엔 기원전 1500년경부터 존재해 온 올맥 문명이 있었다. 기원전 600여 년 경의 사포텍 문명 때부터 있어 온 것을 마야인들이 기원전 200년경부터 발전시켜 온 것은 그 연장이다.[4] 다시 말해서 올맥과 사포텍 문명권에서도 260일 달력인 (13:20) 촐킨이 마야 이전에 이미 사용된 흔적이 발견되고 있지만, 그것을 최대한 활용한 지역은 마야 문명권이다. 거듭 말해 마야인들은 두 종류의 달력을 사용했다. 하나는 '촐킨$^{Tzolkin}$'이라 하는 260일 역(13×20)과 '하아브$^{Haab}$'라 하는 360+5일 역(18×20=360+5)이 그것이다. 위의 [도표 4.1]에서 g와 j로 표시된 곳이다. 촐킨은 주로 종교적인 제사용이었고, 하아브는 농사 등 일상적인 생활용으로 사용된 것이다. 그러면 마고력에 해당하는 364일이라는 수의 유래는 무엇인가?

### 기본 단위(Basic Units) 4, 7, 9, 13

[도표 4.1]의 기본 단위에 해당하는 수들은 4, 7, 9, 13, 20 등이다. 이들 기본단위의 수들은 마고력의 수들이기도 하다. 마야인들이 어떻게 이들 수들을 구사하여 세상만사와 우주 만사를 다 파악하고 이해했던 것인가? 먼저 '7'이란 수를 어디서 가지고 왔는가? 마고 배열의 성수 147에서의 7 말이다. 그러나 마고 배열법을 모르고 있는 상황에서 마야학자들은 7을 프레아데스 성단(묘성)의 7개의 별에서 유래했다고 한다.

우리나라에서는 '묘성昴星' 혹은 '좀생이별'로 알려져 있는 성단이다.

---

4 올멕에서도 최근 가장 오래된 장주기 사용법이 발견되었고, 최근 사포텍에서도 기원전 600년 경부터 사용돼 촐킨 자료가 발견되었다. 올멜 유적 지역에서도 기원전 650년 경의 촐킨 자료가 발견되었다(Stray, 2007, 24).

마야력에서 이 좀생이별은 매우 중요하다. 지구와 행성들은 태양을 중심으로 회전하고, 태양계는 북극성을 중심으로 회전하고, 북극성과 태양계 전체는 좀생이별 둘레를 회전한다. 마야인들이 장주기법을 강조하는 이유가 여기에 있다. 그러나 장주기와 단주기법에 상관없이 13, 18, 20에 의한다. 이를 부도지는 첩첩이라 한다. 첩첩과 윤멱법만 있으면 단주기와 장주기는 모두 하나의 프랙털 속에 있을 뿐이다.

훈밧츠 멘은 그의 책 『마야의 8개 달력, 마야력』(*The 8 Calendars of the Maya*)에서 마야인들은 하늘의 별 가운데 프레아데스[Pleiades] 성좌에 자기들의 모든 운명을 맡겼다고 할 정도라고 한다. 다시 말해서 책의 부제 '프레아데스 주기와 운명의 열쇠'(The Pleiadian Cycle and the Key to Destiny)에서 보는 바와 같이 태양계도 이 성단 주위를 회전하고 있다. 이집트인들이 시리우스별에 코리안들이 북두칠성에 운명을 걸었다면, 마야인들은 '묘성' 혹은 '좀생이별'에 자기들의 운명을 걸었다. 말 그대로 좀생이같이 눈에 겨우 잡히는 별에 마야인들은 모든 것을 건 것이다. 그들은 생명이 거기서 탄생했고 자기들이 거기서 왔다고까지 한다.

오리온좌 삼태성 부근에 있는 묘성은 시골에서 제사 시간을 정할 때도 이 묘성의 위치를 보고 결정한다. 7개의 작은 별들로 구성돼 있는데 그 가운데 가장 밝은 별이 '알키오네[Alcyone]'이다. 이 묘성은 하나의 작은 우주와 같으며 태양마저도 알키오네 주위를 회전하고 있다. 묘성 안의 다른 6개의 별들은 알키오네 주변을 회전하고 있다. 그리고 7이란 수는 이 묘성의 수와 일치하며 쿠쿨 칸 피라미드의 옆 측면의 단계를 결정할 때도 7을 사용했다. 나머지 수들 특히 13마저도 모두 7에 그 근거를 두고 있다 할 정도이다. 우리의 7성[星] 신앙과도 같다.

그래서 기본단위 수인 7이 바로 이 묘성의 7개의 별에 해당한다. 7개의 별 가운데 알키오네는 다른 6개와도 구별되고, 후자가 전자의 주위를 회전한다. 쿠쿨 칸과 다른 지역의 구축물들도 거의 7이 결정한다. 묘성

성단을 '체케브Tzekeb'라 한다. 지구상에 생명이 시작할 때 이 별에서도 생명이 탄생했으며 인간의 의식과 동시적으로 이 별에서도 의식이 발생했다. 7은 창조와 생명을 좌우하는데, 이 신의 이름이 '훈압 쿠Hunab Ku'이다. 이 훈압 쿠의 주요 두 가지 기능은 반영대칭과 회전대칭이고, 반영대칭을 결정하는 수는 20이다. 회전대칭을 결정하는 수는 13이다. 그리고 기하학적으로는 20은 '방square'이고, 13은 '원circle'이다. 그래서 훈압 쿠는 13과 20이란 두 수의 두 대칭 관계에 의하여 좌우된다. 13은 '기energy'이고 20은 '리form'라고도 한다. 그리고 이러한 수가 기하학적으로 표현될 때 13은 원이고 20은 방이다. 우주는 원방각圓方角에 의하여 만들어진다. 우리말 '"만man'들다"에 해당하는 마야어 'men'이 '만들다'란 의미를 갖는다.

그리스인들은 12가 무한수라고 본 것에 반해 마야인들은 13을 무리수로 보았다. 그레고리 달력의 12:60은 이러한 그리스 전통에서 기인한다. 그리스인들은 5가 질서를 부여하는 수로 보았지만, 12와 5는 모두 마야수의 기본단위이다. 그러나 이와 같은 기본 단위의 수에서부터 그레고리력과는 차별화된다 할 수 있다. 이런 차별화는 곧 요순우의 달력과 마고력이 차별되는 것과 하나 다르지 않다.

코리아 민족 종교 사상은 원방각에 기초하는데, 마야인들도 원방각으로 그들의 신과 세

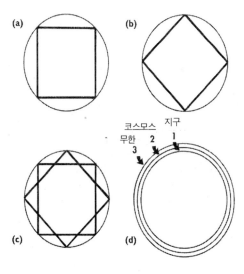

[도표 4.2] 원방각과 대칭개념
(Men, 1983, 31)

계를 이해하였다. 원방각이 서로 외접하고 내접하는 데 따라서 '아버지'와 '어머니'라고 하였다. 민족 종교인 대종교에서는 원방각을 교단기로 사용하고 있으며, 성세영은 원방각이 서로 외접과 내접을 하는 관계를 마고수와 연관하여 배열을 시도하였다. 이에 대한 논의는 다음 절에서 하기로 한다. 여기서는 마야인들의 원방각을 통한 그들의 수 개념과 신 개념 나아가 두 대칭 관계를 알아보면 [도표 4.2]과 같다.

[도표 4.3]에서 피라미드 자체가 삼(각)이다. 원과 방 안에 들어 있는 세 개의 피라미드(각)는 내부의 가장 작은 것으로서 이것이 체첸 이사의 쿠쿨 칸이고, 가운데의 것이 티우후아칸의 태양 피라미드, 가장 큰 것이 이집트의 체옵스 피라미드이다. 이들 셋은 서로 떨어져 있는 곳에서 건축되었지만, 모두 기본 단위의 수들인 4, 7, 9, 20 등을 그대로 반영하고 있다. 이집트 피라미드는 일명 '쿠<sup>Ku</sup>'로서 체첸 이사의 'Ku'와 그 어원에 있어서도 같다. 그러나 우리가 알아야 할 사실은 이집트의 피라미드는 수메르의 '지구라드<sup>Ziggurat</sup>'에서 기원한 만큼 문명이 동북아에서 지구의 좌우로 이동한 것이라면 하나 이상할 것 없어 보인다. 다시 말해서 수만 리 거리가 상거함에도 불구하고 동일한 기원을 생각케 한다. 수메르와 마야 사이를 잇는 징검다리가 있었던 것이다. 그것이 동북아 일대라 추측해 본다.

[도표 4.3] 세 종류 피라미드
(Men, 2010, 27)

마고력은 마고 배열에서 보는 바와 같이 성수를 통해 마야력의 기본단위의 수들을 대신한다. 양자는 모두 달력을 통해 소우주와 대우주의 구조를 첩첩이 일치시켰다. 체첸 이사의 쿠쿨칸 피라미드는 2,500여 년 전에 건설되었는데, 그때 이미 천체의 운행 구조를 피라미드 구조물에 반영했던 것이다. 즉, 매년 3월 21일 춘분과 9월 21일 추분 때는 피라미드의 위에서 아래까지 7개의 층마다 검은 삼각형이 나타나며 이들을 연결하면 마치 방울뱀이 살아 꿈틀거리는 것처럼 보인다. 가장 아래층은 마치 뱀의 머리처럼 보인다. 춘분과 추분의 날 오후 5시 무렵에는 뱀의 머리와 몸통이 연결된다.

◀ 쿠쿨칸 피라미드 측면

▼ 평면도

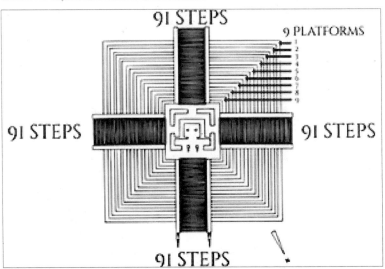

[도표 4.4] 쿠쿨 칸 피라미드와 그 평면도 91개 단계

동서의 지역적 차이에도 불구하고 같은 피라미드가 나타난다는 것은 인류문명의 기원사와도 관련될 만큼 주요하다. 아무튼 세계 피라미드의 유래는 수메르의 지구라드이며 수메르인들이 고산 지대에 살다가 양강 유역(티그리스와 유프라테스)으로 이주했음을 보여준다(김상일, 2018, 157-192). 평아에서 고산을 본 따 만든 것이 피라미드이다. 이에 대한 논의는 장을 달리하여 논하기로 한다.

피라미드의 층 '91'이 갖는 의미는? '91'이 어떻게 기본 단위 수와 연관이 되는가? 13과 7의 관계 그리고 91의 유래에 대해서는 역시 훈압 쿠의 반영대칭과 회전대칭에서 찾아야 한다. 만약에 [도표 4.5]와 같이

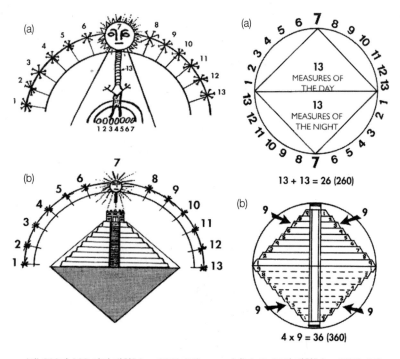

(가) 260과 360 안의 대칭(Men, 2010, 73)　　(나) 6, 7, 13의 대칭(Men, 2010, 63)

[도표 4.5] 6, 7, 9, 13, 91 그리고 364의 관계

13을 상하와 좌우의 대칭으로 배열을 하면 거기서 13과 7의 관계 그리고 91을 모두 읽을 수 있을 것이다.

(1) (가)는 치람 바람<sup>Chilam Balam</sup>이란 곳에서 유래하고, (a)는 상과 하 그리고 좌와 우에서 반영대칭을 하고 있다. 즉, 상은 낮이고 하는 밤이나 모두 같은 수 13이며 밤낮을 합하면 26이다. 여기에 '26'의 끝이 0을 달면<sup>append</sup> '260' 즉 촐킨이 된다.

6+7=13
13+13=26 (260일 촐킨 유래)

(2) (가)의 (a)는 중앙의 몸 전체를 세 등분으로 나눈다. 인체에 비유해 볼 때 '7'은 발인 동시에 머리(태양) 안에 들어있다. '13'은 인체의 목에 해당한다. 7을 중간수로 1, 2, 3, 4, 5, 6은 좌수이고, 8, 9, 10, 11, 12는 우수이다. 철저하게 좌우 대칭 구조를 만들고 있다. 인간은 소우주로서 우주 안에 포함돼 있다. 케플러가 태양계를 관찰할 때 빠진 것이 있다. 그것은 '인간'이다. 그러나 마야인들의 (a)는 우주 천체를 사람으로 파악했다. 태양은 머리, 그 속에 7이 들어있고, 목과 상체는 13, 발은 7이다. 수가 우주이고 수가 사람이다. 수도 우주도 모두 수로 재단돼 있다. 이 수를 결정하는 것이 훈압 쿠 신이다. 측정의 신 말이다.

(3) (가)의 (b)도 (a)와 같은 구조를 갖는다. 밤과 낮이 상하에 대칭이 되면서 13은 낮<sup>kin</sup>과 밤<sup>akab</sup>에 다 들어있으며, 그 구조에 있어서도 7을 사이 수로 하여 좌수와 우수로 나눈다. (b)는 9개의 승강장 층계와 7개의 삼각형을 갖는다. 삼각형의 정면에 보이는 검은 직사각형의 계단의 개수가 '91'이다. 수들은 상하를 '오르내리'<sup>as above as below</sup>면서 상하에서 상

13 하13으로 대칭을 만들며, 그 합은 26이다((나-a)). 다음에 말할 촐킨 수 260의 유래를 여기서 찾았다. 그리고 (나-b)는 상9-하9, 좌9-우9로 반영대칭을 만든다. 4방×9=36으로 하아브력의 360을 찾았다.

(4) (나)는 체첸 이사에서 유래하고, [도표 4.5]의 (b)에 근거한다. 4방에서 9로 상하 그리고 좌우 대칭을 만든다. 여기에서 하아브 360이 유래한다. 7(흰색)과 6(검은색)은 피라미드 안에 만들어지는 삼각형의 숫자이고, 9는 (나)에서 보는 바와 같이 피라미드 안에 있는 승강장의 층계 같은 수이다. 이런 점에서 7과 9의 구별이 필요하다.

$13 \times 7 = 91$
$4 \times 9 = 36$ (360일 하아브)
$91 \times 4 = 364$ (마고력수)

실로 (나)의 (b)는 마고력과 마야력을 연관 짓는 역할을 한다. 364는 우리 마고력의 년 일수(4×7×13)와 같으며 마야력에서는 특히 달을 기준하여 만든 력으로서 '툰 우크$^{Tun\ Uc}$'력 이라 부른다. 툰 우크는 마고력과 완전히 같으며 1월 28일, 1요 7, 4요 1월, 즉 13월 28일=364일이다. 이 달력에 의해 마야의 여인들은 유카탄반도에 있는 욱스말$^{Uxmal}$이라는 곳에 모여 축제를 벌이는데 남자는 일체 접근 금지이다. 13월 28일 달력으로 여성들은 월경 주기를 스스로 알고 산아조절도 한다.

(5) 지금까지 검토한 결과, 마야력에는 마고력과 같은 수를 성수, 법수, 체수로 나누어 달력의 수를 정하는 방법을 찾아볼 수 없다. 위 1, 2, 3장에서 본 바와 같이 마고력은 이 점에 있어서 철저하다. 마야수들(13, 18, 20)이 어떻게 어디서 유래하는지를 알 수 없다는 말이다. 그러나 마고

와 마야 두 역은 모두 첩첩과 윤멱의 원리를 따르고 있다. 그리고 가장 중요한 것은 '우야엡 5'와 '단4+판1=5'를 연관시키는 것이라 할 수 있다. 이를 위해서는 체첸 이사의 쿠쿨 칸으로 이동해야 한다. 이동에 앞서 마야력에서 수들 간의 '좌우지간'의 문제를 더 다루어보려 한다.

### '좌우지간'(左右之間) 두 대칭 관계

마고와 마야력은 두 가지 대칭, 반영과 회전대칭적 관계로 요약될 수 있다. 삼각형은 가장 기본적인 대칭 구조를 갖는다. 삼각형의 세 꼭지점 간의 대칭이 반영대칭이라면, 120, 240, 360도 도는 것을 회전대칭이라고 한다[도표 4.6]. 그래서 삼각형 안에는 모두 6개의 대칭(1×2×3=6)이 있을 뿐이다. 마야 인들은 이러한 대칭 개념을 그들의 신을 이해하는 데에 적용했다. 마야인들의 최고신인 '훈압 쿠$^{Hunab Ku}$'의 상징 [도표 4.6]은 전형적으로 두 대칭을 통해 반영하고 있다.

흑백 대칭과 상하와 사방의 대칭이라는 반영대칭을 흑백의 나선형은 회전대칭을 의미한다. 마야의 중부지역에서 발견된 [도표 4.7]은 세 명의 신들이 흑암의 대칭에서 우주를 창조할 때의 모습을 그린 것이다. 가운데 주신은 좌와 우의 대칭 구도 속에 중앙에 위치한다. 세 신들은 모두 끈으로 서로 연관돼 있다. 즉, 끈으로 가로와 세로를 엮어 사각형을 만든다.

위 가로줄에 있는 끈은 좌우로 나뉘어 아랫부분에 있는 좌우 두 신들의 손에 와 닿는다. 좌우의 끈이 모두 중앙의 신 머리에 와 매듭을 만든다.

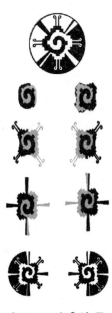

[도표 4.6] 훈압 쿠

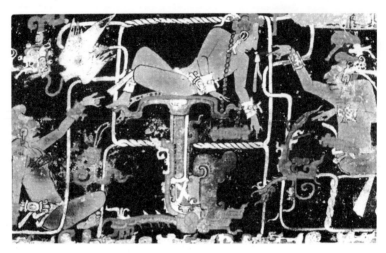

[도표 4.7] 훈압 쿠의 반영과 회전대칭(Benedict, 2010, 152)

좌우와 중앙이라는 삼분법적 구조를 가지고 있는 이 구도는 곧 마야력을 만드는 마야수들의 구조와 같고, 나아가 이 구도는 마고력의 수들 구조와도 같다. 좌와 우를 반영대칭이라고 한다면, '좌우지간'의 중앙은 삼각구도가 회전하는 대칭을 두고 하는 말이다. 이렇게 두 대칭 구도를 사용해 신들은 우주를 직조하고 있다. 달력 역시 이 구도와 일치해야 한다. 만약에 마고 배열의 수들을 이러한 두 대칭 구도 속에 넣어 보면 위 신들의 그것과 같음을 발견하게 된다. 그리고 체첸 이사의 쿠쿨칸 피라미드와 마야력에 연관된 수들을 모두 찾아낼 수 있다.

[도표 4.8]은 결국 마야의 13:20과 13:28 그리고 쿠쿨 칸 피라미드의 구조를 한 눈에 파악하게 한다. 나아가 주요한 사실은 마야와 마고력들에 나오는 모든 수들 간의 관계도 알게 한다. 반영대칭과 회전대칭의 관계 그리고 기본 단위의 수들, 나아가 마고수들 과의 관계를 보여 준다. 마야수는 철저하게 반영대칭 관계를 만든다.

[도표 4.8] 안에는 그레고리력의 수 12:60가 들어갈 공간은 안 보인다. 마고수 147, 258, 369와 마야수 1, 7, 13, 13, 16, 19, 7, 10, 13,

18, 23, 28, 4, 12, 20은 마야와 마고수들을 좌우지간의 관계로 본 것이다. 여기서 한 번 그레고리력을 16세기 독일 농부들이 좌우 수지를 사용해 시간을 측정하던 방법을 비교해 보기로 한다. 좌우지간의 관계로 보았을 때 마야수와 마고수들이 대칭 관계 속에 있음을 발견한다.

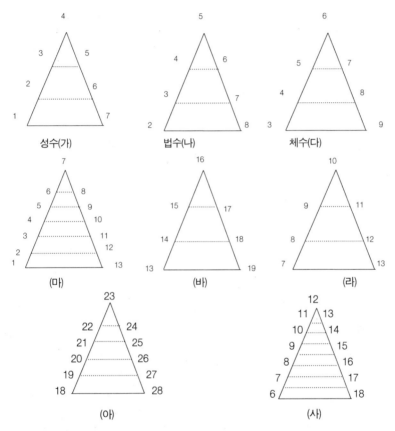

[도표 4.8] 마고력와 마야력의 좌우지간 대칭관계

다음의 [도표 4.9]는 독일의 농부들이 수지를 사용해 오전과 오후의 시간을 측정하던 '손시계$^{hand\ dial}$'라고 할 수 있다. 엄지와 식지 사이에 막대기를 끼고 막대기의 한 끝을 태양으로 향하도록 할 때 다른 끝이 만드

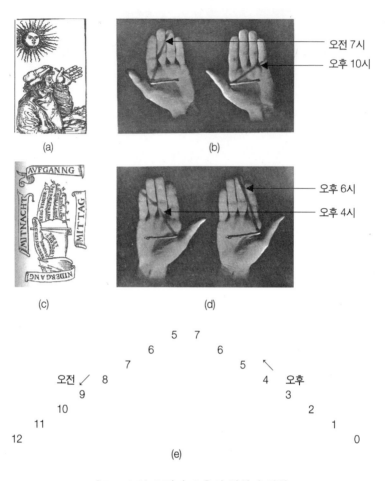

[도표 4.9] 오전과 오후의 하향과 상향

드는 그림자로 시간을 측정한다. 그리고 수지에는 숫자들이 적혀 있다. 좌수의 좌측은 '밤12[Mitnacht]' 우측은 '낮12시[Mittag]'을, 손의 윗부분은 '상향[Aufgang]' 그리고 아랫부분은 '하향[Nidergang]'이라 적혀 있다. 수가 상향하는 0, 1, 2, 3, 4, 5, 6, 7은 오후[pm]을, 하향하는 5, 6, 7, 8, 9, 10, 11, 12는 오전[am]이다.

오전과 오후는 하향과 상향으로 그 방향이 반대인 서로 역원 관계이다. 그리고 그 항등원은 '12'이다. 이것이 3장에서 말한 '9 감산법'과 같은 것인데, 시간에서는 '12 감산법'이 될 것이다. 즉 13시-12=1, 14시 -12=2시… 등과 같다.

오전과 오후는 좌수와 우수로 대칭을 만든다. 이는 반영대칭이라 할 수 있다. 그리고 오전과 오후는 하향과 상향을 하면서 회전대칭을 한다. 그러나 12는 13과 달리 삼각형의 정점이 없다. 그래서 12는 반영대칭 만 만들 뿐 회전대칭을 못 만든다. 그러나 13은 정점의 수가 있어서 [도 표 4.8] 회전대칭을 가능하게 한다. 13을 제외하고 12를 사용하는 이유 는 서양문화와 사상 전반이 회전대칭을 두렵고 무서워하기 때문이다. 에 덴동산에서 우로보로스 모양을 하고 있는 뱀을 악마시하는 원인도 여기 에 있다. 헤겔이 정반합이란 삼각형을 만들었지만 끝내 '지양' 개념을 통 해 회전을 포기했다. 회전 개념의 도입은 니체의 시대에 와서 가능해졌 다. 그러한 회전에 대한 두려움에서 그레고리력(12:60)이 탄생하고 13을 사탄 악마의 수로 둔갑시킨다.

오행지 난의 산물인 '10천간 12지지'를 사용하는 천간 지지법에서도 자시子時를 두고 '야자시夜子時'(밤11~12시)와 '명자시明子時'(밤12~13시)라 한 다. '12월'을 사용하는 서양에서는 1월을 'Janus'라고 하여 두 얼굴을 갖 는다. 그러나 수 '13'을 사용하는 마고력과 마야력은 [도표 4.8]에서 보는 바와 같이 이러한 표현 자체가 불필요하다.

그렇다고 12+1=13이라고 보면 안 된다. 칼레만은 "(1+12)은 13과 같지 않다고 한다"((1+12) is not the same as 13)에서 그 이유를 설명하고 있다. 칼레만의 주장은 그레고리력이 잘못된 이유 그리고 그것이 불편한 이유는 13은 '12+1=13'이기 아니기 때문이다. 칼레만은 'anniversary' (12주기)에 대해 'tuniversary'(13주기)라는 말을 사용한다. 그러나 칼레 만은 기독교가 '13'이란 수를 흉한 수로, 호텔들에서도 13호실이 없거나 13층의 층수를 표시하지 않는 이유를 예수의 수난과 죽음과 관계 때문이라고 하면서 13을 거부하는 것 이외에 다른 문명권에서는 그 유래를 찾을 수 없다고 했다. 13의 기피는 '회전대칭'의 기피이다. 역사가 수메르에서 시작되었다고 하는 수메르와 바빌로니아 등에서도 이들은 12:60을 사용했고, 서양 전통은 이런 수메르-바빌로니아에서 유래한다고 본다. 그러면서 심지어는 중국의 고대 문명도 12지지를 비롯한 대음력 12월을 사용했다고 한다(Calleman, 2004, 84). 그러나 바로 이러한 요임금으로부터 시작된 중국 문명의 시작이 잘못되었다고 지적하고 있는 것이 코리아의 부도지이고 부도지는 그 력법이 철저하게 '13'에 그 근거를 두고 있으며 13의 기능에 대해서는 [도표 4.8]을 통해 개괄할 수 있다.

칼레만은 중남미 마야력에서만 13을 고유한 수로 보고 여타 다른 지역에선 12+1이라고 한다. 그러나 중국과 코리아의 대척 관계도 12와 13의 대척 관계의 연장이다. 마야와 마고력은 13:28이고, 중국과 서양은 12:60이다. 요의 화란 12의 화이다. 12지지 등에서 보는 바와 같이. 그러나 마야권은 13, 18, 20, 28 등을 유기적으로 연관시키는 데 설명이 없지만, 동북아 문명권에서는 역의 하도와 낙서를 넘어 코리아의 금역과 청황부역 등을 통해(5장) 이 수들이 어떻게 상호 유기적인지의 경지까지도 알고 있었다. 그러면서 칼레만은 구약성서 창세기가 7일 만에 안식일로 쉬게 한 것은 바로 구약성서 P 기자가 12와 13을 구별할 줄 알았다는 것을 의미한다고 한다. 그렇다면 기독교가 13을 거룩한 수로 보아야 하는데 이런 설명은 전후가 맞지 않는 설명이다. 12와 13을 구별하는 것은 중요하지 않을 것 같지만, 12+1에서 1은 12와는 분리되는 것으로 보는 것이기 때문에 그렇지 않은 13 자체와는 그 의미가 다르다는 것이다. '12+1'은 에덴동산에 중앙의 나무 하나(1)를 주변의 다른 나무들(12)과 구별하는 것이고, 성만찬에서 1을 유다로 하든 예수로 하든 다른 제자들과 구별해 내는 것과 같다. 시간에서는 '명자시'와 '야자시'로 양분하는 것과도 같다. 단동십훈에서 '곤지곤지'란 중앙과 주변을 구별할 수 있는 의식을 아동에게 심어주자는 데 그 의의가 있다.

1과 12의 분리는 창세기 에덴동산에서 야훼 신의 주장이고, 애초부터 1과 12를 구별하지 않고 '13'으로 본 것은 뱀이었다. 그러나 어거스틴은 후자를 악마화하여 13을 추방하고 말았다. 드디어 10세기경 가톨릭교회는 바빌로니아 점성학을 그대로 수용하여 13을 추방하고 12+1을 채택했던 것이다. 그리고 이러한 채택은 스페인이 마야를 정복할 때 12+1로 13을 공격하고 소멸시키고 말았던 것이다. 실로 에덴동산에서부터 시작된 13에 대한 악마화는 그대로 스페인의 마야 정복에도 적용되었던 것이다. 란다라는 몰상식한 신부는 마야 유물들 가운데 달력까지 포함하여 모조리 소멸시키려 했다. 부도지 기자는 요를 란다 같은 존재로 본 것이다. 다시 말해서 에덴동산에서 야훼와 뱀과 싸움은 스페인과 마야의 싸움으로 연장되었던 것이다. 그리고 기독교의 코리아 선교에도 그대로 적용되었고, 그 이전에 요와 순이 나라를 세우는 순간에도 있었던 것이다. 그래서 부도지가 요의 화란이라 한 것은 아직 끝나지 않고 있으며, 서양 문물이 들어오면서 그 화가 더욱 심해졌다.

칼레만은 스페인의 마야 문명 말살은 달력의 싸움이고, 그것은 결국 12+1과 13의 싸움이라고 본다. 12+1=13으로 볼 수도 있지만 그것은 '양의 문제quantities'가 아니고 '질의 문제qualities'라고 강변한다(Calleman, 2004, 85).

그러나 현대 수학에 와서는 이보다 더 큰 의미가 있다고 본다. 유클리드 수학은 칸토어의 집합론을 전후로 나뉜다고 할 수 있다. 집합론의 멱집합은 유클리드의 공리 "부분의 합이 전체"라는 공리를 허문 것이다. 중학교 수준에서 배우는 '멱집합power set'이란 전체가 제 자신의 부분에 포함包含된다는 논리다. 그러나 유클리드의 공리란 "전체가 부분을 포함包涵된다"는 것이다. '13'이란 포함包涵의 논리이고, 12+1은 포함包含의 논리이다. 다시 말해서 커피는 물과 커피가 상호 포함包含하는 관계로서 '부분 즉 전

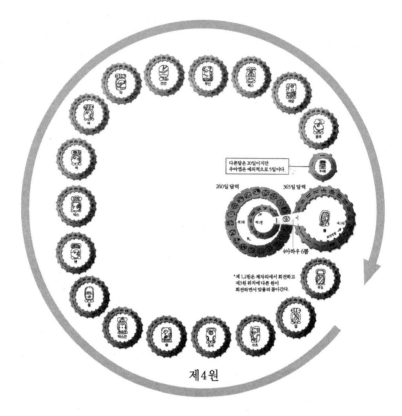

제4원

[도표 4.10] 260일 달력과 365일 달력

체'이다. 커피와 물이 서로 'INVOLVING'하는 관계이다. 이를 '멱집합의 원리'라고 한다. 그러나 12+1은 물그릇(1)에 물(12)을 담는 것과 같이 물과 그릇이 서로 담기고 담기는 관계로서 그릇이 물을 'INCLUDING' 혹은 함包涵이라고 한다. 그래서 12+1은 13과 다르다고 한다. 전자는 함包涵이고 후자는 포함包含이다. 이는 실로 뱀과 야훼 신이 서로 다른 논리를 구사한 것과도 같고, 가톨릭이 그레고리력을 사용한 것과도 같으며, 란다 신부는 야훼 대역으로 마야력을 말살하고 말았으며 요임금은 마고력을 폐기 처분하고 만 것이다. 멱집합의 원리란 곧 우리의 윤먹과 첩첩을 의미한다. 회전 속의 회전을 하면서 반대 방향으로 맞물려 있다.

## 파스토르기계와 우주통합력

마야인들은 촐킨 260일과 하아브 360일 두 개의 달력을 사용한다.
전자는 종교적인 후자는 통상적인 의미를 갖는다. 다시 말해서 전자는
제사장들이 제사를 할 때 사용하는 역이고, 후자는 통상적으로 농사를
지을 때 등 일상용으로 사용된다. 그런데 두 역은 모두 13×20=260(혹은
13+13=26)과 18×20=360에서 보는 바와 같이 기본수가 13, 18, 20이다.
마고수와 일치하는 것은 없어 보인다. 그런데 두 역이 모두 실제 지구의
1년 일수 365.24일과는 일치하지 않는다. 여기 [도표 4.10]에서 '우야엡
Uyaev'의 경우 다른 날들은 모두 1개월 20인데 우야엡은 단 5일이다. 부도
지의 단(4)과 판(1)을 합한 수이다. 그래서 하아브는 사실상 18+1=19이
다. 바둑판이 가로 세로 19인 이유이다. 이 우야엡 5일이 다름 아닌 단4+
판1=5일이라는 것이다. 먼저 13, 18, 20 간의 회전 관계를 도형을 통해
알아보면 [도표 4.10]과 같다. 이들 수들이 좌우지간의 수들인 것을 [도
표 4.8]에서 보았다. [도표 4.10] 안에는 다음과 같은 네 종류의 원들이
있다.

제1원  13
제2원  20
제3원  20
제4원  18(19)

이들 4개의 원들은 서로 맞물려 회전하여야 하는데 마찰 없이 회전하
기 위해서는 이를 방앗간의 피댓줄에 비유할 수 있다. 그 구조를 재구성하

면 [도표 4.11] 같다. 이를 일명 '파스토르 기계$^{Pastor\ Machine}$'라고 한다.

(1) 파스토르기계는 두 개 마야력의 축소판이다. 3(+1)개 톱니바퀴들 ABC와 3개의 피댓줄 LMN에 주목한다. 톱니바퀴들에는 고유숫자가 들어 있다. B 안에는 또 하나의 작은 바퀴가 들어 있다.

(2) 3개의 피댓줄 LMN에서 L(A-B)은 '안비틈,' M(B-C)는 '비틈,' N(A-C)는 '비틈'이다. '비틈'을 뫼비우스띠, '안비틈'을 '원환'이라고 할 때 거짓말쟁이 역설과 같이

'비틈'(N)의 '비틈'(M)='안비틈'(L)
'비틈'(N)의 '안비틈'(L)='비틈'(M)

이다. 논리가 기계 속에서도 그리고 우주 공간 속에서도 작용한다.[5] 뫼비우스띠(M)를 원판(L)의 둘레에 이어 붙이면 '비틈'(N)이 된다. 이러한 구

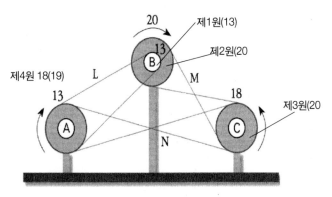

[도표 4.11] 파스토르기계와 마야력

---

5 필자는 금성에서는 해가 서쪽에서 뜨는 이유를 거짓말쟁이 역설로 설명한다(김상일, 2015 참고).

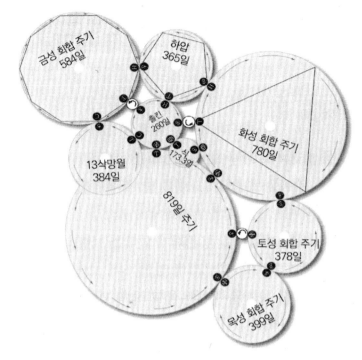

[도표 4.12] 태양계의 통합달력(스트레이, 2010, 45)

조를 두고 사영평면이라고 한다.

　(3) 제4원(18)은 톱니 하나가 20개(2원과 3원)씩에 우야엡5를 더한 하아브력인 365일을 결정한다(18×20=360+5=365). 촐킨은 제1원과 제2원의 결합인 13×20=260과 같다.

　(4) 파스토르 기계는 태양계 전체 안에 들어 있는 통합체계이다. 13, 18, 20은 분, 초, 시, 일과 년과 그 너머 장주기에까지 적용이 된다. 아래 [도표 4.12]은 태양계 전체 안에서의 화합주기를 나타낸다. 8개의 원판들이 마찰없이 순환되도록 하는 것이 궁극적으로 비틈의 비틈=안비틈,

비틈의 안비틈=비틈이란 변함없는 논리이다.

(5) 파스토르기계의 논리적 구조는 태양계 전체의 구조와 일치한다. 케플러가 다면체이론으로 태양계를 설명했다면 필자는 여기서 거짓말쟁이 역설 구조를 통해 찾는다. 태양계 안에서 각 행성들의 공전주기가 쫄킨(260일)과 하아브(365일)에 어떻게 연관이 되는가를 보여주는 것이 [도표 4.12]이다. 그래서 태양계의 통합달력이라고 할 수 있다. 큰 원들 사이의 작은 백원들이 돌쩌귀 역할을 하는 초과분들이다. 단이나 판 그리고 우야웹 같은 존재들이다. 단과 판의 정체를 파악하는 순간이다

# 4.2 마야력 장주기법과 마고력

## '좀생이별'(묘성)과 장주기법

인류 역사상 태양계 밖의 별에 근거하여 달력을 만든 사람들은 마야 인들이 처음이다(Men, 2010 참고). 마야인들은 '묘성昴星', 혹은 좀생이별에 모든 것을 걸었다 할 정도이다. 묘성에서 자기들이 왔으며 지구상에 생 명체도 묘성에서 왔다고 한다. 태양 주위의 행성들이 회전하는 데서 태 양력(해가 기준)과 태음력(달이 기준)이 만들어진다면, 마야인들은 이런 류의 달력에는 별 관심이 없다. 이 태양계는 또 다른 중심 즉 묘성 안의 제일 밝은 별 '알시온Alcyone'의 주위를 회전하고 있기 때문이다. 우리 눈에 겨우 들어오는 좀생이별은 모두 7개이며 그 가운데 제일 밝은 별이 알시 온이다. 그래서 다른 6개도 알시온을 중심으로 돌고 우리 태양계도 알시 온 주위를 돌고 있다.

그래서 해와 달 중심으로 달력을 만든다는 것을 마야인들에겐 별 흥 미가 없다. 알시온 중심의 달력을 '장주기법 달력'이라고 한다. 2012년 대소동(지구멸망설) 역시 장주기법에 근거한 것이다. 그러나 태양계 중심 의 단주기법과 알시온 중심의 장주기법은 [도표 4.13]과 같이 서로 분리 되지 않는다. 그리고 마고력의 구와 묘에서 산출된 9633은 바로 마야력 의 장주기법의 수와 밀접하게 연관이 된다.

제3장에서 9를 '수평선'이라고 했다. 마야인들도 비슷한 생각을 한다. 9

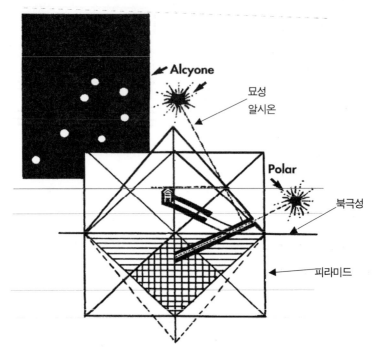

[도표 4.13] 묘성 알시온과 태양계(Men, 2010, 67)

를 '한계limit', '끝판final'이라고 했다. 9는 춘분에 해당하는 수로서 마야인들은 13월에 새해가 시작한다고 한다. 춘분, 즉 해가 적도에 도달해 북으로 올라가는 때이다. 지구에서 보면 북극성이 수평선같이 보일 것이고, 북극성에서 보면 알시온이 수평선같이 보일 것이다. 마야인들은 서양과 같이 원을 360도로 생각하였다. 그래서 360일은 서양에서와 같이 360도로 생각해도 좋다. 하아브는 4×90=360(하아브)와 같다. 매 계절은 90일이 아니라 91.5일이다. 1.5일이 더 많다.[1] 그래서 체첸 이사의 쿠쿨칸의 피라미드는 91.5층계이다. 그 이유는 [도표 3.6과 3.8]에서 본 바와 같이 9는 자기 자신과 대칭을 만들기 때문에 초과분이 생겼다. 9639-9369와 같이 말이다.

---

1 이는 피보나치 수에서 3/2=1.5와 같다.

마야력은 마고력과 유사한 묘와 구 개념을 가지고 있었다. 300구가 1묘이고 9633묘가 지나서 각, 분, 시가 1일이 된다고 한 것을 기억할 것이다(제3장). 마야력에 의하면 태양 주위를 1회전 하는 데 9366시간이 걸린다고 한다. 9633과 근접하는 수이다. 이는 [도표 3.6]에서 볼 때 화살표 방향을 반대로 한 차이일 뿐이다. 실로 놀라운 일치이다. 그 이유를 찾자면 묘성을 중심으로 역을 만들어 보아야 한다. 묘나 구와 같은 수를 마야력은 어떻게 산출해내는지를 보기로 한다.

먼저 해도 달도 아닌 묘성 중심의 역을 '성력昴曆'이라고 할 때도 기본 수 13, 18, 20 수는 그대로 적용이 된다. 이들 수들은 단순히 달력의 일월년 수를 나타낼 뿐만 아니라 사이 수와 비례 수라는 것을 알아야 한다. 다시 말해서 이 수들은 분, 초. 시, 일, 월, 년에 비례적으로 해당하는 수라는 것을 알아야 한다. 그래서 촐킨의 1년 '260일'이 성력에서는 '260년'이 된다. 다른 수들도 마찬가지이다.

다음은 몇 종류의 마야력을 여기에 가지고 와서 기본수들의 비례 관계를 통해 계산법을 알아보고 마고수 배열법과 어떤 연관이 있는지 그리고 단, 판, 묘, 구 같은 개념들이 어떻게 마야력에 나타나는지를 차례대로 알아보기로 한다. 미리 말해두면 계산상 주요한 것은 '주기cycle'란 말이다. 연월일끼리 셈하는 것과 연월일과 주기로 셈하는 두 가지가 있다. 결론을 미리 말해두면 어느 달력의 경우이든 마고력의 단과 판의 개념은 같고 묘와 구의 개념 역시 같다는 것이다.

(1) 먼저 우리 마고력과 같은 '툰 우크Tun Uc' 마야 달력을 가지고 와 연월일을 셈하는 과정을 보면,

13년×4주기=52년
364일×52년=18,928일

매년 단$^{u}$1일×52주기=52일

52년÷4=판13일 (4년에 1일 추가되기 때문에)

합계=18,928일+52일+13일(판)=18,993일(52년)

(여기서 4는 판은 4년에 1일이기 때문이다. 그래서 52년에는 판13일이 추가된다.)

와 같다. 코리아의 마고력과 툰 아크력은 완벽하게 일치한다. 52주를 52년이라 한 후, 단과 판을 넣어 계산할 때 정확하게 18,993일이 계산된다. 1년을 364일로 삼을 때 52년이면 판13일이 추가된다.

(2) 하아브력(365일)을 계산하는 방법은

13년×4주기=52년

360일×13년=4680일; 4주기×4680=18,720일(혹은 52년)

매 년마다 윤일 우야엡 5일 그래서 단5일×52=260일

52년 동안 윤일13일 (4년마다 판1일 이기 때문에)

합계: 18,720일+260일+13일=18,993일(혹은 52년)

(우야엡 5일은 1년 1일인 단과 같다. 마고력은 1년을 364일이라 하기 때문에 매년 1일을 추가하지만, 하아브는 1년이 360일이기 때문에 한꺼번에 5일을 더한다. 그래서 360+5=365와 같이 매년 더하는 수이기 때문에 우야엡(5)은 단과 같다고 볼 수 있다. 다시 말해서 마고력의 단은 매년 1일 더하는 수이기 때문이다. 그런데 하아브력에선 단1이 아니고 단5라 할 수 있다.)

(3) 마야력의 툰벤 칵$^{Tunben\ Kak}$력은 나후아 사람들(Nahua people)이 사용하던 역으로 52년마다 술잔치를 크게 벌이며 스페인 사람들은 이를 '푸에고 누에보$^{Fuego\ Nuebo}$'라 불렀다. 나후아 사람들은 자기들의 달력주기

를 '씨오미필리<sup>Xiohmilpilli</sup>'라 불렀다. 유명한 술 제조업체 이름이기도 하다. 촐킨과 하아브를 조화시킨 달력으로서 '불의 축제'라 불릴 정도로 신년에 온 동네가 불을 끄고 금식을 한다. 이 달력은 촐킨과 하아브를 결합시킨 것이긴 하지만 우리 마고력의 묘와 구 개념을 이해하는 데 참고가 되기에 소개한다. 위의 달력들에선 4주기를 사용했지만 툰벤 각력은 2주기법을 사용한 것이 특이하다.

52년×2주기=104년

18,928일×2주기=37,440일(혹은 104년)

260일×2주기=520일

13윤일×2주기=26윤일(52년÷4=13일(판)

합계=37,440+520일+26일=37,986일(혹은 104년)


(4) 칼툰력<sup>Kaltun</sup>은 성력 가운데 주요한 역 가운데 하나이다. '툰<sup>tun</sup>'이란 '바퀴<sup>wheel</sup>'라는 뜻이다. 칼툰력은 마야력에서 드문 수 20을 사용한다. 서양력에서 19.71일에 해당하는 것을 20으로 사용한다. 이 칼툰력은 성력 다시 말해서 묘성이 회전하는 데 있어서 주요한 '26,000'년 개념을 도출해 낸다. 촐킨의 260일을 260년으로 바꾼다. 13주기×20년=260년과 같다. 260년을 '가득찬 칼툰<sup>full Kaltun</sup>'이라고 한다. 이제 칼툰력의 년, 일, 윤일 계산법을 보면 다음과 같다.

① 1년은 365일×20년=7300일

② 칼툰 총합계일 7300일×13주기=94,900(260년)

③ 1칼툰은 판5일 가진다(20년÷4=5일) (판은 4년에 1일이기 때문에)
   판5일×13주기=65일(260년 안에 들어 있는 판의 수)

④ 1칼툰의 합계일은 94,900일+65일=94,965일

칼툰력은 1주기가 260년이라 한다. 촐킨력이 260일 데 말이다. 260년을 상하로 배열해 반영대칭을 만들면 두 배인 520년이 된다. 이 520년 주기를 특히 '툰 카바Tun Kaba'라 한다. 안타까운 것은 이 툰 카바가 성력 이해에 가장 중요한 데 대부분의 마야 학자들이 이를 간과하고 있다(Men, 2010, 94-5). 계산법을 보면,

$$520+520=1040$$

을 얻는다. 1040년은 구라파 인들이 '밀리니엄千年, millenia'이라고 간주하는 것에 해당한다. 1040=4×260으로서 마야의 성력 장주기법의 수 26,000년 주기를 이해하는 데 결정적으로 중요하다. 마야인들은 부도지에서 본 바와 같은 첩첩의 논리를 줄기차게 사용한다. 같은 수를 가지고 '대칭의 대칭을 만드는 법' 말이다.

훈밧츠 멘은 이것이 마야력 연구에 있어서 가장 중요한 것이라고 한다. 실로 이 도표는 우리 마고력의 묘와 구의 개념을 찾아내는 데 결정적인 역할을 한다. [도표 3.5]에서 그것을 찾던 것과 같은 경우라 할 수 있다. 다시 말해서 '9633표'에 근접하는 수를 찾을 수 있다는 것이다.

[도표 4.14]의 (가)는 하아브력의 전모와 단과 판의 위치를 표시하고 있다. [도표 4.14]의 (나)는 피타고라스 콤마를 나타낸 것이다. 전자는 원주 360도를 회전한 후 달력에는 단과 판에 의해 초과분(단4+판1=5)이 생기는 것을 보여주고, 후자는 음악에서는 옥타브가 360도에 끝나면, 5도형이 콤마만큼 길어진다는 것을 보여준다. 전자는 달력이고 후자는 음계이지만 초과분이란 점에선 같다.

(1) [도표 4.14-가]의 큰 디스크를 보면 흰 톱니가 9개이고, 검은 톱니가 이 흰 것에서 둘로 갈라져 모두 18개이다. 우선 여기서 하아브력에

(가) 하아브력의 내부도와 초과일

(나) 피타코라스 콤마

[도표 4.14] 하아브력의 내부도와 피타코라스 콤마

서 주요한 18월을 발견한다.

(2) [도표 4.15]의 톱니에서 1 부분의 부분만을 디스크에서 따로 분리하여 보면 수 1040을 1과 함께 볼 수 있다. [도표 4.16]은 피타고라스콤마의 위치를 표시한 것이다. 단과 판은 [도표 4.16] 표시한 곳에 해당한다. 1은 톱니 9 가운데 하나인 첫째란 뜻이다. 여기서 처음으로 마야의 시간 개념이 등장한다. 마치 부도지 23장에서와 같이. 즉, 9×1040=9360시, 여기서 0은 9와 같기 때문에 9366이라 해도 좋다(앞의 [도표 3.5] 참고). 다시 말해서 하아브력의 1년(365일) 전체의 시간은 9360시이다. 혹은 936(9)6이다. 묘와 구가 마야력에 확인되는 순간이다.

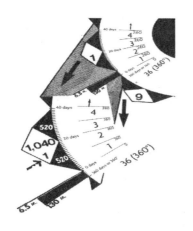　　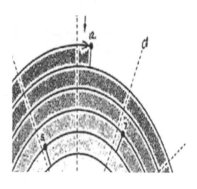

[도표 4.15] 단과 판　　　　　[도표 4.16] 피타고라스 콤마

(3) [도표 4.15] 안에 들어 있는 수들부터 확인하기로 한다.

26시간: 낮13+밤13
260시간: 10주 10야
520시간: 20주 20야

1040시간: 2개월

130시간: 5주 5야 (조정하는 시간)

6.5시간: 우야엡.

하아브 1년=9360+130+6.5=94965

와 같다. 실로 9633묘와는 앞의 [도표 3.5]에서 볼 때 회전문 관계(화살표 반대)이다. 부도지는 눈으로 겨우 느낄 수[感眼] 있을 뿐이라고 했다. 이 수를 부도지는 시의 근본인 '시근[時根]'이라고 했다. 이 시간 수에 근거하여 마야인들은 묘성이 만들어내는 성력을 사용했던 것이다.

훈밧츠 멘은 마야인들이 처음 성력을 만들었다고 하지만, 부도지는 묘와 구를 두고 '시근[時根]'이라 할 정도로 성력의 근거를 이미 마련했던 것이다.

## 시근과 묘성

마야인들은 해가 지금과 같이 않았을 때가 있었다고 한다. "해는 뜨지만 땅은 물기에 젖어 진흙으로 마르지 않았다"(He was not the same Sun that we wee). 그때 인간들은 고산 굴살이를 했는데 그 이유는 홍수 때문이 아니라 태양이 지금 같지 않고 만물을 태우고 있었기 때문이다. 해가 지금 같지 않았다는 말은 해가 주기적으로 변한다는 것을 의미한다. 지금도 사계절마다 지구에서 느끼는 해의 온도가 다르다.

마야인들이 태양이 지금과는 달랐다는 것은 태양도 또 다른 중심의 별 주위를 회전하고 있기 때문이라 한다. 그 중심 별이 바로 묘성 안에 있는 알시온이다([도표 4.13] 참고). 알시온을 중심으로 회전하며 만든 달력을 두고 '체케브력[Tzekeb calendar]'라고 한다. 마야인들은 묘성 안의 7개 별을 자기

**13**

**20**

**13 x 20 = 260**

[도표 4.17] 4,13,20 체케브력
(Men, 2010, 107)

들의 조상들이라고 보며 묘성을 두고 '알시온의 7형제Seven Brothers of Alcyone'라고 불렀다. 알시온은 태양보다 무려 1400배나 밝은 별이다. 그러나 그 거리 때문에 겨우 감지될 정도[感眼]이어서 '좀생이'라고 불린다.

묘성을 중심으로 한 달력 체케브력을 잘 보여주는 것이 '태양석Stone of the Sun'이라 불리는 [도표 4.17]이다. 실로 [도표 4.17]이 부도지에서 갖는 의의는 크다. 나후아 사람들이 만든 이 석판은 그 크기가 엄청나다. 그만큼 주요하다는 것을 의미한다.

먼저 성수 4를 상징하는 도형이 뚜렷이 보인다. 중앙의 1은 태양이고 그 주위에 4개의 사각형들이 있다. 마야력에서 4는 위에서 본 바와 같이 일·월·년을 나타내지 않고 주기법cycle에 흔히 쓰인다. 현재 달력에서도 '4주1월'과 같이 4는 주기를 결정하는 데 매우 주요하다. 4의 강조는 요의 난('堯亂'이라고 할 때 그것은 수 5의 난)과 같다. 오행에서 5는 '행'이란 말 그대로 순환주기에 해당한다. 그러나 지금까지 본 바와 같이 마야력과 마고력에서 5는 거의 무용지물이다. 그런데 중국의 기자箕子가 요의 달력에 근거하여 그렸다는 홍범 배괘도를 보면 '오기', '오사', '오복', '오황' 등 그야말로 5가 전부의 전부라 할 정도이다. 그런데 마야와 마고력에서 5는 거의 설 자리가 없다. 그런데 위 [도표 4.17]에서 20=4×5에서 보는 바와 같이 5의 역할이 보인다.

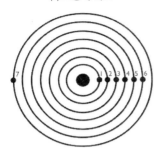

(a) 묘성계 궤도

중앙알시온,1.메로프, 2.마이아, 3.에렉트라,
4.타이게타, 5.세라노, 6.매트라스, 7.태양

(b) 아즈텍력

[도표 4.18] 묘성계 궤도

체케브력은 13 사각형에 20 원을 연결한다. 즉, 톱니바퀴 13을 20에 맞물리게 하는 것이다. [도표 4.11] 파스토르기계로 돌아가서 볼 때 [도표 4.17]은 제일 원과 제이의 맞물림이라고 할 수 있다. 체케브력에서 주기를 결정하는 수는 4이고 이는 마고력의 성수와도 같아 '4주'를 결정하는 수이다. 그리고 같은 성수 7과 함께 1월 28일을 결정한다. 체케브력에서 알시온을 태양이 한 바퀴 회전하는 26,000년을 결정하는 데는 세 가지 방법이 있다. 그 가운데 하나가 4주기법이다. 세 가지 방법을 모두 소개하면 아래와 같다.

6,500년×4주기=26,000년
2,600년×10주기=26,000년
1,040년×25주기=26,000년(Men, 2010, 103)

과 같다.

2,600년×10주기=26,000년

1,040년×25주기=26,000년(Men, 2010, 103)

과 같다.

다음은 성수 4를 사용하는 6,500년×4주기=26,000년 주기법을 계산하는 것을 보기로 한다. '6,500년'은 어디서 유래하는 수인가? 먼저 65란 수는 촐킨력의 수 260에서 온 것으로 260÷4=65와 같다. 마야력에서 6.5, 65, 650, 6500 등으로 많이 등장하는 수이다. 그리고 '4'는 [도표 4.17]의 4개의 사각형을 지적하고, 1, 2, 3, 4는 4개의 태양이 나타났다 사라진 것을 의미한다.

지구가 태양을 1회전 하는 공전주기가 365일(하아브력)이라고 할 때 태양이 알시온을 1회 공전하는 데 26,000년이 걸린다는 말이다. 우리 태양계는 7개 좀생이별 가운데 일곱째 궤도에 있는 좀생이 가운데 하나일 뿐이다([도표 4.13]). 태양계에서 일곱째 궤도의 별은 토성임을 상기해 보면 비교가 잘 될 것이다. 훈밧츠 멘은 이 사실을 아는 사람들은 마야인들이라고 하면서 전 세계인들을 향해 이 사실을 교육의 교육 그리고 재교육을 시켜야 한다고 역설한다. 그러나 코리아의 마고력도 이 사실을 알고 있었으며 더 체계적인 역까지 가지고 있었다.

(1) (a)는 묘성계이다. 알시온을 중앙에 두고 7개의 별이 회전하는데 우리 태양계는 일곱째 궤도에 속한다. 태양이 알시온을 1회전하는 공전주기가 26,000년이다. 여기서 마고력 성수 7을 확인한다. ·

(2) 6,500년×4주기=26,000년 계산법에서 성수 4가 사용된다. (b)는 [도표 4.17]의 아즈텍력 '20'부분에 1, 2, 3, 4를 적어 놓은 것이다. 1-4까지의 수는 지구상에 네 번 인간이 나타났다 사라졌다 하는

주기를 나타낸 것이다. 그리고 이러한 네 번의 주기에서 1주기에 해당하는 연수가 26,000년이라는 것이다. 각 주기가 끝날 때마다 지구뿐만 아니라 태양계 전체에 대변동이 생겼다. 지금 우리는 위 4주기가 다 지나고 다섯 번째 주기에 살고 있기 때문에 (b)는 이미 지나간 것이다. 1주기가 26,000년이기 때문에 지나간 4주기는 모두 $26,000 \times 4 = 104,000$년이다. 그래서 지금 우리는 104,000년 이후의 시기에 살고 있다(Men, 2010, 107).

## 6,500년×4주기=26,000년과 정역

성력 1주기 26,000년(6,500년×4주기=26000년)을 한번 하아브력과 조율을 한 번 시켜보기로 한다. 하아브력에선 1년이 365일(360+5일)이기 때문에 1년이 26,000년인 체케브력으로 이를 환산하면,

$$26,000년 \times 365 = 9,490,000일$$

과 같다. 다시 말해서 체케브력에서 1년은 9,490,000일이다. 이 계산에서 윤일 6,500일이 빠졌기 때문에 이를 더하면 9,496,500일이 된다. 윤일 6,500일의 근거는

$$26,000년 \div 판4년 = 6,500일$$

과 같다. 여기에 윤일 6,500일을 더하면 $9,490,000 + 6,500 = 9,496,500$일이다. 이는 체케브 26,000년에 해당하는 하아브의 연수이다. 여기서도 4년에 한 번 윤일을 두는 판의 논리는 그대로 적용된다.

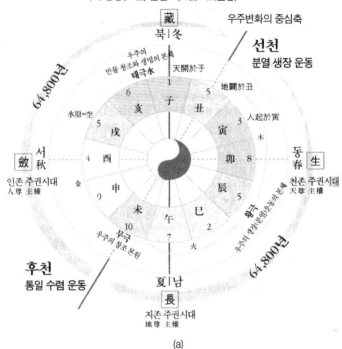

(a)

| 1元 | (129,600년) |
|---|---|
| 4閏卦 | 離(자축인)-乾(묘진사)-坎(오미신)-坤(유술해) |
| 12會 | 자회-축회-인회-묘회-진회-사회-오회-미회-신회-유회-술회-해회(129,600÷12=10,800년) |
| 24節侯 | 동지-소한-대한…하지-소서… |
| 60卦(본괘) | 復-頤-屯-益…姤-大過-鼎-恒巽…觀-比-剝 |
| 360運(1차변괘) | 坤-臨-明夷…夬-咸-困-井-恒-姤…晉-觀-坤 |
| 2160世(2차변괘) | (129,600÷2,160=60년씩) |
| *12960(3차변괘) | (129,600÷12,960=10년씩) |

(b)

[도표 4.19] 우주생명순환도와 소강절의 원회운세
(안경전, 2015, 316; 이찬구, 2010, 128)

여기서 한 가지 특기할 사항은 동양에서도 이와 비슷한 장주기 법이 있었다는 것이다. 소강절이 지은『황극경세』에 의하면 우주의 1년 시간을 129,600년으로 정하고, 이를 '일원一元'이라고 했다(b). 이를 반영대칭시켜 배가하면 259200≒260,000이다. 이는 곧 26,260,520(260×2), 1,040(520×2)에 접근하는 수이다. 소강절은 크게 네 마디로 나누어 사계절의 변화에 비유했다. 마야력이 1년을 18개월로 본 데 대하여 소강절은 12개월로 본다.

소강절의 배가수인 259200년을 2등분하여 선천과 후천으로 나눈 다음 다시 사계절로 나누면 1계절 당 64,800년이 된다. 이는 [도표 4.17]의 아즈텍 달력에서 4등분으로 나눈 것과 하나 다르지 않아 보인다. 그런데 마야인들은 사계절이 다 지나갔다고 하는데 강증산은 지금 우리는 우주의 가을철에 접어들어 살고 있다고 한다. 강증산에 의하면 우주의 사계절을 생生, 장長, 렴斂, 장藏으로 나눌 때 지금 우리는 가을 '렴'기에 처해 있다(a).

소강절은 4윤괘를 건곤감리라 하며 1원 129,600÷4=32,400년과 같이 계산한다. 건곤감리는 착종을 하면, 다시 말해서 음양을 반대로 하거나(착) 뒤집으(종)면 건이 곤이 되고 감이 리가 되거나(착) 모양이 변하지 않는다(종). 앞에서 체수 369는 3과 6이 서로 대칭을 반대로 하고, 9는 자기 자신이 자신과 대칭을 이루는 것을 보았다.

정역을 지은 김일부(1826~1898)는 역을 세 종류 즉 원력原曆, 요순력(이때는 윤력[閏曆]) 그리고 정역 시대로 나눈다. 원력 375년, 요순력은 366, 365.25 그리고 정역 360일이다(유남상,『역수성통원리』참조). 원주가 360도이기 때문에 원주를 한 번 회전하고 나면 1년이 360일에 아무 문제가 없을 것이라 한다. 그러나 원력은 15일이, 요력은 6.5일이 360보다 더 길어진다. 이것이 수많은 역이 생기는 배경이다. 김일부에 의하면 앞으로 역이 원둘레 360도이듯이 1년도 360일이 될 것이라고 한다. 지구축의 변화와 함께 달력이 그렇게 되지 않을 수 없게 될 것이라 한다. 단과 판이 생기는 이유를 지구의 기울기 때문이라 한다. 그래서 지금은 온원으로 공전이 그려지지 않고 타원형으로 그려진다. 온원으로 궤도가 변하면 달력도 360일로 되고 그렇게 된 력을 '정역$^{正曆}$'이라고 한다. 피타고라스 콤마(단과 판) 자체가 없어지는 역이라는 말이다. 그래서 그는 "역$^{易}$은 역$^{曆}$이다"라고 말한다.

## '9 감산법' 현주소로 본 마고력과 마야력

마고력과 마야력은 같은 점도 많지만 다른 점도 많다는 것이 확인되었다. 마고력은 부족하나마 부도지 같은 문헌적 근거가 있고 력이 성립하는 마고수 배열법이란 엄연한 규칙이 있는가 하면 마야력은 그렇지 않다는 점에서 차이를 보이고 있다. 그러나 5가 거의 모든 차원에서 중요시되지 않고 있다는 점이다. 이것이 부도지 저자가 요란을 '오행의 난'이라고 한 이유인 것이다.

부도지 저자는 요의 역은 근본적으로 화를 자초한 역이고, 문명이 병들고 정신이 무너지는 원인이 요가 역을 잘못 만들어 사용했기 때문이라고 한다. 그렇다면 부도지 저자가 마야력을 알았다면 어떻게 평가를 할 것인가? 흥미로운 가설적 질문이라고 할 수 있다.

부도지 저자 박제상을 대신하여 필자는 위 2장에서 소개한 '9감손법'이 마야력에는 없고 마고력에는 있다고 대답하고 싶다. 후대 마야력 연구 학자들 가운데 호세 아귀레스와 칼 요한 칼레만은 '9감손법'을 만드는 대신에 '13회전법'과 '20회전법'을 사용해 마야력을 가시적으로 표현하고 설명하려고 한다. 마고력을 결정짓는 단서는 '첩첩윤멱'이었다. 같은 수를 반복해 제곱하여 중복한다는 뜻이다. 바로 이렇게 하여 만들어진 것이 [도표 3.5~3.8]이다. 실로 이들 세 도형들은 마고력의 전부라고 할 정도이다.

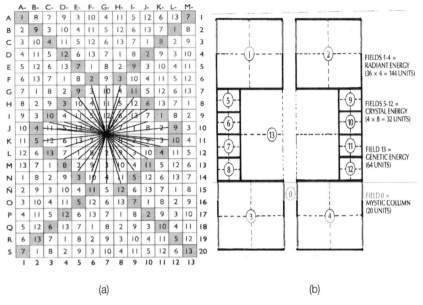

(a)                                              (b)

[도표 4.20] 마야 촐킨력의 대칭표


그런데 문제는 마야력에도 4첩 윤먹법이 존재하느냐이다. 마야연구
학자 가운데 대표적인 두 인물들인 호세 아귀레스와 요한 칼레만도 마야
구성수 13과 20으로 격자표를 만들었다. 그러나 그들이 만든 것은 4첩윤
먹법과는 달랐다. 같은 정사각형의 격자 속에 13이나(호세) 20을(요한)
가로와 세로에 내리 이어붙이는 방법을 사용해 [도표 4.20]과 같이 배열
하였다. 호세 아귀레스는 13, 18, 20을 '마야 구성소'(The Mayan Factor)라
고 한다. 이 세 구성소에 의하여 마야력의 단주기와 장주기가 모두 결정
된다. 그런 의미에서 마고력의 삼정과 다른 구성소이기는 하나 그 의의
가 같아 보인다.

(1) (a)는 촐킨력 격자표로서 마고수 배열법의 4첩윤먹법과는 판이
하게 다르다. 가로와 세로에 공히 1~9수를 배열하고 가로수×세로수=

격자수로 하는 방법과는 다르다. 세로 20을 회전문 식으로 연결하여 13회 반복해 만든 것 (a)에서 윤먹법을 찾아보기 어렵다.

(2) (a)의 가운데 마름모 형 안에서 서로 대각선 상에 있는 수들끼리 반영대칭을 만들면서 대칭수들의 합은 모두 14이다.

[도표 4.21]을 통해 출킨력은 반영대칭과 회전대칭 구조를 가지고 있는 것을 발견할 수 있다.

| 1 | 2 | 3 | 4 | 5 | 6 | 7 | 8 | 9 | 10 | 11 | 12 | 13 |
|---|---|---|---|---|---|---|---|---|----|----|----|----|
| + | + | + | + | + | + | + | + | + | + | + | + | + |
| 13 | 12 | 11 | 10 | 9 | 8 | 7 | 6 | 5 | 4 | 3 | 2 | 1 |
| 14 | 14 | 14 | 14 | 14 | 14 | 14 | 14 | 14 | 14 | 14 | 14 | 14 |

출킨 13의 회전문 구조

(3) (b)는 마고력에서 삼정 다시 말해서 성수, 법수, 체수를 나누듯이 아귀레스(Arguelles, 1987, 163)는 아래와 같이 분류하였다. 그러나 이를 삼정과 연관시키는 것은 무리가 있다.

| 1-4장 | 광점 에너지역 | radiant energy(36×4=144 units) |
|---|---|---|
| 5-12장 | 수정 에너지역 | crystal energy(4×8=32 unite) |
| 13장 | 발생 에너지역 | genetic energy(64 units) |
| 0장 | 신비 칼럼 | mystic column(20 units) |

성수와 법수 그리고 체수는 위의 1~3장에서 본 바와 같이 그 논리계 형이 모든 다른 수들인 것이다. 그러나 호세의 (a)와 같은 배열법은 4첨 윤먹법이 아닌 선에서 선으로 연결하는 1차원적 배열법이다.

1차원 직선적 배열법에서 위와 같이 4개의 장으로 나눈 것일 뿐이다.

(a)는 마야력의 4대주기 [도표 4.17]과 [도표 4.18] 등에서 말한 것이다. 격자 형식에 나타낸 것이다. 흑, 백, 흑, 백의 4 칸으로 나뉘는 것이 바로 4개

의 신들이고 4대 주기에 해당한다. 4대 주기를 다시 4개로 나누어 표시한 것이다. 가로 '4개 기층세Underworld'와 각 기층세마다 가로 '4개 층세world'로 나눈다. 이를 소강절의 대주기법에 비교하면 (c)와 같다(이찬구, 2010, 132).

## 마고력와 마야력의 연결고리 9633과 9366

마고력과 마야력의 차이점은 4첩첩윤멱법에 있음이 분명해졌다. 위에서 본 바와 같이 마고력 [도표 3.6]은 첩첩윤멱법으로 배열한 데 대하여 마야력 [도표 4.20]은 13+20=260과 같이 윤멱법이 아니다. 부도지는 첩첩윤멱법을 사용해 적용했기 때문에 9633묘를 찾아낼 수 있었고, 단과 판이 생기는 이유도 알게 되었다. 거기에는 현대 수학의 위상학과 거짓말쟁이 역설 같은 논리가 들어 있음을 알았다. 그리고 단과 판과 같은 윤일이 생기는 이유가 다름 아닌 이런 논리와 위상학적 구조 때문인 것을 알게 되었다. 그러나 마야학자들은 곱하기 기법이 아닌 더하기 기법을 적용함

|  | National Underworld (3115 BCE–2011) | Planetary Underworld (1755–2011) | Galactic Underworld (1999–2011) | Universal Underworld (2011) |
|---|---|---|---|---|
| First World | 3115–1834 BCE | 1755–1819 CE | Jan. 5, 1999– March 20, 2002 | Feb. 11, 2011– April 16, 2011 |
| Second World | 1834–552 BCE | 1819–1883 | March 20, 2002– June 2, 2005 | April 16, 2011– June 20, 2011 |
| Third World | 552 BCE–730 CE | 1883–1947 | June 2, 2005– Aug. 15, 2008 | June 20, 2011– Aug. 24, 2011 |
| Fourth World | 730–2011 | 1947–2011 | Aug. 15, 2008– Oct. 28, 2011 | Aug. 24, 2011– Oct. 28, 2011 |

(a)

Mayan Day Sings             *Aztec Day Signs*

| Mayan | | | | | | | | | | | | | | Aztec |
|---|---|---|---|---|---|---|---|---|---|---|---|---|---|---|
| Imix | 1 | 21 | 41 | 61 | 81 | 101 | 121 | 141 | 161 | 181 | 201 | 221 | 241 | Cipactli |
| Ik | 2 | 22 | 42 | 62 | 82 | 102 | 122 | 142 | 162 | 182 | 202 | 222 | 242 | Ehecatl |
| Akbal | 3 | 23 | 43 | 63 | 83 | 103 | 123 | 143 | 163 | 183 | 203 | 223 | 243 | Calli |
| Kan | 4 | 24 | 44 | 64 | 84 | 104 | 124 | 144 | 164 | 184 | 204 | 224 | 244 | Cuetzpallin |
| Chicchan | 5 | 25 | 45 | 65 | 85 | 105 | 125 | 145 | 165 | 185 | 205 | 225 | 245 | Coatl |
| Cimi | 6 | 26 | 46 | 66 | 86 | 106 | 126 | 146 | 166 | 186 | 206 | 226 | 246 | Miquiztli |
| Manik | 7 | 27 | 47 | 67 | 87 | 107 | 127 | 147 | 167 | 187 | 207 | 227 | 247 | Mazatl |
| Lamat | 8 | 28 | 48 | 68 | 88 | 108 | 128 | 148 | 168 | 188 | 208 | 228 | 248 | Tochtli |
| Muluc | 9 | 29 | 49 | 69 | 89 | 109 | 129 | 149 | 169 | 189 | 209 | 229 | 249 | Atl |
| Oc | 10 | 30 | 50 | 70 | 90 | 110 | 130 | 150 | 170 | 190 | 210 | 230 | 250 | Itzcuintli |
| Chuen | 11 | 31 | 51 | 71 | 91 | 111 | 131 | 151 | 171 | 191 | 211 | 231 | 251 | Ozomatli |
| Eb | 12 | 32 | 52 | 72 | 92 | 112 | 132 | 152 | 172 | 192 | 212 | 232 | 252 | Malinalli |
| Ben | 13 | 33 | 53 | 73 | 93 | 113 | 133 | 153 | 173 | 193 | 213 | 233 | 253 | Acatl |
| Ix | 14 | 34 | 54 | 74 | 94 | 114 | 134 | 154 | 174 | 194 | 214 | 234 | 254 | Ocelotl |
| Men | 15 | 35 | 55 | 75 | 95 | 115 | 135 | 155 | 175 | 195 | 215 | 235 | 255 | Cuauhtli |
| Cib | 16 | 36 | 56 | 76 | 96 | 116 | 136 | 156 | 176 | 196 | 216 | 236 | 256 | Cozcacuaht |
| Caban | 17 | 37 | 57 | 77 | 97 | 117 | 137 | 157 | 177 | 197 | 217 | 237 | 257 | Ollin |
| Etznab | 18 | 38 | 58 | 78 | 98 | 118 | 138 | 158 | 178 | 198 | 218 | 238 | 258 | Tecpatl |
| Cauac | 19 | 39 | 59 | 79 | 99 | 119 | 139 | 159 | 179 | 199 | 219 | 239 | 259 | Quiahuitl |
| Ahau | 20 | 40 | 60 | 80 | 100 | 120 | 140 | 160 | 180 | 200 | 220 | 240 | 260 | Xochitl |

First World of   Second World   Third World     Fourth World
the serpent      of the dog     of the eagle      of the sun

| | | 卦 | 運 360년씩 | 개시 | 종료 |
|---|---|---|---|---|---|
| 坎 | 하지 | 姤 ☴ | 乾 | BC 2217 | BC 1858 |
| | | | 돈 | BC 1857 | BC 1498 |
| | | | 송 | BC 1477 | BC 1138 |
| | | | 손 | BC 1137 | BC 778 |
| | | | 정 | BC 777 | BC 418 |
| | | | 대과 | BC 417 | BC 58 |
| | | 大過 ☱☴ | 夬 | BC 57 | AD 303 |
| | | | 咸 | AD 304 | AD 663 |
| | | | 困 | AD 664 | AD 1023 |
| | | | 井 | AD 1024 | AD 1383 |
| | | | 恒 | AD 1384 | AD 1743 |
| | | | 姤 | AD 1744 | AD 2103 |
| | | 鼎 ☲☴ | 大有 | AD 2104 | AD 2463 |
| | | | 旅 | AD 2464 | AD 2823 |
| | | | 未濟 | AD 2824 | AD 3183 |
| | 소서 | | 蠱 | AD 3184 | AD 3543 |
| | | | 姤 | AD 3544 | AD 3903 |
| | | | 恒 | AD 3904 | AD 4263 |
| | | 恒 ☳☴ | 대장 | AD 4264 | AD 4623 |
| | | | 소과 | 이하 생략 | |
| | | | 해 | " | |
| | | | 승 | " | |
| | | | 대과 | " | |
| | | | 정 | " | |
| | | 巽 ☴☴ | 소축 | " | |
| | | | 점 | " | |
| | | | 환 | " | |
| | | | 구 | " | |

*2021년은 대과-구(姤)에 속함

(c)

[도표 4.21] 마야력과 소강절의 선후천 분기점

으로써 이런 논리와 위상학적 구조를 찾아내는 데 무지했었다.

이제 [도표 4.14-가]에 나타난 1년 18개월(9낮+9밤) 가운데서 1번 9 톱니에 해당하는 1040시간에 9를 곱한 9360을 9633과 비교해 찾아보기로 한다.

(1) ABC로 읽으면 '9633'묘이고, BAC로 읽으면 '9366'이다. 그리고 [도표 4.15-가]에서 1040×9=9360을 상기하자. 여기에 단과 판에 해당하는 6.5를 더하면 9360+6.5=9366.5가 된다.

(2) 만약에 마야학자들이 첩첩윤먹법을 알았고 이를 마야력에 적용했더라면 9366이 앞의 [도표 3.6] 속에 들어 있었다는 사실에 놀랐을 것이다. 즉, [도표 3.6]에서 실선 화살표는 마고력의 9633이고, 점선 화살표는 9366이다. 그리고 화살표 방향이 반대이다. 이는 실로 마고력과 마야력을 연관 짓는 결론이라 할 수 있다.

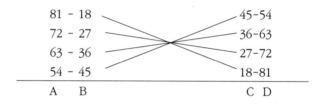

(3) [도표 3.6]에 마야력과 마고력을 집어넣음으로써(실선과 점선 화살표로) 윤일 즉, 마야력의 우야엡과 마고수의 단과 판이 위상학적 구조(화살표 방향) 속에 발생한다는 사실도 쉽게 파악할 수 있을 것이다.

(4) [도표 3.6] 정사각형(a)을 우측의 마야 피라미드의 삼각형을 반영대칭시켜 마주 붙인 것이라 할 때 여기서 364를 발견하고, 9999는 피라미드의 네 귀퉁이에서 삼각형의 방울뱀을 만드는 작은 삼각형의 개수라는 것도 알게 된다.

(5) 즉, 4첩첩윤먹법이란 다름 아닌 '9999'임을 발견하게 된다. [도표 3.5~3.8]에서 '1-8과 8-1, 2-7과 7-2, 3-8과 8-3, 9-9와 9-9의 수를 거꾸로 반영대칭을 만든다. A-B와 C-D는 '뒤돌아보는' 회전대칭이고 (81-18)과 (18-81)은 '거꾸로 된 글씨처럼' 반영대칭이다. 결국 마고력을 지배하는 것은 반영과 회전의 두 대칭이라 할 수 있다.

(6) [도표 3.8]과 같은 대칭들의 결합으로 도표를 만들고, 다시 이들 결합을 해체하면 [도표 3.5]와 같은 삼정의 수 성수 147, 법수 258, 체수 369를 그려낸다. 성수와 법수가 방향이 반대이면서 같은 모양을 만들어내어 대칭을 하듯이 말이다. 문제는 체수 369이다. 체수는 그 자체 안에서 3-6과 6-3같이 대칭을 만들거나 9-9나 9-9와 같이 대칭을 만든다. 판과 단이 생기는 원인이 바로 이러한 자기언급적인 것 때문이다. 9633과 9366은 같은 정사각형 안에서 서로 반대 방향에서 회전하는 데서 생기는 차이 때문이다. 즉, 실선과 점선 방향의 차이일 뿐이다.

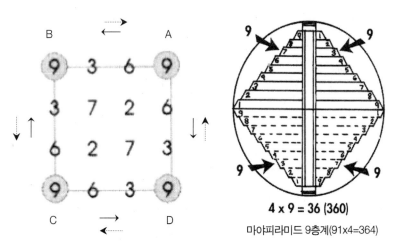

4 x 9 = 36 (360)
마야피라미드 9층계(91x4=364)

[도표 3.6] 9633묘와 마야 피라미드 9층(재인용)

(7) [도표 3.7]의 위상범례로 [도표 3.6]을 다시 보기로 한다. 실수와 실수 화살표 그리고 점선화 점선 화살표끼리 연결하면 구體이지만, 실선-점선-실선-점선 화살표끼리 연결하면 사영평면이 된다. 특히 후자의 경우는 ⑨63⑨36⑨63⑨36⑨와 같이 회전문을 만든다.

사각형 ABCD의 대각선상에서 실선과 점선의 방향이 반대이다. 그리고 외곽 사각형의 화살표 방향은 위상범례상으로 사명 평면이다. 특히, 사각형 ABCD를 '구절묘九折妙'라 부르기로 한다. 9633묘를 잘 나타내기 때문이다.

다음은 앞의 [도표 3.6]을 그대로 윷판 속에 옮겨 놓은 것이다. ABCD의 연결관계와 화살표 방향만 확인하면 양자가 같다는 것을 쉽게 확인할 수 있다. 구절묘 9633과 9366이 반영대칭 (수평과 수직축에서)을 하면서 동시에 회전대칭을 한다. 이와 관련된 시 한 편을 소개한다(박미

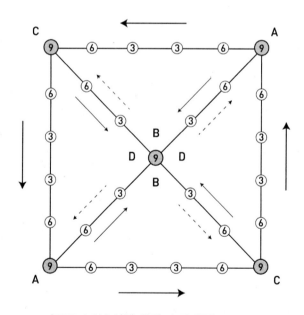

[도표 4.22] 사각 윷판 속의 구절묘 9633

서, 2020, 55).

〈단풍든 소식〉

가을 아침 마디의 한 무늬
초록잎의 밝은 도화선
수련(時蓮) 물결에 사로잡힌 혈맥

울음을 홀로 휘는
원만한 곡선의 걸음
저편 오솔길의 등허리

구절초 거두는 상현달,
동트기 전의 두 마리 비익조

거꾸로 된 글씨처럼
뒤돌아본 별똥별의 말.
(이 시에서 '거꾸로 된'은 반영대칭, '뒤돌아본'은 회전대칭을 가리킨다.)

　　우주와 삼라만상을 지배하는 것은 반영대칭과 회전대칭이란 두 가지
가 전부이다. 이 두 대칭을 동양에선 일찍이 '음양'(반영대칭)과 '오행'(회
전대칭)이라 한다. 시의 3연에서 말하고 있는 '비익조比翼鳥'는 음과 양을
한 몸에 지닌 동물이다. 상상의 새인 비익조는 연리지라는 나무와 함께
음양 짝 없이는 살 수 없는 존재의 상징으로 그려지고 있다. 그리고 4연
의 '구절초九折草'는 [도표 4.22]의 구절묘九折眇에서 보는 바와 같이 9개의
마디를 달마다 만들면서 계절 속을 순환하는 것을 의미한다. 구절묘는

9절초와 함께 9라는 수에서 '마디' 혹은 순환의 '변곡점' 같은 것에 비유하였다.

수련과 구절초는 공간과 시간 속에 작용하는 두 가지 대칭들을 의미한다. 수련睡蓮(1연)은 하루 동안 그리고 상현上弦달(3연)은 한 달을 두고 주기적으로 회전 변화하는 상징으로 보았다. 즉, 수련睡蓮은 늦봄과 초가에 걸쳐(5~9월) 피고, 하루에는 정오경에 피었다가 저녁때 오므라들며 3~4일간 되풀이한다. 수련이 시들게 되면 혹독한 겨울이 온다는 전조이다. 그리고 달은 15일 주기로 상현과 하현을 되풀이하면서 순환한다.

마지막 4연에선 구절묘의 두 가지 대칭을 "거꾸로 된 글씨처럼, 뒤돌아 쓴 별똥별의 말"이라고 마무리한다. 그래서 이 시는 구절묘의 ⑨633⑨-⑨366⑨의 두 대칭관계를 절묘하게 묘사한다고 생각돼 여기에 소개한다.

## 소결을 대신하여: 짐세와 IN LAKECH(I am another You)

유럽 정복자들이 마야 문명을 정복한 논리나 요가 마고성을 정복한 논리나 서로 같은 것을 발견한다. 그것은 간단하게 12+1의 논리로 13의 논리를 정복한 것이다. 그 논리는 야훼 신이 뱀의 논리를 정복한 것과 하나 다르지 않다. 1+12의 논리란 1자가 다자(12)를 포함包涵할 수 있으나 포함包含될 수는 없다는 논리인 것이다. 문명사의 구석구석에서 발생하는 모든 갈등과 부조화의 구조는 이러한 논리에서 기원한다 해도 과언이 아니다.

포함包涵의 논리에 근거한 신관이 서양 전통 기독교의 신관이다. 신이 세상을 포함包涵하나, 포함包含될 수는 없다는 것이다. 이러한 포함包涵의 논리에서는 미움과 갈등과 증오와 분리와 싸움으로 가득 차게 된다. 그러나 포함包含의 논리에서는 상호 연계되고 그물망의 어디서나 서로 유기적으로 동등하다. 이것이 사랑이다. 마야인들은 이를 "나는 또 다른 너"

이다. 이를, '인 라케취IN LAKECH'라고 한다. 부도지 1장에서는 이러한 논리로 살던 시대를 '짐세朕世'라고 한다. 설문說文에서 '짐'을 '아야我也'라고 했다. '나는 나다'라는 뜻이다. 이는 1과 12가 분리되지 않는 것을 두고 하는 말이다. 모든 존재가 '아야'하고 사는 것을 두고 하는 말이다.

김수로왕이 구지봉에서 내려올 때, 구지가龜旨歌를 불렀는데, 노랫말 속에는 아홉 명의 '칸'이 나오는데, '아도간我刀干', 여도간汝刀干, 피도간彼刀干, 오도간五刀干' 등과 같다. 여기서 '간'이란 몽고어의 '칸'이며 지금의 '한'이 모두 여기서 유래한다. 한에서 한국, 한글, 한옥, 한복 같은 문화 목록어가 유래하며 무엇보다 '크다' '높다' 하늘' 들의 의미와 함께 '하나님' 혹은 '하느님'이란 뜻이 모두 이 한에서 유래한다. 그래서 위 구지가를 향찰인 것을 감안하여 번역하면 "나도 칸, 너도 칸, 그도 칸, 우리도 칸'이란 말이다. 모두가 다 신과 같고 동등하다는 의미이다. 창세기에서 뱀이 아담에게 "너도 신과 같이 되리라"(You shall be God)와 같은 논리인 것이다. 이것이 13의 논리인 것이다. 이를 두고 칼레만과 아귀레스 같은 마야 학자들은 '공시성Synchronize'이라고 한다. 그러나 12+1이 되는 순간 공시성은 파괴되고 존재자들끼리는 지배하는 바와 지배받는 자로 나뉜다. 이것이 전통 유신론Theism의 논리인 것이다.

13의 논리는 뱀의 논리이고 영지주의의 논리이고 도마복음 속에 들어 있는 논리이다. 그러나 교회는 이러한 논리를 파괴해 13을 12+1로 변경시켰으며 그 상징적 작업이 바로 달력 만들기인 것이다. 13의 논리는 세계와 우주를 하나의 연계망 속에 유기적으로 연관시킨다. 자연과 공존하며 모든 존재가 창조의 과정 속에 참여한다. 과정철학자 화이트헤드는 "신이 세계를 창조한다면 세계도 신을 창조한다"고 했다. 신이 원인자이면 세계도 원인자이다. 13은 사랑이고 12+1은 미움이다.

마야인들이 만날 때마다 '인 라케취'라 하는 것이나 '나도칸 너도칸'하는 것과 하나 다르지 않다. 부도지는 마고성에서 짐세에 살던 사람들은

만날 때마다 '아도간, 여도간, 피도간, 오도간'이라 했다고 우리에게 말하
고 있다.

# '오행의 난'과
# 극복의 길

마고성을 떠난 황궁 씨는 마고에게 반드시 성으로 돌아오겠다는 약속 '복본復本'을 서약했다. 그 황궁 씨의 후예들이 여기 모여 오행의 난을 극복하고 있다. 극복의 여정에서 새 달력이 탄생하였다. '마고력'이란 이름으로. 물론 부도지에 '마고력'이란 말이 있는 것은 아니다. 그러나 마고력 13월 28일은 부도지와 상관없이 동서고금을 통해 두루 나타난 하나의 사건event이다. 우리는 이에 대한 문헌 즉, '부도지'를 가지고 있다. 여기에 코리아 일각에서 부도지와는 상관없이 하나의 사건 '금역진리'를 소개한다.

## 5.1 낙서와 마고 배열(Loshu and Magoist Array)

### 두 가지 대칭과 낙서

우주와 삼라만상 속에는 두 가지 대칭뿐이다. 이 두 가지 대칭의 지배를 안 받는 것은 없을 정도이다. 두 가지 대칭이란 '반영대칭'과 '회전대칭'을 두고 하는 말이다. 그러나 인간은 두 가지 대칭 가운데 어느 하나를 선호하거나 배제한다. 서양은 철학과 종교 문화 정치 전 영역에서 회전대칭을 배제해 왔고, 그리하려 한다. 그러나 동양은 문명의 여명기부터 우주와 삼라만상을 모두 이 두 가지 대칭으로 이해하려고 한다. 그 대표적인 예가 역이며, 역은 하도와 낙서라는 도상을 통해 이 두 대칭을 다음과 같이 나타내려 했다.

쉽게 말해서 '음양오행'이라 할 때 '음양'은 반영대칭을, '오행'은 회전대칭을 나타내고 대표한다. 음양오행을 가장 간편하고 쉽게 이해하는 첩경은 수를 통해서이다. 양수 1, 3, 5, 7, 9와 음수 2, 4, 6, 8, 10은 반영대칭이다. 그리고 회전대칭에 해당하는 오행을 만드는 방법은 다음과 같이 쉽고 간명하다. 즉, 수를 생수 '1, 2, 3, 4, 5'와 성수 '6, 7, 8, 9, 10'으로 나눈 다음, 생수 하나하나에 5를 더하기하여 성수를 만든다. 그리고 생수와 성수를 일대일로 대응을 시켜 오행 수, 화, 목, 금, 토를 아래와 같이 만든다.

| | | | | | | | |
|---|---|---|---|---|---|---|---|
| 1 | 2 | 3 | 4 | 5 | … 생수生數 | 물건수 | |
| | | | | | | 가로수 | |
| + | + | + | + | + | | + + + + + + | |
| | | | | | | 명패수 | |
| 5 | 5 | 5 | 5 | 5 | | 세로수 | |
| 6 | 7 | 8 | 9 | 10 | … 성수成數 | 대각선수 | |
| 수 | 화 | 목 | 금 | 토 | … 오행 | | |

[도표 5.1] 낙서 마방진의 구조

오행을 회전대칭이라 하는 이유는 오행에서 비로소 회전을 하기 때문이다. 회전대칭 속에는 '음양대칭', '상생상극' 그리고 '주객전도'라는 세 가지 작용원칙이 내재한다. 이제 음양오행을 통해 낙서 혹은 마방진의 구조를 파악해 보기로 한다. [도표 5.1]에서 1~9의 수 배열을 살펴보면 특이한 점이 있다.

가로줄의 수를 합하면 4+9+2=15, 3+5+7=15, 8+1+6=15가 되고, 세로줄의 수를 합해도 4+3+8=15, 9+5+1=15, 2+7+6=15가 되며, 대각선의 수를 합해도 4+5+6=15, 2+5+8=15가 된다. 각 합이 모두 15가 된다. 4방 8방의 합이 고루 15가 되는 것이다.

이와 같이 자연수 1~9의 수가 배열된 것을 '3차 마방진魔方陣'(3×3)이라고 부른다. 우리나라에도 조선 후기의 문신인 최석정이 지은 '구수략九數略'이라는 수학책에 마방진에 대한 설명이 있다. 마방진을 가능하게 하는 두 가지 대칭 관계를 정방형을 통해 알아보면 [도표 5.2]와 같다.

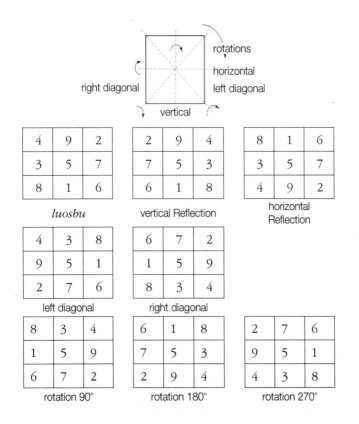

[도표 5.2] 낙서의 회전과 반영대칭

| 성수 | 7 | 4 | 1 |
|---|---|---|---|
| 법수 | 8 | 5 | 2 |
| 체수 | 9 | 6 | 3 |

(a)  (b)  (c)

[도표 5.3] 마고 배열       [도표 5.4] 마고 배열과 마방진

낙서 정방형 안에는 [도표 5.2]에서 보는 바와 같이 2개 대각선 대칭, 수평과 수직축에 의한 2개의 대칭들(이들은 모두 반영대칭들)과 90도, 180도, 270도, 360도 회전대칭을 포함 모두 8개의 대칭들이 들어 있다. 그런데 낙서 자체도 360도 자체 대칭을 하고 있다는 사실을 알아야 한다.

이제 이러한 낙서 마방진의 구조가 마고 배열법 사이에 어떤 관계가 있는지를 알아보기로 한다. [도표 5.3]은 마고 배열이고, [도표 5.4]의 (c)는 [도표 5.1]과 같은 구조의 마방진 자체이다(Swetz, 2008, 16-17).

[도표 5.4]는 마고 배열인 [도표 5.3]이 어떻게 변해 낙서 마방진과 같아지는지를 보여준다. 실로 이는 마고 배열이 낙서와 그 구조가 같음을 보여주는바 매우 주요한 한 장면이라고 할 수 있다. 마고 배열도 대각선과 두 번째 열과 칸 수자의 합은 모두 15로서 '준마방진'이라 할 수 있다. 이 준마방진(마고 배열)을 낙서 마방진으로 바꾸는 순서는 다음과 같다.

(1) 마고 배열[도표 5.3]을 45도 반시계바늘 방향으로 회전대칭시킨다[도표 4]의 (a).

(2) (a)에서 네 개의 모서리에 있는 수들을 반영대칭시킨다. 즉, 1과 9를 바꾸고, 7과 3을 바꾼다(b). 여기서 '모서리'란 말을 '대각선'으로 바

꾸어 생각해도 좋다. 이렇게 좌우와 상하를 바꾸는 것을 두고 반영대칭 혹은 '반가치화'라 한다. 이는 대각선 논법과 연관하여 주요한 점이라 할 수 있다.

(3) 다음은 (b)의 모서리(대각선)에 있는 세 수들을 가로나 세로로 만들어 버린다. 이를 '반대각선화'라고 한다. 그러면 중앙의 5는 제자리에서 변함이 없고 모서리에 있는 수들이 가로 아니면 세로로 변해 (c)와 같은 마방진이 된다. 즉, (b)의 492, 438, 816, 672는 각각 (c)의 첫째 열(가로), 첫째 칸(세로), 셋째 열(가로), 셋째 칸(세로)가 된다. 중앙의 951 과 357은 변함이 없다. 951과 357는 마고력의 성,법, 체의 수들이 고루 들어 있다.

(4) 여기서 대각선상의 수들(모서리의 수들)이 가로나 세로가 되는 것을 '반대각선화'라 하고, 반대로 가로나 세로가 모서리(대각선)가 되는 것은 '대각선화'라 부르기도 한다.

(5) 마고 배열과 낙서는 두 대칭의 구조적 차이, '대각선화'와 '반대각선화' 그리고 '가치화'와 '반가치화'의 차이뿐이다.

이에 수천 년이 지난 19세기 말 조선 땅에서 마방진의 개념도 달라지게 되었다. 정역과 용담역, 특히 용담역은 중앙에 5대신에 1/6(수)을 넣고 5/10(토)을 주변으로 돌림으로서, 15가 아닌 13과 18수 마방진을 만든다. 바로 부도지에서 말하고 있는 마고력으로 회귀한 것이다. 그리고 일찍이 마야인들이 사용한 달력의 법칙과도 일치하게 된 것이다. 즉, 마야수 13과 18이 나타났다. 어떻게 모양이 변하든 상관없이 우리의 관심사는 두 대칭에만 두면 된다. 3단계에 걸쳐 마고 배열을 회전대칭(a)과 반영대칭(b)을 시킨 결과 낙서 마방진이 만들어졌다. 낙서 마방진을 역으로 바꾸어 나가면 마고 배열이 될 것이다. 결국 마고 배열과 낙서는 같으며 그 사이에 회전과 반영 두 대칭이 있을 뿐이다.

문헌적 고증에 의하며 이러한 작업을 중국에서 처음 시도한 사람은 1275년 양휘였다. 그는 단순히 수학적 호기심을 가지고 낙서를 비롯한 여러 종류의 마방진을 만들었다고 한다. 그러나 그가 부도지를 알고 그것에 근거해 낙서 마방진을 연구했다는 증거는 없다. 마고 배열법 같은 것을 먼저 만든 다음 먼저 45도 회전대칭 그리고 이어서 모서리를 반영대칭시키다는 것은 일본에서도 시도된 바 있어서 마고 배열법은 인간의 심층 의식 구조와 관련된 세계 보편적인 것이 아닌가 한다. 다시 말해서 융심리학에서 말하는 '원형archetype'같은 것 말이다.

낙서의 회전 방향은 사계절과도 연관돼 우주 관측에 사용되기도 한다

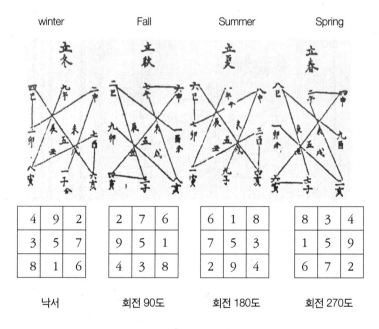

|  | winter | | | Fall | | | Summer | | | Spring | | |
|--|--|--|--|--|--|--|--|--|--|--|--|--|

| 4 | 9 | 2 |
|---|---|---|
| 3 | 5 | 7 |
| 8 | 1 | 6 |

| 2 | 7 | 6 |
|---|---|---|
| 9 | 5 | 1 |
| 4 | 3 | 8 |

| 6 | 1 | 8 |
|---|---|---|
| 7 | 5 | 3 |
| 2 | 9 | 4 |

| 8 | 3 | 4 |
|---|---|---|
| 1 | 5 | 9 |
| 6 | 7 | 2 |

낙서　　　　　　회전 90도　　　　　회전 180도　　　　회전 270도

[도표 5.5] 낙서와 계절의 변화

(Swetz, 2008, 52). 낙서 자체는 '입동立冬'으로서 이를 90도 반시계바늘 방향으로 회전시키면 '입추立秋'가 되고, 다시 90도 회전시키면 '입하立夏'가 되고, 다시 90도 회전시키면 '입춘立春'이 되고, 다시 90도 회전시키면 제자리 입동으로 돌아온다. 여기서는 반영대칭은 적용되지 않는다. 사계절 자체가 입동-입하, 입춘-입추와 같이 서로 반영대칭이 된다(Swetz, 2008, 52). 낙서 자체를 반영과 회전으로 변화를 시켜보기로 한다.

낙서는 이 밖에도 도가에서 많이 원용되었으며, 의학, 천문학, 명리학, 풍수학 등 응용이 안 되는 곳이 없을 정도이다. 그런데 이러한 낙서가 두 대칭구조를 적용할 때 마고 배열과 같아지는 것을 보았다. 이상 경우들의 특징은 마고 배열을 낙서와 연관을 시켰을 뿐, 낙서 자체의 구조적 변화를 시킨 것은 아니라 할 수 있다.

중국에서 낙서의 구조적 변화가 송나라 유염兪琰(1258~1314?)이 저술한 『독역거요讀易擧要』 권3에서 감지되기 시작한다. 뒤에서도 언급하지만 유염의 글은 그 이전 소강절(1011~1077)의 『황극경세』 권3의 〈관물외편상〉의 소강절(1011~1077)의 말에 의하면 "음수에는 일이 없고, 양은 십이 없으니, 양은 십이 뒤끝에서 없기 때문에 뒤 끝이 부족하고, 음은 하나가 첫 머리에서 1이 부족하기 때문에 머리에서 부족하다"(陰無一 陽無十 陽無十 故不足於後 陰無一 故不 足於首)와 같다. 소강절의 말에 근거하여 유염이 작도한 것에 의하면 다음과 같다. 유염의 음무일陰無一 논리는 뒤의 금역에서 다시 설명한다.

'독역거요'에서 작도한 역도에 의하면[도표 5.6], '음무일'은 음수 2, 4, 6, 8, 10의 첫머리에서 1이 없고(a), '양무십'은 양수 1, 3, 5, 7, 9의 뒤끝에서 10이 없다(b)를 의미한다. (b)는 다름 아닌 낙서 자체이다. 그렇다면 '음무일'과 '양무십'의 관계에서 보았을 때 낙서란 '양무십'에 근거한 것으로서(b) 두 가지 경우 가운에 한 가지 특정한 경우에 불과하다는 것을 유염이 지적했다고 볼 수 있다.

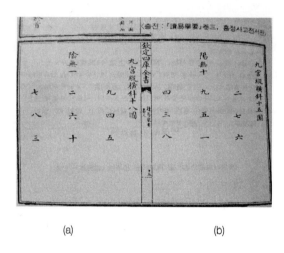

(출전: 『讀易擧要』卷三, 흠정사고전서판)

(a)                                             (b)

[도표 5.6] 유염의 독역거요

관물외편에서 각별히 유의해 보아야 할 곳은 '고부족어후'(故不足於後, 뒤 끝이 부족하고)와 '고부족어수'(故不足於首, 첫머리에서 부족하고)(상편)이다. 이는

양수집합={1,3,5,7,9}
음수집합={2,4,6,8,10}

과 같이 양수와 음수를 순서대로 배열한 것을 전제한 말이라 할 수 있다. 유염의 두 그림들을 이해하는 데 있어서 양수와 음수를 순서수로 파악하는 것이 무엇보다 중요하다. 즉, 양수 집합 순서수들을 볼 때 끝에서 10이 부족하고(그래서 이를 '양무십'이라고 한 것이다). 반면에 음수집합의 순서수를 볼 때 첫머리에서 1이 부족하다(그래서 이를 '음무일'이라고 한 것이다).

하도와는 달리 낙서의 '양무십'에 대해서는 그동안 다양한 설명이 있었으나 황극경세에서 거론된 취지와는 모두 거리가 먼 것이었다. '양무십'은 '음무일'과 반드시 연계하여 설명되어야 한다는 것이다. 유염이 위의 두 그림에서 보여준 점은 바로 이 점에 유의한 것이라고 본다. 다시 말해서 '양무십'을 음무일'과 상관적 관계에서 설명했다는 점에서 큰 의의가 있다는 것이다. 1과 10은 모두 전체 열 개의 십진법수의 관점에서 볼 때 첫 수와 끝 수이다. 독일의 수학자 브랄리 포르티에 의하면 "모든 순서수의 모임이 집합을 이룰 수 없다는 역설"을 두고 하는 말이다. 모든 순서수에서 처음과 끝은 순서수 전체와 같아져 버리는 역설이 생기기 때문에 집합을 이룰 수가 없다. 나무 나이테를 보면 순서에서 마지막 해의 테는 나무의 표피 자체와 같다. 그래서 나이테를 셈할 때 착오를 일으키는 원인이 된다.

칸토어의 집합론의 배경이 되기도 한 이 역설은 칸토어 역설보다 이른 시기인 1875년경에 발표되었다. 관물외편을 처음부터 끝까지 상세히 분석해 보면 궁극적으로는 이 순서수의 역설 때문에 쓰였다고 해도 과언이 아니다. 장행성의 말에 의하면 일월성신+하늘=5이고 수화토석+땅=5이기 때문에 즉, 하늘과 땅은 끝인 동시에 전체이기 때문에 쓰이지 않는다고 했다. 8괘의 건괘 집합의 태·리·진 가운데서 진괘와 곤괘 집합의 간·감·손 가운데서 손괘는 모두 4괘 들 가운데 끝에 있기 때문에 쓰이지 않는다고 했다. 이는 모두 역이 순서수의 역설을 심각하고 의식하고 있었다는 것을 의미한다.

다시 부연해 설명을 하면, 관물외편은 전편에 걸쳐서 그것이 5진수일 때는 5, 3진수일 때는 3이 끝이다. 다시 말해서 위에서 말한 8괘의 경우는 건괘집합 {건태리진}에서는 진이, 곤괘 집합 {곤간감손}일 때는 손이 된다. 이 마지막 진과 손을 '여분'이라고 하면서 '버린다'고 한다. 그러나 그것은 '교수交數' 즉 교환을 가능하게 하는 '도闈'라고까지 한다. 이것이 없이는 전체가 작용 자체를 할 수 없다는 말과 같다. 실로 관물외편의 글을 섭렵해 숙독하면 여기서 지적한 역설의 문제 해결의 전형이라고 누구나 동의할 것이다(소강절, 2002 권3, 493). 그러나 이러한 시각에서 황극경세를 보지 못한 것은 아쉽다 하겠다.

유염이 관물외편에서 말한 양집합은 끝에서 10이 없는 '양무십'이다. 그리고 음집합은 첫머리에서 1이 없는 '음무일'이란 말에서 근거하여 두 개의 다른 작도 모양을 보여준다. 하도와 낙서는 모두 10진법을 사용하기 때문에 처음은 1이고 끝은 10이다. 양집합 {1·3·5·7·9}에서는 끝에 10이 없고, 음집합 {2·4·3·6·8·10}에서는 처음에 1이 없다. 그리고 낙서는 전자의 경우로서 두 가지 가운데 한 예에 불과하다. 그렇다면 두 가지 모두를 연계해 생각해 볼 수 있지 않는가 하는 것이 유염의 사고발상이다. 이렇게 유염은 낙서를 모든 변화 가운데 한 예로서 보아 얼미든지 다른 예를 들 수도 있다고 한다. 즉, [도표 5.6]의 (a)는 '음무일'로서의 배열이다. 그러면 18마방진이 된다. 요약하면, 一과 十의 유무에 따라서 낙서의 구조를 바꾼 것이다. 즉, '음무일'일 때 15가 아닌 18마방진이 되고(a), '양무십'일 때는 15마방진으로 현재의 낙서 그대로가 된다.

그렇다면 음수집합과 양수집합에서 1과 10의 유무에 따라서 '음무일' '양무십'에 '양유일' '양유십'을 모두 추가한 가능성들을 생각해 볼 수 있을 것이다. 음집합과 양집합에서 1과 10의 유·무에 따라 모든 가능성 다 만들면 모두 8개의 가능성이 생길 것이다. 물론 이 경우 대 전제는 두 집합이 순서대로 배열돼 있어야 한다는 것이다. 그럴 때 8개의 가능성들은

① 음유일   불가
② 음유십   가
③ 음무일   가
④ 음무십   불가
⑤ 양유일   가
⑥ 양유십   불가
⑦ 양무일   불가

⑧ 양무십　가

와 같다. 모두 4개의 쌍들 안에서 하나가 가[可]하면 다른 것은 불가[不可]로 나타난다. 관물외편에서 말하고 있는 것은 ③ 음무일과 ⑧ 양무십이다. 음수집합과 양수집합에서 1은 후자의 첫머리에 반드시 있어야 하고, 10은 음수집합의 끝자리에 반드시 있어야 한다는 것을 전제한다. '가'한 경우에 '⑧ 양무십'은 ② '음유십'과 같은 말이고, ③ '음무일'은 ⑤ '양유일'과 같은 말이다. '불가'한 경우에서도 같은 방법으로 ② 음유일은 ⑦ 양무일과 같고, ④ 음무십은 ⑥ 양유십과 같은 말이다.

이상은 관물외편의 내용을 가능한 모든 경우로 분석해 본 것이다. 그러나 관물외편의 가장 근본적인 문제는 10과 1 가운데 어느 하나의 유무로 나누어 보았다는 데 있다. [도표 5.6]의 (a)는 '음무일'로서 (b)의 '양유십'과 따로 나누어 보았다는 것이다. 그런데 이제 한국 땅에서 획기적인 변혁이 나타났다. 그것은 ② 음유십과 ⑤ 양유일을 동시에 한 도형 속에 그려 넣었다는 것이다. 이를 일러 용담역에 기초한 '금령부8괘도'라고 한다. 그러면 마방진의 수가 13과 18이 동시에 가능해진다. 이는 이찬구 박사에 의해 1993년도에 작도된 것으로 『금역진리』(박홍래·이찬구, 1993)를 통해 발표된·바 있다.

13과 18의 발견은 우리가 사용하는 달력에 획기적인 변화를 가능하게 한다. 다시 말해서 금역에 의거하여 13월 28일이라는 새로운 달력이 동시에 가능하게 되었다. 이에 대한 자세한 논의는 장을 달리하여 설명하기로 한다.

**순서수의 역설**

인도에서는 마방진 9개의 수를 태양계의 별들에 연관시켰다. 미 브라운대학 역사학과 다카노리 쿠수바에 의하여 박사학위 논문으로 다루어진 적 있다.[1] 아래 [도표 5.7]에서 Rahu와 Ketu는 눈에 보이지 않는 별의 이름들이다.

일본의 경우는 한국의 도가 사상가들이 처음으로 점성학과 월력체계를 소개받은 604년에 송의 달력체계를 채택하였다. 일본 학자들이 마방진에 대하여 처음으로 연구하기 시작한 것은 간에이[Kan-ei]시기(1624~1643)이다. 1697년 유키 안도(Yueki Ando, 1624~1704)가 마고 배열

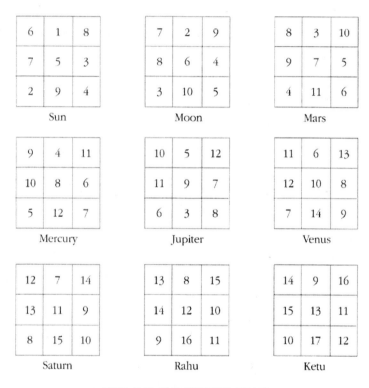

[도표 5.7] 인도 마방진과 태양계

---

1 Takanori Kusuba, *Combination and Magic Square in India* (Brown University: 1993), 169. Swetz, 2008, 181에서 재인용.

에 기초하여 마방진을 제작하였다. 마고 배열을 낙서에 대조하여 '3수배열 자연정방형the natural square of order three'이라 한다. 이에 대하여 낙서를 '3배가 마방진the three by three luoshu'라 부른다. 낙서는 '인위적'이고 마고 배열은 '자연적'이라는 것을 의미한다. [도표 5.7]은 마고 배열과 낙서의 관계를 보여준다.

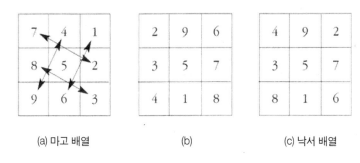

|   | (a) 마고 배열 |   |   | (b) |   |   | (c) 낙서 배열 |   |

[도표 5.8] 일본 안도의 마방진

(1) (a)는 마고 배열 즉, 3수분화 자연 준마방진이다. 화살표 ↔를 통해 보는 바와 같이 홀수와 짝수의 위치를 바꾼다. 1과 6(수), 2와 7(화), 3과 8(목), 4와 9(금)과 같이 바꾼다. 5는 중앙에 그대로 머문다. 이들 홀수와 짝수의 자리바꿈은 반가치화(음수와 양수)인 동시에 반영대칭을 의미한다. 이렇게 자리바꿈한 것이 (b)이다.

(2) 다음 (b)의 모서리에 있는 수들 4, 2, 6, 8을 90도 각도로 시곗바늘 방향으로 회전시키면 낙서 (c)가 된다. 즉, 4는 2의 자리에, 2는 6의 자리에, 6은 8의 자리에 8은 4의 자리로 가게 된다. 이는 낙서 전체가 아닌 모서리에 있는 수들만을 회전시키는 기법이다.

이어 일본의 다카베(Katahiro Takebe, 1664~1739)은 [도표 5.9]에서 안도의 연장선상에서 대각선의 반대각선화 방법에 특별한 관심을 쏟아 [도

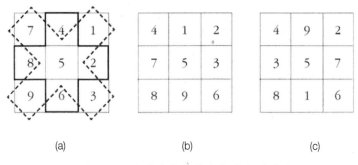

(a)　　　　　　　　(b)　　　　　　　　(c)

[도표 5.9] 다카베의 대각선 회전 마방진

표 5.8]과 같은 방법으로 낙서 마방진을 이해한다. 일본 낙서 마방신의 특징은 낙서의 두 개의 대각선을 회전시키는 것이다. 다카베는 (a)에서 보는 바와 같이 정대각선 7, 5, 3과 부대각선 1, 5, 9를 점선으로 십자형 cruciform으로 표시하고, 나머지는 수직 4, 5, 6과 수평 8, 5, 2로 배열한다. 어떤 경우이든지 5는 중앙에 그대로 머문다. 다카베는 이 십자가형 대각선을 45도 각도로 반시곗바늘 방향으로 회전시킨다. 그러면 대각선 7, 5, 3은 수평이 되고, 대각선 1, 5, 9는 수직이 된다(b). 반대각선화가 되었다. 이제 (b)에서 대각선이 아닌 수직(951)과 수평(357)을 180도 회전시키면 낙서 마방진(c)이 된다. 이는 마치 X자 모양의 공구를 가지고 45도 회전시킨 다음, 十자 모양의 공구로서 좌와 우 그리고 상과 하로 180도 회전시키는 것과 같다.

　안도와 다가베 두 사람은 대각선 논법의 대각선화와 반대각선화를 구사하고 있다는 점에서는 같다. 특히 후자의 경우는 정대각선과 부대각선을 45도 각도로 회전시키고 대각선이 아닌 수직과 수평은 180도 회전시키는 방법을 사용한다. 이런 방법들은 모두 일본이 한국의 도가 사람들로부터 배운 기법이라고 한다. 그러나 일본은 더 이상 낙서 마방진을 바꾸는 방법을 잊어버리고 손금보기, 점성술, 명리학 등에 응용되는 등 통속화되고 말았다.

## 5.2 『금역진리』와 마고력

 '13월 28일' 달력은 『부도지』와는 아무 상관도 없이, 동서와 고금을 막론하고 18세기부터 동시다발적으로 그 필요성이 지적되기 시작하였다. 징심록에 실린 일부분인 부도지 23장은 최초로 13월 28일 달력을 문헌적으로 언급하고 있는 것이 아닌가 한다. 위에서 우리는 13월 28일 달력이 비단 부도지에만 있는 이야기가 아닌 것을 보았다. 그런데 막상 한국 안에서 부도지를 접해 보지도 못하던 일군의 사람들 사이에서 명상과 기도를 통해서 1993년도에 13월 28일력을 자생적으로 만들어 사용된 적이 있다. 특정한 장소(계룡산 향한리)에서 10여 명의 사람들이 내면적 명상을 하던 중에 이 달력을 어느 한순간 갑자기 작성하게 되었다. 모임의 단체 이름은 '일도원一道院'이고 모임의 대표적인 두 인물은 원장 박홍래와 이찬구이다.

 이찬구 박사는 2020년 필자가 책을 쓰고 있던 7월 말 우연히 대화를 나누던 과정에서 1993년 기도와 명상 가운데 13월 28일력을 제작한 적이 있고 그 내용이 『금역진리金易眞理』에 상세히 실려 있다고 28년 전의 정보를 알려주었다. 아래는 『금역진리』에 실려 있는 마고력의 내용을 소개함으로써 부도지와 무관하게 13월 28일이 생겨난 또 다른 배경을 소개하려고 한다.[1] 1990년대 계룡산 모임의 역을 일명 '금역金易'이라고 하고,

---

1 이찬구 박사는 메시지 교환을 통해 필자의 말을 들은 이후 부도지에 13월 28일 달력이 있다는 사실을 확인하였다. 그의 13월 28일은 부도지와 무관하게 창안되었다는 것을 의미한다.

달력 이름은 환력桓曆이다. 이어 2000년대에 들어와 서단목의 마고력, 이정희의 마고력, 황혜숙의 마고력이 각자 잇달아 마고력을 만들었다.

## 금역본과 마고력 1

이렇게 동서고금을 막론하고 동시다발적으로 혹은 시공간적 거리를 두고 거의 동일한 달력이 자생적으로 생겨나는 이유는 융 심리학의 원형 이론 혹은 집단무의식에서 찾을 필요도 없이 간단한 추리에서 쉽게 구명할 수 있다. 그것은 일 년이 365 1/4이라고 할 때 한 해를 구성하는 일日, 요曜, 월月이란 세 요소들의 비례를 만든 다음 세 수를 곱하기하면 된다.

다시 말해서 1개월은 달의 삭망일이 29.5이기 때문에 한 달을 28, 29, 30, 31 가운데 어느 하나를 결정한다. 그레고리력은 이 네 수를 다 사용하나 달마다 다르게 거의 번갈아 가며 사용한다. 태음력은 29와 30, 두 개만을 번갈아 가면서 사용한다. 이 둘의 공통된 특징은 한 해를 12월로 하고, 윤일과 윤달을 둔다는 점이다.

그러면 가장 중요한 한 달의 날 수를 하나로 고정하는 것이다. 28일로 고정을 하고 12개월로 하면 336일밖에 안 되어 365-336=29일이 모자란다. 그래서 1년을 13개월로 하고 1일을 매년 추가하면 된다. 이 1일을 부도지는 '단'이라고 하고 그래도 또 남는 시간을 '판'이라고 한다. 이렇게 한 달을 28일로 하고 1년을 13개월로 하면 그레고리력이나 태음력에서 발생하는 문제를 깔끔히 해결할 수 있다는 것이다. 한 달을 28일로 한 다음에 한 요曜를 어떻게 정할 것인가는 다음과 같다. 28일의 약수들(1, 2, 4, 7, 14)을 모두 동원할 때 2와 14 그리고 4와 7 가운데 전자는 모두 음수이고, 후자는 음수와 양수이다. 그래서 후자가 효율적이다. 그래서 1요를 7일로 하고 그것이 주기적으로 네 번 변하면 28일 곧 한 달이 된다. 요를 '주週'라 할 때 이는 주기적으로 회전한다는 것을 의미한다. 아주

적합한 용어이다. 그런데 기독교가 일요일을 '주일主日'로 바꾸어 버렸다. 그러면 주기적으로 4회전한다는 개념은 사라지고 만다.

이상은 아무런 문헌적, 역사적 배경 없이도 지금 사용하고 있는 두 력의 문제점을 쉽게 추리할 수 있는 것이다. 이러한 이유가 동시다발적으로 13월 28일 달력이 생기는 배경이라고 본다.

그러면 마고력과 나아가 금역이 갖는 각별한 의의는 무엇인가? 실로 그 의의는 지대하다. 전자의 경우는 성수 147, 법수 258, 체수 369라는 세 종류의 수들을 구사해 '첩첩3진법'을 사용해 13월 28일 달력을 산출해낼 뿐 아니라 윤일과 윤일의 윤일까지 계산해내 '시간의 근원'時之根을 밝히고 있다는 점이다. 그리고 후자 금역은 동양 역의 역사를 꿰뚫은 다음 중국의 유염과 대종교 지도자인 백포 서일, 순천도의 모산 박일문의 현실적 도상에 근거한 다음, 수운과 해월의 영부도와 김일부의 정역도에 따라 획기적이고 새로운 역도易圖를 제작하였다. 다시 말해서 금역을 제작한 다음 거기서 13과 18(28)이란 수들을 도출하여 13월 28일의 달력을 제작했다는 점이다. 부도지와는 아무런 상관없이, 13월과 28일이 산출되면 거기서 7요는 자동적으로 나올 수밖에 없게 된다. 그래서 한국에서 13월 28일 개정 달력이 나온 배경은 크게 두 갈래이다. 하나는 부도지 23장(서단목, 이정희, 황혜숙)과 다른 하나는 금역(박홍래, 이찬구)에 근거하여 나온 것이다. 여기서는 금역의 이론을 소개함으로써 13월 28일 달력을 알아보기로 한다.

동양에서 역도는 크게 세 번 변화가 있었다. 복희역, 문왕역, 정역이 그것이다. 그런데 역도의 획기적인 변화는 한국에 와서 일어났다. 19세기 말 동학과 함께 큰 사회적인 변동이 생기기 시작하면서 하도와 낙서에 가히 혁명적이라 할 만큼의 변화가 생겼다. 그것은 19세기 말 정역과 20세기 중반 민족 종교의 용담역과 1990년대 금역이 그것이다. 정역은 낙서보다는 하도에 더 가까운 근거를 두고 있다. 그러나 용담역은 낙서의 구조를 근본적으로 개조하였고 마방진의 개념도 바꾸어 놓고 말았다.

'경주용담도'가 처음에 동학의 '용담영부도慶州龍潭圖'로 알려졌으나 이 찬구 박사가 조사 결과 1953년(공개는 1960년)에 순천도 박일문이 작도한 것으로 확인되었다(뒤에서 다시 설명함).[2] 한국에서 낙서 변화는 중국과는 달리 어느 한 개인이나 학자에 의한 것이 아니고 대종교, 동학 계열의 수운교(대전 소재)와 증산계열의 순천도(김제 소재) 등 민족 종교와 연계되었고, 또한 학계에도 영향을 미쳤다. 그리고 이 운동 차원이 여기서 중점적으로 말하려고 한 13월 28일 달력 개정과 직접적으로 맞물려 있어서 주요하다 아니할 수 없다.

'경주 용담도'는 낙서 마방진의 구조를 획기적으로 변경시켰는데, 중국, 인도, 일본 등지에서 있어 온 변화와는 근본적으로 다르다. 위에서는 주로 낙서를 마고 배열법과 연관하여 양자 간의 상관관계를 알아 보았다. 사실 마고력이 보편적 성격을 갖는 이유가 마고 배열의 보편적 타당성과 우주적 조화 그 자체이기 때문이라 할 수 있다. 마고 배열법은 성수, 법수, 체수라는 삼자 관계는 물론 반드시 여기에 13월이 병행해야 한다. 그러나 낙서는 이에 대한 설명을 할 수 없다. 낙서 마방진의 수는 13이 아니고 15이기 때문이다. 달력이 지금까지 변화를 이루지 못한 가장 큰 이유가 수 '15'에 매여있었기 때문이라 해도 과언이 아니다. 왜냐하면 이 수로는 한 해 365일에 근접하는 약수를 일, 요, 월에 연관시킬 수 없기 때문이다. 다시 말해서 마방진 15는 마고력과는 거리가 먼 수이다. 그래서 마방진 수가 13이 되자면 획기적인 발상의 전환이 필요하다.

거듭 강조해 마고력과 마야력에서 요청되는 수는 13과 18이다. 이 두 수를 찾기 위해서는 낙서 구조의 문제점을 먼저 찾고 고쳐야 한다. 낙서의 변화는 유염으로부터 시작되기는 했으나 중국에서 더 이상 진전을 보

---

2 2020년 7월 26일 메시지 교환으로 확인: 박일문 작, 『순천도 법문 경전』(1979), 39.

이지 못했다. 낙서의 문제점은 중앙의 5이다. 5는 중앙에 고착돼 어떤 경우이든 고정적이다. 하도에는 10과 5가 중앙에 자리잡고 있는데, 낙서에서는 10이 외곽의 마주 보는 수들끼리의 합수로(2+8, 3+7... 등과 같이) 탈脫중심화한다. 그러나 낙서에는 아직 5가 남아있었다. 유염이 이 5마저 탈중심화시키고 주변의 6을 그 안에 들여다 놓았다.

하도는 중앙에 10/5와 같이 5의 짝 10을 두었는데 낙서는 10을 주변에 추방해 버림으로 5는 홀로가 되었다. 다시 말해서 다른 수들은 1-6, 2-7, 3-8, 4-9와 같이 짝이 있는데 중앙 5의 짝인 10은 보이지 않는다. 바로 이점이 문제이다. 다시 말해서 5가 중앙에 고정적이라는 것과 5에는 10이라는 짝을 마방진에서 결여하고 있다는 것이다. 만약에 중앙 5에 5-10으로 짝을 만들어 주면 마방진의 수도 15와 20 두 개일 것이다. 그런데 우주와 삼라만상은 15와 20의 궤도 상에 있는 것이 아니고 13과 18의 그것에 있다. 일찍이 마야인들은 이것을 알았고 부도지를 쓴 저자는 이 점을 공략하고 있으며 부도지 저자가 요, 순, 우 문명을 비판하는 근거가 여기에 있다. 부도지 저자의 '5행의 난'이란 5 중심적 사고의 문제점을 두고 하는 말이다. 다시 말해서 마고력은 147·258·369 마고 배열과 13이란 수에 근거한다. 바로 이 문제를 해결하려는 것이 서일의 후천수, 용담도와 나아가 금령부의 금역이다. 『금역진리』에 실린 금령부 내용을 소개함으로써 13월 28일 달력(금역에서는 달력 이름을 '환력'이라 한다. 다른 달력과 구별하기 위해서는 '박홍래본' '이찬구본'이라 함)이 부도지와는 상관없이도 어떻게 탄생할 수 있었는가를 보여주기로 한다.

1993년 초 계룡산에서 박홍래 이찬구 두 분과 거기에 참여한 다수 분들[3]의 화두는 낙서의 중심 10-5(土)를 주변화하고 6-1(水)를 중심화하는 것이었다. 의도적인 것이 아니라 기도와 명상 끝에 얻어진 자연스

---

3 이때 참석자는 박홍래, 이찬구를 비롯하여 현장에 자연스럽게 모인 박영자, 황순희, 주영자, 조영숙, 안태문, 박준형 등 8인이 각각 8패를 맡았다.

런 결과였고, 결국 이 결과는 부도지 마고력과 일치하게 되었다. 금령부는 영부도와 대동소이하다. 그러나 새 영부도를 직접 그린 이찬구 박사는 금령부를 그릴 때 영부도가 누구의 것인지 모르고 그렸다고 한다. 나중에 그것이 순천도의 박일문의 작임을 알게 되었다는 것은 앞에서 지적한 바와 같다. 책의 머리말에서 "금역은 지난 3천 년 동안 문왕 8괘도와… 낡은 세계를 청산하고, 새하늘과 새 땅을 맞이한 주체가 되었다"(박홍래·이찬구, 1993, 14)고 했다. 이는 금화교역金火交易에 의해 2.7화의 시대에서 4.9금의 시대로 후천이 열렸다는 것을 의미한다. 환기 3년 1월 9일(서기 1993년 1월 31일)부터 금역이 선포된 것을 역리적인 후천과 개벽으로 이해한 것이다.

선천과 후천으로 나눌 정도로 금역의 선포는 1993년에 새 달력이 제작되었다는 면에서 혁명적이라는 것이다. 지금까지 역의 역사가 역도를 달력과 직접 연관시키지 않았지만 달력의 개혁 없이는 새 하늘과 새 땅이 올 수 없다는 것을 "치력명시治歷(曆)明時"(역법을 다스릴 때를 밝힌다, 주역 혁괘)와 "천지역수재이궁天地曆數在爾躬 윤집궐중允執其中"(하늘의 차례수가 네 몸에 있으니 진실로 그 가운데를 잡아라, 서전)에서 알 수 있다는 것이다. 우주의 변화로부터 지구를 보호하기 위해서는 책력부터 고쳐 바로 잡아야 한다. 그런데 역의 변화를 실질적으로 달력에 관련시킨 것은 중국이 아니고 단연히 코리아이다.

그래서 19세기 말 정역을 지은 김일부는 "역은 력이다易曆也"라고 했던 것이다. 이런 한국 역의 전통을 이어받아 1세기 뒤에 금역은 새 달력과 함께 탄생한다. 여기서 금역에 의미를 부여하는 것도 새 달력인 환력이 있기 때문이다. 금역은 아직도 낙서가 5 중앙화에서 완전히 벗어나지 못했다고 보고 위에서 말한 대로 탈脫중앙화를 시도한다. 이를 두고 가히 혁명적이라 할 수 있다는 것이다. 이는 마치 에덴동산에서 야훼 신이 중심의 과일나무와 주변의 그것을 분리하고 고정시킨 것에 대하여 뱀이 나타나서 탈중앙화시켜 주변이 중심이고 중심이 주변이라고 한 것과 같다. 5-10의 탈중앙화 그리고 1-6의 중심화가 바로 그것이라 할 수 있다. 과연 한국의 기독교가 이런 혁명적 시도를 할 수 있을까? 멀었다고 본다.

### 금역본과 마고력 2

금역본을 알 수 있는 자료는 『금역진리』가 유일하다. 그래서 이를 중심으로 책의 집필자인 이찬구 박사와의 직접적인 대화를 통해 사실 여부를 확인하며 글을 작성할 수밖에 없다.[4] 『금역진리』는 지금까지 나타난 역도 13개를 책의 1부에서 연속적으로 소개하고(26-50쪽), 2부에서는 금역도(금령부8괘도) 3개를 상세히 전개하고 있다(55-100쪽). 3부는 금역에 의한 경전해석이다. 여기서는 2부를 중심으로 요약해 소개한 다음 그것을 마고력과 연관시키려 한다.

먼저 1부의 괘철학 소사에 소개된 13개의 역도들은 ① 하도와 낙서, ② 복희 8괘차서도와 복희8괘 방위도, ③ 복희64괘차서도와 복희 64괘 방위도, ④ 기자 홍범구주도, ⑤ 문왕 8괘 차서도와 문왕 8괘 방위도, ⑥ 해운 인경부도, ⑦ 유염 양무십 음무일도, ⑧ 세종 훈민정음 초성오행도, ⑨ 수운 용담영부, ⑩ 해월 지리산 영부, ⑪ 일부 정역8괘도, ⑫ 동무 사상의학, ⑬ 백포 선후천수도와 같다.

①~⑤는 중국 전통의 것이고, ⑥~⑬은 한국 전통의 것이다. 그런데 ⑦은 중국 것이지만 한국 전통 가운데 넣은 것은 유염의 것이 금역본과 밀접하게 연관이 되기 때문이라고 본다. 다시 말해서 6을 중앙에, 10을

---

4 1947년생인 저자 박홍래 선생은 2018년도에 별세함. 『금역진리』의 편저자는 박홍래, 책임 집필자는 이찬구 박사이다. 1993년의 환력도 '박홍래·이찬구본'으로 표기해야 하나, 박홍래 사후에 이찬구 박사가 환력의 윤일 문제를 해결하여 별도의 환력을 개정하였고, 그 달력의 이름을 한력(韓曆)이라 했기 때문에 환력은 '박홍래본', 한력은 '이찬구본'으로 구별하여 서술하고자 한다.

주변에 두는 것 때문이다. 그러나 유염의 것은 6일뿐이지 1을 넣은 것이 아니다. 서일도 마찬가지이다. 1과 6을 모두 넣은 것이 ⑩ 해월 지리산 영부(추정도)이다. 그래서 한국적 사고의 특징은 중심을 탈중앙화하고 주변을 중앙화한 것이라 할 수 있다. 이를 두고 후천 혹은 '혁명적'이라고 한 것이다.

그러면 지금부터 책의 순서대로 금역도 3단계 전개 과정을 통해 도상을 파악하기 위해 이에 직간접으로 연관이 있는 ⑥~⑬가운데서 대표적인 몇 개를 연관시켜 보려 한다. 금역도와 직접적으로 연관이 있는 것은 ⑥~⑬까지이다. ⑦은 중국 전통의 것이지만 그것을 한국적인 것 사이에 넣는 이유는 ⑥이 중앙에 들어 있기 때문이다. 실로 『금역진리』의 ⑥~⑬ 도상들은 동북아 사상 전체의 축약도와 같으며 무엇보다 한국 사상과 중국 사상의 사유구조의 차이점을 극명하게 보여주는 데 더 없이 중요한 자료라 할 수 있다. 한마디로 말해서 한국적인 것은 탈중앙화, 바로 자리바꿈 이것이라 할 수 있다. 이때 마방진의 합수는 13과 18이다. 이는 나아가 책력의 구조를 근본적으로 바꾸는 13월 28력으로 갈 수밖에 없다. 역학적으로 문명사의 전환을 예견하는 거사라 아니할 수 없다.

1·6 혹은 6·1쌍이 중앙으로 와야 할 이유를 그것이 '수水'라는 의미에서만 찾는 데는 한계가 있다. 괘의 기표에 대하여 기의를 심화시키면 곧 맹방(맹희와 경방) 등의 괘기설에 빠질 위험성이 있다. 일단 먼저 괘수에 비중을 더 주어야 한다. 지금까지 그레고리력이 28, 29, 30, 31 수들에 집착한 이유와 태음력이 29와 30일에 집착한 이유는 30이 15의 배수 다시 말해서 낙서 마방진의 수가 15이기 때문이다. 15+15=30 이란 대칭성 때문이다. 달력이 13월 28일로 바뀌기 힘든 이유가 여기에 있다. 부도지가 요임금 달력을 비판하고 금역 역시 역대 문화 영웅들의 서열에서 문왕을 거부하고 계속 거부한 이유도 여기에 있다. 낙서는 문왕의 화신과도 같기 때문이다.

그런데 짝이 없는 5대신에 1·6을 중앙화하면 새로운 마방진 13과 18의 마방진이 생겨나고 거기에 근거하여 금역 혹은 새로운 달력인 환력環曆이 탄생하게 된다. 한국의 계룡산 자그마한 동네에서 일련의 사람들이 모여 기도와 명상 중에 이를 발견한 것이다. 그런데 이 발견이 부도지 23장과 일치한다는 것이다. 이를 이찬구 박사는 1993년과 2020년 사이, 거의 30여 년 만에 이 사실을 확인한 것이다. 그런데 금역도와 낙서를 마고 배열을 통해 비교해 보면 금역은 체수 369 중심인데, 낙서의 부대각선은 법수 258 중심이다. 다시 말해서 마방진의 부대각선을 보면 법수 258이고, 금역에서는 체수 369이다. 그런 의미에서 낙서와 금역 모두를 마고력 안에 포함시켜 이해할 수가 있다. 이런 준비와 예비지식을 가지고 『금역진리』의 내용을 소개해 나기로 한다.

13개의 도상들을 소개하는 과정에서 이를 이해하는 방법은 『금역진리』①에서 ⑤까지는 중국 것으로서 5를 강조하는 법수를 강조했고, 마고력은 369의 체수를 강조했다는 것이다. 1·6은 그래서 성수 1과 체수 6의 쌍으로 보아야 한다는 것이다.

## 5.3 금역과 괘철학

### 금역과 중국 전통

『금역진리』1부에서 소개하고 있는 13개의 역도 가운데 위의 ①~⑤ 개는 중국 전통 속에 나타난 것들이다. 한 가지 공통된 것은 괘가 8개라 는 것과 5가 중심부에 차지하고 있다는 것이다. ⑥~⑬까지 한국 전통의 것은 바로 이 두 점을 공략하고 있다. ①은 하도와 낙서를 동시에 소개한 다음 ②와 ③은 복희8괘도와 64괘도를 나눈다. 정역도는 8괘를 공략하 고 있고, 용담도와 금역은 중심부 5를 공략하고 있다.

이 두 가지 한국 것이 중국 것을 공략하는 중요성과 그 의의는 무엇인 가? 지금까지 동북아 역학 연구에 이 두 가지 관점이 갖는 현대적 의의를 발견하지 못한 것은 큰 과오이다. 고작 2진법에 착안하여 라이프니츠의 그것과의 비교를 통해 튜링 기계와 컴퓨터 이론 나아가 유전자 서열과 연결시키는 정도였다. 그러나 ⑥~⑬에서 8괘설과 중심부 5를 공략한 것 은 세종대왕이 '나랏말쏨이 중국과 달라' 한 것과 같을 정도로 의의가 크 다. 그리고 악학궤범에서 상하12지법을 도입하는 것 등에서 중국 것과 한국 것을 차별화하는 시금석이 되고 있다. 이렇게 우리 것으로서의 이 해를 '시용時用'이라 한다.

8괘에 머문다는 것은 돼지 어미가 새끼를 셈할 때 자기 자신을 빠트 리고 셈하는 것과 같다. 서양 사람들이 'fingers'라 할 때 엄지thumb를 빼고 4개만을 셈하는 것과 같다. 중국의 역이 범한 가장 큰 약점이 바로 여기에 있다고 본다. 그러나 다산이 벽괘를 말할 때 건, 곤, 감, 리를 넣어 12벽괘를 말하여 이를 우번과 주자와 차별화(주자와 우번은 8벽괘론을 주장)한 것이나, 김일부가 8괘에 8괘 자체를 낳는 모체인 건을 '2천'이라고 하고 곤을 '7지'라 하여 넣어 10괘를 사실상 작도한 것 등은 하도와 낙서에 대한 정면 공략이다. 이는 현대 수학의 칸토어 집합론에서 전체 자체를 부분에 포함<sup>包含</sup>시키는 것과 하나 다를 것 없다. 다시 말해서 정역도는 이에 한 발 앞서 있는 것이다. 한자에서 전체를 부분에 포함시키지 않을 때는 포함<sup>包涵</sup>이라고 하여, 시키는 포함<sup>包含</sup>과 구별한다. 다시 말해서 중국 역은 초지일관 전체를 부분에 포함시키지 않는 포함<sup>包涵</sup>의 논리이고 한국 역은 전체를 부분에 포함시키는 포함<sup>包含</sup>의 논리이다(涵은 '담다', 숨은 '머금다'는 뜻).

먼저 『금역진리』의 '① 하도와 낙서'에서는 오행을 하도와 낙서에서 서로 어떻게 다르게 표현하는가를 소개한다. 하도는 1~10까지의 수이고, 낙서는 1~9까지의 수라고 소개한다. 그리고 양수와 음수가 두 도서에서 놓여 있는 차이를 설명하고 있다. 이에 대하여 가라타니 고진이 '중심부', '주변부' 그리고 '아주변부'로 문명사를 진단하고 있는 것과 같이 두 도상 속에 들어 있는 중심과 주변의 문제는 도외시되고 있다. 하도는 5의 자기 언급 수인 10(5+5)를 중앙에 배열한다. 이는 하도가 우로보로스와 같은 미분별적 의식 구조를 그대로 반영하고 있음을 의미한다. 아직 에덴의 속으로 귀향하는 의식구조이다. 그러나 뱀과 함께 중앙에서 분리되는 '에덴으로부터'(Up from Eden)는 탈에덴이다. 자기애적 그리고 나르시스적 의식 구조에서 해방이다. 이에 대하여 낙서는 10을 5에서 떼어낸다. 자기로부터 자기를 분리해내는 것이다. 그러나 아직 5가 중심부에 그대로 남아 있다. 이제 이 5를 중심부에서 탈중앙화시키는 데 무려 3천여 년의 시간이 걸린다. 5에서 10을 분리시키는 데도 약 2천여 년의 시간이 걸렸다.

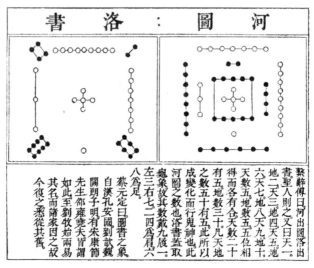

〈출전 : 『周易』上海古籍出版社本〉

(가) ① 하도와 낙서

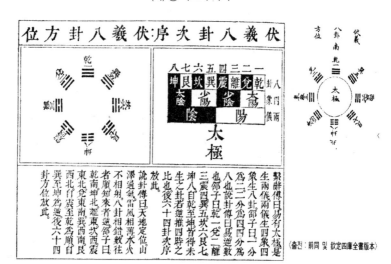

〈출전 : 前同 및 欽定四庫全書版本〉

(나) ② 복희8괘차서도와 복희8괘 방위도

[도표 5.10] ①과 ②

'② 복희 8괘서차도와 복희 8괘 방위도'는 복희도의 또 다른 의미를 갖는다. 『금역진리』의 공동저자인 이찬구 박사는 이를 두고 '일생이법一生二法'과 '삼변성도三變成道'라고 한다. 일一은 '태극'이고 이二는 '음양'이다. 라이프니츠가 좀 번지수에 맞지 않게 이를 이진수로 착각했지만 사실 그것은 동양에서 두 가지 대칭 가운데 반영대칭을 말하는 것일 뿐이다. 이진수가 아닌 반영대칭으로 그가 이해했어야 한다. '삼변'이란 하나의 괘를 만들기 위해서 효가 3단계 생성을 한다는 말이다. 그렇다면 마고 배열법은 '일생삼법, 삼생성도'라 할 수 있을 것이다. 이를 '삼첩진법'이라고 한다. 금역을 얻을 당시 부도지 23장은 아직 계룡산 식구들에게 알려지지 않았던 것 같아 복희도와 양자 간 비교가 없다.

(나)의 하단의 8괘 중앙을 '태극'으로 표시하였다. 전형적인 태극과 8괘의 관계를 포함包涵으로 보는 중국적 사고의 표출이다. 태극 속에 음양이 포함包涵돼 있다는 사고는 주자와 퇴계의 것이고, 포함包含돼 있다는 사고는 율곡의 사고이다. (나)는 그런 점에서 전자의 사고를 더 극명하게 드러낸다. 이에 대해 뒤에 나오는 ⑪ 일부 정역도는 8괘를 낳는 2천과 7지를 8괘도 안에 포함包含시켰다. 그런 점에서 『금역진리』에서 저자가 (나)를 ⑪과 대비시키기 위한 것으로 보이나 이에 대한 언급은 없다. 다시 말해서 중국적 포함包涵과 한국적 포함包含을 구별하고 대비시키기 위한 한 고안이라고 본다.

다음의 '③ 복희64괘차서도와 복희64괘방위도'에 관하여 『금역진리』는 8괘와 64괘를 구별하여 소개하고 있다. 그 이유는 64괘에는 8괘에 없는 방도方圖와 원도圓圖가 들어 있기 때문이다. 64괘도를 방도에 넣게 되면 정대각선에 있는 괘들은 건건, 태태, 리리, 진진, 손손, 감감, 간간, 곤곤과 같이 자기언급적이 된다. 그러면 방도 안에는 자기언급적인 것, 다시 말해 대괘의 상하가 같아지는 8괘들(자기귀속)과 같아지지 않는 56괘들(비자기귀속)로 나누어진다. 자기언급을 자기귀속self belonging이라고 할 때 '비자기귀속적의 비자기귀속은 자기귀속적'이고 '비자기귀속의 자기귀속은 비자기귀속적'이란 고질적으로 풀지 못하는, 그래서 비결정성으로 남겨 놓을 수밖에 없는 '거짓말쟁이 역설' 혹은 '러셀역설' 류의 함정에 빠지게 된다. 이 함정은 서양 지성사에 토대를 허물고 탈근대화로 들어서게 만든 역할을 한다.

서양에 이 방도를 처음 소개한 장본인은 부베라는 신부였고 이를 알게 된 철학자가 라이프니츠이다. 그러나 그는 2진수에 골몰한 나머지 방도 속에 있는 대각선 논법의 진면목을 간과하고 말았다. 이를 알아챈 장본인이 바로 19세기 말 G. 칸토어이다. 그는 집합론을 다루는 과정에서 대각선 논법을 발견하게 된 것이다. 그러나 우리 동양에선 이를 수천 년 전부터 알게 되었고 방도에 나타난 이 난처한 문제를 풀기 위해 방도에 이어 그 둘레에 원도를 작도했던 것이다. 방도는 문제를 던지고 원도는 이를 해의하려 했던 것이다. 『금역진리』는 이 점의 중요성을 알았음인지 13개 역도 가운데 무려 세 번(1, 2, 3)에 걸쳐 하도 혹은 복희8괘 그리고 복희 64괘를 소개하고 있다.

이어 '④ 기자의 홍범구주도'에 대하여 이찬구 박사는 "홍범의 핵심은 5황극이나, 앞으로 6황극 시대가 오게 된다고 한다… . 홍범의 9가지 범주 가운데서 5행이 첫째이다"(『금역진리』, 33). 홍범구주는 아직 9와 5의 한계를 벗어나지 못하고 있다. 9가지 범주 가운데 '5행'이 첫째라고 할 정도이다. 그러나 부도지의 특징 가운데 하나는 5행을 강력하게 부정하고 있다는 것이다. 이는 요堯를 반대하는 이유 가운데 하나이다.

또 '⑤ 문왕 8개차서도와 문왕 8괘 방위도'는 금역을 창시할 당시 문왕과 대결하는 장면 같은 것이 이를 잘 반영한다. 그리고 문왕8괘도는 낙서와 동형으로서 복희8괘도와는 그 구조가 다르다. ⑤의 우측을 보면 먼저 곤괘(☷, 모)의 초효에서부터 단계적으로 음효를 양효로 바꾸면 진괘(☳, 장남), 감괘(☵, 중남), 간괘(☶, 소남)이 생겨나고, 반대로 건괘(☰,

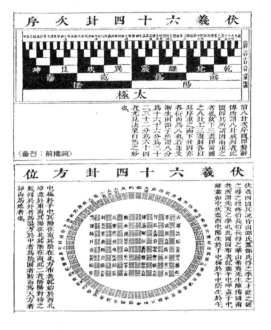

③ 복희
64괘차서도와
복희 64괘
방위도

(a)

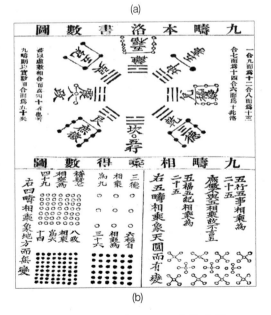

④ 기자 홍범
9주도

(b)

[도표 5.11] ③과 ④

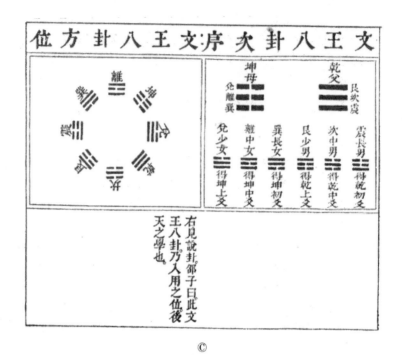

[도표 5.11-c] ⑤ 문왕 8괘차서도와 문왕 8괘방위도

부)에서 초효에서부터 단계적으로 양효를 음효로 바꾸면 손괘(☴, 장녀),
리괘(☲, 중녀), 태괘(☱, 소녀)가 순차적으로 탄생한다. 여기서 '단계적'
이란 말은 곤괘와 건괘의 상중초효를 효변시킬 때 이전에 변화시킨 것에
상관없이 건과 곤괘의 3효를 단계적으로 변화시키는 것을 의미한다. 이
에 대해서 '연속적'이란 이전(앞효)에 변화시키는 것을 그대로 두고 다시
변화시키는 것이다. 그러면 건괘는 초효부터 차례로 손, 간, 곤이 될 것이
고, 곤괘는 차례로 진, 태, 건이 될 것이다. 이처럼 연속적인 때는 감과
리괘가 생길 수가 없게 된다.

　　역을 연구할 때 이 두 가지 효변의 방법에 대하여 별다른 관심을 기울
이지 않은 것은 유감이다. 연속적으로 변화시킬 때 감과 리가 빠진다는

것은 문제가 아닐 수 없다. 중국의 주자와 우번 등이 감과 리 그리고 건과 곤괘를 12벽괘에서 제거하고 8괘설을 주장하는 배경이다. 그러나 정다산은 건곤감리를 다 넣어 12벽괘를 주장하고, 정역은 여기에 2천7지를 더 넣어 사실상 14괘설을 주장하는 것이나 마찬가지이다. 건과 곤은 거기서 다른 괘들이 나온 근기根氣이고 그래서 그것은 동지나 하지와 같고, 감리는 뒤집어도 그 모양이 변하지 않기 때문에 낮과 밤이 같은 추분이나 춘분과도 같다고 보았다. 그리고 건곤감리가 있기 때문에 윤일과 윤달이 생긴다고 한다. 그래서 만약에 이들을 제거하면 윤달과 윤일을 설명할 수 없다고 한다.

[도표 5.11-c] 그림의 우측은 건괘와 곤괘에서 단계적 변화를 시켰기 때문에 3남 3녀가 다 태어날 수 있었다. 만약에 연속적 변화를 시켰으면 중남(감괘)과 중녀(리괘)가 태어날 수 없었을 것이다. 문왕8괘도는 건과 곤의 위치에 리괘와 감괘를 두었다. 만약에 리괘와 감괘를 근기로 삼아 여기서부터 단계적 효변을 시키면 감괘에선 태, 곤, 손이, 리괘에선 간, 건, 진괘가 생겨난다. 문왕8괘도가 5를 탈중심화는 시키지 못했지만 근기(남북 방향)가 되는 괘를 건곤에서 감리로 바꾼 것은 변화라 할 수 있다.

앞으로 역학 연구에 있어서 '단계적 변화'와 '연속적 변화'의 문제는 현대 과학에서도 문제로 제기되는 만큼 이러한 시각에서 역을 바라볼 때 역학 연구의 획기적 전기를 모색하게 될 것이다(김상일, 2017, 2013, 2012). ⑤ 그림이 우리에게 던지는 의의는 우측에서 건괘와 곤괘를 8가족 성원에서 제외된 위치에 있을 것인가 아니면 가족의 한 성원이 될 것이냐가 문제일 것이다. 이러한 우측(문왕8괘차서)의 문제를 좌측(문왕8괘방위)은 건곤을 가족이란 집합의 한 성원으로 보고 있다는 점이다. 우측이 포함包涵이라면 좌측은 포함包含이라 할 수 있다. 후자를 특히 '재귀적' 혹은 자기귀속적 '자기언급'이라고 한다. 피보나치 수열이 이러한 재귀적 성격을 가지고 있음은 두말할 필요가 없을 것이다. 아무튼 ⑤은 앞으로 한국 역으로 가는 많은 실마리를 제공하고 있으며 그 실마리를 중국의 ⑦에서 유염이 던져주고 있다. 낙서는 금역의 가장 큰 공략의 대상이고 마고력과도 직간접적으로 연관되기 때문에 마방진을 중심으로 마고 배열과 어떻게 연관이 되는지는 장을 달리해서 논하기로 한다.

## 금역과 한국 전통

'⑥ 해운 인부경원도'는 『금역진리』에서 ⑥~⑬에 이르기까지 우리 한국 역의 효시로 소개되고 있나. '해운'이란 최고운(857년~?)의 다른 이름이다. 그리고 알려진 천부경의 다른 이름이다. 천부경이 고대의 신지 전자로 기록되어 있지만, 우리가 알고 있는 81자 한문 천부경은 독자적으로 '해운 인부경'이라 불러야 한다고 한다(『금역진리』, 37). 이찬구 박사는 인부경의 의미를 중요시해 『인부경81자 집주』(1993)를 낸 적도 있다. 이 해운 인부경(혹은 '인부경')이 『금역진리』와 관계되는 이유는 천부경 81자(80자, 1자가 중복되므로)를 원환의 둘레 상에 배열했을 때 6과 1이 상과 하에서 마주 본다는 것이다. 대개 천부경을 9×9형의 정사각형에 배열하는데, 이처럼 원도<sup>圓圖</sup>로 배열함으로써 뒤에서 전개할 1과 6의 관계를 잘 보여주고 있다. 그러나 이것은 우연적인 요소가 많은 설명이다. 아마도 마고 배열을 미처 알지 못하던 때이기 때문일 것으로 본다. 인부경은 그 이상으로 마고력과 직접적인 연관이 있다. 이 인부경 원도를 마고력으로 해석하면 원저자들이 미처 생각하지 못한 것 이상으로 그 의미가 더 잘 드러난다.

부도지 23장의 서두에 "천도가 돌고 돌아 종시가 있고, 천도회회<sup>天道回回</sup> 유종시<sup>有終始</sup>"라고 할 때 마고력이 갖는 근본 동기는 '종시' 즉 '끝과 시작' 즉, 회전대칭의 문제이다. 그래서 인부경은 '일시무시'로 시작하여 '일종무종'으로 끝난다. 두 가지 대칭의 문제로 보았을 때 부도지와 인부경의 최대 관심사는 시종의 문제란 점에서 일치한다. 그리고 마고 배열 가운데 체수인 369는 궁극적으로 '시간의 근원時之根'이라고 하였는데, 이는 1~9개의 수로 시간의 근원을 구명하고 이를 달력에 적용하고 있기 때문이다. 인부경 역시 수의 이런 점에 있어서 마찬가지이다. '일시무

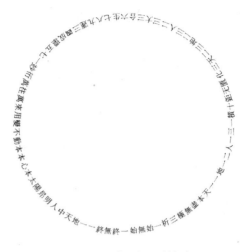

[도표 5.12] ⑥ 해운 인부경도

시'란 말 자체가 $N^0=1$에서 보는 바와 같이 이는 수의 발생 근원을 말하는 것이다. 수의 근원을 말하지 않고는 시간의 근원도 말할 수 없다는 것이다. $N^0=1$이 '일시무시'의 공식이다.

다음으로 직접 인부경과 마고력이 관계되는 장면을 보자면 인부경 본문 안에서 배열을 다시 만들어 보면 된다.

3  6  9 … 체수
2  5  8 … 법수
1  4  7 … 성수

이상 간단한 고찰을 통해서도 천부경 혹은 인부경은 부도지와 그 쓰인 동기에 있어서 그 뿌리를 같이 하고 있으며 우리 민족 사상의 원형과 같다고 할 수 있다. 인부경(천부경)을 위서 운운하면서 부정하는 강단 학자들도 많지만, 동서고금 세계 도처에서 13월 28일력 사용 운동이 전개

되고 있는 지금, 이를 문헌적으로 그리고 과학적으로 뒷받침할 수 있는 문헌은 오직 부도지뿐이다. 그리고 인부경이 이 부도지와 동근임을 여기서 확인해 둔다.

'⑦ 유염 양무십음무일도'는 낙서마방진과 마고력을 논하는 장에서 (5-2)에서 상론하였기 때문에 여기서는 생략한다.

'⑧ 세종 훈민정음 초성오행도'는 오행의 배치 방법에 있어서 중앙에 순음을 배치하는 초성을 5행에 연관시킬 때 水에 해당하는 순음을 중앙에 배치한다. 그 근거로 1·6쌍의 중심부 배열의 이론적 근거로 삼으려 한다. 금역은 여기서 세종대왕의 도움을 구하고 있다. 토에 해당하는 순음인 ㅁ, ㅂ, ㅍ을 가운데 정井에다 하나로 뭉쳐놓은 것이다. 본래 정음 창제 당시에는 이 순음 ㅁ, ㅂ, ㅍ 셋을 토土로 보고, ㅇ / ㆆ / ㅎ을 水로 발표했었다. 그러나 그 뒤에 토와 수에 해당하는 자음이 어느 것인지는

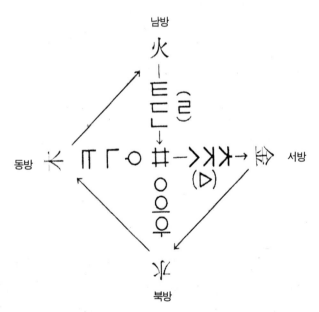

[도표 5.13] ⑧ 세종 훈민정음 초성오행도
(이정호, 훈민정음의 구조원리)

논란이 되어 혼란이 있었다.

하지만 금역의 변화원리에 의해 중앙에 있던 토가 남방으로 나가고, 북방 수가 중앙에 들어와 금령부 8패가 완성되었다. 그래서 본래의 훈민정음의 취지대로 ㅇ / ㆆ / ㅎ이 수음이 되었다. 환기 3년(1993년) 1월부터 수가 중앙에 제자리로 들어가고 토가 밖으로 나갔다(『금역진리』, 41).

'⑨ 수운용담영부'(추정)와 '⑩ 해월 지리산 영부'(추정, 일명 용담도)의 경우는 금역에 가장 가까운 근처에 있는 도상이다. ⑨는 8패 형상인데, 16신장부도라고도 한다. 8패를 직접 그리지 않고 그 자리에 신장을 상징하는 두 개의 원들을 각각 그려 넣어 1·6원이 되었다. 수운사상에서 용담과 영부가 가지고 있는 상징성 때문에 이런 이름이 붙여진 것으로 보인다.

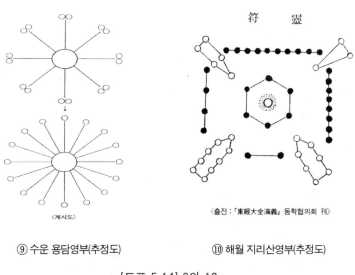

符　靈

〈게시도〉

〈출전: 『東經大全演義』 동학협의회 刊〉

⑨ 수운 용담영부(추정도)　　　　　⑩ 해월 지리산영부(추정도)

[도표 5.14] 9와 10

⑨는 수운(최제우)이 직접 그린 것이 아니고 『금역진리』 저자가 동학의 진리를 8패로 도상화하여 작도한 추정도이다. 수천여 년 동안 동북아 문명권을 지배해 오던 하도와 낙서에서 8패를 다 빼 버린 그 지적 혹은

영적 용단, 그것은 코리안이 아니면 흉내도 못 낼 일이다. 저자는 이렇게 말한다. "수운께서 그리신 영부는 때와 장소에 따라 그 형상이 다르게 나타날 수도 있었겠지만, 8괘 형상의 16신장부도(그림 9)는 수운영부의 완성형일 것으로 생각한다"(『금역진리』, 43). 16이란 수리는 '수운水雲'이란 호 자체가 1·6 물 水인 것에 근거한 것이라고 한다.

데리다의 표음문자의 해체작업을 넘어 상형문자(괘)까지 해체시켜 버리려는 시도가 아니고 무엇이겠는가? 표음 문자는 "나는 생각한다. 고로 존재한다"는 존재신학을 만들어 인류 문명사를 이념의 혈투장으로 만들어 버렸다는 것이다. 그래서 표음문자phonetic의 해체야말로 철학이 당장 치러야 할 거사이다. 그러면서 데리다는 상형문자 시대로 되돌아가야 한다는 것이다. 그러나 '⑨ 수운 용담영부도'를 보면서 상형마저(괘)도 제거하고 그곳을 0으로 비워 놓으라는 것이다. 그리고 각자의 주관에 따라서 때와 장소에서 알맞게 그 빈 공간을 주관의 개입으로 적어 넣으라는 것이다. 드디어 ⑩에서 적어 넣었다. 그것은 지금까지 하도 낙서와는 다른 탈중앙화 그리고 주관의 결단에 의해 그 중심부에 1·6(혹은 '16')을 넣자는 것이다. 그것이 ⑩에 해당한다. ⑩은 해월(최시형) 영부靈符로 추정하였다. 앞에서 말한 대로 본래 박일문의 용담도와 일치하나, 수운의 계승자인 해월의 이름에서 바다 해海를 가탁하여 물 중심의 영부도임을 강조한 것이다.

이찬구 박사는 중심부에 1·6(수)가 들어가는 것은 금생수金生水의 이치에 따른 것이라고 한다. 다음 단계에 가면 자연히 수생목水生木의 이치에 따라 3·8(목)이 중앙에 들어가야 한다는 것이고,[1] 그에 따라 새로운 부도를 그려야 한다.[2] 이 문제는 뒤에서 다시 논의할 것이다.

1·6(수)과 3·8(목)이 중앙에 들어갈 경우 낙서 15마방진을 넘어 13,

---

1 2020년 7월 20일 메시지 교환을 통해 확인.

2 이찬구, 2010, 214과 336. 그 부도의 이름은 상균도와 청황부이다.

18, 20 마방진이 자유자재로 만들어진다는 것이다. 환력이란 13과 18 마방진이 탄생하면서 자생적으로 나타나게 되었고 그것은 부도지 23장과 일치하게 되었다. 아니 나아가 동서고금 모든 고정력과도 같게 되었다.

실로 ⑨를 '16신장부도'라 하여 현실에 없는 공백으로 남겨 둔 것은 포스트모던 시대, 즉 '이름없음'의 시대를 반영한 것이다. 3000년 이상 선천에선 역이 '괘'라는 상징계로 나타났다. 그러나 후천의 시대로 넘어가는 즈음 상징계는 사라지고 실재계로 넘어가야 한다. 화이트헤드는 이런 이름 없는 공백의 자리를 '창조성Creativity'이라고 했다. 바로 이렇게 도래한 현실계 혹은 창조성에 해당하는 것이 '⑩ 해월 지리산 영부'이다. 우리 한국에서의 역학을 통한 사상사는 정확하게 라깡의 수순을 밟고있는 것이다.

쟈크 라깡의 상상계, 상징계 그리고 현실계는 켄 윌버의 전분별, 분별, 초분별로 연관해 이해하면 된다. 상상계는 어린아이의 아직 언어가 없는 기표를 지칭할 만한 기의가 없는 단계이다. 여기에 인간은 상형문자나 표음문자를 동원해 상상계Imagery의 전분별적 단계를 분별적이게 한다. 상형문자에서 발전된 괘 역시 이런 기표이다. 이런 언어를 구사해 상징물을 만드는 데 이를 '상징계'Symbolic라고 한다. 윌버는 이를 '분별'이라고 한다. 붓다와 노자는 이런 상징계의 언어는 달을 가리키는 손가락과 같다고 하여 일단 이를 제거 하라고 한다. 그러면 실재를 있는 그대로 보게 되는데 이것이 실재계Real라고 한다.

'⑨ 수운 용담영부도'는 괘의 자리를 공백으로 처리함으로써 상징계를 일단 지우면서 실재계로 넘어가는 전초 단계로 보며 이를 윌버는 초분별이라고 한다. 이런 새로운 실재계를 보여주는 것이 '⑩ 해월 지리산 영부'이고 '금역도'이다. 그런데 윌버는 전분별을 평균적 양상이라 하고 초분별을 전향적 양상이라고 하면서 인간은 두 양상이 유사해 혼동하는 오류를 범하는데 이를 '전초오fallacy of pre-trans'라고 했다. 사실 정역도와 용담

영부 그리고 금역도는 하도 낙서와 그 양상이 유사해 혼동을 일으킨다.

⑨와는 달리 ⑩은 "앞으로 나올 새 8괘도의 수리를 밝혀 놓음으로써 괘철학사에 획기적인 공을 세웠다."[3] 다음에 말할 금령부8괘도(금역)은 소위 정신사적으로 최해월 영부도로부터 계승된 것이다. 그리고 13월 28일 개정 달력의 기원이 바로 이 해월의 지리산 영부도이다. 동학 사람들은 이것을 『동경대전연의』에서 '영부도' 또는 '용담영부도'라 했지만, 이것을 처음 그린 순천도 교인 박일문은 '경주용담도'라고 이름했지 '영부도'라고 붙이지는 않았다. 이름에 상관없이 그 사상적 근원이 해월에 있음을 부인할 수 없다는 것이다. 『최해월가어』에서 말한 "사람이 곧 수기水氣요, 마음 또한 수심水心이라 천지만물이 1수 아님이 없느니라."에 결국 근원을 둘 수밖에 없다고 본다. 다시 말해서 후학이 작도한 것이라도 그 개념과 발상 자체는 수운이나 해월의 동학에 둘 수밖에 없다는 것이다.

금역의 저자는 ⑩ 영부도 안의 1·6수 '점선원'에 각별한 의미를 두면서 "이 수리가 그대로 금령부8괘도에 계승된 것이다"(『금역진리』, 45)이라고 결론한다. 1·6수를 감싸고 있는 중앙의 네 동심원은 박일문의 용담도보다 더 구체적일 뿐만 아니라, 유일무이한 것이라는 점에서 금령부8괘도의 백미라고 할 수 있다.

다음에 말할 '⑪ 일부의 정역8괘도'의 경우 김일부는 역易은 력曆이라고 했다. 이 정역도를 작도한 후 역수 원리는 제시했으나 새 달력으로 전해진 것은 없는 것 같다. 그러나 정역은 ⑥~⑩번에 이어 금역이 나오게 되는 직접적인 배경이 된다. 일부 김항 선생은 1828년 충남 논산생으로서 1879년부터 정역도상이 명상 중에 나타나기 시작하여 1881~1885년 사이에 정역에 관한 글들 '11일언', '15일언' 그리고 달력과 관련이 된

---

3 『동경대전 연의』에 실려 있는 바와 같이 영부도에 정역 8괘상을 그려 넣은 소위 '경주용담 영부도'는 순천도 박일문의 것으로 확인되었다. 하지만 사상적 근원은 수운 선생이나 해월 선생으로 소급될 수 있다.

'12월 24절 기후도수'를 썼다. 그러나 15는 낙서의 수이다. 여기서는 13월력이 나올 수 없다. 그리고 일부는 12월 24절에만 있다고 했다. 다만, 일부는 요순력이 지나 앞으로 정역은 360일 역이 될 것이라고 했으며, 그것은 지축의 기울기와 연관있다고만 생각했던 것 같다. 그러나 피보나치 수열과 마고력은 전체와 부분과의 관계를 포함<sup>包涵</sup>이 아닌 포함<sup>包含</sup>이라고 본다. 그래서 8괘가 나오는 근기를 2천과 7지로 보아 그것을 정역도 안에 포함<sup>包含</sup>시킨 것은 마고력의 논리에 접근한 탁견이라 할 수 있다.

# 5.4 금역과 정역

## 금역과 정역의 괘수 비교

정역도는 ㉠ 2천7지를 5곤10건에 대응시켜 배열한 점, ㉡ 4.9 금권
金權이 아니고 2.7 화권이라는 점, ㉢ 정역8괘도가 윷판을 모체로 삼고
있지만 금령부8괘도 이를 '1달 28일'의 근거로 삼고 있다는 점, ㉣ 정역
의 15일언, 12월, 5황극 같은 개념들은 문왕8괘와 연관이 있다고 본다.
그러나 역<sup>曆</sup>을 력<sup>曆</sup>으로 보고 있는 정역의 견해가 금역에서 환력이 나올
수 있는 근거가 되었다. 그러면서 "'금령부8괘도의 괘상은 정역8괘를 그
대로 계승하되, 수리는 지리산 영부도에서 취한다"(『금역진리』, 47)라고
결론하고 있다.

정역8괘도는 금역도의 대본이 되고 있다. 괘의 배열 구조가 같으나
괘수는 다르다. 여기서 우선 괘와 역도들 간의 괘수들의 일대일 대응관
계를 만들어 보기로 한다.

|      | 건       | 태 | 리 | 진      | 손      | 감 | 간 | 곤      |
|------|----------|----|----|---------|---------|----|----|---------|
| 정역도 | 10(2천)  | 3  | 9  | 6       | 1       | 4  | 8  | 5(7지)  |
| 금역도 | 2        | 8  | 3  | 7(9천)  | 5(4지)  | 9  | 4  | 10      |
| 문왕도 | 6        | 7  | 9  | 3       | 4       | 1  | 8  | 2       |
| 복희도 | 1        | 2  | 3  | 4       | 5       | 6  | 7  | 8       |

[도표 5.15] 역도들 간의 괘수 비교

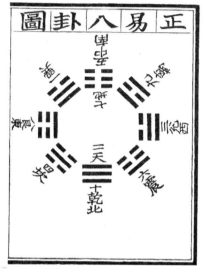

11. 일부(一夫) 정역8괘도(正易八卦圖)

[도표 5.16] ⑪ 정역 8괘도

4개의 역도들(정역, 금역, 문왕, 복희) 간의 괘수는 그 생성되는 과정이 다르기 때문에(정역도는 금역도와 그 구조가 같아도 괘수는 다르다) 이를 [도표 5.15]에서 개괄 비교하는 것은 필수적 과제이다. 문왕과 복희도는 8괘에 국한 하지만 정역도와 금역도는 '2천7지'와 '4지9천'이 첨부된다.

[도표 5.15]에서 보는 바와 같이 괘수가 다른 이유는 그 만들어지는 방법과 과정이 다르기 때문이다. 그러나 여기서 만드는 원칙은 두 가지뿐이라고 본다. 즉, 효를 만들 때 '연속적'이게 하느냐 '단계적'이게 하느냐의 두 가지뿐이라는 것이다. 기하학적 표현을 빌리면, '연속적'이란 '나선형'을, '단계적'이란 '동심원형'을 의미한다. 작은 소립자의 세계와 큰 우주에 이르기까지 거기에는 반영과 회전 두 대칭과 나선과 동심원 두 도상뿐이다. 다시 말해서 역도들은 이러한 우주의 두 가지 대칭과 나선과 동심원의 구조를 그대로 반영한다.

'연속적'인 것과 '단계적'이란 두 말을 메타언어로 사용할 때 중국역과 한국역의 확연한 차이를 일별해 볼 수 있다. 정역이 건곤 두 괘를 근기로 삼아 연속적으로 효변시킨 것이라면, 복희도는 건·곤 두 괘를 단계적으로 효변시킨 것이고, 문왕도는 감·리를 근기로 하여 효변시킨 것이다. 복희도와 정역도가 서로 괘의 집합이 같은 이유는 건곤에서 효변을 시킨 이외에 다른 이유가 없다. 그러나 복희도의 건집합이 '건태리진'이고 곤집합이 '손감간곤'이지만, 정역도에선 건집합은 '건리태진'이고 곤집합은 '곤손간감'이다.

(건집합)      (곤집합)

건태리진      곤간감손    ··· 복희도 건곤집합

→          ←

건진태리      손곤감간    ··· 정역도 건곤집합

화살표 방향에서 보는 바와 같이 복희도 선곤 집합은 같은 집합 안에선 방향이 일정한 정향적$^{orientable}$이지만, 정역도의 경우는 같은 집합 안에서도 '건태'와 '리진'이 반대이고, '손감'과 '간곤'이 반대이다. 그러나 문왕도는 감리를 근기로 삼아 단계적 변화를 시키고 있다. 정역도도 마찬가지로 감리를 근기로 삼아 연속적으로 효변시킬 수 있으며 그때에도 집합 구성원은 변하지 않는다. 건곤을 근기로 삼는다는 것은 하지와 동지를 한 해의 시작으로 삼는다는 것이고, 감리를 근기로 삼는다는 것은 추분과 춘분을 근기로 삼는다는 말이다.

2천과 7지가 생기는 이유도 연속적일 때 감, 리가 빠지는 동시에 곤이 건집합에 나타나고, 건이 곤집합에 나타나기 때문에 건과 곤이 중복된다. 그래서 건집합 자체의 '건'은 2천$^{二天}$이라 하고, 곤집합 자체로서의 '곤'을 '7지$^{七地}$'라 부른다. 다시 말해서 집합 자체를 '2천'과 '7지'로 부른다는 것이다. 단계적일 때는 생기지 않았지만 연속적일 때만 생기는 멱집합의 원리이다. 전체 자체가 자기 집합 자체 안의 부분이 되어 버리는 경우를 두고 하는 말이다. 그래서 이는 중국 하도와 낙서에선 볼 수 없었던 현상으로 한국역의 특징 가운데 특징이다. 그런데 이러한 특징을 금역도 그대로 따른다는 것이다. 실로 이는 무의식 속에 들어 있는 집합이란 공동체의 조형

자체가 그대로 발로된 결과라고 할 수 있다.

다음으로 설명해야 될 주요 과제는 하도나 낙서와는 판이하게 다른 정역의 고유한 괘수 번호가 어떻게 결정되느냐이다. 이 차이가 바로 정역과 마고 배열이 같음을 증명한다. 정역8괘도의 괘수들 1손, 2천, 3태, 4감, 5곤, 6진, 7지, 8간, 9리, 10건은 손가락 5개를 3진법으로 나눈 다음 굴(양) 신(음) 작용을 해서 만든다(김상일, 2017, 383).

엄격한 의미에서 정역은 3진법과 5진법을 조화시켜 괘를 만든다.

정역과 금령부8괘는 모두 윷판에 수렴돼 생각될 수 있다고 본다. 이제 정역과 금령부8괘와의 관계는 금령부8괘도가 부도지 23장을 조우할 때 어떤 평가를 할지가 궁금하다 아니할 수 없다. 정역의 괘와 괘수를 결정하는 수위 '수지상수법'에 대해선 다시 상론될 것이다. 즉, 아래 [참고도표]에서 수지상수를 통해 정역이 괘가 만들어지는 법과 그것이 어떻게 금역과 연관되는지를 볼 것이다.

### 금역과 사상의학

'⑫ 동무 사상의학'은 마치 주역 계사전으로 되돌아간 것 같은 퇴행적 모습을 보는 것 같다. 그러나 그렇지 않다. 동무 이제마는 4상의학으로 더 잘 알려져 있다. 동무 이제마는 1837년 함남에서 태어났고 명저『동의수세보원』(1894년)을 주저로 남겼다. 인륜, 지방, 세회, 세운

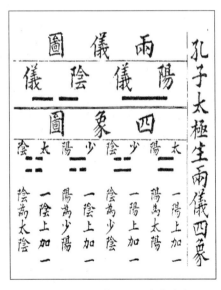

[도표 5.17] ⑫ 동무 사상의학

이 질병의 원인이라고 한 주장은 코로나 시대에 각별한 의미를 던져주고 있다. ⑨에 남겨진 무명의 공백 속에 주관의 개입(알랭 바디우의 말)이 중요하다고 할 때 동무가 5행의 흥왕시대에 4상을 주장한 것은 또 하나의 한국적 주관 개입이라고 할 수 있다. 그런 점에서 1·6을 중심부에 넣은 것과 같은 맥락에서 이해될 수 있을 것이다.

동무의 사상론에 대하여 금역 저자는 "이 사상의학은 금령부8괘에 의해 더 높은 단계로 발전될 것이다. 앞으로 사상의학은 8괘의학으로 구체화될 것이다"(『금역진리』, 49)라고 결론하고 있다. 여기에 더하여 마고력에서 볼 때 '4'는 또 다른 의미를 갖는다. 5가 법수에 속한다면 4는 성수에 속한다. 그래서 5와 4는 그 속하는 논리계형이 다르다. 다시 말해서 4는 147 성수의 가운데 수이다. 그리고 4는 한 달 28일을 '1요7일'과 '4요1월'이 되게 한다. 5가 28일의 약수가 아니라는 점에서 우주 질서의 가장 중요한 달력을 제작할 때 기초적인 역할을 하지 못한다. 그러나 법수는 또 다른 윤일을 다루는 역할을 한다. 법수 5가 없이는 부도지에서 말하는 '단'과 '판'이란 윤일을 결정할 수 없다. 다시 말해서 4가 윤일이 아닌 13개월 28일을 결정하는 역할을 한다면, 5는 윤일 하루를 결정하는 데 역할을 한다. 아무튼 동무가 4상을 강조한 것은 인의예지같은 4수의 유교 근간이 되는 것과 연관이 되지만 이는 요순 이래 중국의 5에 대한 반란이라고도 볼 수 있다. 법수는 모두 피보나치 수임을 상기하기 바란다.

## 금역과 후천수

'⑬ 백포 선후천수도'는 지금까지 나온 어느 작도보다 우리 역사의 아픈 부분과 궤를 같이한다. 중국의 역이 복희나 문왕 같은 제왕들이 작도의 주인공들이지만 한국의 경우는 김일부, 해월, 수운 그리고 백포 같은 필부필부이거나 민중운동과 민족운동에 앞장섰던 분들이다. 백포 서일은 1881년(신사년) 함경북도에서 태어나 민족 철학을 연구하던 학자였다. 그러나 왜적들에 의해 청년들이 잡혀가 무참하게 살해당하는 것을 본 후 대종교에 입교하고 독립운동에 투신하다 1921년, 그의 나이 41세에 희생된다.

그가 지은 대표작 『회삼경』은 대종교 경전으로 사용되고 있다. 그는 ⑬ 도상에서 보는 바와 같이 그것은 ⑦ 유염의 양무십음무일도를 연상케 한다. 여기서 잠시 생몰연대를 보면 유염은 1258~1314년(?)이고, 김일부는 1828~1898년이며, 서백포는 1881~1921년이다. 서백포는 후천수를 문헌에 남긴 국내 최초의 인물이다. 『금역진리』는 김일부는 말할

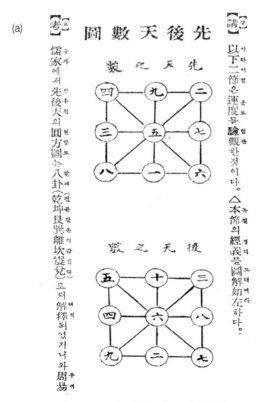

[도표 5.18-a] ⑬ 백포 선후천수도

(b)

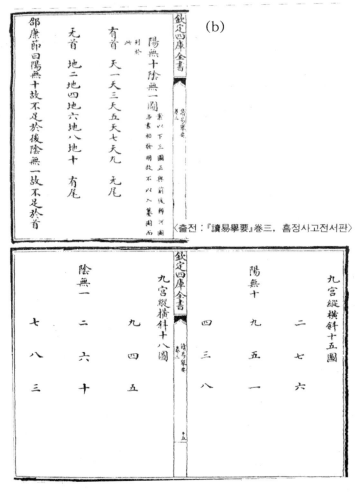

〈출전 : 『讀易擧要』卷三, 흠정사고전서판〉

[도표 5.18-b] ⑦ 유염의 양무십음무일도 (재인용)

것도 없고, 유염과 백포를 놓치지 않고 발굴해 서술했다는 점에서 독창적이다.

⑬의 선천지수는 낙서(7의 우측)의 그것과 같고, 아래 후천지수는 유염의 것(7의 좌측)을 상하로 뒤집어 놓은 것과 같다. 다시 말해서 위의 것은 '양무십'이고, 아랫것은 '음무일'의 상하를 뒤집은 것과 같다.

『금역진리』는 이에 대하여 "그의 철학이 정역이나 영부로부터 직접적인 영향을 받았다기보다는 삼일신고와 같은 고유사상의 영향이 더 컸다고 본다"(『금역진리』, 51)고 한다. 유염의 것과 상하가 우좌로 바뀐 것을 제외하고 양자는 동일한 것으로 볼 때, 서로 같아짐이 우연의 일치라고 보기는 어렵다. 같아진 이유를 우리는 마고력과 마고 배열에서 그 의의를 찾을 수 있다. 먼저 그의 대표작인 회삼경會三經은 3과 1의 철학이라고 할 수 있다. 셋이 하나이고 하나가 셋이란 철학이다. '삼회'란 3이 회전문을 만들어 첩첩이 회전한다는 것이다.

그렇다면 마고 배열로 돌아와서 볼 때 세로칸은 1'23, 456, 789 같이 1을 더해 나가지만 가로열은 1+3=4, 4+3=7, 2+3=5, 5+3=8, 3+3=6, +3=9와 같이 3을 더해 나간다. 1과 3이 세로와 가로에서 더해 나가면서 성, 법, 체수가 첩첩이 모여 9가 된다. 그리고 선천 낙서(양무십)의 부대각선 258은 법수에 해당하고, 후천지수(음무일)의 부대각선은 369로서 체수에 해당한다. 백포가 마고 배열법을 알고 있었는지 아닌지는 모르지만 그가 선후천수를 상하에 배열한 것은 이 두 도상의 수를 대응시킬 때 마고 배열 가운데 법수와 체수가 생겨나는 것은 분명하다.

백포는 상하 두 개 도상의 양수 1·5·9(하)와 음수 2·6·10(상)를 밝히는 데 성공하여 유염의 '음무일도'와 최해월의 영부도의 수리를 원리적으로 규명하는 데 그 의의가 있다. 이것은 백포의 '회삼' 사상, 다시 말해서 하늘, 사람, 땅을 상징하는 원, 방, 각 사상이 두 도상을 통해 실현된 것이다. 1·5·9는 위의 그림 가운데 칸에, 2·6·10은 아래 그림 가운데 칸에 각각 배열돼 있다. 그런데 마고 배열이라는 관점에서 보았을 때 두 도상을 통해 성, 법, 체수를 찾는 데 더 큰 의의가 있다 할 수 있다. 다시 말해서 위의 것의 부대각선에선 법수 2·5·8을 아래 것의 부대각선에선 체수 3·6·9를 찾는 데 성공했다는 것이다. 그러면 성수는 어디에 있는가? 그것은 두 도상을 함께 종합해 아래 것의 정대각선을 보면 찾을 수 있다는 것이다. 다시 말해서 위의 것의 정대각선 4·5·6과 아래 것의 정대각선 5·6(1)·7에서 4와 5를 서로 교환하고 6대신 1로 교체하면 된다. 그래서 6과 1을 동시인 갖는 것이 영부이고 금역이다. 이렇게 '⑬ 백포 선후천수도'는 1과 6이 분리되어 있지만, 마고 배열과 나아가 마고력에 더 없이 큰 의의를 갖는다고 할 수 있다.

## 5.5 금역과 마고력

### 금역 개정도와 마고력

중국(①~⑤)과 한국(⑥~⑬) 것을 모두 소개한 다음 금역과의 차별성을 부분적으로 설명하였다. 『금역진리』의 저자는 이어 제2부에서는 금영부8괘(혹은 금역)가 발상되고 전개된 배경을 소개하고 있다. 먼저 몇 가지로 요약하면 금역은 낙서와는 극명하게 반대하면서 해월 지리산 영부와 정역에는 가깝다. 단 한 번에 금령부8괘도가 작도된 것이 아니고, 세 차례에 걸쳐 작도되는 치밀성을 보여주고 있는데, 제1차 금령부8괘도 원도原圖, 제2차 금령부8괘 개정도改定圖1, 제3차 금령부8괘 완성도를 차례로 소개하고 있다. 작도의 두 가지 큰 원칙은 '영부도'(용담도)를 근간으로 하고 정역을 이에 첨가한 것이다.

지금까지 나타난 역도들과는 달리 금역은 박홍래, 이찬구 등 다수의 사람들이 수도와 명상과 토론을 통해 집단지성을 발휘해 단계적으로 수정 보완을 거쳐 작성되었다는 점에서 특징이 있다. 8괘 하나씩에 한 사람씩 맡아 자기의 역할을 수행하였다. 역할이 끝난 다음에는 평범한 자연인으로 돌아갔다. 이처럼 우리나라 문화 전통 속에서 자생적으로 나타난 역사적인 사건을 그동안 사대주의에 매몰된 한국 학계가 돌보고 발굴하

---

1 이 당시(1993년)는 2차 개정도로 8괘도가 완성된 것으로 알았으나, 3차 개정까지 이어졌다. 〈금령부8괘도 2차 개정도〉는 당시 종교신문, 홍익문화신문 등에 광고 게재되었다고 한다.

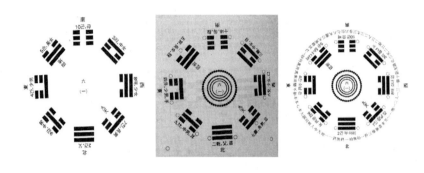

|(a)|(b)|(c)|
|---|---|---|
|제1차 금령부8괘도 원도|제2차 금령부8괘도 개정도|제3차 금령부8괘도 완성도|

[도표 5.19] 금령부 전개도

지 않는 것은 만시지탄이 있다 아니할 수 없다.

먼저 원도(原圖; 금령부8괘도 처음 원도의 약칭)부터 고찰해 보기로 한다. 환기 3년(1993년) 1월 29일부터 시작된 집단지성이 각고의 정성과 노력 끝에 참가한 사람들이 원도原圖로 의견을 모으고 이찬구 박사가 작도하였다.

(1) 작괘의 수리는 용담영부도에 의거했고, 괘상은 정역도에서 원용한 것이다. 그래서 금역도는 정역도를 따른다.

(2) 8괘 수리 배열은 용담영부(1-10)의 수리에 일치하는 백포의 후천수(13)에 기초하였다. (다만 10수 중에 1이 빠져 있다.) 중심부에 1·6을 가져온 것은 하도/낙서와 모두 다르고, 괘수를 1~10으로 한 것은 낙서와 다르다. 그리고 정역의 수리배열과도 상이하다.

(3) 이 새 8괘의 이름을 '금령부8괘도'라고 명명한다. 그 이유는 용담 '영부'의 영부가 동경대전에 있는 용어이고, 오행 중 금(4·9)을 강조했으며, 금화교역의 이치에 따라 금을 주장하였기 때문에 '금령부金靈符'라고

했고, 약칭으로는 '금역金易'이라고 한다. '금역'은 8괘명이면서 동시에, 금령부8괘의 총체적 진리를 담는 새 역경의 이름이다(『금역진리』, 59). 금생수金生水의 이치로 보더라도 금은 중앙의 수를 돕고 있다.

이상 요약은 금역의 전체 내용을 간추린 것이다. 이처럼 금역은 하도-낙서-정역도에 이어 동북아 문명사에 큰 획을 긋는 장면이라 아니할 수 없다. 그 내용이 문명사의 대 전환에 필수적인 달력의 변화를 예고하고 있다. 그것이 우연의 일치로 부도지와도 부합하고 있기 때문이다. 『금역진리』 저자진의 의미부여에 이어 금역의 가치는 이어지는 2차 개 정도와 3차 완성도에서 드러나겠지만 원도 상에서 보이는 몇 가지 점을 미리 시사해 두기로 한다.

원도는 백포의 후천수와 영부도를 대본으로 하여 작도된 가장 원초적인, 말 그대로의 '원도原圖'이다. 중심에 1·6쌍을 두고 1은 괄호안 (1)로 처리하였다. 원도가 지리산 영부와 다른 점은 정역도에서 가져온 방법론을 따른다. 다시 말해서 정역도가 하도와 낙서에는 없는 2천과 7지를 건과 곤괘에 옥상옥 같이 첨가한 것에 대한 중요성을 금역에서도 취한 것을 첨언해 둔다. 원도는 여기서 '7지' 대신에 '사지四地'를 '5손'(장녀)에, '2천' 대신의 '9천九天'을 7진(장남)에 첨가했다. 여기서도 4·9금이 중요시되었음을 알 수 있다. 이는 금역이 정역도와 괘를 같이 하는, 다시 말해서 양자는 모두 멱집합의 논리를 따른다는 것을 의미한다.

필자가 보기에는 금역의 위대한 점은 여기에 있다고 본다. 금역이 정역의 2천7지의 전통을 따르면서 독창적으로 4지9천을 4지-5손과 9천-7진에 부합시킨 것은 한국 고유사상의 맥을 잇는 한 장면이다. 한국의 주역 의리역을 하는 자들이 상상과 꿈도 꿀 수 없는 명장면이다. 그 위대함의 효시는 정역도에 돌려야 하겠지만 말이다. 이 옥상옥 같은 초과분의 첨가는 가장 한국적이게 하는 것이다. 중국의 주자와 우번이 12벽괘에서 건·곤·감·리괘를 제외시켰지만 다산은 첨가했고, 김일부는 10건에 2천을 5곤에 7지를 첨가했다. 이것은 부분을 낳는 전체 자체를 자기의 부분들 안에 포함<sup>包含</sup>시키는 논리로서 이런 멱집합의 논리를 가장 한국적이라고 한다.[2] 중국적인 것은 전체가 부분을 포함<sup>包涵</sup>할 수는 있어도 포함<sup>包含</sup>될 수는 없고, 화이트헤드가 서양철학은 플라톤 철학의 주석에 불과하다고 할 때 서양철학은 수미일관<sup>首尾一貫</sup>되게 이데아가 사물을 포함<sup>包涵</sup>할 수는 있어도 포함<sup>包含</sup>될 수는 없다고 했기 때문이라고 본다. 중국 철학도 마찬가지로 그 연장에 불과하다. 그래서 하도와 낙서의 어디를 보아도 2천과 7지 같은 것이 옥상옥같이 붙어 있는 것을 찾아볼 수가 없다. 중국의 유염도 중심에 6을 둔 것은 사실이지만 8괘를 초과된 것을 첨가해 10괘를 만들지는 못했다.

## 집합론과 정역의 수지상수

서양의 수학은 19세기에 와서야 집합론을 통해 집합 {abc}의 부분집합은 'abc' 자체가 다른 부분들에 포함<sup>包含</sup>된다고 했다. 이를 '멱집합의 원리'(Power Set Principle[PSP])이라고 하며, {abc}={a, b, c, ab, bc, ca, abc, ∅}와 같다. 정역도의 발상은 바로 이 최첨단 수학적 발상 자체와 하나 다른 것이 아니다. 서양 사상과 중국 역학이 유클리드 수학이 '부분의 합이 전체'라는 정의에 사로잡혀 있을 때 우리 조선 땅에선 칸토어와 시기도 비슷하게 19세기 말에 '멱집합의 원리'로 역을 이해하기 시작한 것이다. 그리고 또 한 세기가 지난 1990년대 초 다산, 율곡, 원효, 일부에 이어 그 맥락이 부활한 것이다.

이찬구 박사와 그의 집단지성들은 이구동성으로 합의하여 4지를 5손에 9천을 7진에 가져다 동석이 되게 했다. 이것은 정역도와 그 발상 자체

---

2 최치원이 '包涵三敎'라 하지 않고 '包含三敎'라 한 것을 다시 생각한다.

가 같은 것으로써 집단지성들은 이 추가분을 어떤 것으로 선정할 것인가? 고민한 다음, 어디에다 그것을 가져다 붙일 것인가에 대해 서로 토론하고 고민하였다.

2천7지나 4지9천이 달력에서 중요한 이유는 이들이 다름 아닌 윤일(단과 판)과 윤달을 결정하기 때문이다. 부도지(23장)의 마고력에서 '단旦'과 '판昄'에 해당하는 것이 다름 아닌 이들이다. 단과 판을 좌우하는 것은 성수 147이 아니고 법수 258이다. 다시 말해서 달력 연구는 결국 윤일에 대한 연구라 할 때에 전체이면서 부분인 '역설'을 조장하는 것이 '2천7지'이고 '4지9천'이다. 동서양의 인류 지성은 애써 이를 외면하려 했으나 외면하면 할수록 더 문제가 된다. 윤일과 윤달이 성가시다고 외면하는 순간 성탄절을 8월에 맞는 진풍경이 벌어질 것이고 인간 세상사는 무질서의 혼란 속에 접어들 것이다.

거듭 말해 서양과 중국은 이들 초과분들을 제거하려고 한다. 그러나 칸토어의 집합론으로 자기철학의 근간으로 삼고 있는 알랭 바디우는 이를 '초과excess'라 하면서 자기 철학의 처음과 끝으로 삼고 있을 정도로 주요시한다. 하도와 낙서가 이 점에서 결격 사유를 갖는다.

그러면 왜 '4지'는 5손-장녀에, '9천'은 7진-장남에 부합하였는가? 이에 대해 "그리하여 용담영부8괘도를 새 8괘로 정한 다음, 4(4지)와 9(9천)의 금권金權을 어느 괘에 부여할 것인가를 논의하였다"고 말하고, 그 결과 정역에서 2.7 화권火權을 간(소남)과 태(소녀)에 붙임에 따라 이번의 금권을 장남(震), 장녀(巽)괘에 부여하여 안전성을 추구하였다는 것이다. 이에 대한 약간의 이견을 제시하면 다음과 같다.

4와 9를 오행의 '금권'이라 보고 2와 7일 오행의 '화권'으로 본다. 우선 이러한 오행의 기의들을 뒤로 하고 수로만 그 논리성을 파악해 보기로 한다. 파악을 하기 위해서는 하도, 낙서 그리고 정역도에서 괘수가 발생하는 방법과 과정부터 보아야 한다. 복희8괘도는 그림 2 우측에서 보는 바와 같이 가일배법에 의하여 순차적으로 우측에서 좌측을 향해 1·2·3·4·5·6·7·8과 같이 괘수가 정해진다. '③ 64괘도' 역시 가일배법이다. 낙서의 괘수는 마방진이 괘수를 정하는 데 결정적인 역할을 한다. 정방형의 가로, 세로 그리고 대각선 모두의 합수인 '15'를 이상수로 보았고, 이는 정역의 '15일언' 그리고 한 달 30일과도 직결된다. 그리고 문왕8괘도 혹은 낙서는 리괘와 감괘에서 단계적으로(연속적이 아닌) 효변을 시켜 8괘를 만든 것이다. 괘수를 결정하는 방법이 달라 괘수가 갖는 의의도 다르다고 본다.

여기에 정역도의 경우는 하도 낙서와는 괘수의 성격이 판이하게 달라진다. 효와 괘를 작성하는 방법부터가 3진법에 근거하고 있다. 가일배법도 단계적인 방법도 아닌 연속적 방법을 사용한다. 연속적이면 감과 리를 만들 수 없는데 그렇게 가능하게 하는 것이 바로 3진법에 근거한 수지상수법이다. 5개 손가락으로 괘를 만든다는 것이다. 이에 대해서는 필자의 『주역 너머 정역』에서 상론해 두었다. 여기서 요약 소개하기로 한다.

(1) 셈을 할 때 5개의 손가락을 굴(屈)과 신(伸)을 한다. 이를 양(–)과 음(--)이라고 하며 이는 반영대칭에 해당한다. 정역에서는 왼손을 사용하나 여기서는 편의상 오른손을 사용하기로 한다.

(2) 동양은 5개 수지를 모두 편 신(음)의 상태에서 셈을 시작하고, 서양은 반대로 5개의 수지를 모두 오무린 굴(양)의 상태에서 셈을 시작한다. 이 출발점이 아주 중요하다. 5개의 손가락 모두를 편 것을 '5신'(혹은 5음)이라고 하고 오무린 것을 '5굴'(5양)이라고 할 때 5신과 5굴 역시 셈으로 쳐 주어야 한다. 이것을 셈하지 않는 것은 돼지 어미가 자기 자신은 셈하지 않는 오류와 같다. 바로 이 자리가 2천(5굴 혹은 5양)이고 7지(5신 혹은 5음)이다.

(3) '5굴'은 수지 5개를 모두 굴한 상태로서 이를 '2천'이라 하고, 5신은 수지 5개를 모두 신한 상태로서 이를 '7지'라고 한다. 그래서 전자를 '굴집합' 후자를 '신집합'이라고 하고 '합굴집합' 혹은 '합신집합'이라고 한다. 동양은 5개 수지를 신한 상태에서 엄지부터 1, 2, 3, 4, 5... 셈을 하지만, 서양은 반대로 소지부터 1, 2, 3, 4, 5... 셈을 한다. 그렇다면 동서양을 막론하고 5개 수지를 모두 한꺼번에 굴·신 하는 것으로 셈해야 하는데 이를 '합굴' '합신'이라 한다.

(4) 수지 5개의 이름들을 속칭 그대로 순서대로 엄, 식, 중, 식, 소지로 칭하기로 한다. 동양은 합신에서부터 이 순서대로 셈을 하고, 서양은 그 반대인 합굴에서부터 그 반대순서인 소, 식, 중, 식, 엄지의 순서로 셈한다.

(5) 정역의 괘수는 5개의 수지를 3효의 상중초효를 결정하기 위해서 오른손(혹은 왼손)을 엄·식·중과 중·약·소로 양분한다. 여기서 '중지'는 반복된다. 5개의 수지로 3효 두 개를 만든다.

(6) 이제부터 '신집합' 즉 동양식으로 5지를 모두 편 합신한 상태에서 엄지부터 굴하면서 상효를, 식지를 굴하면서 중효를, 중지를 굴하면서 초효를 만든다.

수지로 셈을 할 때에 동서양을 막론하고 수지를 굴<sup>屈</sup>과 신<sup>伸</sup>을 한다. 굴을 양(—)이라 하고 신을 음(--)이라고 한다. 정역은 10진법, 5진법 그리고 3진법을 구사하여 3효로 1개의 괘를 만든다. 동양은 5개 수지를 모두 편 신(음)의 상태에서 셈을 시작하고, 서양은 그 반대인 모두 굴(양)한 상태에서 셈을 시작한다. 그러면 셈을 시작하기 전에 5지를 모두 한꺼번에 동시에 굴과 신을 해야 하는 데 이를 '합굴合屈'과 '합신合伸'이라고 한다.

셈을 하기 전에 엄지는 '엄,' 식지는 '식,' 중지는 '중,' 약지는 '약,' 소지는 '소'라는 약칭을 사용하기로 한다. 합굴과 합신이 있은 다음에 동양에서는

엄굴1-식굴2-중굴3-약굴4-소굴5(합굴) - 소신6-약신7-중신8-식신9-엄신10(합신)
　　　　　　(개굴)　　　　　　　　　　　　　　　　(개신)

엄신10(전신) 하면서 셈을 한다. 개굴個屈과 개신個伸이란 낱개 수지들의 굴과 신을 두고 하는 말이다. 그런데 '소굴5'와 '엄신10'은 합굴과 합신과 그 모양이 같다. 이런 경우의 합굴과 합신을 두고 특히 '전굴全屈'과 '전신全伸'으로 구별한다.

이제부터 정역에서 수지를 통해 괘를 만드는 방법을 알아보기로 한다. 1개의 괘가 3개의 효로 되어 있기 때문에 5개의 수지를 2등분하여, 엄·식·중지와 중·약·소지로 나누어 동양식 셈하는 순서대로 상·중·초효를 결정한다. 단계적이 아니고 반드시 연속적이어야 한다. 이전에 굴신한 것을 그대로 두고 이어서 변화를 시킨다는 말이다. 여기서도 합굴과 합신, 개굴과 개신 그리고 전굴과 전신의 개념을 사용한다. 예를 들어서 괘와 수지의 굴신 관계를 알아보면 아래와 같다.

| 10건〓 | 1손〓 | 2천〓 | 3태〓 | 5곤〓 | 6진〓 | 7지〓 |
|---|---|---|---|---|---|---|
| 엄굴. | 중굴. | 중굴. | 소신. | 소시. | 중신. | 중신. |
| 식굴. | 약굴. | 약굴. | 약굴. | 약신. | 식신. | 식신. |
| 중굴 | 소신 | 소굴 | 중굴 | 중신 | 엄굴 | 엄신 |

(반복)

이에 근거하여 정역에서 수지를 사용해 10개(혹은 12개)의 괘들을 만드는 과정을 보기로 한다[도표 참고].

그러면 3진법이기 때문에 세 개의 엄, 식, 중지를 반드시 한꺼번에 굴신하는 것을 합굴과 합신이라 한다. 그다음 합굴 상태(엄굴·식굴·중굴)는 동시에 10건이다. '10건'이라 하는 이유는 1손에서 차례대로 셈하면 알게 될 것이다. 10건은 개굴인 동시에 전굴인 것을 참고로 말해 둔다. 위의 '3지 합굴'을 시작으로 1손-2천-3태-4

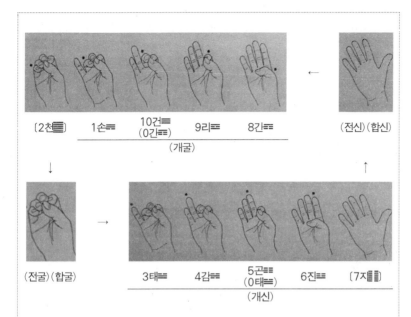

[참고도표] 정역 수지상수의 수지와 괘(권호용, 2016, 87)

감-(5곤)-6진-7지-8간-9리-(10간)-1손을 차례대로 8괘와 2천과 7지를 만들어 나갈 수 있다. 흑점은 개굴 개신의 작용을 의미, 합굴과 합신엔 흑점이 없다. 5지 전체의 굴신 자체이기 때문이다. 그리고 이것은 2천7지와 그 형태가 같다.

단 3진법을 염두에 두고 동양식 5진법 셈하는 순서대로 진행한다. 5지를 '엄·식·중지'와 '중·약·식지'로 양분하여 반드시 진행되는 순서에 따라서 상, 중, 초효를 만들어 나간다. 그래서 굴은 좌향이고, 신은 우향이다. 2천7지는 반환점 returning point이고, 10건5곤은 순환점 circulating point이다.

정역도는 8괘에 추가하여 하도와 낙서에는 없는 '2천(☰)'과 '7지(☷)'를 넣어 모두 10괘(혹은 12괘)를 얻게 될 것이다. 이는 윷판[도표 5.20] 속에 넣어 보면 더욱 쉽게 이해가 된다. 1손과 2태 그리고 6진과 8간은 수지의 형태는 같으나 괘는 다르다. 그 이유는 수지가 진행하면서 만드는 효의 상, 중, 초효의 순서가 반대로 다르기 때문이다. 그리고 10건은 간과 같다. 그러나 간은 아무런 작용 없이 피동적으로 10건 자체가 피동적으로 간괘와 같아져 버린 것이다. 이를 굴신 작용을 한 결과 생긴 8.간과 구별하여 0.간 혹은 '허간'이라 부르기로 한다. 5곤 역시 같은 방법으로 0.태 혹은 '허태'를 만든다. 그런데 진괘는 두 개의 4.감(☵)과 6.진(☳)을 만드는 데, 특히 4.진은 같은 2음1양에다 자리를 양보해 4.감이 만들어진다. 9.리가 되는 이유도 1.손이 이미 나왔기 때문에 손과 동일한 1음2양인 9.리가 그 자리를 대신한다.

감괘(☵)와 리괘(☲)의 경우는 연속적 변화에선 생겨날 수 없다. 왜냐하면 두 괘는 이어지는 효들끼리 서로 다르기 때문이다. 다시 말해서 반드시 음·양·음(감)이거나 양·음·양(리)이기 때문에 연속적인 변화일 땐 그것이 불가능하다. 그런데 수지의 변화 과정에서 보면 감괘는 '2음1양'이고, 리괘는 '1음2양'이다. 2음1양의 다른 경우는 진(☳)과 간(☶)이 있고, 1음2양의 경우는 태(☱)와 손(☴)이 있다.

2음1양=감(☵)=진(☳)과 간(☶)
1음2양=리(☲)=손(☴)과 태(☱)

그렇다면 연속적 변화에서 감괘를 얻기 위해선 진에서 상효를 초효로 회전시키거나, 간에서 초효를 상효로 회전시키면 된다. 그리고 리괘를 얻기 위해선 손괘의 상효를 초효로 회전시키거나, 태괘의 초효를 상효로 회전시키면 된다. 그래서 감괘에는 진이나 간을 대신 사용하고, 리괘에는 태와 손을 대신 사용하면 된다. 그런데 10괘를 만드는 과정에서 수지의 모양을 보면 진과 손이 두 번 반복돼 나오기 때문에 진대신에 감을, 손대신에 리를 사용하게 된다.

이렇게 준비과정을 마치고 수지로 괘를 만들기 전에 윷판 속에 수지의 축소판을 넣으면 쉽게 수지 상수가 파악된다. 수지를 수직과 수평 가운데 어느 하나에 배열해도 상관없다. 여기서는 수직 속에 배열했다.

(1) 정역은 3진법과 5진법과 10진법을 동시에 구사한다. [도표 5.20]에서 1손, 2천, 3태, 4감, 5곤, 6진, 7지, 8간, 9리, 10건인 이유를 다시 본다. 수직축으로 합굴집합(우)과 합신집합(좌)로 나눈다. 10건과 5곤은 수평축에, 2천과 7지는 수직축에 배열한다. 2천은 전굴과 7지는 전신과 같고, 10건은 합굴과 5곤은 합신과 같다. 형태가 같다는 말이다.

(2) 위 윷판에서 엄-엄지, 식-식지, 중-중지, 약-약지, 소-소지를 의미한다. 보통 셈에서는 5지를 모두 합신과 합굴을 하지만 정역의 3진법에서는 {엄, 식, 중}과 {중, 약, 소}의 두 집합으로 나눈 다음 그것을 윷

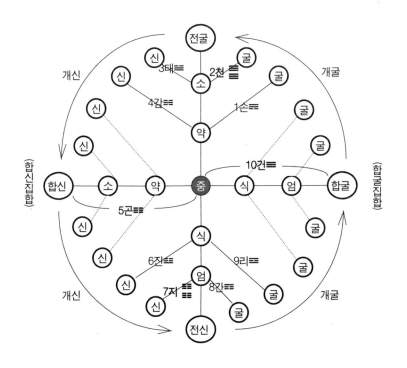

[도표 5.20] 윷판과 정역도

판의 수평축과에 밑에서부터 위로 순서대로 적는다. 원둘레 화살표를 따라 1손, 2천, 3태, 4감, 5곤, 6진, 7지, 8간, 9리, 10건 순으로 이동한다.

(3) 그러면 먼저 엄, 식, 중을 동시에 모두 굴한 것을 '합굴'이라 하고, 다음 약굴하면 1손, 소굴하면 2천, 소신하면 3태, 약신하면 4감, 중신하면 5곤, 식신하면 6건, 엄신하면 7지, 엄굴하면 8간, 식굴하면 9리, 중굴하면 10건이 된다. 거듭, 명심할 것은 연속적 효 변화를 해야 한다는 점이다.

(4) 상하좌우에서 신과 굴이 반영대칭을 하면서 화살표를 따라 회전대칭을 한다. 즉, 1손은 5진과, 3태는 8간과, 4감은 9리와 5곤은 10건과, 2천은 7지와 음양대칭을 한다. 다시 말해서 5진법 때는 5개 수지를 모두 굴하느냐 신하느냐이지만, 3진법으로 볼 때에는 엄·식·중지 3개를 가장 먼저 굴한 상태(이를 3진법상 '굴집합'이라 할 수 있다)에서 괘를 만들어 나가기 때문에 '1손'이 되고 '10건'이 된다.

여기서 무엇보다 중요한 것은 2천 굴집합 속에는 '10건'이 그 안에 포함包含된다는 것이다. 포함包含이라 한 이유는 10건과 2천은 같은 형태이기 때문이다. 어느 것이 부분이고 어느 것이 전체라고 할 수 없기 때문이다. 7지와 5곤 사이도 사정은 마찬가지이다. 7지 속에 5곤이 포함包含되나 어느 것이 전체이고 부분인지 말할 수가 없다.

끝으로 중요한 것은 금역의 저작자가 정역의 2천7지론을 금역에도 그대로 적용했지만 4지를 5손에, 9천을 7진에 부합시켰다는 점이다. 그 이유는 장남(진)과 장녀(손)가 소남(간)과 소녀(태)보다는 안정적이기 때문이라고 한다. 그러면 4지는 음인데 5손 장녀와 같은 음에 부합시킨 것은 정역의 7지를 5곤에 부합시킨 것처럼 일관성을 유지한다고 본다. 마찬가지로 금역이 9천을 7진 장남에 부합시킨 것도 정역과 같이 일관성을 유지한 것이라고 본다. 장남, 장녀 시대가 지나간 다음에야 소남, 소녀 시대가 오리라는 예측도 가능할 것이다.

마야수 13, 18, 20을 윷판과 연관시키면 수직과 수평 축의 합은 13이다. 다시 4분원은 13이고, 반원은 18이고, 온원은 20이다(김상일, 2015 참고). 이렇게 30여 년 전 계룡산에 모였던 도반들의 금역 연구는 보편적 성격을 가졌다.

## 5.6 마고력과 치력공사

### 마고력과 1차 금역 원도

1차 금역 원도는 마고력으로 가는 마중물과 같다. 이제 원도를 사용해 마고력을 퍼올릴 순간까지 왔다. 그러나 막상 『금역진리』의 저자 자신은 마고력은 아직 모르고 있는 상태에서 원도를 '해운 인부경' 즉, 천부경과 직접 연관시키고 있다. 다시 1을 ( ) 안에 넣는 이유는 인부경의 '일시무시 일종무종일'의 원리에 기초했다는 것과, 금역은 낙서의 5황극을 버리고 '6황극'을 말하고 있다(『금역진리』, 59). '6'을 인부경의 '대삼합6'과 일치한다고 한다. 그러면서 금역도에서 아래와 같이 천수 13과 지수18을 도출해 낼 수 있으니 이것이야말로 환력의 기초요 토대가 된다고 한다.

(1) 낙서 마방진과 달리 중심부에 (1)과 6을 넣어 바꾼 결과 마방진의 수가 15가 아니고 13(좌측)과 18(우측)에서 생겨났다. 필자는 2015년 『윷의 논리와 마고력』을 쓸 당시에 마고력의 세수 13, 18, 20을 윷판에서 찾았다. 그러나 『금역진리』를 통해 이 수가 모두 우리 역의 진수 속에 들어 있었다는 사실을 알았다.

(2) 금령부8괘도 속에 마고 배열수 가운데 성수 147과 체수 369가 직접 눈으로 확인할 수 있을 수준에서 쉽게 발견된다. [도표 5.21]의 (a)

| | | |
|---|---|---|
| 5(4지) | 10 | 3 |
| 4 | (1) | 8 |
| 9 | 2 | 7(9천) |

| | | |
|---|---|---|
| 5 | 10 | 3 |
| 4 | 6 | 8 |
| 9 | 2 | 7 |

(a)            (b)

중앙 (1)을 중심으로 마주보고 있는 괘의 합이 13이 됨 : 2+1+10, 3+1+9, 5+1+7, 4+1+8 등 경우의 수 4(회)

종으로, 횡으로, 대각선으로 즉, 3방면으로 그 합이 언제나 18이 됨 : 2+6+10, 9+4+5, 7+8+3, 9+2+7, 4+6+8, 5+10+3, 3+6+9, 7+6+5 등 경우의 수 8(회)

[도표 5.21] 금역의 준마방진 13과 18

에서 정대각선 방향(경사)에서 보면 성수 (4), 1, 7를 확인한다. (4)는 금권 4·9의 것으로 부여된 수이다. 이 수는 1과 7과 연계하여 마고 배열 성수에 해당한다. 다음 (b)에서 부대각선(경사)를 보면 체수 3, 6, 9를 확인한다. 이는 금역의 저자가 말하지 않았지만 체수이다. 그런데 이미 본 바와 같이 법수 258은 낙서 마방진 부대각선에서 확인된 바이다. 성수가 13주 28일을 결정한다면, 법수는 윤일을 결정한다. 그 역할이 다르다. 낙서의 법수와 금역의 성수와 체수를 서로 보완하기 위해서 백포는 '⑬ 백포 선후천도'에서 상하에 병치에 두었던 것이다.

(3) 그래서 우리는 금역 원도에서 마고력에 해당하는 수 성수와 체수 그리고 13과 18을 확인했다. 28은 별자리 수인 동시에 "18수에 정전井田 속에 10수가 이미 숨어 있기 때문에 곧 28이 된다"(『금역진리』, 75). 밭 전田의 네모 안에 열+이 들어 있다. 이렇게 하여 13에서 13월, 18에서 28일(18+10)의 환역은 탄생한다.

이상과 같이『금역진리』의 저자는 금역도를 작도한 다음에 '치력공사 治曆(歷)公事'를 한다. 이는 이미 위에서 소개한 바 있기 때문에 2차 개정도와 3차 완성도를 더 일별한 다음에 마지막 치력공사로 마감하기로 한다.

## 금역의 2차 개정도와 3차 완성도 그리고 천부경과 마고 배열

앞의 [도표 5.19] (b)와 c는 각각 2차 개정도와 3차 완성도이다. 개정도가 원도([도표 5.19])의 (a)와 다른 점은 중심부의 작은 4개의 점선 동심원들이다. '⑩ 해월 지리산 '영부도'와 비교가 필수이다. 같고 다른 점부터 보아야 한다. 중심부의 1과 6의 문제에 있어서 영부도는 수 1과 6이 없고 [도표 5.22]의 (a)에서는 6각형과 1원이 이를 대신하고 있다. 무늬 대신에 수가 대신했다. 금역도 저자들은 해월 선생이 정확하게 그리지는 않았지만, 집단 토론을 통하여 해월 선생으로부터 암시를 받았다. 때문에 해월의 업적은 괘철학사에 재평가되어야 할 정도로 주요하다고 한다 (『금역진리』, 64).

2차 개정도는 1차 원도에서 3차 완성도로 가는 중간 지점에 있다. 다

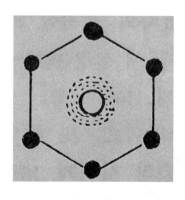
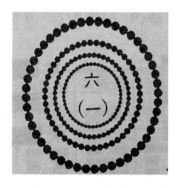

(a) 영부도의 흑선 　　　　　 (b) 금령부의 4개 점선원

[도표 5.22] 금역 완성도

시 강조하면, 원도와 다른 점은 중심부 (1)·6 둘레에 추가로 점선으로 된 동심원 4개로 둘려쳐 놓았다는 것이다. 이는 영부도를 원도와 결부시켰다는 것을 의미한다. 동심원을 보면 영부도는 가장 중심부는 점선원이 아닌 굵은 실선 흑원이다. 2차 개정도에선 점선원 4개가 동심원을 그리면서 외곽으로 동심원이 커질수록 점원들이 커지고 분명해진다. 그 크기로 보아 1+3의 동심원처럼 보인다. 이는 분명히 전분별적 상상계(가운데 실선원)가 4단계에 걸쳐서 분별적(상상계)으로 변하는 것을 의미한다. 드디어 점심원은 8괘(10괘)로 변해 괘에 괘수, 방위, 가족관계, 인체의 부위까지 부합된다. 이렇게 2차 개정도는 가운데 동심원을 영부도와 결부시켰지만, 동심원 그 자체는 독창적이다. 그래서 전분별에서 분별로까지의 변화상을 극명하게 보여준다.

다음 3차 '완성도'는 두 말할 것 없이 순서상 초분별로 이동이다. 그 이동의 현주소가 인부경(혹은 천부경)이다. 이렇게 하여 '⑨번 수운 용담 영부'의 공백은 다 메워졌다. 선천의 부정과 함께 다시 3단계 과정을 통해 후천 세계를 연 것이다. 이는 환기 3년 1월 17일(서기 1993년 2월 8일)의 일이다. 해운 선생은 인부경 81자(일시무시, 일종무종일)를 금령부8괘도를 통해 배열이 끝났다고 했다. 이는 부도지 23장에서 "천도가 돌고 돌아 종시가 있고, 종시가 또 돌아 4년씩 겹쳐나가 다시 종시가 된다"(부도지, 85)는 말과 일치한다. 가운데 실선 원 하나는 1, 그것이 4겹 점선원(48개씩)으로 변해 전분별이 분별을 그쳐 초분별이 되었다. 이렇게 성수 1과 4가 완성도와 연관이 된다.

금령부8괘도가 나타나면서 두드러지게 역학사에 달라진 점은 15마방진이 아닌 13과 18과 28로 변했다는 것과 수(1·6)를 중심부에 둠으로서 하도 낙서의 상생상극에서 '무상극無相克'이 가능해졌다는 것이다.

하도를 상생도, 낙서를 상극도라고 하는 데 대해, 금역도는 '무상극도'라고 한다. 그 이유는 중심부의 토를 수로 바꾸었기 때문이라고 한다. 그러나 분별하는 차원에서 상생과 상극이 생겼다면 초분별은 무상극이다. 그런데 이러한 무상극이 전분별-상상계에도 똑같은 양상이 있어서 전초 오 현상이 생긴다. '전초오'란 전분별과 초분별을 분별하지 못하는 오류이다. 상상계란 어린아이가 거울 속의 자아를 자기 자신과 구별과 분별을 못하기 때문에 갈등이나 균열같은 것이 없어서 상생도 상극도 못한다는 것이다. 그런데 이러한 전분별적 현상이 초분별에서 같은 양상으로 나타난다. 그래서 '전초오<sup>前超誤</sup>'의 오류를 범한다.

(a) 상생도          (b) 상극도          (c) 무상극도

[도표 5.23] 금역 무상극도

그런데 금역도에서는 수(1·6)가 중심부에 있어서 [도표 5.23]의 (c)에서 보는 바와 같이 무상극이 된다. 무상극이란 말은 현무경에도 보인다. 이 말은 무상생과 같은 의미이다. 수가 화에서 나오고, 불이 물에서 나오고, 금이 목에서 나오고, 물이 금에서 나온다. 토가 중심부에서 사라지니 이런 무상생 무상극 세상이 된다. 서로 상생상극하던 것이 금역에 와서 서로 상생상극을 동시에 하게 된다는 말이다.

무상극이 이상으로 더 중요한 사건은 금령부8괘도에서 1·6을 중심부에 둔 결과, 성수 147을 정대각선에서 그리고 체수 369를 부대각선에서 확인했다는 점이라 할 수 있다. 무상극의 원인이 바로 이 체수와 성수 때문이라는 점을 간과해서는 안 된다. 무상극의 논리적 근거가 여기에 있다는 것이다. 그리고 여기서부터 13월 28일이 시작된다. 1 · 6을 중심부에 두게 되면 천부경 해석이 이에 따라 알맞게 풀이된다. 이에 앞서 중심부의 1 · 6 (수)는 마고 배열을 가능하게 하고 나아가 마고력의 초석이 된다는 것이다. 그래서 3차 완성도는 초분별적 단계의 후천개벽의 전령사와도 같다.

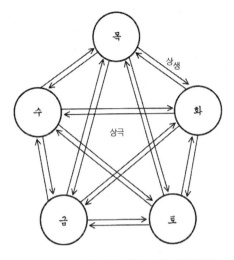

[도표 5.24] 8체질의 상생지간 상극지간

다음으로 금령부8괘도는 무상극도를 주장하지만 권도원의 8체질 의학에서도 유사한 주장을 한다. 이제마는 막상 '사상四象'이란 말 대칭 '사단四端'을 사용했었다. '사상제질' 혹은 '8상체질' 같은 말은 후대 권도원에 의해 널리 알려졌다고 할 수 있다(주석원, 2007, 15). 전통적으로 상생과 상극은 일방향적인 것을 볼 수 있다. 다시 말해서 '목생화'이지만 '화생목'은 아니고, '목극토'이지만 '토극목'일 수는 없다. 그러나 8체질 의학에서든 금령부8괘도에서와 같이 쌍방향적이다. 즉, '목⇄화⇄토⇄금⇄수⇄목'과 같이 상생 쌍방향으로 나타낼 수 도 있고, '목⇄토⇄수⇄화⇄금⇄목'과 같이 상극 쌍방향으로 나타날 수도 있다.

"권도원 선생은 이러한 양방향성의 상생과 상극 관계를 '상생지간相生之間', '상극지간相克之間'이라고 한다. 양자 사이에 쌍방향으로 동일하게 영향을 미치기 때문이다"(주석원, 2007, 71). 다만 8체질 의학이 오행의 배열을 오각형으로 놓고 쌍방향을 말한 반면에 금령부8괘도는 중앙에 수水를 놓고 쌍방향을 설명한 점이 다르다.

금령부8괘도의 '무상극도'는 8체질론과는 아무 상관도 없이 ①~⑬이
란 13개의 도상들을 두고 명상과 기도를 하는 가운데 집단지성이 도출해
낸 결과이다. 권도원이 8체질론을 말한 것은 1965년이고,[1] 금령부8괘도
는 1993년도의 것이다. 금령부8괘도가 나오기까지 위에서 본 바와 같이
⑫ 동무 사상의학을 말하고 있지만 동무 자신이 무상극론을 말한 것은
아니다.

무상극이란 말이 증산의 현무경에 보인다고 하더라도 하도 낙서가 아
닌 새로운 오행도로써 구체화한 것은『금역진리』의 독창적인 소산이 아
닌가 한다. 이와 같이 서로 모르는 가운데서도 일치성을 보이는 것은 민족
공동체의 집단무의식적 결과가 아니고는 따로 설명할 수가 없을 것이다.

### 환력 치력공사와 마고력

『금역진리』에서 저자가 시도하는 바 궁극적 의도는 금령부8괘도를 통
해 새 달력을 만드는 데 있었다. 저자 이찬구 박사의 말에 의하면 금령부8
괘도를 작성할 당시에 부도지 23장은 전혀 모르고 있었다고 한다.

깨닫는다는 것은 혁명으로 실천한다는 것을 의미하고, 이 혁명을 두
고 주역 혁革괘는 "치력명시"(治歷[曆]明時, 책력을 다루며 때를 밝힌다)라고

| 5 | 10 | 3 |
|---|----|---|
| 4 | 1  | 8 |
| 9 | 2  | 7 |

중앙1수 합13수

| 5 | 10 | 3 |
|---|----|---|
| 4 | 6  | 8 |
| 9 | 2  | 7 |

중앙6수 합18수

[도표 5.25] 1수와 6수 중앙의 경우

---

1 Dowon Kuan, *A Study of Constitution-acupuncture* (1965), 24-25. 주석원, 같은 책, 71.

했다. 지금까지의 긴 설명에 비해 치력공사의 변은 간단하다. "금령부8 괘도는 오행의 배열에서부터 가히 혁명적이다. 중앙 토를 밖으로 내보내고, 그 자리에 1·6수를 보낸 것이다. 금역의 핵심은 바로 중앙 1·6에 있고, 이 1·6수를 4·9금이 강하게 금생수로 생해주고 있다는 데 특징이 있다"(『금역진리』, 74). 달력과 직접 관련하여 "특히 1·6수를 중앙으로 삼아 8괘를 정전법井田法에 의거하여 배열할 경우, 1수가 중궁에 들어갈 때와, 6수가 중궁에 들어갈 때 그 대대對待하는 합수가 각각 13과 18이 된다. 이 수리에 근거하여 달력이 만들어지는 데 있어서, 13수는 1년 13개월을 의미하고, 18수는 곧 정전 속에 10수가 이미 숨어있음으로 곧 28이된다. 이 28수는 별자리 28수와 일치하여 1달 28일을 이룬다.

[도표 5.25]를 만약에 아귀레스 같은 마야력 연구하는 학자들이 본다면 아마도 놀랄 것이다. 마야연구 학자들은 마야인들이 13, 18, 20이란 세 수를 사용해 260일 달력(13×20)과 360(18×20)이란 두 종류를 사용했는데 이 세 수가 어디서 유래했는지 모른다. 옥수수 성장기간 혹은 방울뱀 산란기간일 것이라 하지만, 한 치의 오차도 불허하는 달력에서 이러한 자연의 우연수에 기대어 달력을 만들었다는 것은 논리성이 부족하다. 필자는 윷의 논리와 마고력을 쓸 당시에 윷판의 구조에서 마야수 세 개를 모두 도출할 수 있었다. 다른 한편 한국의 문헌 부도지에는 이들 수들에 대한 근거가 기록돼 있고, 금령부8괘도의 명상 수련가 단체의 회원들이 수일간의 집단생활을 통해 소위 환력을 자연발생적으로 도출해냈던 것이다.

"즉, 1년은 13개월이요, 1년은 364일이 되어 영원불멸의 책력이 완성된 것이다. 그 기준일은 금역을 선포한 단기 4326년 음력 1월 9일(서기 1993년 1월 31일)이므로, 음력 1월 1일로 소급하여 새 월력을 작성하면 다음과 같다. 새 달력의 이름은 '환력桓曆'이다"(『금역진리』, 75). 환은 환인桓因의 환과 같은 말로 보인다. 환력의 견본으로 환기 3년(1993) 1월의 달력을 인용하고 이에 대해 요약해서 정리해본다.

(1) 앞으로 4계절이 5계절로 바뀐다. 이 달력은 한 장이면 천년만년 동안 쓸 수 있다. 아예 달력이 필요 없다. 1·8·15·22일은 언제나 토요일이요, 6·13·20·27일은 언제나 복요일이다. 1월 1일이 토요일이기 때문에 토요일을 맨 앞에 놓는다. 1988년까지 미국 코닥 회사에서 사용한 13월 28일 개정 달력은 한 주의 처음을 일요일에 두어 13일이 금요일이 되는 등 문제가 있었다. 토요일을 1주일의 머리로 삼은 것은 환력의 독창성을 말해 준다. 토는 오행의 전체 자체이다. 창세기도 제1일에 천·지(전체 자체)를 창조했다 한다.

| 土 | 日 | 月 | 火 | 水 | 木 | 金 |
|---|---|---|---|---|---|---|
| 1 설날 | 2 | 3 | 4 | 5 | 6 | 7 |
| 8 | 9 1/31 | 10 2/1 | 11 | 12 | 13 | 14 |
| 15 | 16 | 17 | 18 | 19 | 20 | 21 |
| 22 | 23 | 24 | 25 | 26 | 27 | 28 |

[도표 5.26] 환기 3년(단기 4326년=서기 1993년 1월, 2월)

(2) "1년이 12개월이 나온 이치를 밝혀 보면, 1년이 13월이 되는 것은 종전까지는 12달이었지만, 이제는 하느님께서 주관하시는 1달이 생겼기 때문에 13달이 되는 것이다. 낮 12시 다음에 13시(즉 오후 1시)가 되는 이치와 같다"(『금역진리』, 76). 마야인들도 신의 달과 날이 있다고 보았으며 이를 '우야엡'이라 했고 유대인들은 '안식일' 혹은 '희년'이라고 한다. 음악에서는 피타고라스 콤마라 한다.

(3) "달이 28일이 되는 것은 종전까지는 크고 작은 달이 있어서 달마다 시기와 질투가 있었으므로, 그러한 불평을 없애기 위한 것이다. 중앙 1과 6의 합수는 7이다. 7수가 4방으로 골고루 뻗치니 28(7×4)이 나온다"(『금역진리』, 76). 이는 『금역진리』 저자가 마고력 체수를 아직 알지 못하고 있던 때에 우연의 일치로 언급하고 있는 것이다. 고문헌이 어떻게 한두 사람들도 아닌 여러사람들의 집단무의식에서 발로될 수 있었는지 생각해 볼 문제이다.

(4) 다음으로 가장 중요한 것은 하늘의 별자리와의 관계이다. 그것은 시공간의 일치로 시간수 28일이 공간수 즉, 별자리 28수와 일치한다는 점이다. "이것이 곧 전래되어 내려오는 윷판의 방이 중앙 황극을 빼고 28방인 것과 같은 이치이다"(『금역진리』, 76).

(5) 정역에서는 1년 360일을 말한다. "그러나 환력에서는 364일을 1년 주천도수로 한다. 그러면 어떻게 현행 $365_{1/4}$일을 364일로 바꿀 것인가? 결국 1년의 길이가 '1과 1/4'(30시간)만큼 짧아지고, 1년이란 세월이 30시간만큼 빨라 간다는 뜻인데, 어떻게 이 시간을 변경할 수 있을까?" 이 문제에 대한 금역의 설명이 요청된다.

(6) 부도지 23장은 30시간 빠른 문제를 상세히 설명해 놓고 있으며, 364일 문제는 성수 147에 의한 것으로서 성수의 한계이다. 이에 법수 258이 성수의 문제점을 다룬다. 그리고 나아가 '시의 근' 즉, 시간의 뿌리 문제까지 다루어 눈앞에 잠깐 스쳐 지나가는 찰나의 순간까지 체수는 말해 준다.

(7) 이찬구 박사는 환력(364일)도 1년 365.2522에서 1.25일이 매년 부족하므로 22년 또는 23년마다 윤달을 둘 수 있다고 말한다. 364의 부족분 1.25일이 22년 동안 쌓이면 27.5일이 되기 때문에 28일 윤달을 두

게 되는 것이다.[2] 그러면 환력도 윤달이 있는 해는 14개월이 된다. 그러나 이런 모순을 해결하기 위해 이찬구 박사는 22년마다 윤달을 두는 것이 아니라 매년 윤일(1.25일)을 처리한다고 한다. 최근에는 최종적으로 13월 28일 금요일 다음에 토요일이라 하지 않고 또 하나의 금요일을 두어 이를 '29일 금요일'라 칭하고 365일을 해결하였다. 이렇게 윤일을 처리함으로써 환력 제정시에 숙제로 남았던 것을 정리하였고, 아울러 달력의 이름도 '한력'으로 바꾸고 환기 30년(2020)을 '한력 원년'으로 삼았다.

(8) '⑩ 해월 지리산 영부' 안의 6삭형의 의미: '⑩ 해월 지리산 영부'에서 가운데 6각형을 금역에서는 제거, 점선 동심원만 남겼다. 그러나 하도와 낙서 어디서도 발견되지 않는 마고 배열에서 볼 때 6각형은 무시할 수 없는 주요성을 갖는다. 그 이유는 6각형 속에 마고 배열의 147, 258, 369와 13을 아래 6각형도에서 모두 발견할 수 있기 때문이다.

(9) [도표 5.27]의 6각형과 같은 위치에 알파벳 대문자를 대응시켜 놓았다. 여기에 6각형을 가져온 이유는 금역의 핵심이 6에 있기 때문이다. 먼저 성수 147을 확인하면 1은 A, 4는 B, C, D, E 그리고 7은 F, G, H, I, J, K, L이다. 서로 겹쳐지는 것이 없다. 법수와 체수는 성수와는 달리 겹쳐지는 곳이 있다. 법수

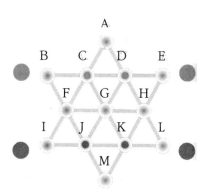

[도표 5.27] 6각형과 마고 배열

2 https://cafe.naver.com/hwan13/4 (이찬구의 환력 카페).

257의 2는 A, M, 5는 A, B, C, D, E(혹은 M, I, J, K, L), 8은 A, B, C, D, E, F, G, H(혹은 M, I, J, K, L, F, G, H), 체수 369의 3은 A, L, I(혹은 M, B, E), 6은 C, D, F, H, J, K 등 다양한 방법으로 가능, 9는 D, H, L, C, G, K, B, F, L 등 다양하게 가능하다. 성수, 법수 그리고 체수로 이어질수록 만들어질 수 있는 가능성이 다양해진다. 겹쳐진다는 것은 재귀 현상을 두고 하는 말이고 체수란 재귀 혹은 자기언급이라고 할 때에 그 말은 위 도형에서 보는 바와 같이 겹쳐지는 부분이 전방위에서 다양하게 가능한 것을 보아서도 알 수 있다.

다음으로 13개월을 의미하는 '13'은 A에서 M까지의 전체 합의 수가 13이다. 이렇게 우리는 6각형 안에서 마고수(성, 법, 체수) 전체와 13을 다 찾을 수 있게 되었다. 다시금 지리산 영부가 왜 가운데에 6각형을 그려 넣었는지 그 의지를 알 수 있게 되었다. 벌의 집 그리고 눈의 모양이 6각형이라는 것과 축구공이 6각형과 5각형의 조합이라는 사실은 우주의 조화수가 6인 것을 알게 한다. 대신에 금역에서 1·6을 중앙에 둠으로써 13과 18을 그 속에서 발견할 수 있다.

| 5 | 10 | 3 |
|---|----|---|
| 4 | 6(1) | 8 |
| 9 | 2 | 7 |

(a) 금역정전도

| 9 | 4 | 7 |
|---|----|---|
| 10 | 8(3) | 2 |
| 5 | 6 | 1 |

(b) 청황부정전도

[도표 5.28] 금역과 청황부의 정전배열

(10) 끝으로 앞에서 거론한 13, 18, 20의 마야수에서 13과 18의 근원을 금역으로 설명하였으나, 나머지 20에 대하여는 이곳에서 보충하고자 한다(이찬구, 2010, 332이하).

1993년 금역 창안에 참여했던 이찬구 박사는 상균도<sup>相均圖</sup>와 함께 청황부<sup>靑皇符</sup>를 2010년 발표하였다. 1·6수 중심의 금역에서 3·8목 중심으로 오행에 변화가 일어난 것이다. 3·8목을 중심으로 하였기 때문에 이름도 청황부이다. 청황부의 중앙 3·8에서 8을 중심으로 하면, 종(상하)의 합은 16, 횡(좌우)의 합은 20, 부대각선의 합은 20, 대각선의 합은 18이 나온다. 또 3을 중심으로 하면 13, 15, 15, 13이 나온다. 마고수는 물론이고, 마야수 13, 18, 20이 모두 나온다.

# 5.7 금척과 마고수 배열

송래선의『금척천부경』은 책의 제목에서 보는 바와 같이 징비록추기 9장의 금척에 관한 내용과 천부경을 연관시키는 데 주안점을 두고 있다. 금척의 모태는 천부경이라는 것과 부도지 23장은 천부경의 일환으로 이해될 수 있다는 것이다. 그래서 송래선은 부도지 23장 삼정三正의 마고수 (성수 147, 법수 257, 체수 369)를 천부경 나아가 금척의 연장선상에서 파악한다. 총 27절 가운데 17절에서 삼정의 문제를 다루고 있다. 나머지 절들은 금척과 천부경에 관한 내용들이다. 그러나 모든 분야에서 적용되는 논리는 현대수학의 디지털 루트(digital root)라 할 수 있다. 이를 송래선은 '간합間合'과 '부합符合'이라 한다. 그래서 책의 내용을 이해하는 데 있어서 주요시되는 것은 간합과 부합이라 개념이라는 것을 강조해 둔다.

## 금척(金尺)과 디지털 루트

김시습(1435~1493)은『징심록 추기澄心錄追記』제8~9장에서 금척에 관하여 다음과 같이 간단히 언급하고 있다.

내가 일찍이「금척지」를 읽으니 그 수사數辭가 매우 어려워서 알 수가 없었다. 대저 그 근본은 천부의 법이다. …「금척지」 중의 소위 일월성신과 금토기수의 근본이 한 가지로, 불변의 도이다(제8장).

그러므로 금척의 유래가 그 근원이 매우 멀고, 그 이치가 매우 깊어 그 형상은 삼태성이 늘어선 것과 같으니 머리에는 불구슬을 물고 네 마디로 된 다섯 치이다. 그 허실의 수가 9가 되어 10을 이루니 이는 천부의 수이다(제 9장).

지금까지 '금척金尺'이라는 말만 있을 뿐 그 내용이 무엇인지 그리고 그것을 어떻게 해독할 것인가를 몰랐었다. 위 김시습의 말에서 금척의 정체를 알 수 있는 단서는 "두함화주頭舍火珠 사절이오촌四節而五寸 기허실지수其虛實之數 구이성십九而成十 차즉천부지수야次則天符之數也"(머리에는 불구슬을 물고 네 마디로 된 다섯 치이다. 그 허실의 수가 9가 되어 10을 이루니 이는 천부의 수이다)이다.

송래선은 김시습의 이 말에 근거하여 그의 책에서 금척의 정체를 규명해 나간다. 그런데 송래선의 이해 방법론에 초지일관하게 적용되는 방법론은 '간합間合'과 '부합符合', 즉 현대 수학에서 말하는 '디지털 루트'이다. 이미 책의 본문에서도 소개된 바 있는 '디지털 루트'는 금척과 천부경 그리고 삼정을 이해하는 관건이다. 현대 수학에 디지털 루트는 순환군 혹은 시계군으로 이해된다. 시계에서는 일정한 수(12)가 주기적으로 순환한다. 시계군에서 13시는 1시이다. (13-12=1)이기 때문이다. 군론에서는 시계군을 '순환군cyclic group'이라고 한다. 시계에서 12인 것을 금척에서는 g라고 한다. 그래서 13이 금척에서는 (13-9=4)와 같다. 9보다 작은 수는 항상 수 그대로가 디지털 루트이고 9보다 큰 수인 어느 n의 경우, 그것의 디지털 루트는 항상 n-9와 같다. 그래서 21일 경우는 21-9=12와 같다. 그런데 이 경우 12를 두고 '간합'이라고 한다. 그리고 12를 다시 디지털 루트로 만들면 1+2=3과 같다. 이를 두고는 '부합'이라고 한다. 부합은 항상 한 자리 수가 되어야 한다. 결국 간합과 부합 즉 디지털 루트를 도입하여 금척, 천부경, 마고수의 비밀을 찾아내려 한 것이 송래선의 방법론이라고 할 수 있다. 그런 의미에서 간합과 부합을 철저히 이해해 두는 것이 금척 이해의 관건이라고 할 수 있다.

디지털 루트는 수의 민주화라 할 수 있다. 일자리, 십자리, 백자리…
의 의미가 전혀 무시된다. 예를 들어서 389와 893은 모두 2이다. 그 이유
는 양자가 모두 간합은 20이고 부합은 2이기 때문이다.

$$(3+8+9)=(8+9+3)=20 \quad \cdots \text{ 간합}$$
$$2+0=2 \qquad\qquad\qquad \cdots \text{ 부합}$$

이기 때문이다. '간합'이 만약에 두 자리 수이면, 다시 두 자리 수(20)끼리
더하기를 하여 한 자릿수가 되면 그것은 부합이라고 한다. 실로 디지털
루트는 '수의 민주화democracy of number'이다. 자릿수가 높고 낮음에 상관하
지 않고 수평적으로 가감승제를 할 수 있기 때문이다. 이제 금척, 천부경
그리고 부도지를 이해하는 데 있어서 가장 중요한 방법론 가운데 하나가
디지털 루트인 간합과 부합임을 다시 강조한다.

그런데 간합과 부합의 내막을 들여다보면 거기에는 결국 두 가지 대
칭인 반영대칭과 회전대칭 개념이 작용하고 있는 것을 발견할 수 있다.
다시 말해서 시계군의 경우엔 12가 금척의 경우에는 9가 마치 회전축과
같은 역할을 하고 있는 것을 발견할 수 있다. 그리고 자릿수는 서로 가감
승제를 할 때 상대적으로 대칭하는 수와 같다. 현대 수학의 군론은 바로
이 두 가지 대칭 개념을 방정식에서 발견하는 것에서 탄생한다. 다시 말
해서 디지털 루트란 이 두 가지 대칭 개념으로 수를 파악하는 것이라고
할 수 있다. 자연수 10개만으로 모든 수를 다 표현할 수 있다는 것이 군론
이며 군론은 지금 물리학, 생물학, 인류학 등 응용이 안 되는 분야가 없을
정도이다.

현대 수학의 군론에서는 수를 대칭 개념으로 이해하는 것이 특징이
다. 유클리드 이후 수를 대칭symmetry으로 파악한 것은 19세기 중엽 갈루

아가 처음이 아닌가 한다. 수를 대칭으로 이해한 결과 그동안 발견되지 않았던 5차 방정식의 근이 없다는 것이 증명되기도 했다. 그 후 갈루아 군론은 자연수 10개 만으로 수학 전체를 다 설명하고도 남을 만한 공헌을 했다. 그런데 동양에서는 수를 음수와 양수, 생수와 성수와 같이 대칭 개념으로 이해한 동시에 하도와 낙서 등에서는 수를 회전 개념으로 이해하여 두 가지 대칭(반영과 회전)을 모두 알고 있었던 것이다.

송래선은 디지털 루트란 말 대신에 간합과 부합이란 것으로 대신하는 동시에 두 가지 대칭 개념으로 금척에 접근하고 있다. 먼저 9장의 '허신의 수'란 대칭을, 송래선은 '허달수'와 '실달수'라고 한다.『부도지』에는 두 개의 성이 있는 데 하나는 '허달성虛達城'이고 다른 하나는 '실달성實達城'이다. 이를 송래선은 '허달수 13'과 '실달수 9'라고 한다. 허달수란 불교의 공空이나 허虛와 같은 것이고, 실달수는 색色이나 기器와 같은 것이라고 한다. 수를 허와 실로 나눈 것 역시 서양에서 허수를 발견한 것도 최근의 일이고 보면 놀랍다 할 수 있다. 서양은 처음부터 수를 대칭으로 파악하지 않았기 때문에 '실수'에 대한 '허수'의 대칭을 만들 줄을 늦게야 알게 된 것이다. 허수와 실수의 결합을 '복소수'(complex number)라고 함으로써 사칙연산 가감승제가 처음으로 동시에 가능하게 된다. '자연수'만 하더라도 마이너스 개념이 없지 않는가? 그래서 정수가 도입되었다.

허수의 도입과 함께 '순서쌍ordered pair'이 따라 도입된다. 순서쌍 역시 대칭 개념의 일환이라 할 수 있다. 짝수를 제외한 홀수만으로 순서쌍(1과 3, 5와 7…과 같이)을 만들어 순서쌍끼리 합산을 하여 디지털 루트로 다시 계산하면 아래와 같다. ( ) 안은 모두 디지털 루트의 수이다.

(1) 1~9까지를 실달수, 1~13까지를 허달수라고 한다. 실달수 1~13을 다시 천4, 지5, 인4로 나누고, 그중 1~4는 천, 5~9는 지, 10~13은 인이다.

| 1. | 1+ 3→4(4) | |
|---|---|---|
| 2. | 5+ 7=12(3) | 天 |
| 3. | 9+ 11=20(2) | |
| 4. | 13+15=28(1) | |
| 10(1). | 28+36=64(10)→1 | |

| 5. | 17+19=36(9) | |
|---|---|---|
| 6. | 21+23=44(8) | |
| 7. | 25+27=52(7) | 地= 五營養 혹은 五元素 |
| 8. | 29+31=60(6) | |
| 9. | 33+35=68(5) | (여기까지가 실달수) |
| 35(8). | 125+135=260(35)→8 | |

| 10. | 37+39=76(4) | |
|---|---|---|
| 11. | 41+43=84(3) | 人 |
| 12. | 45+47=92(2) | |
| 13. | 49+51=100(1) | (여기까지가 허달수) |
| 46(1) | 172+180=352(10)→1 | |

[도표 5.29] 실달수와 허달수

(2) 천지인의 디지털 루트는 1,8,1이다. 지(8)를 특히 '5영양소'라고
도 하면 8방8풍八方八風이라고 한다.


(3) '사절이오촌四節而五寸 4마디5촌'을 실달수 9을 4:5로 나누는 것과
같다고 할 수 있다. 허달수는 이의 연장으로 4:5:4로 합이 13이다. 즉
1~4(4절)와 5~9(5촌)이 이에 해당한다. 이것이 실달성의 실수에 해당하
고, 허달성의 10~13은 허수에 해당할 수 있다고 할 수 있다. 그런 의미에
서 허달수는 실수와 허수가 결합된 '복소수'개념과 같다. 드디어 허달성
에서 4칙연산이 다 가능하게 된다.


(4) 실달수와 허달수로 나눈 것은 수의 체계에서 대칭 개념을 도입한

것이나 마찬가지이다. 이 두 종류 수의 도입으로 수가 반영과 회전이란 두 가지 대칭에 의하여 작동한다는 것이 입증된다.

(5) 이것이 금척이 가지고 있는 수의 기본이고 "그러므로 능히 천지조화의 근본을 제고 자연의 이치가 쇠하기도 하고 성하기도 한대[理世消長]"(9장).

[도표 5.18]은 금척의 기본 원리와도 같다. 여기에 '원방각'과 '천지인'이 도입돼 천부경과 마고수 삼정으로 가는 통로가 열리게 된다.

## 금척과 마고수 배열

금척과 마고수(삼정)의 관계는 다음과 같은 방법을 통해 쉽게 입증이 된다. 그 첫째 방법은 삼정을 [도표 5.30]과 같이 배열하고 12번 제곱을 해 나가게 한 다음 디지털 루트를 적용하게 되면 그 결과가 성수 147에서는 모두 666이, 법수 258에서는 999이, 체수 369에서도 999가 나온다.
이는 연역적 방법으로 삼정을 입증하는 방법이다. 다시 말해서 윗줄에 삼정의 수들을 배열한 다음 세로로 12번 제곱해 나간 다음(예 4,16,64,256…22364610와 같이) 12번째의 수 22364610의 디지털 루트 수 6을 구하기이다. 삼정의 수들은 예를 들어서 258로 서로 다른 것 같지만 각각을 제곱하여 디지털 루트를 만들면 9, 9, 9로 같아진다는 것이다. 성수 147의 경우도 6, 6, 6으로 체수도 9, 9, 9로 같아진다. 6과 9에 대해 수비학적 의미를 부여하는 것은 피하기로 하지만 역에서 6은 땅의 수이고 여성의 수이고, 9는 하늘의 수이고 남성의 수이다.
둘째는 천부경의 천11, 지12, 인13 그리고 천23, 지23, 인23으로 삼정을 입증하기이다. 먼저 [도표 5.31]과 같이 천지인을 세로로 나열한

| | 성수 | | | | 법수 | | | | | | 체수 | | | | | |
|---|---|---|---|---|---|---|---|---|---|---|---|---|---|---|---|---|
| | 1 | 4 | | 7 | 2 | | 5 | | 8 | 3 | | 6 | | 9 | | |
| 1 | 1 | 4 | 4 | 7 | 7 | 2 | 2 | 5 | 5 | 8 | 8 | 3 | 3 | 6 | 6 | 9 | 9 |
| 2 | 1 | 16 | 7 | 49 | 4 | 4 | 4 | 25 | 7 | 64 | 1 | 9 | 9 | 36 | 9 | 81 | 9 |
| 3 | 1 | 64 | 1 | 343 | 1 | 8 | 8 | 125 | 8 | 512 | 8 | 27 | 9 | 216 | 9 | 729 | 9 |
| 4 | 1 | 256 | 4 | 2401 | 7 | 16 | 7 | 625 | 4 | 4096 | 1 | 81 | 9 | 1296 | 9 | 6561 | 9 |
| 5 | 1 | 1024 | 7 | 16807 | 4 | 32 | 5 | 3125 | 2 | 32768 | 8 | 243 | 9 | 7776 | 9 | 59049 | 9 |
| 6 | 1 | 4096 | 1 | 117649 | 1 | 64 | 1 | 15625 | 1 | 262144 | 1 | 729 | 9 | 46656 | 9 | 531441 | 9 |
| | 6 | 5460 | 6 | 137256 | 6 | 126 | 9 | 19530 | 9 | 299592 | 9 | 1092 | 3 | 55986 | 6 | 597870 | 9 |
| 7 | 1 | 16384 | 4 | 823543 | 7 | 128 | 2 | 78125 | 5 | 2097152 | 8 | 2187 | 9 | 279936 | 9 | 4782969 | 9 |
| 8 | 1 | 65536 | 7 | 5764801 | 4 | 256 | 4 | 390625 | 7 | 16777216 | 1 | 6561 | 9 | 1679616 | 9 | 43046721 | 9 |
| 9 | 1 | 262144 | 1 | 40353607 | 1 | 512 | 8 | 1953125 | 8 | 134217728 | 8 | 19683 | 9 | 10077696 | 9 | 387420489 | 9 |
| 10 | 1 | 1048576 | 4 | 282475249 | 7 | 1024 | 7 | 9765625 | 4 | 1073741824 | 1 | 59049 | 9 | 60466176 | 9 | 3486784401 | 9 |
| 11 | 1 | 4194304 | 7 | 1977326743 | 4 | 2048 | 5 | 48828125 | -2 | 8589934592 | 8 | 177147 | 9 | 362797056 | 9 | 31381059609 | 9 |
| 12 | 1 | 16777216 | 1 | 13841287201 | 1 | 4096 | 1 | 244140625 | 1 | 68719476736 | 1 | 531441 | 9 | 2176782336 | 9 | 282429536481 | 9 |
| | 6 | 22364160 | 6 | 16148031144 | 6 | 8064 | 9 | 305156250 | 9 | 78536245248 | 9 | 796068 | 9 | 2612082816 | 9 | 317732630670 | 9 |

| 1 4 7 | 2 5 8 | 3 6 9 |
|---|---|---|
| 6 6 6 | 9 9 9 | 9 9 9 |
| 성수 | 법수 | 체수 |

[도표 5.30] 삼정과 디지털 루트

다음 그것의 디지털 루트를 구하기이다. 천부경에 있는 두 개의 계열 '천11, 지12, 인13'과 '천23, 지23, 인23'은 별개의 것으로 보지 않고 양자를 연결해 보았을 때 [도표 5.31]과 같은 마고수 배열을 이끌어낼 수 있다는 것이다.

천부경 두 계열을 이렇게 연결시켜 놓은 결과를 마고수 시각에서 보았을 때, 세로는 삼정을 구별하게 하고, 가로는 초수 123, 중수 456 종수 789를 구별하게 만든다. 세로는 1만큼 가로는 3만큼 증가하는 것을 볼

천 1 1 천 2 3→1 (1+1+2=4) (1+1+2+3=7): 성수=천수
지 1 2 지 2 3→2 (1+2+2=5) (1+2+2+3=8): 법수=지수
인 1 3 인 2 3→3 (1+3+2=6) (1+3+2+3=9): 체수=인수

[도표 5.31] 천지인과 마고수

수 있다. 초수 123에 3을 가하면 중수가 되고, 6을 가하면 종수가 된다. 이를 한눈에 확인하게 하는 것이 천부경이다. 그러한 이유로 천부경과 금척 나아가 마고수와 연관이 없다 할 수 없다는 것이다(송래선, 2006, 194-5). 천부경에서 이렇게 두 종류의 배열법이 있는 이유는 두 대칭의 문제와 연관이 있다. 다시 말해서 천11, 지12, 인13은 회전대칭을, 천23, 지23, 인23은 반영대칭과 연관이 된다. 다시 말해서 전자는 1은 항등원(I)이고, 123은 회전하는 각도와 방향을 의미한다. 그리고 후자 '천23, 지23, 인 23'은 대칭(2)가 반복적으로 증가하는 것을 의미한다. 이 두 가지 대칭이 반복되는 것을 천부경 프랙털이라고 할 수 있다. 다시 말해서 수가 고사리잎같이 점진 반복을 하면서 동일한 것을 반복한다. [도표 5.32]는 천부경의 두 대칭이 프랙털을 만드는 것을 보여준다. 여기서 우리는 동시에 마고수 배열을 확인한다(송래선, 2006, 124).

마고수에서 체수를 '자기언급'이라고 정의했다. 그 이유를 [도표 5.32]에서 다시 확인하기로 한다.

3정 가운데 체수만은 자기 자신인 가로와 세로가 같다. 세로는 마고수 배열 삼정을 디지털 루트로 바꾼 것이다. 바꾼 결과 369가 돼 체수 자체와 같아졌다. 실로 이는 삼정의 마고수 자체의 성격을 극명하게 나타내 보여주는 것이라 할 수 있다.

셋째는 성수 만들기이다. 전화기 숫자판에서 흔히 볼 수 있는 마고수 배열의 삼정이 갖는 의미는 각별하다 아니할 수 없다. 성, 법, 체수가 각

| 27개의 숫자(27×3天地人=81) | | | | |
|---|---|---|---|---|
| 天一一, 地一二, 人一三, 天二三, 地二三, 人二三 | | | | |

| | | | | 1+ 4+ 7 |
|---|---|---|---|---|
| 1. 天一一 | 2. 天一二 | 3. 天一三 | * 三 正 | =12=(3) |
| 4. 天二一 | 5. 天二二 | 6. 天二三 | 1 4 7 →性 數 12→3 | 2+ 5+ 8 |
| 7. 天三一 | 8. 天三二 | 9. 天三三 | 2 5 8 →法 數 15→6 | =15=(6) |
| 10. 地一一 | 11. 地一二 | 12. 地一三 | 3 6 9 →體 數 18→9 | 3+ 6+ 9 |
| 13. 地二一 | 14. 地二二 | 15. 地二三 | 6 15 24 → 45 → 9 | =18=(9) |
| 16. 地三一 | 17. 地三二 | 18. 地三三 | ↓ ↓ ↓ | |
| 19. 人一一 | 20. 人一二 | 21. 人一三 | 6 6 6 | |
| 22. 人二一 | 23. 人二二 | 24. 人二三 | | |
| 25. 人三一 | 26. 人三二 | 27. 人三三 | | |

(a)　　　　　　　　　　　　　　　(b)

[도표 5.32] 프랙털 천부경(a) 체수와 자기언급(b)

각 자기의 고유한 성격을 가지고 있다. 징비록추기 9장의 '두함화주頭含火珠'(머리는 구슬을 물고)를 두고 火는 수 7을 의미한다고 본다(송래선, 2006, 195). 그래서 7을 만약에 아래와 같이 제곱을 9번 반복한 다음 그것을 디지털 루트로 바꾸면 그것이 다름 아닌 성수 147(혹은 741)이라는 것이다.

| | |
|---|---|
| 1번. | 7→7(7) |
| 2번. | 49→4(13) |
| 3번. | 343→1(10) |
| 4번. | 2401→7(7) |
| 5번. | 16807→4(22) |

| 6번. | 117649→1(28) |
|---|---|
| 7번. | 823543→ 7(25) |
| 8번. | 5764801→4(31) |
| 9번. | 40353607→1(28) |
| (제곱수) | (부합)　　(간합) |

[도표 5.33] 두함화주 7

7이 머리 수인 이유는 그것이 성수만 만들 뿐만 아니라 법수와 체수도 그 안에 포함<sup>包含</sup>하고 있기 때문이다.

법수와 체수가 만들어지는 과정을 보기로 한다. 1번~3번에서 성수 147은 확인되었다. 다음 법수 258은 1~3(7, 4, 1)과 4~6(7, 4, 1)를 더하여,

```
7  4  1           … 1번-3번
+  +  +
7  4  1           … 4번-7번
(14) (8) (2)      … (간합)
(5)               … (부합)
```

를 얻는다. 14의 디지털 루트는 5이기 때문에 법수 8, 5, 2가 얻어진다. 체수 369를 구하는 방법은 1~3(7, 4, 1)과 4~6(7, 4, 1)과 7~9(7, 4, 1)을 더하여 얻을 수 있다.

'두함화주 7'은 마고수에서 가장 요긴한 수이다. 마고력에서 7요를 결정하는 수이고 마야력에서도 7은 위의 장에서 본 바와 같이 중추적 역할을 하는 수이다. 7을 제곱과 제곱의 제곱을 반복한 결과 삼정의 마고수 전체를 도출해낼 수 있게 되었다.

$(7+4+1)=12=(1+2)=3(초수)$

$(7+4+1)+(7+4+1)=24=(2+4)=6(중수)$

$(7+4+1)+(7+4+1)+(7+4+1)=36=(3+6)=9(말수)$

넷째로 실달수 자체에서 삼정의 수(성, 법, 체수)를 찾기이다. 여기서는 [도표 5.29]에서 보여준 홀수들의 순서쌍들을 더하기 한 다음 이를 더하기 한 순서대로 치를 원(천), 방(지), 각(인)으로 3분한 다음, 천은 천, 지는 지, 인은 인끼리 집합을 다시 만들면 그것이 3정의 수가 된다. 실달수 9개를 천지인으로 잘라 나누어 보면,

| | | |
|---|---|---|
| 1층 | 1+3=4 | (4) 천-원 |
| 2층 | 5+7=12 | (3) 인-각 |
| 3층 | 9+11=20 | (2) 지-방 |
| 4층 | 13+15=28 | (1) 천-원 |
| 5층 | 17+19=36 | (9) 인-각 |
| 6층 | 21+23=44 | (8) 지-방 |
| 7층 | 25+27=52 | (7) 천-원 |
| 8층 | 29+31=60 | (6) 인-각 |
| 9층 | 33+35=68 | (5) 지-방 |

[도표 5.34] 실달수와 마고수 배열

와 같다. 홀수쌍들끼리 합한 수를 디지털 루트로 만들었다. 다음은 천은 천, 인은 인, 지는 지끼리 모아 보면 그것이 마고수 배열이 된다(송래선, 2006, 196).

천(성수): 4(4), 28(1), 52(7)

인(체수): 12(3), 36(9), 60(6)

지(법수): 20(2), 44(8), 68(5)

실달수뿐만 아니라 허달수에서도 똑같이 삼정의 수가 도출된다. 허달수에서 홀수쌍들의 합의 순서와 디지털 루트는 다음과 같다(송래선, 2006, 197).

| 4 | 4천天원 | ○ | | | |
|---|---|---|---|---|---|
| 12 | 3인人 각 | △ | 60 | 6인人각 | △ |
| 20 | 2지地방 | □ | 68 | 5지地방 | □ |
| 28 | 1천天원 | ○ | 76 | 4천天원 | ○ |
| 36 | 9인人각 | △ | 84 | 3인人각 | △ |
| 44 | 8지地방 | □ | 92 | 2지地방 | □ |
| 52 | 7천天원 | ○ | 100 | 1천天원 | ○ |
| 홀수순서쌍 합수 | | | 디지털 루트 | | |

[도표 5.35] 허달수 속의 마고수

실달수와 달리 허달수에서는 13층의 홀수 합수가 100이고 그것의 디지털 루트 1이고 순서대로 디지털 루트는 123, 456, 789, 123, 4와 같이 모두 13층이 된다. 가로로 나열하면,

$$1 \quad 2 \quad 3$$
$$4 \quad 5 \quad 6$$
$$7 \quad 8 \quad 9$$

$$1 \quad 2 \quad 3$$
$$4$$

와 같다. 세로로 마고수의 삼정이 배열되었다. 실달수와 달리 허달수는 13층 마지막 수가 100으로서 디지털 루트가 1이고 거꾸로 올라가면 1-2-3-4-5-6-7-8-9-1-2-3-4와 같다. 그래서 3단으로 나누어 원방각(혹은 천지인)을 모으면 그것이 자연히 마고수 배열이 된다. 9로 한계를 정하는 이유는 시계군이 12에서 순환한다면, 허달수와 실달수에서는 9로서 그렇게 하기 때문이다. 허달수에서는 9 다음에 순환이 반복될 것이다.

## 마고수의 가감승제와 구절묘

송래선은 마고수들 간의 가감승제<sup>加減乘除</sup>를 시도하면서 이를 각, 방, 원에 적용한다. 즉, 각은 제곱<sup>乘</sup>, 방은 더하기<sup>加</sup>, 원은 빼기<sup>減</sup>라 한다. 삼 정의 수를 각, 방, 원으로 나타내면 아래 (가)와 (다)와 같다(송래선, 2006, 201). (나)는 3장의 [도표 3.6]으로서 [도표 3.5]의 한 부분이다. 이미 3 장에서 본 바와 같이 후자는 마고수 147, 258, 369를 디지털 루트로 표 시한 결과 얻어진 도표였다. 그런데 이 [도표 3.6]은 마야력과 연관되는 동시에 부도지 23장의 묘와 구에 해당하는 수에 상관이 되는 것도 보았 다. (가)와 (다)는 마고수를 원방각으로 나타내는 두 가지 다른 방법이 다. 그러나 양자는 디지털 루트에 있어서는 동일하다.

그래서 여기서는 (가)와 (나)를 비교하는 것으로 (나)와 [도표 5.37] 을 비교하는 것을 대신할 것이다. (가)와 (나)의 비교를 통하여 양자 간 에는 디지털 루트의 수 9639369가 만드는 회전 구조에 있어서는 동일하 다는 사실을 발견하게 될 것이다. 송래선과 슈나이더 두 사람은 다른 목

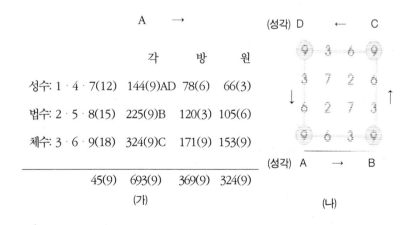

[도표 5.36] 사각형 체수 963([도표 3.6] 재인용)

적으로 작도했지만 같은 결론에 도달했다. (나)가 만들어지는 과정은 3
장에서 설명을 했기 때문에 여기서는 (가)와 (나)의 제작 과정을 나중에
거론할 것이다.

$$A \quad \rightarrow$$

|  | 각 | 방 | 원 |
|---|---|---|---|
| 성수: 1472 | 21609(9) | 10878(6) | 10731(3) |
| 법수: 2582 | 66564(9) | 33411(3) | 33153(6) |
| 체수: 3692 | 136161(9) | 68265(9) | 67896(9) |
|  | 224334(9) | 112554(9) | 111780(9) |

[도표 5.37] 마고수의 가감승제와 원방각

원방각을 도입하는 이유는 두 가지 대칭 개념을 말하기 위해서이다.
다시 말해서 '각'은 회전대칭 개념을, '방'은 대칭 개념을 그리고 '원'은 각
-방을 동시에 나타낸다. 삼정의 마고수를 이러한 원방각의 개념으로 이
해하게 되면 제3장에서 다룬 슈나이더(Michael S. Schneider)와 동일한 결
론에 도달하게 된다. 다시 말해서 [도표 5.36]와 [5.37]은 [도표 3.5]와
[3.6]과 동일한 결론에 도달하게 된다. 송래선은 부도지 23장에 관하여
언급하고 있지만(송래선, 2006, 198), 이를 달력과 연관시키지도 않았고,
단이나 판 그리고 구와 묘에 관해서도 언급이 없다. 그러나 [도표 5.36]
와 [도표 5.37]은 달력에 대한 설명을 간접적으로 시사하고 있다. 다시
말해서 송래선의 [도표 5.36]와 [도표 5.37]과 슈나이더의 [도표 3.6]의
일치는 먼 여정의 마침표와도 같다고 할 수 있다. 먼저 앞의 [도표 3.6]
(여기서는 [도표 5.36]의 (나)이다)을 가지고 와서 [도표 5.36]와 [도표 5.37]
을 일대일 대응 관계로 이해해 보기로 한다.

(1) (가)와 [도표 5.37]의 디지털 루트의 수는 963으로서 그 위치와

구조에 있어서 동일하다. (나)는 이미 3장에서 누차에 걸쳐 소개되어 그 주요성이 인정된 바 있다.

(2) 그런데 (가)(나)와 [도표 5.37]을 구성하는 수는 모두 디지털 루트의 수로서 수가 동일하고 배열되는 순서에 있어서도 동일하다.

(3) (나)를 부대각선(9-9)으로 하여 좌우로 양등분하면 삼각형 두 개ABC 와 CDA 로 나눈다. 그러면 두 삼각형은 9639369로서 동일하다.

(4) 즉, 좌측과 우측 두 삼각형의 세 꼭지점은 9, 9, 9이고, 직각삼각형의 밑변과 높이에는 63과 36이 배열돼 있다. 그래서 밑변과 높이를 A → B → C 순서대로 읽으면

$$\begin{array}{ccccccc} & & & \leftrightarrow & & & \\ 9 & 6 & 3 & 9 & 3 & 6 & 9 \\ A & & & B & & & C \end{array}$$

$$\begin{array}{ccccccc} 9 & 6 & 3 & 9 & 3 & 6 & 9 \\ A & & & D & & & C \\ & & & \leftrightarrow & & & \end{array}$$

[도표 5.38] 마고수의 회전문 구조

와 같다. 그리고 이 순서는 삼각형 CDA로 읽은 순서와 완전히 같다. 그렇기 때문에 두 개 삼각형 가운데 하나만으로 그것을 (가)와 비교하기로 한다. 위에서 말한 대로 (가)와 [도표 5.37]의 디지털 루트는 같다.

(5) [도표 5.38]은 (나)의 963의 회전문 구조를 보여준다. 다시 말해서 '뒤돌아 보면서' 서로 꼬리에 꼬리를 물고 회전한다. 바로 이러한 회전문 구조가 (가)와 [도표 5.37]에도 그대로 나타난다.

(6) (가)와 [도표 5.37]은 디지털 루트가 동일한 구조이기 때문에 (가)를 (나)와 비교하는 것을 통해 (나)와 (다)의 비교를 대신하려 한다, '성각'은 '성수 각'을 '성방'은 '성수 방' 등을 의미한다.

(7) (나)를 '사각형 체수963 원방각'이라 할 때 이는 (가)와 (다)와 그 회전문이 완전히 동일하다.

성각AD 성방 성원
9      6      3
법각B 법방 법원
9      3      6
체각   체방C 체원
9      3      9

[도표 5.39] 원방각으로 본 마고수의 구절묘 구조

위에서는 설명하는 방법의 전후를 바꾸었다. 송래선의 표(가)와 [도표 5.37]을 슈나이더의 (나)와 비교하기 위해서이다. 다시 처음으로 돌아가 (가)와 (나)가 만들어지는 경과 과정을 송래선의 말을 통해 직접 들어 보기로 한다.

아래는 [도표 5.35]와 [도표 5.36]의 (가)에 대한 설명.

**금척과 Schneider의 비교**

성수 147의 12 원방각을 보면,

성각은 회전수: 1472=147×147=21609 이 수의 디지털 루트 더하

기 합산은 (2+1+6+0+9=18)=(9)이다.

성방은 성장수: 1~147까지의 더하기 합산된 수는 10878이고

이 수의 디지털 루트 합산수는 (1+0+8+7+8=24=[6])이다.

성원: 성각-성방=21609-10878=10731=12=(3)

성각+성방+성원=9+6+3=18=9

**법수의 원·방·각 생성 구도**

법수 258의 15 원방각을 보면,

법각은 회전수: 2582=258×258=66564

이 수의 디지털 루트 더하기 합산은 (2+1+6+0+9=18)=(9)이다.

법방은 성장수: 1~258까지의 더하기 합산된 수는 33411이고

이 수의 디지털 루트 합산수는 (3+3+4+1+1=12=[3])이다.

법원: 법각-법방=66564-33411=33153=15=(6)

성각+성방+성원=6+3+9=18=(9)

**체수의 원·방·각 생성 구도**

체수 369의 18 원방각을 보면,

체각은 회전수: 3692=369×369=136161 이 수의 디지털 루트 더하기 합산은 (1+3+6+1+6+1=18)=(9)이다.

체방은 성장수: 1~369까지의 더하기 합산된 수는 68265이고

이 수의 디지털 루트 합산수는 (6+8+2+6+5=27=[9])이다.

체원: 체각-체방=136161-68265=67896=36=(6)

체각+체방+체원=9+9+9=27=(9)

이상으로 (가)와 (나) 두 경우의 삼정의 마고 배열의 원방각 디지털 루트 셈법을 모두 마쳤다. (가)와 (나)의 두 경우를 한눈에 모아 놓은 것

이 [도표 5.35] 혹은 [도표 5.36]이다. [도표 5.34]를 먼저 소개한 이유는 [도표 3.6]과의 비교를 위해서였다.

금척에 의하여 마고수를 도출해내는 방법은 서양 수학의 디지털 루트에 의한 방법론과 일치하는 것을 보았다. 실로 [도표 5.34]와 [도표 3.6]은 현대수학과 금척 그리고 마고수 배열법과 나아가 마야력수를 모두 동시에 이해하도록 한다. 송래선 선생의 수고에 감사하지 않을 수 없다.

송래선 선생은 부도지 23장에서 언급하고 있는 마고수와 달력과의 관계에 관해서는 언급하지 않고 있다. 더 나아가 23장의 비밀이라 할 수 있는 구와 묘에 대해서도 별다른 지적을 하고 있지 않다.

그러나 '9639369'은 구와 묘의 수인 동시에 마야 장주기법의 수이기도 한다. 사각형 안에서[도표 3.5] 9, 9, 9, 9를 네 모서리에 두고 36과 63이 서로 뒤돌아보면서 회전을 한다. 부도지에서 묘수 9633은 감으로 눈이 느낄 정되[감안感眼]라고 했다. 그 이유는 이 수는 회전하는 수이기 때문에 찰라로 지나가는 수란 뜻이다. 다시 말해서 '감안感眼'이란 량이 적다는 의미보다는 회전한다는 것을 의미한다.

금척과 금역 그리고 부도지의 마고수를 통해서 우리는 수란 두 가지 대칭의 지배를 철저하게 받고 있다는 사실과 이러한 두 가지 대칭에 근거하여 달력이 만들어져야 한다는 것을 배우게 되었다.

### 구성이십성(九成而十成)과 기하학적 소멸

징심록 추기 제9장은 "그 허실의 수가 9가 되어 10을 이룬다고"하였다. 이 문제는 현대수학의 '기하학적 소멸geometrical vanishment'에 해당한다. 현대 수학에서 기하학적 소멸의 문제는 (6) 대각선의 10과 9의 문제를 수학이 알게 된 것은 현대수학에 와서이다. 알레스 벨로즈는 *Here's Looking at Euclid*(2010, 162)에서 사각형의 대각선 안에서 일어나는 현상

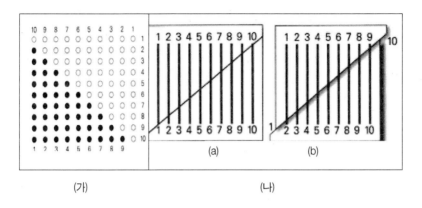

(가)　　　　　　　　　　　(나)

[도표 5.40] '하9서10'와 '하10서9'의 문제

을 두고 기하학적 소멸geometrical vanishment'이라고 했다(김상일, 2015, 259). 동
양의 역학사에서도 하도수는 10이고 낙서수는 9이라 하기도 하고 이를
'하10서9'냐 아니면 '하9서10'이냐 하는 문제는 10과 9의 문제는 송대 유
목의 『역수구은도』에서도 제기된 문제로서 역학사에서 풀리지 않는 난
제 가운데 하나이다. 유목은 '하9서10'을 입장을 따르지만 주자는 그 반
대이다. 한국에서도 퇴계는 주자의 입장을, 율곡은 유목의 입장을 취할
만큼 양분된다.

　서양 수학에서도 최근에 와서야 수학의 주요 문제로 대두되었으며
벨로즈에 의하면 [도표 5.40] (나)의 (a)에서 세로선이 10개인데, 이를
부대각선에 따라서 잘라 한 줄 아래로 내리면 대각선의 칸 수가 하나 사
라져 버린 9개가 된다(b). 이를 일명 '기하학적 소멸'이라고 한다. 세로
선들이 한 칸씩 이동했기 때문에 (a)-(b)의 관계는 짝짝이unpaired 1-2,
2-3, 4-5, …, 9-10과 같이 된다. 그러면 순서에 따라서 0-1과 10-11
의 짝짝이도 가정할 수 있다. 허달수는 13이고, 실달수는 9이기 때문에
13-12, 9-8 짝짝이가 가능하다.

　기하학적 소멸의 문제는 동양음악의 율관을 나누는 기준을 9를 단위로 하여 9촌, 9척, 9분으로 할 것인지, 아니면 10을 단위로 하여 10척, 10분으로 할 것인지가 주요 문제시되었다. 음악에서 곡식 기장씨알을 대나무 관에 넣어 율척을 정하는데 이를 두고 이서정율법以黍正律法이라고 한다. 그런데 기장이란 곡식의 알 자체를 가로 횡으로 10개 늘어놓았을 때의 길이와 세로 종으로 9개 그렇게 하였을 때의 길이가 같다. 즉, 가로: 세로의 비가 10:9이다. 전자를 '횡서척'이라 하고, 후자를 '종서척'이라고 한다.

필자는 이 문제의 주요성을 감안하여 『대각선논법과 역』, 『대각선 논법과 조선역』, 『윷의 논리와 마야력법』 등에서 상론한 바 있다. 대각선에 10개 그리고 그것의 좌측에 흑색 대각선에 9개가 배열될 것이다. 만약에 흑을 10개로 하면 백은 9개가 될 것이다. 필자의 견해에 의하면 기하학적 소멸의 문제는 곧 칸토어의 두 가지 수학적 문제인 대각선 논법과 멱집합의 문제와 직결되는 것을 발견할 수 있다. [도표 5.40]의 정대각선을 눕혀 가로로 만들고(반대각선화) 백대각선을 흑대각선으로 바꾸면(반가치화) 백10이 흑10이 된다. 반대로 흑대각선을 반대각선화와 반가치화를 하면 흑9가 백9가 된다. 이와 같이 흑백 대각선은 칸토어의 대각선 논법과 연관이 된다. 이는 흑과 백정대각선이 좌우에서 더하기와 빼기를 하는 데 따라서 손익이 생성되는데 이를 수학이 알게 된 것은 현대수학에 와서이다.

짝짝이 문제는 10과 9뿐만 아니라. 징심록추기 9장의 '사절이오촌四節而五寸'과 축구공의 '5각6각,' 계절의 '삼한사온' '5대양 6대주' 등에도 나타나는 바이다. 이렇게 짝짝이가 생기는 이유는 멱집합에서 요소와 부분이 짝짝이가 되는 데서도 나타난다. 다시 말해서 3개의 요소들에서 8개의 부분이 되는 것(23=8)에서 보는 바와 같이 멱집합에서는 전체 자체가 자신의 부분에 포함包含되기 때문에 항상 짝짝이 현상이 생긴다. 다시 말해서 이는 집합의 요소가 9이면 요소를 포함하는 전체 자체가 제 자신의

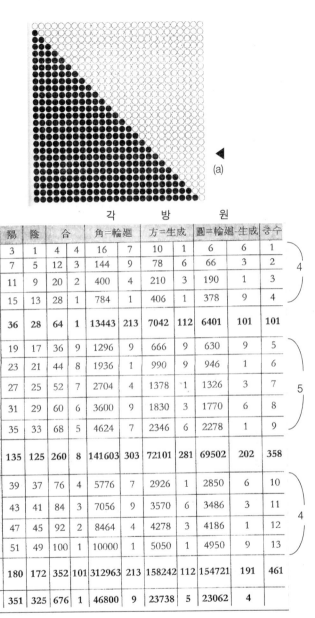

| | | 陽 | 陰 | 合 | 角=輪廻 | | 方=生成 | | 圓=輪廻-生成 | | 총수 | |
|---|---|---|---|---|---|---|---|---|---|---|---|---|
| 천 | 天·하늘 | 3 | 1 | 4 | 4 | 16 | 7 | 10 | 1 | 6 | 6 | 1 | 4 |
| | | 7 | 5 | 12 | 3 | 144 | 9 | 78 | 6 | 66 | 3 | 2 | |
| | | 11 | 9 | 20 | 2 | 400 | 4 | 210 | 3 | 190 | 1 | 3 | |
| | | 15 | 13 | 28 | 1 | 784 | 1 | 406 | 1 | 378 | 9 | 4 | |
| | 合數 | 36 | 28 | 64 | 1 | 13443 | 213 | 7042 | 112 | 6401 | 101 | 101 | |
| 지 | 五行·營養 | 19 | 17 | 36 | 9 | 1296 | 9 | 666 | 9 | 630 | 9 | 5 | 5 |
| | | 23 | 21 | 44 | 8 | 1936 | 1 | 990 | 9 | 946 | 1 | 6 | |
| | | 27 | 25 | 52 | 7 | 2704 | 4 | 1378 | 1 | 1326 | 3 | 7 | |
| | | 31 | 29 | 60 | 6 | 3600 | 9 | 1830 | 3 | 1770 | 6 | 8 | |
| | | 35 | 33 | 68 | 5 | 4624 | 7 | 2346 | 6 | 2278 | 1 | 9 | |
| | 合數 | 135 | 125 | 260 | 8 | 141603 | 303 | 72101 | 281 | 69502 | 202 | 358 | |
| 인 | 人·사람 | 39 | 37 | 76 | 4 | 5776 | 7 | 2926 | 1 | 2850 | 6 | 10 | 4 |
| | | 43 | 41 | 84 | 3 | 7056 | 9 | 3570 | 6 | 3486 | 3 | 11 | |
| | | 47 | 45 | 92 | 2 | 8464 | 4 | 4278 | 3 | 4186 | 1 | 12 | |
| | | 51 | 49 | 100 | 1 | 10000 | 1 | 5050 | 1 | 4950 | 9 | 13 | |
| | 合數 | 180 | 172 | 352 | 101 | 312963 | 213 | 158242 | 112 | 154721 | 191 | 461 | |
| | 總合 | 351 | 325 | 676 | 1 | 46800 | 9 | 23738 | 5 | 23062 | 4 | | |

(b)

[도표 5.41] 허달수 123의 기하학적 소멸(a)와 디지털 루트(b)

부분으로 들어가 포함<sup>包含</sup>되기 때문에 짝짝이가 생긴다는 것이다.

전체가 부분을 포함<sup>包涵</sup>한다는 것은 전체와 부분이 분리되는 것이기 때문에 짝짝이 현상은 발생하지 않는다. 그러면 이 짝짝이 문제를 부도지는 어떻게 보고 있는가?

송래선은 책의 15질에서 '실낱수 9층과 허달수 13층의 원방각'이라는 주제에서 다음과 같이 기하학적 소멸의 문제를 다루고 있다.[1] 즉, 각 방원을 디지털 루트의 간합과 부합으로 기하학적 소멸의 문제를 아래와 같이 다루고 있는데, 먼저 13과 9의 배수인 26과 18을 정방형 속에 배열을 한 다음, 이를 각·방·원으로 셈을 하고 다시 디지털 루트로 바꾼다. 먼저 허달수 13으로 기하학적 소멸을 만든 다음에 홀수 순서쌍의 합으로 각 방 원으로 전환하고, 다음 이를 다시 디지털 루트로 바꾼다[도표 5.41].

제3장의 [도표 3.2]의 시각에서 [도표 5.31]을 보기로 한다. 전자에서는 정방형의 가로와 세로에 9를 배열하고 가로와 세로를 곱하기한 디지털 루트를 대각선상에 기입해 넣었다. 그 결과 [도표 3.5]에선 마고수가 나타나 성수와 법수가 대칭구도를 만들고 체수는 제 자신 안에서 같은 대칭 구도를 만드는 것을 보았다. [도표 3.2]에선 디지털 루트를 '9감산법'이라고도 했다. 9감산법의 다른 말은 시계가 12를 축으로 회전하면서 12를 감하면서 시간을 계산하는 것(13은 13-12=1시)으로서 이는 회전대칭의 다른 말이라고 할 수 있다.

[도표 5.41] (b) 역시 9감산법으로 각방원을 만든다. 먼저 그 구조를 보면 가로는 각·방·원이고 세로는 천·지·인이다. 그래서 대각선은 '천-각, 지-방, 인-원'이다. 천과 인이 바뀐 것이다. 13층 가운데 천1, 2, 3, 4(4), 지5, 6, 7, 8, 9(5), 인10, 11, 12, 13(4)이다. 그러면 왜 이렇

---

1 물론 송래선이 '기하학적 소멸'이나 '디지털 루트'란 말을 직접 사용하고 있는 것은 아니다.

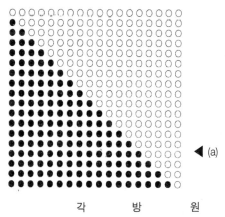

각　　　　　방　　　　　원

| | 陽 | 陰 | 合 | 角=輪廻 | | 方=生成 | | 圓=輪廻-生成 | | 중수 | |
|---|---|---|---|---|---|---|---|---|---|---|---|
| 地·땅 | 3 | 1 | 4 | 4 | 16 | 7 | 10 | 1 | 6 | 6 | 1 | 4 |
| | 7 | 5 | 12 | 3 | 144 | 9 | 78 | 6 | 66 | 3 | 2 | |
| | 11 | 9 | 20 | 2 | 400 | 4 | 210 | 3 | 190 | 1 | 3 | |
| | 15 | 13 | 28 | 1 | 784 | 1 | 406 | 1 | 378 | 9 | 4 | |
| 合數 | 36 | 28 | 64 | 1 | 13443 | 213 | 7042 | 112 | 6401 | 101 | 10 | |
| 五行·營養 | 19 | 17 | 36 | 9 | 1296 | 9 | 666 | 9 | 630 | 9 | 5 | 5 |
| | 23 | 21 | 44 | 8 | 1936 | 1 | 990 | 9 | 946 | 1 | 6 | |
| | 27 | 25 | 52 | 7 | 2704 | 4 | 1378 | 1 | 1326 | 3 | 7 | |
| | 31 | 29 | 60 | 6 | 3600 | 9 | 1830 | 3 | 1770 | 6 | 8 | |
| | 35 | 33 | 68 | 5 | 4624 | 7 | 2346 | 6 | 2278 | 1 | 9 | |
| 合數 | 135 | 125 | 260 | 8 | 141603 | 303 | 72101 | 281 | 69502 | 202 | 35 | |
| 總合 | 171 | 153 | 324 | 9 | 15504 | 6 | 7914 | 3 | 7590 | 3 | | |

지 (地·땅) / 인 (五行·營養)

(b)

[도표 5.42] 실달수 9의 기하학적 소멸(a)과 디지털 루트(b)

게 짝짝이인가? 그 이유는 짝짝이가 생명의 논리이고 자연의 논리이기 때문이다. 다시 말해서 자연과 생명은 기하학적 소멸을 한다는 것을 의미한다. 살아있는 뇌는 그 주파수가 비대칭적이고 불균형적이어야 하는 것과 같은 이유이다.

[도표 5.42]의 (b)를 보면 홀수 쌍들을 다시 양과 음으로 나누고 양과 음의 합수를 디지털 루트로 한 다음 그것의 제곱은 '각,' 합수가 '방,' '원'=각-방과 같다. 예를 들어 허달수 13층 가운데 위에서 두 번째 층의 홀수 순서쌍 양7과 음5의 합은 12이고 12의 디지털 루트는 3(=12-9)과 같다. 3의 제곱수는 9(가)이고, 3의 합수 1+2+3=6(방)이고, 원은 (각-방)=(9-3)=3이다. 이런 방법으로 (b)가 구성되었다.

다음으로 실달수 9층은 허달수 13층의 '1~9'까지이기 때문에 [도표 5.42]는 [도표 5.41]의 한 부분이라 할 수 있다. 실달수는 4:5짝짝이라고 할 수 있다(허달수는 4:5:4짝짝이).

[도표 5.42] (a)에서는 가로와 세로가 정대각선으로 흑과 백을 나누었다. 백의 정대각선은 n이고 흑의 정대각선은 n-1로서 동일한 기하학적 소멸의 방법을 구사했다. 그러면 [도표 5.31]에서 반대각선화와 반가치화란 무엇인가?

만약에 [도표 5.31] 혹은 [도표 5.32]에서 양수 3, 5, 11, 15…는 가로에, 음수 1, 5, 9, 13…은 세로에 각각 배열한 다음 가로와 세로를 더한 것이 대각선 4, 12, 20...100의 값이다.

[도표 5.33]은 양+음수 합산표이다. 이 합산표에 근거하여 대각선 수들이 결정된다. 예를 들어서 가로7과 세로5의 합산인 대각선 12는 그것의 디지털 루트가 3이고, 3을 제곱한 것이 9이고(가), 합산한 것이 6이고(방)이고, 원은 (각-방)=9-6=3과 같다.

그러면 대각선12의 디지털 루트 3은 무엇인가? 그것은 대각선 12의 반대각선화이다. 그 이유는 3이 다시 가로3으로 되돌아가기 때문이다.

|     | 3 | 7 | 11 | 15 | 19 | 23 | 27 | 31 | 35 | 39 | 43 | 47 | 51 |
|-----|---|---|----|----|----|----|----|----|----|----|----|----|-----|
| 1   | 4 |   |    |    |    |    |    |    |    |    |    |    |     |
| 5   |   | 12 |   |    |    |    |    |    |    |    |    |    |     |
| 9   |   |   | 20 |    |    |    |    |    |    |    |    |    |     |
| 13  |   |   |    | 28 |    |    |    |    |    |    |    |    |     |
| 17  |   |   |    |    | 36 |    |    |    |    |    |    |    |     |
| 21  |   |   |    |    |    | 44 |    |    |    |    |    |    |     |
| 25  |   |   |    |    |    |    | 52 |    |    |    |    |    |     |
| 29  |   |   |    |    |    |    |    | 60 |    |    |    |    |     |
| 33  |   |   |    |    |    |    |    |    | 68 |    |    |    |     |
| 37  |   |   |    |    |    |    |    |    |    | 76 |    |    |     |
| 41  |   |   |    |    |    |    |    |    |    |    | 84 |    |     |
| 45  |   |   |    |    |    |    |    |    |    |    |    | 92 |     |
| 49  |   |   |    |    |    |    |    |    |    |    |    |    | 100 |

[도표 5.43] 홀수 순서쌍의 합산

대각선은 가로와 세로의 합인데 그 합의 디지털 루트는 다시 가로나 세로로 되돌아간다. 이를 두고 수의 민주주의라 한다. 디지털 루트의 공헌이다. 가로와 세로가 반영대칭이라면 대각선이 다시 가로나 세로로 되돌아간다는 것은 회전대칭을 한다는 것을 의미한다. 천지인은 천11, 지12, 인13으로서 순서와 서열이 있지만 천23, 지23, 인23으로 평등해진다. 전자가 대각선화라면(가로와 세로에서 대각선이 분리) 그것은 위계적이다. 그러나 디지털 루트가 돼버리면 다시 대각선이 반대각선화돼 가로와 세로로 되돌아간다.

[도표 5.41] (b)에서 각·방·원이 제곱(각)을 하고 합산을 하고, 전자에서 후자를 감(방)하고, 각-방=원을 만드는 것은 반영대칭과 회전대칭을 반복하는 것이고, 동시에 대각선화와 반대각선화를 반복하는 것이라 할 수 있다. 이 과정 속에서 반복적으로 등장하는 것이 다름 아닌 마고수 147과 369이다. 이는 부도지의 마고수 배열이 철저하게 기하학적 소멸, 대각선 논법 그리고 군론의 두 대칭 개념에 근거해 있다는 것을 입증하는

것이라고 할 수 있다. 디지털 루트화시킬 때에 모든 수는 삼정으로 요약된다. 궁극적으로 모든 사물을 두 대칭의 관점에서 볼 시점에 왔다. 부도지 23장은 궁극적으로 두 대칭의 관점에서 시간을 보고 있다고 결론지을 수 있다.[2]

---

2 송래선 선생의 금척과 천부경론 그리고 각종 도표와 수식은 저자가 이 책을 쓰는 데 많은 도움이 되었음을 밝힌다. 자료 인용시에 송래선 선생에게 허락을 받아야 했는데, 출판사의 전화불통으로 연락할 수 없었다. 이 책이 나온 뒤에라도 송래선 선생을 만나기를 희망한다.

# 글을 마감하면서

## 시(時), 간(間)과 시법(時法)

이 책은 시종일관 삼정의 수 성수, 법수, 체수를 주해하는 데 일관하였다. 우리가 사용하는 '시간<sup>時間</sup>'이라는 말을 시<sup>時</sup>와 간<sup>間</sup>으로 나눌 때 시는 성수, 간은 법수에 해당한다. 1년을 365일 5시간 48분 46초, 즉 365.242199074···라고 할 때 365일은 시<sup>時</sup>이고, 5시간 48분 46초는 간<sup>間</sup>이다. 부도지 23장은 1년은 364일(13월 28일)이고 여기에 단 1일을 더하여 365일 된다고 한다. 364는 147의 정수배에 의하여 쉽게 계산이 된다. 문제는 5시간 48분 46초이다. 이 시간은 남는 초과분인 동시에 성수의 시간 사이 사이에 들어 있는 시간이다. 그래서 '시간'이라고 한 것이다. 5시간 48분 46초를 3번 모아 4년째 되는 해에 하루를 더해 366일이 된다.

간은 시의 사이에 들어가는 수인 비례<sup>rate</sup>의 수이고, 이 비례를 결정하는 것이 바로 피보나치 수열이라는 것이다. 법수 2(3)58은 모두 피보나치 수이고 이 수들 간의 비례 8/5=1.6과 5/3=1.66666···7로서 3번 모아 4년째 윤일 1일을 더해 주는 역할을 한다. 그래서 부도지 23장은 1년 365일과 윤일을 결정하는 것을 성수와 법수라 한다. 그리고 [도표 3.5-3.6]에서 보는 바와 같이 성수와 법수는 두 대칭 관계를 만들면서 시간을 좌지우지한다.

마지막으로 체수 369는 '시근<sup>時根</sup>'이라고 한다. 성수와 법수에서 말하는 수와 시의 뿌리가 무엇인가를 말한다는 것이다. 시의 근원은 두 가지

대칭 반영대칭과 회전대칭이란 것을 여실히 말해 주고 있는 것이 [도표 3.8]이다. 3과 6는 같은 체수 안에서 서로 대칭을 만들고, 9는 자기 자신 안에서 자기들 대칭을 만든다. 자기 자신과 대칭을 만들자면 수가 회전 문을 만들어야 할 것이다. 즉, 96339가 93669가 되면서 9를 돌쩌귀로 하여 일, 십, 백, 천 단위가 상하 구별 없이 회전한다. 이런 수의 성격을 두고서 시근이라고 한 것이다. 한력에서는 96339라면, 마야력은 글자가 거꾸로 된 93669이다. 그래서 마야력과 한력(마고력)은 회전문을 만든 다. 결국 동일하다는 말이다. 수학의 군론에서는 이러한 동일성을 항등 원$^{\text{Identity}}$(I)이라고 한다.

## 4차원과 공시성(synchronicity)

아쉽게도 이 책에서 다루지 못한 것은 역법을 의식변화에 연관시키 지 못한 부분이라 할 수 있다. 마야학자들이 주로 이 부분에 치중하고 있 는데 말이다. 인간의 낙원 상실을 과학적 개념으로 표현하면 시공간 분 리이다. 시공간이 분리되지 않는 '비시간성$^{\text{atemporal}}$' 그리고 '비공간성$^{\text{non-local}}$'을 칼 융은 '동시성$^{\text{synchronicity}}$'이라 했다. 그레고리력은 이런 동시성을 파괴한 역이다. 낙원에서 추방과 타락이란 다름 아닌 동시성의 상실이 다. 모든 존재는 공시적이다. 즉 시간과 공간이 분리되지 않은 4차원의 세계에 살았었다. 그런데 공간으로부터 시간이 분리되는 순간에 타락이 들어 왔다. 이것은 윤리적인 타락 이전의 과학적 타락이다. 낙원에서 인 간이 신과 잠시 공시적이 아닌 순간에 실과를 인간이 따 먹었고 신이 이 를 나중에 확인했다는 의미심장한 창세기 기사는 신인간 시공간 분리 자 체가 타락임을 의미한다.

십계명에서 가장 중요한 것은 4계명인 안식일을 지키는 것이다. 이 안식일 제도는 유대인들의 상징과도 같다. 안식일 제도는 다시 인간과 신이 동시직이 되는 것을 회복하는 것의 상징이다. 그런데 지금 우리가 사용하는 달력은 율리우스력에서 그레고리력으로 이어지면서 2600여 년 이상 사용되고 있다. 12:60이라는 수리에 근거한 역법이다. 이는 3차원 공간에서 시간 차원이 없는 역법이다. 그래서 우주와 자연의 모든 질서가 파괴되고 말았다. 부도지는 요임금이 도입한 역법이 바로 또 같은 화를 초래했다고 하면서 이를 '오행의 난'이라고 한다. 이렇게 생각할 때 마고성으로 되돌아가는 복본은 요나 율리우스 같은 황제가 자의적으로 만든 력을 버리고 자연의 질서에 근거한 13:28의 수리에 근거한 역을 회복하는 것이다. 손절(손해를 보더라도 끊어야 한다는 유행어)해야 한다.

부도지 23장은 다름 아닌 마고성에서 상실한 것을 다시 회복해 복본하는 방법을 제시하고 있으며, 그것은 역법과 시법을 통해서만 가능하다는 것이다. 그래서 달력이란 벽에 걸어 두는 장식품 이상으로 시공간 합일이라는 공시성을 되찾는 것이라 할 수 있다. 앞으로 우리는 13:28에 근거한 한력을 벽에 걸어 두고 명상을 하는 것으로 하루를 시작하면 좋겠다. 부도지는 천부경과 삼일신고 그리고 참전계경과 절체절명으로 연관이 된다. 삼일신고를 366자 그리고 참전계경을 366조라 한 것 그리고 천부경을 9×9=81자로 한 것은 모두 부도지의 역법과 수리에 직접 관계된다. 이에 서단목 선생이 13:28 달력에 삼일신고와 참전계경을 1년 365(6)에 일대일 대응시켜 쓰게 하는 것을 수련의 방법으로 삼은 것은 호세 아귀레스 같은 마야 학자들이 보면 경탄해 마지않을 수 없게 할 것이다.

하나의 글쓰기로 전개되고 있는 이 운동이 세계사적으로 갖는 의의는 클 것이다. 마야학자들이 안타깝게도 자기들의 이론을 주역에서 가져오고 있는 마당에 우리 코리아 일각에서 전개되고 있는 이러한 작은 운동은 앞으로 이 책의 출간과 함께 확장되기를 바란다. 즉 이 글쓰기 운동과 비슷한 운동이 지금 마야 연구학자들 안에서도 전개되고 있다. 의식이 과거에서 미래로, 미래에서 과거로 동시성 혹은 공시성이 되는 것을 마

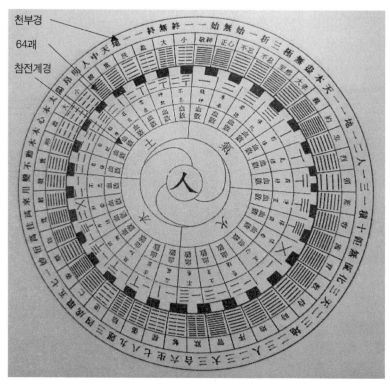

시공간 공시성

## 제1기(1월)

| 요일 | 天神 | 月神 | 水神 | 火神 | 木神 | 金神 | 土神 |
|---|---|---|---|---|---|---|---|
| | 일 | 월 | 수 | 화 | 목 | 금 | 토 |
| 참<br>전<br>계<br>명 | 경신<br>敬神 | 존봉<br>尊奉 | 숭덕<br>崇德 | 도화<br>導化 | 창도<br>彰道 | 극례<br>克禮 | 숙정<br>肅靜 |
| | 정실<br>淨室 | 택재<br>擇齋 | 회향<br>懷香 | 정심<br>正心 | 의식<br>意植 | 입신<br>立身 | 불혹<br>不惑 |
| | 일엄<br>溢嚴 | 허령<br>虛靈 | 치지<br>致知 | 폐물<br>閉物 | 척정<br>斥情 | 묵안<br>黙安 | 불망<br>不忘 |
| | 자임<br>自任 | 자기<br>自記 | 첩응<br>貼應 | 재목<br>在目 | 뇌허<br>雷虛 | 신취<br>神聚 | 불식<br>不息 |

부도력법1기과 참전계경

야언어로 '주부야zuvuya'라고 한다. 호세 아귀레스는 주부야가 수를 통해 가능해진다는 사실을 발견했다. 그리고 주부야 수리는 10진법이 아니고 20진법이란 사실도 알게 되었다. 20은 18과 13과 맞물리면서 260일 촐킨 달력과 360일 하아브 달력을 만든다(South, 2011, 23). "시간 안에서, 시간 속을 관통해서, 시간으로서"(in time, through time, as time). 지구의 두 끝에서 부도지는 살아 있었다.

마야공시성과 달력개정

## 위서 시비에 관하여

비교적 짧은 기간에 원고를 마칠 수 있었던 이유는 부도지 23장 자체가 많은 말을 필자에게 걸어왔기 때문이다. 그리고 40여 년 동안 글을 써 오면서 쌓은 지식들이 부도지가 던지는 화두들에 대답할 여지를 가지고 있었기 때문이다. 이를 두고 '줄탁동시'라 하는 것 같다. 책을 읽는 독자들이라면 필자가 그동안 써 온 글들, 특히 2000년대 이후에 펴낸 저서들이 거의 총동원돼 이 책에 반영된 것을 쉽게 알 수 있을 것이다.

책을 쓰는 동안 계속 생각을 거슬리게 하면서 노여움을 갖게 한 것은 우리 학계이다. 가장 평정심을 가지고 낮은 자세로 모든 지식을 받아들이려 하지 않고, 무슨 병아리 감별사나 된 듯이 문헌들을 감별하고 '위서' 운운하면서 마치 원시 공동체가 하듯이 자기들의 구미에 맞지 않으면 남의 가슴에 주홍글씨 달기를 상습적으로 하는 것이 한국 강단 학자들이다. 아무리 상상력을 발휘하고 창의적인 학문 활동을 하려 해도 학문의 이런 적폐들은 한국 학계에 뿌리 깊게 그리고 폭넓게 박혀 있고 깔려있어 장애가 된다 아니할 수 없다.

끝으로 모둠글에 쓴 글을 다시 강조해 말해두기로 한다. 바로의 딸이 강물에 떠내려오던 광주리 안의 한 아이를 그냥 놓아두었다면 역사는 딴 방향으로 흘러가고 말았을 것이다. 공주가 이 광주리를 발견하기 전에도 그 이전에 나일강 주변에 살던 수많은 사람들이 광주리 안의 아이를 보았을 것이다. 그러나 먼저 두렵고 호적도 번지수도 없는 한 인간을 데려다 키운다는 것은 여간 모험이 아니었을 것이다.

'부도지'를 두고 아직 우리 학계에 논문 한 편 없는 마당에 이렇게 단행본을 기획한다는 것은 참으로 바로 공주의 용기 이상이 아니면 안 될 모험이었다. 그러나 부도지는 우리 민족 미래의 모세일 것을 믿어 의심하지 않는다. 왜냐하면 그 아이는 그 아이 자체가 공주를 매료시키고 유혹했듯이 부도지 특히 그 안의 23장은 필자에게 그렇게 하고도 남음이 있었다. 로마의 땅밑에서 발굴된 동전 하나로 로마사 전체를 발굴했듯이, 부도지 23장을 통해 우리 고대사, 나아가 수리와 논리를 찾아보았다.

이 책 안에는 부도지 23장을 해독하기 위한 비밀을 푸는 열쇠와 코드들이 수없이 들어있다. 성수 147, 법수 258, 체수 369는 쉽게 전화번호부 배열법에서도 확인될 수 있는 것이지만 그렇게 단순하고 쉬운 것일수록 더 많은 비의와 비밀들이 숨겨져 있었던 것이다. 이 책은 그러한 열쇠 역할을 할 것을 믿어 의심하지 않는다.

부도지가 필자를 유혹했듯이 이 책을 읽는 독자들은 이 책에서 그러한 유혹을 받기를 바란다.

1년 '12개월'이냐 '13개월'이냐의 문제는 단순히 달력의 월수에 관한 문제만은 아니다. 수학의 멱집합에서 집합 자체가 제 자신의 부분집합에 포함(包含)될 때, 항상 부분에는 순수 부분보다 더 초과하는 현상이 생긴다. 즉, 어느 집합 {a,b,c}의 부분집합은 {a,b,c} = {{a}, {b}, {c}, {ab}, {bc}, {ca}, {abc}, {?}}와 같다. 여기서 부분집합에는 {a}, {b}, {c}, {ab}, {bc}, {ca}와 같은 순수 부분집합도 있지만, {abc}와 같은 집합 자체가 부분이 되는 것도 있다. 전자는 포함(包含)된다 하고 후자는 포함(包涵)된다고 한다. 그리고 공집합{?}은 포함(包含)이라고도 포함(包涵)이라고도 할 수 없다.

우주의 질서에 멱집합과 같은 현상이 나타난다면 우주는 대혼동에 직면하게 될 것이다. 그런데 실제로 대혼동을 직면하고 있다. 기하학적 구조는 360도인데 1년은 365일 5시간 48초이다. 달력은 바로 이 초과하는 부분을 처리하는 과정에서 만들어진 것이다. 전 세계 역법이 다 다르고 일정하지 않은 이유도 바로 이 차이에서 생긴 것이다. 초과하는 부분을 4년에 한 번씩 1일 추가하는 방법이 바로 지금 우리가 사용하는 그레고리 역법이다.

그러나 부도지 23장에 나타난 역법은 1년 13월이다. 그리고 마야인들도 1년 13월 역법을 사용하였다. 그 이유는 멱집합의 원리에 의하여 전체 자체도 제 자신의 한 부분으로 포함(包含)시켜 13월이고, 중국의 요(堯)의 역법은 포함시키지 않아 12월이다. 그래서 우임금 때는 단군 고조선과 이 문제로 전쟁을 두 번이나 한다. 포함(包含)이냐 포함(包涵)이냐의 싸움이었다. 단순히 숫자 싸움이 아니라 전체 자체를 제 자신의 부분으로 포함(包含)시키느냐 마느냐의 순수 사고 유형과 논리적 구조의 차이에서 생긴 문제이다.

그래서 사실 '12이냐', '13이냐'의 문제는 사회 구조 전반에 있어서 전체가 부분의 위에 군림하는 위계적이냐, 아니면 전체 자체도 부분과 같다는 비위계적이냐의 문제이다. 그래서 전자는 남성 우위적이고 지배적인 권위주의가 사회 현상으로 나타나고, 반대로 후자의 경우에는 여성적 그리고 평등적 사회 현상으로 나타난다. 그래서 마야 역법 연구가 아귀레스 같은 학자는 세계 평화 운동의 일환으로 1년 13개월 운동을 전개했던 것이다. 1년 13월 역은 만세토록 한 장의 달력을 사용하기 때문에 '고정역'이라고노 한다.

그런데 우리 『부도지』는 초과분을 처리하는 방법까지 알고 있었다. 이 책에서는 이 방법을 피보나치 수열에서 찾고 있다. 초과분의 4일과 그 이상의 시간을 피보나치 수열(1, 2, 3, 5, 8, 11⋯)의 비례로 정리한다는 것이다. 성수 147, 법수 258, 체수 369란 에니어그램 수를 피보나치 수열의 수로 바꾸는 것을 통해 소위 윤일과 윤달의 문제를 해결하고 있다는 것이다. 이 책은 이들 수가 '수는 대칭 구조'라는 것을 말해 주고 있다.

지금 사회와 우주의 질서가 모두 서양 그레고리 역법에 의해서 12월 역법을 사용하기 때문에 포함包含이라는 평등과 평화의 문화가 아닌, 포함包涵이란 위계적 불평등 그리고 갈등의 문화를 초래하고 있다. 이 책을 처음 출간하던 해(2021년)는 코로나가 한창 창궐하던 때였다. 이제 한차례 열풍이 끝나가려는 무렵 재교를 내게 되어 기쁘게 생각하는 바이다. 아무쪼록 하루속히 지구촌 전체 어디에서나 1년 13일 역법을 사용할 날이 오기를 바란다. 강조해 말해 둘 것은 사회 구조가 포함包涵에서 포함包含으로 바뀌는 날이 바로 그런 날이 될 것이다. 이 책은 단순히 역법의 문제 이상의 우주와 사회 구조에 걸친 대변혁을 시사하고 있다.

부록

# 수비학과 마고수 배열법

마고 수배열법은 가장 쉽게 흔하게 볼 수 있는 배열법 가운데 하나이다. 디지털화되면서 스마트폰 배열법

1 2 3
4 5 6
7 8 9
* 0 #

(전화기 숫자판)

에 이르기까지 유치원생 장난감 모형 시계판에서부터 마고력 공부는 시작된다. 시계판을 좌측에서부터 세로칸으로 읽으면 그것이 바로 마고수 배열법이다. 가장 간단하고 쉬운 것일수록 복잡하고 어려운 세계를 여는 열쇠가 된다. 또한 그럴수록 무궁무진한 조화를 창출할 수 있다.

마고수 배열법이 많이 이용되는 영역 가운데 하나가 수비학numerology이다. 수비학은 성명학과 명리학에 이르러 황금어장같이 통속화돼 응용되고 있다. 그 가운데 대표적인 것이 성명학과 구성학이다. 여기서는 성명학 분야에 걸쳐 마고수 배열법이 어떻게 적용되고 있는가를 살펴보기

로 한다. 구성학은 1장(1.2)에서 다룬 바 있다. 그러나 이것은 마고수 배열법이 간단하고 단순하기 때문에 특정 분야 가운데 하나에 적용될 뿐, 그것이 적용의 한계를 의미하는 것은 아니다.

## 수비학과 마고수 배열법

마고열이 한 권의 단행본으로 나왔다. 샤인<sup>Norman Shine</sup>은 그의 책『수비학<sup>Numerology</sup>』을 통해 마고열을 성명학에 이용하고 있다.

샤인은 "수는 가장 보편적 성격을 가지고 있으며 세계와 가장 동일한 정체성을 갖는 것이다. 수는 시대를 관류하여 불변하는 성격을 갖는다. 수는 단 9개의 수만을 다루기 때문에 가장 단순한 수단이 된다"고 한다. 수비학이 학문적으로 인정받는가의 여부를 떠나 마고열이 인간의 이름에도 영향을 주고 있다고 발상한 그 자체는 마고수 배열법의 영향력이 다방면으로 끼치고 있음을 의미한다. 마고수 배열법은 10진수에 바탕을 둔 1~9까지 9개의 자연수를 가로와 세로 3수로 배열한 것이다. 이들 수들을 영어 알파벳에 아래와 같이 일대일 대응을 시켜 배열을 하면 다음과 같다.

[도표 부1] Norman Shine, *Numerology*(1994) 표지

| 1 | 2 | 3 | 4 | 5 | 6 | 7 | 8 | 9 |
|---|---|---|---|---|---|---|---|---|
| A | B | C | D | E | F | G | H | I |
| J | K | L | M | N | O | P | Q | R |
| S | T | U | V | W | X | Y | Z | |

[도표 부2] 알파벳과 수의 일대일 대응

9(I, R)를 제외하고 하나의 수에 3개의 알파벳이 대응한다. 예를 들어서 6은 F, O, X이다.

만약 저자의 이름 NORMAN MORTIER SHINE을 숫자와 일대일 대응을 시켜 보면 아래와 같다.

| N | O | R | M | A | N |
|---|---|---|---|---|---|
| 5 | 6 | 9 | 4 | 1 | 5 |

| M | O | R | T | I | E | R |
|---|---|---|---|---|---|---|
| 4 | 6 | 9 | 2 | 9 | 5 | 9 |

| S | H | I | N | E |
|---|---|---|---|---|
| 1 | 8 | 9 | 5 | 5 |

[도표 부3] NORMAN SHINE과 마고수 배열법과 대응

다음은 역으로 [도표 부1]에 NORMAN MORTIER SHINE에 해당하는 숫자를 찾아 이름을 넣어 보면 아래와 같다. 이 이름을 마고수 배열법에 넣어 대응을 시킨다는 말과 같다.

NORMAN=5+6+9+4+1+5=30=3+0=3
MORTIER=4+6+9+2+9+4+5+9=48=4+8=12=1+2=3
SHINE=1+8+9+5+5=28=2+8=10=1+0=1

고로 NORMAN MORTIER SHINE=3+3+1=7과 같다.

수비학은 철저하게 디지털 루트 기법을 도입한다는 점이다. 다시 말해서 48=4+8=12=1+2=3와 같은 계산법을 사용한다. 이 기법이 수의 밀의 적 의미이다. 다시 말해서 질서의 내면 속에는 디지털 루트가 숨겨져 있다.

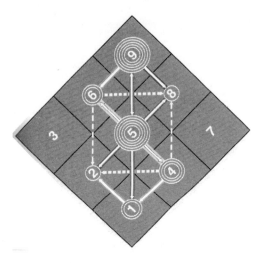

[도표 부4] NORMAN MORTIER SHINE의 도표
(Shine, 1994, 15)

① 이 이름에는 3과 7에 대응하는 알파벳이 없다는 것을 의미한다.

② 숫자 둘레의 동심원들의 수는 반복해 나오는 알파벳의 회수를 의
미한다. 예를 들어서 6은 2회, 8은 1회 등과 같다.

③ 각 수들이 가지고 있는 상징적인 의미는 피타고라스의 수비학과
같다. 이 사람의 디지털 루트의 수 3+3=1=7은 '한계$^{setting\ limit}$'을 의
미한다. 이와 같이 모든 수에는 의미가 있다. 9는 '영적 능력' 등과
같이.

④ 화살표는 기의 흐름을 나타내고 연결선의 색에도 의미를 부여하
여 자색인 경우는 영적 선을 의미한다.

결론적으로 이러한 수비학은 고대로부터 지금까지 과학이라 불릴 수
는 없지만, 과학의 물밑에서 과학을 좌지우지하고 있는 것도 사실이다.
현대과학의 아버지 뉴턴도 연금술사이었음은 널리 알려진 사실이다.

# 이찬구본 한력에 대하여

1993년에 환력을 사실상 작성한 바 있는 이찬구 박사는 최근에 환력의 윤일閏日을 처리하고 한력이라는 이름의 새 달력을 발표하였다. 여기서 중요한 것은 매년 13월 28일(금)에 이어서 29일(금)을 더 둔 것이다. 문제는 13월에는 28일 금요일과 29일 금요일이 두 번 들어가는데, 그것이 크게 불편하지는 않을 것 같다. 13월 29일 금요일은 당연히 새해맞이 휴일이 된다.

## 환력(桓曆)에서 한력(韓曆)으로

1993년 1월, 충청도 계룡산에 있던 박홍래, 이찬구 등의 구도자들은 새로운 금역金易을 창안하고 그 역학의 원리(4.9금과 금화교역)에 따라 13월 28일(364일)이라는 새로운 달력을 만드는 데 성공하였다(『금역진리』, 258). 당시 아무도 이를 주목하지 않았다. 지금도 마찬가지다. 책으로 출간되어 국립도서관이나 대학도서관에도 비치되어 있는데 누구도 알아보려 하지 않았다. 서양 달력이 너무도 당연하여 산중도인이 만든 이 달력은 연구의 가치도 없었을까? 근 30년 만에 이를 처음으로 들여다보는 필자의 입장에서는 놀랍고 감격적이다. 다만 가장 중요한 윤일閏日 문제를 해결하지 못한 점이 아쉬웠다.

　주역과 동학의 전문가로 수많은 논문들을 발표한 바 있는 이찬구 박사는 1993년 환력을 다시 찾아 옛 기억을 더듬으며 새 달력을 만들게 된다. 가장 어려운 것이 윤일을 확정하는 문제였을 것이다. 박홍래 구도자는 2018년에 별세하였기 때문에 이찬구 박사는 이 달력을 만드는 과정에서 윤수閏數를 윤일로 처리할지 윤달로 처리할지 홀로 고심한 것 같다. 환력의 윤수 문제를 윤달로 처리할 것을 염두에 두고 이찬구 박사가 이를 카페에 미리 밝힌 바 있다.[1]

　　현재의 태양력 365.2422×22년=8035.3284일
　　환력 364×22년 +28일=8036일
　　* 환력은 환기30년으로부터 22년째에 윤달(28일 통째로)을 두면 0.6716일의 오차가 생긴다.
　　그로부터 23년째에 다시 윤달을 두게 된다. 그러면 45년째에 두 번의 윤달이 있게 된다.
　　365.2422×45년=16,435.899일
　　364×45+56=16,436일이므로 0.101일의 오차가 생긴다. 이것은 최소한의 오차이다.

　이때 카페에 밝힌 내용은 환력은 45년마다 두 번 윤달을 두어 공전주기와의 오차(격차)를 해소하겠다는 뜻으로 보인다. 그러나 이렇게 22년 또는 23년마다 윤달로 오차를 해결하는 문제는 그때그때 정확한 시간을 알려줘야 하는 달력의 역할이라는 면에서 볼 때 적절한 것은 아닌 것으로 보인다. 결과적으로 이찬구 박사는 22년 뒤에 윤달을 두는 것보다는 4년

---

1　https://cafe.naver.com/hwan13/4.

마다 윤일을 두는 것으로 치윤법을 택한 것 같다. 그가 다시 그린 환력의 최종본(2020. 10. 1. 작성)에는 2020년부터 4년째인 2023년에 윤일을 두고 있다는 것을 확인할 수 있다. 이처럼 환기 30년(2020) 달력~33년(2023) 달력을 개정하여 새롭게 만든 달력을 '개정환력'이라고 하는데, 이번 기회에 이름도 (잠정적으로) 한력韓曆으로 바꾸고, 그 연호도 한기韓紀로 고쳤다. 이런 과정에서 미국에 있던 필자는 이찬구 박사와 SNS 메시지로 수없이 소통하였다. 아무튼 올해 2020년(경자)은 한기韓紀 원년元年이 되는 것이다. 세계를 혼돈에 빠뜨린 코로나 19의 상황도 반영된 것으로 본다. 하지만 그 이념과 원리를 초기 환력에서 계승하였음을 분명히 하고 있어 다행이다.

한력의 특징은 13월 28일 364일을 정수定數로 본다. 그래서 날짜와 요일이 영원히 변하지 않는 고정된 역曆이다. 다만 현실적으로 365일이나 366일 달력과는 차이가 날 수밖에 없다. 결국 부족한 1일 또는 2일을 윤일로 본다는 점이다. 우리가 편의상 365일 달력은 평년이라고 하고, 366일 달력은 윤년이라고 하는데, 한력은 365일 평년의 1일 윤일은 13월 28일 다음에 '29일 금요일'로 둔다는 것이고, 366일 윤년의 1일 윤년은 하지가 있는 6월 28일 다음에 '29일 금요일'을 두어 치윤置閏한다는 점이다. 이처럼 치윤을 목적으로 한 29일 금요일이기 때문에 '금요일 아닌 금요일'이라고 한다. 날짜는 하루지만 요일은 공일空日이 된다. 금요일이 강조된 것도 금역의 금사상(9천, 4지)의 반영이라고 본다.

한력은 본래 역학의 원리나 별자리, 윷판 등에 의해 창안되었기 때문에 부도지의 이치와는 다른 점이 있으나 그 원리적인 면에서 큰 차이가 있을 수 없다. 한력의 치윤법을 부도지의 관점에서 보면, 29일을 금요일 아닌 금요일이라 하는 것은 설날 또는 단旦을 요일에 넣지 않지만 1일에 넣는 이치와 같고, 4년마다 돌아오는 윤일을 하지가 있는 달에 넣는 것은 부도지의 판販과도 같아 보인다. 아무튼 근 30년의 역사를 지닌 한력이 이찬구 박사에 의해 치윤법이 정리되면서 달력으로서 갖추어야 할 기본 요건을 충족했다고 할 수 있고, 금역과 부도지의 조화 속에 '한력'이 완성되었다고 평가할 수 있다.

특히 한력이 365일이 아닌 364일을 정수로 보는 것을 어떻게 볼 것인가 하는 섬이다. 이는 상고시대의 366일 달력이 365일로 변하듯이 365일 달력도 364일 달력으로 변할 수 있다는 미래관의 반영이 아닌가 생각한다. 한력이라는 이름 자체가 이찬구 박사 스스로 우리 민족사를 전前만년, 후後만년으로 나눈 것에서 알 수 있듯이 지금의 환력 30년=한력1년은 곧 10,030년을 상징한다고 말한다. 이런 의미에서 한력은 과거 역사의 반영인 동시에 미래 시간을 준비한다는 의미도 포함된 것으로 보인다.

아울러 한국인뿐만 아니라 인류가 실생활에 활용할 수 있도록 실용성도 참고한 것 같다. 한국의 개천절과 별도로 한력 10월 3일을 '개천의 날'로 둔 것과 '지구의 날'을 4월 22일로 명시한 것은 온 인류를 대상으로 한 것 같으며, 마지막 날인 13월 29일을 한력의 '설날'로 둔 것 등이 돋보인다. 이는 설을 쇠고 새해 1월 1일을 맞이하는 것을 의미한다. 이것은 천부경의 '일종무종일'의 의미와 부합하는 것이 아닌가 생각해 본다. 끝으로 28수의 첫 별인 각角을 매월 표기한 것도 동양권의 별자리 문화를 수용한 것으로 볼 수 있다.

# 이찬구본 한력(韓曆, Han Calendar)

## I. 한기 원년(2020, 경자, 4353, 5917) 한력

### 한기 1년 1월 (서기 2020년 1월, 2월)

| 토<br>Sat | 일<br>Sun | 월<br>Mon | 화<br>Tue | 수<br>Wed | 목<br>Thu | 금<br>Fri |
|---|---|---|---|---|---|---|
| 1<br>1.25 설 | 2<br>戊辰 | 3 | 4 | 5 | 6 | 7 |
| 8<br>2.1 | 9 | 10 | 11<br>立春 | 12 | 13 | 14 |
| 15<br>2.8<br>대보름 | 16 | 17 | 18 | 19 | 20<br>角 | 21 |
| 22<br>2.15 | 23 | 24 | 25 | 26 | 27 | 28 |

### 한기 1년 2월 (서기 2020년 2월, 3월)

| 토<br>Sat | 일<br>Sun | 월<br>Mon | 화<br>Tue | 수<br>Wed | 목<br>Thu | 금<br>Fri |
|---|---|---|---|---|---|---|
| 1<br>2.22 | 2 | 3 | 4 | 5 | 6 | 7 |
| 8<br>2.29 | 9<br>3.1절 | 10 | 11 | 12 | 13 | 14 |
| 15<br>3.7 | 16 | 17 | 18 | 19 | 20<br>角 | 21 |
| 22<br>3.14 | 23 | 24 | 25 | 26 | 27 | 28 |

*한기 1년 1월 1일(土)=음력 경자년 1월 1일
(土,설날, 丁卯) = 서기 2020년 1월 25일(土)
*하단은 서력

### 한기 1년 3월 (서기 2020년 3월, 4월)

| 토 | 일 | 월 | 화 | 수 | 목 | 금 |
|---|---|---|---|---|---|---|
| 1<br>3.21 | 2<br>甲子 | 3 | 4 | 5 | 6 | 7 |
| 8<br>3.28 | 9 | 10 | 11 | 12<br>4.1 | 13 | 14 |
| 15<br>4.4 청명 | 16 | 17 | 18 | 19 | 20<br>角 | 21 |
| 22<br>4.11 | 23 | 24 | 25 | 26 | 27 | 28 |

### 한기 1년 4월 (서기 2020년 4월, 5월)

| 토 | 일 | 월 | 화 | 수 | 목 | 금 |
|---|---|---|---|---|---|---|
| 1<br>4.18 | 2 | 3 | 4 | 5 | 6 | 7 |
| 8<br>4.25 | 9 | 10 | 11 | 12 | 13<br>석탄일 | 14<br>5.1 |
| 15<br>5.2 | 16 | 17 | 18 | 19 | 20<br>角 | 21 |
| 22<br>지구5.9 | 23 | 24 | 25 | 26 | 27 | 28 |

### 한기 1년 5월 (서기 2020년 5월, 6월)

| 토 Sat | 일 Sun | 월 Mon | 화 Tue | 수 Wed | 목 Thu | 금 Fri |
|---|---|---|---|---|---|---|
| 1 5.16 | 2 | 3 | 4 | 5 | 6 | 7 |
| 8 5.23 | 9 | 10 | 11 | 12 | 13 | 14 |
| 15 5.1 | 16 | 17 6.1 | 18 | 19 | 20 角 | 21 |
| 22 6.6현충일 | 23 | 24 | 25 | 26 | 27 | 28 |

### 한기 1년 6월 (서기 2020년 6월, 7월)

| 토 Sat | 일 Sun | 월 Mon | 화 Tue | 수 Wed | 목 Thu | 금 Fri |
|---|---|---|---|---|---|---|
| 1 6.13 | 2 | 3 | 4 | 5 | 6 | 7 |
| 8 6.20 | 9 夏至 | 10 | 11 | 12 | 13 | 14 |
| 15 6.27 | 16 | 17 | 18 | 19 7.1 | 20 角 | 21 |
| 22 7.4 | 23 | 24 | 25 | 26 | 27 | 28 |

### 한기 1년 7월 (서기 2020년 7월, 8월)

| 토 Sat | 일 Sun | 월 Mon | 화 Tue | 수 Wed | 목 Thu | 금 Fri |
|---|---|---|---|---|---|---|
| 1 7.11 | 2 | 3 | 4 | 5 | 6 | 7 |
| 8 7.18 | 9 | 10 | 11 | 12 | 13 | 14 |
| 15 7.25 | 16 | 17 | 18 | 19 | 20 角 | 21 |
| 22 8.1 | 23 | 24 | 25 | 26 | 27 | 28 立秋 |

### 한기 1년 8월 (서기 2020년 8월, 9월)

| 토 Sat | 일 Sun | 월 Mon | 화 Tue | 수 Wed | 목 Thu | 금 Fri |
|---|---|---|---|---|---|---|
| 1 8.8 | 2 | 3 | 4 | 5 | 6 | 7 |
| 8 8.15광복 | 9 | 10 | 11 | 12 | 13 | 14 |
| 15 8.22 | 16 | 17 | 18 七夕 | 19 | 20 角 | 21 |
| 22 8.29 | 23 | 24 | 25 9.1 | 26 | 27 | 28 |

### 한기 1년 9월 (서기 2020년 9월, 10월)

| 토 | 일 | 월 | 화 | 수 | 목 | 금 |
|---|---|---|---|---|---|---|
| 1 9.5 | 2 | 3 | 4 | 5 | 6 | 7 |
| 8 9.12 | 9 | 10 | 11 | 12 | 13 | 14 |
| 15 9.19 | 16 | 17 | 18 | 19 | 20 角 | 21 |
| 22 9.26 | 23 | 24 | 25 | 26 | 27 10.1秋夕 | 28 |

### 한기 1년 10월 (서기 2020년 10월)

| 토 | 일 | 월 | 화 | 수 | 목 | 금 |
|---|---|---|---|---|---|---|
| 1 10.3개천절 | 2 | 3 개천 | 4 | 5 | 6 | 7 한글날 |
| 8 10.10 | 9 3.1 | 10 | 11 | 12 | 13 | 14 |
| 15 10.17 | 16 | 17 | 18 | 19 | 20 角 | 21 |
| 22 10.24 | 23 | 24 | 25 | 26 | 27 | 28 |

한기 1년 11월 (서기 2020년 10월, 11월)

| 토 | 일 | 월 | 화 | 수 | 목 | 금 |
|---|---|---|---|---|---|---|
| 1<br>10.31 | 2<br>11.1 | 3 | 4 | 5 | 6 | 7 |
| 8<br>11.7 | 9 | 10 | 11 | 12 | 13 | 14 |
| 15<br>11.14 | 16 | 17 | 18 | 19 | 20<br>角 | 21 |
| 22<br>11.21 | 23 | 24 | 25 | 26 | 27 | 28 |

한기 1년 12월 (서기 2020년 11월, 12월)

| 토 | 일 | 월 | 화 | 수 | 목 | 금 |
|---|---|---|---|---|---|---|
| 1<br>11.28 | 2 | 3 | 4<br>12.1 | 5 | 6 | 7 |
| 8<br>12.5 | 9 | 10 | 11 | 12 | 13 | 14 |
| 15<br>12.12 | 16 | 17 | 18 | 19 | 20<br>角 | 21 |
| 22<br>12.19 | 23 | 24<br>冬至 | 25 | 26 | 27 | 28<br>성탄절 |

한기 1년 13월 (서기 2020년 12월, 2021년 1월)

| 토<br>Sat | 일<br>Sun | 월<br>Mon | 화<br>Tue | 수<br>Wed | 목<br>Thu | 금<br>Fri |
|---|---|---|---|---|---|---|
| 1<br>12.26 | 2 | 3 | 4 | 5 | 6 | 7<br>1.1 |
| 8<br>1.2 | 9 | 10 | 11 | 12 | 13 | 14 |
| 15<br>1.9 | 16 | 17 | 18 | 19 | 20角 | 21 |
| 22<br>1.16 | 23 | 24 | 25 | 26 | 27 | 28<br>1.22 |
|  |  |  |  |  |  | 29<br>설날<br>1.23 |

*한기 1년 13월 7일(금) = 서기 2021년 1월 1일(금)
**한력은 한기 1년부터 매년 13월 28일 금요일 다음에
'29일 금요일'(한력의 설날)을 둔다. 이 13월을
'종시월'(終始月)이라 칭한다.

# II. 한기 2년(2021, 신축, 4354, 5918)

### 한기 2년 1월 (서기 2021년 1월, 2월)

| 토<br>Sat | 일<br>Sun | 월<br>Mon | 화<br>Tue | 수<br>Wed | 목<br>Thu | 금<br>Fri |
|---|---|---|---|---|---|---|
| 1<br>1,24 | 2 | 3 | 4 | 5 | 6 | 7 |
| 8<br>1,31 | 9<br>2,1 | 10 | 11<br>立春 | 12 | 13 | 14 |
| 15<br>2,7 | 16 | 17 | 18 | 19<br>角 | 20<br>설날 | 21 |
| 22<br>2,14 | 23 | 24 | 25 | 26 | 27 | 28 |

*한기 2년 1월 1일(土) = 2021년 1월24일(日)
*한기 2년 1월 20일 = 2021 신축년 설(辛卯)

### 한기 2년 2월 (서기 2021년 2월, 3월)

| 토<br>Sat | 일<br>Sun | 월<br>Mon | 화<br>Tue | 수<br>Wed | 목<br>Thu | 금<br>Fri |
|---|---|---|---|---|---|---|
| 1<br>2,21 | 2 | 3 | 4 | 5 | 6<br>대보름 | 7 |
| 8<br>2,28 | 9<br>3,1절 | 10 | 11 | 12 | 13 | 14 |
| 15<br>3,7 | 16 | 17 | 18 | 19<br>角 | 20 | 21 |
| 22<br>3,14 | 23 | 24 | 25<br>甲子 | 26 | 27 | 28 |

*요일은 현행 달력보다 하루씩 늦음

### 한기 2년 3월 (서기 2021년 3월, 4월)

| 토 | 일 | 월 | 화 | 수 | 목 | 금 |
|---|---|---|---|---|---|---|
| 1<br>3,21 | 2 | 3 | 4 | 5 | 6 | 7 |
| 8<br>3,28 | 9 | 10 | 11 | 12<br>4,1 | 13 | 14 |
| 15<br>4,4청명 | 16 | 17 | 18 | 19<br>角 | 20 | 21 |
| 22<br>4,11 | 23 | 24 | 25 | 26 | 27 | 28 |

### 한기 2년 4월 (서기 2021년 4월, 5월)

| 토 | 일 | 월 | 화 | 수 | 목 | 금 |
|---|---|---|---|---|---|---|
| 1<br>4,18 | 2 | 3 | 4 | 5 | 6 | 7 |
| 8<br>4,25 | 9 | 10 | 11 | 12 | 13 | 14<br>5,1 |
| 15<br>5,2 | 16 | 17 | 18<br>어린 | 19<br>角 | 20 | 21 |
| 22<br>지구5,9 | 23 | 24 | 25 | 26 | 27 | 28 |

### 한기 2년 5월 (서기 2021년 5월, 6월)

| 토 | 일 | 월 | 화 | 수 | 목 | 금 |
|---|---|---|---|---|---|---|
| 1<br>5,16 | 2 | 3 | 4<br>석탄일 | 5 | 6 | 7 |
| 8<br>5,23 | 9 | 10 | 11 | 12 | 13 | 14 |
| 15<br>5,30 | 16 | 17<br>6,1 | 18 | 19<br>角 | 20 | 21 |
| 22<br>6,6 | 23 | 24 | 25 | 26 | 27 | 28 |

### 한기 2년 6월 (서기 2021년 6월, 7월)

| 토 | 일 | 월 | 화 | 수 | 목 | 금 |
|---|---|---|---|---|---|---|
| 1<br>6,13 | 2 | 3 | 4 | 5 | 6 | 7 |
| 8<br>6,20 | 9<br>夏至 | 10 | 11 | 12 | 13 | 14 |
| 15<br>6,27 | 16 | 17 | 18 | 19<br>角7,1 | 20 | 21 |
| 22<br>7,4 | 23 | 24 | 25 | 26 | 27 | 28 |

### 한기 2년 7월 (서기 2021년 7월, 8월)

| 토 Sat | 일 Sun | 월 Mon | 화 Tue | 수 Wed | 목 Thu | 금 Fri |
|---|---|---|---|---|---|---|
| 1<br>7.11 | 2 | 3 | 4 | 5 | 6 | 7 |
| 8<br>7.18 | 9 | 10 | 11 | 12 | 13 | 14 |
| 15<br>7.25 | 16 | 17 | 18 | 19<br>角 | 20 | 21 |
| 22<br>8.1 | 23 | 24 | 25 | 26 | 27 | 28<br>立秋 |

### 한기 2년 8월 (서기 2021년 8월, 9월)

| 토 Sat | 일 Sun | 월 Mon | 화 Tue | 수 Wed | 목 Thu | 금 Fri |
|---|---|---|---|---|---|---|
| 1<br>8.8 | 2 | 3 | 4 | 5 | 6 | 7<br>七夕 |
| 8<br>8.15광복 | 9 | 10 | 11 | 12 | 13 | 14 |
| 15<br>8.22 | 16 | 17 | 18 | 19<br>角 | 20 | 21 |
| 22<br>8.29 | 23 | 24 | 25<br>9.1 | 26 | 27 | 28 |

### 한기 2년 9월 (서기 2021년 9월, 10월)

| 토 Sat | 일 Sun | 월 Mon | 화 Tue | 수 Wed | 목 Thu | 금 Fri |
|---|---|---|---|---|---|---|
| 1<br>9.5 | 2 | 3 | 4 | 5 | 6 | 7 |
| 8<br>9.12 | 9 | 10 | 11 | 12 | 13 | 14 |
| 15<br>9.19 | 16 | 17<br>秋夕 | 18 | 19<br>角 | 20 | 21 |
| 22<br>9.26 | 23 | 24 | 25 | 26 | 27<br>10.1 | 28 |

### 한기 2년 10월 (서기 2021년 10월)

| 토 Sat | 일 Sun | 월 Mon | 화 Tue | 수 Wed | 목 Thu | 금 Fri |
|---|---|---|---|---|---|---|
| 1<br>10.3<br>개천절 | 2 | 3<br>개천 | 4 | 5 | 6 | 7<br>한글날 |
| 8<br>10.10 | 9 | 10 | 11 | 12 | 13 | 14 |
| 15<br>10.17 | 16 | 17 | 18 | 19<br>角 | 20 | 21 |
| 22<br>10.24 | 23 | 24 | 25 | 26 | 27 | 28 |

### 한기 2년 11월 (서기 2021년 10월, 11월)

| 토 | 일 | 월 | 화 | 수 | 목 | 금 |
|---|---|---|---|---|---|---|
| 1<br>10.31 | 2<br>11.1 | 3 | 4 | 5 | 6 | 7 |
| 8<br>11.7 | 9 | 10 | 11 | 12 | 13 | 14 |
| 15<br>11.14 | 16 | 17 | 18 | 19<br>角 | 20 | 21 |
| 22<br>11.21 | 23 | 24 | 25 | 26 | 27 | 28 |

### 한기 2년 12월 (서기 2021년 11월, 12월)

| 토 | 일 | 월 | 화 | 수 | 목 | 금 |
|---|---|---|---|---|---|---|
| 1<br>11.28 | 2 | 3 | 4<br>12.1 | 5 | 6 | 7 |
| 8<br>12.5 | 9 | 10 | 11 | 12 | 13 | 14 |
| 15<br>12.12 | 16 | 17 | 18 | 19角 | 20 | 21 |
| 22<br>12.19 | 23 | 24 | 25<br>冬至 | 26 | 27 | 28<br>성탄절 |

한기 2년 13월 (서기 2021년 12월, 2022년 1월)

| 토<br>Sat | 일<br>Sun | 월<br>Mon | 화<br>Tue | 수<br>Wed | 목<br>Thu | 금<br>Fri |
|---|---|---|---|---|---|---|
| 1<br>12.26 | 2 | 3 | 4 | 5 | 6 | 7<br>1.1 |
| 8<br>1.2 | 9 | 10 | 11 | 12 | 13 | 14 |
| 15<br>1.9 | 16 | 17 | 18 | 19<br>角 | 20 | 21 |
| 22<br>1.16 | 23 | 24 | 25 | 26 | 27 | 28<br>1.22 |
| 한기 2년 13월 7일(금) = 2022년 1월 1일(토) | | | | | | 29<br>설날1.23 |

*한력 4월 22일은 지구의 날
5월 28일은 월경의 날

# 참 고 문 헌

## 1. 원전 및 논저

노자
논어
독역거요
동경대전
부도지
서전
용담유사
한서 율력지
주역
황극경세
회삼경

江愼修.『河洛精蘊』. 學苑出版社, 2007.
郭彧.『易圖倂座』. 華夏出版社, 2007.
唐頤.『京氏易傳』. 峽西師範出版社, 2009.
徐芹庭.『易圖原流』. 臺灣中國書店, 2008.
施維.『周易八卦圖解』. 四川出版集團, 2008.
楊力.『周易與中醫學』. 北京科學技術出版社, 1989.
嚴有穀.『周易六十四卦精解』. 萬卷出版社, 2007.
張其成.『易圖 深秘』. 廣西科學技術出版社, 2008.
張立文.『帛書周易註釋』. 中州出版社, 2007.
張年生.『易理數理』. 團結出版社, 2009.
周春才,『易經圖典』. 海豚出版社, 2006.
曾子健.『易學』. 當代世界出版社, 2009.
黃易.『易經』. 南海出版社, 2009.

## 2. 문헌

강석진.『수학의 유혹』. 서울: 문학동네, 2002.

강진원.『易으로 보는 동양천문 이야기』. 서울: 정신세계사, 2006.

강학위/심경호 옮김.『주역철학사』. 예문출판사, 1994.

고석구.『수학으로의 여행』. 서울: 경문사, 2014.

고회민/신하령 옮김.『상수역학』. 신지선원, 1994.

_____/정병석 옮김.『주역철학의 이해』. 서울:문예출판사, 1995.

과학백과사전 편집부.『우리나라 민속놀이』. 평양: 과학백과사전출판부, 1995.

권영원.『正易 天文易』. 대전: 상생출판, 2013.

권호용.『正易 手指常數』. 대전: 상생출판, 2016.

그레이엄, A. C./이창일 옮김.『음양과 상관적 사유』, 청계, 2001.

글릭, 제임스저/박래선역.『인포메이션』. 서울: 동아시아, 2011.

길버트, 에이드리언/김민영 역.『마야의 예언: 시간의 종말』. 서울: 말.글.빛냄, 2006.

김동현.『시간과 공간』. 서울: 한송미디어, 2008.

김병훈.『율려와 동양사상』. 서울: 예문서원, 2004.

김상일.『호모 데우스 너머 호모 호모』. 서울: 동연, 2020.

_____.『악학궤범 신연구』. 서울: 솔과학, 2019.

_____.『인류문명의 기원과 한』. 대전: 상생출판, 2018.

_____.『한의학의 현대수학의 만남』. 서울: 지식산업사, 2018.

_____.『주역너머 정역』. 대전: 상생출판, 2017

_____.『옷의 논리와 마야력법』. 대전: 상생출판, 2015.

_____.『대각선 논법과 조선역 』. 서울: 지식산업사, 2013.

_____.『대각선 논법과 역』. 서울: 지식산업사, 2012.

_____ 외.『악학궤범 학제적 연구』. 서울: 솔과학, 2020.

김수현.『朝鮮시대 악률론과 시악화성』. 서울:민속원, 2012.

김영래.『동양신화의 원형 연구』. 국제교류협회, 2003. [미탈고 원고]

김용운.『위상기하학』. 동아출판사, 1992.

_____.『토폴로지 입문』. 우성문화사, 1995.

박제상 저/김은수 역.『부도지』. 가나출판사, 1986.

김홍종.『 문명, 수학의 필하모니』. 서울: 효형출판사, 2009.

남상숙.『악학궤범 악론 연구』. 서울: 민속원, 2009.

들뢰즈, 질/김상환역.『차이와 반복』. 서울: 민음사, 2015.

로버트 가플란/심재관 옮김.『존재하는 무 0의 세계』. 이끌리오, 2003.

류병덕. "한국종교 맥락에서 본 원불교사상."『문산 김삼룡박사 회갑기념논문집』. 이리: 원광 대학출판부, 1985.

마주르, 베리.『허수』. 서울: 승산, 2008.

마틴, 데이비스/박정일·장영태 옮김,『수학자, 컴퓨터를 만들다』. 지식의풍경, 2005.

모리스 클라인/심재관 역.『수학의 확실성: 불확실성 시대의 수학』. 서울: 사이언스북스, 2007.

박미서.『거꾸로 된 글씨처럼 뒤돌아 쓴 별똥별의 말』. 대전: 이든북, 2010

박상화.『정역과 한국』. 서울: 공화출판사, 1978.

박일문.『순천도 법문 경전』. 순천도, 1979.

박창범.『하늘에 새긴 우리 역사』. 서울: 김영사, 2002.

박홍래와 이찬구 공저.『금역진리』. 서울: 동신출판사, 1993.

배로, 존저/고중숙 역.『무, 0 진공』. 서울: 해나무, 2011.

벨로스, 알렉스/전대호 역.『수학이 좋아지는 수학』. 서울: 해나무, 2016.

브리그스, 존·피트 데이비드/조혁 옮김.『혼돈의 과학』. 서울:범양사, 1989.

서천복.『우주시간의 비밀』. 서울: 삼양, 2002.

선불교(선교).『한법』. 선, 2009.

소강절/윤상철 옮김.『황극경세』. 대유학당, 2002.

송래선.『금척천부경』. 경산: 천부도원, 2006.

송영복.『마야』. 서울: 상지사, 2005.

스튜어트, 이언.『생명의 수학 Life of Mathematic』. 서울: 사이언스 북, 2015.

_____.『자연의 수학적 본능』. 서울: 동아출판사, 1996.

스트레이, 제프.『마야력과 고대의 역법』. 서울: 시스테마, 2010.

안경전 번역.『환단고기』. 상생출판, 2013.

_____.『증산도의 진리』. 대전: 상상출판사, 2015.

안병내.『구성학』. 서울: 향지, 2012.

안소정.『우리겨레수학이야기』. 서울: 산하, 1997.

액설, A. D./신현용 옮김.『무한의 신비』. 승산, 2002.

야마오카 에쓰로/안소현 옮김.『거짓말쟁이 역설』. 영림카디널, 2004.

양재학. "정역사상의 체용론과 과학철학적 성격", 52-92. 〈한국의 근대 미간역학의 대두〉, 한 국홍역학회 및 국학연구원, 2016년 한국 홍역학회 학술대회.

에르스코비치, 아르망.『수학먹는 달팽이』. 서울: 까치, 2000.

연경원 편저.『周正易 合編』. 대전: 연경원, 2009.

요사마사 요시나가/임승원 옮김.『괴델 불완전성 정리』. 전파과학사, 1993.

우실하.『전통음악의 구조와 원리』. 서울: 소나무, 2004.

_____.『3수분화의 세계관』. 서울: 소나무, 2012

유남상. "정역사상의 연구1." 철학연구 23집 (서울: 형설출판사, 1976), 71-91.

윤석희.『천부웇의 재발견』. 서울; 지하 仙, 2003.

윤창렬,『하도낙서와 삼역괘도』. 대전: 상생출판, 2012.

이동준.『훈민정음과 역학사상』. 2002.

이명섭.『태극기와 술어논리학』(The ensign and predicate logic). 미조사, 1993.

이소배 슈조저/편집부 역.『즐거운 우주탐구』. 서울: 여명출판사, 1996.

이승재.『구성기학』, 서울: 동학사, 2011.

_____.『하도낙서이 과학적 탐구』. 서울: 미래터, 2016.

이시우.『별과 인간의 일생』. 서울: 신구문화사, 1999.

스튜어트, 이언.『생명의 수학』. 서울: 사이언스 북스, 2015.

_____/안재권·안기연 공역.『아름다움은 왜 진리인가: 대칭의 역사』, 서울: 승산, 2010.

_____/김동광 역.『자연의 수학적 본능』. 서울: 동아출판사, 1996.

이정호.『訓民正音의 構造原理 : 그 易學的 硏究』. 아세아문화사, 1975

_____.『제삼의 역학』. 아세아문화사, 1992

이정희.『마고력』. 서울: 단군문화원, 2016.

이찬구.『주역과 동학의 만남』. 모시는사람들, 2010

_____.『인부경81자 집주』. 동신출판사, 1993.

이창일.『소강절철학』. 서울: 심산, 2007.

임채우. "윷의 기원과 말판의 철학적 의미."『윷문화 자료집』. 한국민족종교협의회, 2013.

정성희.『조선시대 우주관과 역법의 이해』. 지식산업사, 2005.

정해임.『율려와 주역』, 서울: 소강, 2006.

제작팀 지음.『인류세: 인간의 시대』. 서울: 해나무, 2020.

주석원.『8체질의학의 원리』. 서울: 통나무, 2007.

채원정 저/이후영 역.『律呂新書』. 서울: 문진, 2011.

키스 데블린/허민 역.『수학: 새로운 황금시대』. 서울: 경문사, 1998.

키트, 행크 저, 김영진 역.『느낌의 위상학』. 대구: 이문, 2018.

하라리, 유발/조현욱 역.『사피엔스』. 서울: 김영사, 2015.

_____/전병근 역.『호모데우스』. 서울: 김영사, 2017.

한동석.『우주변화의 원리』. 서울: 대원출판사, 2004.

한태동.『세종대의 음성학』. 서울: 연세대학교 출판부, 1998.

현우 식.『신외 존재에 대한 괴델의 수학적 증명』. 서울: 경문사, 2013.

호프스테터, D./박여성 옮김.『괴델, 에셔, 바흐』. 까치, 1999.

화이트헤드 A.N.『수학 에세이』. 서울: 교우사, 1993.

_____/오영환 옮김.『과정과 실재』. 민음사, 1991.


Devlin, Keiti/허민 역. *Mathematics: The New Golden Age*. 서울: 경문, 1999.

Aczel, A. D. *The Mystery of The Aleph*. New York: A Washington Square Press Publication,
　　2000.

Arguelles, Jose. *Earth Ascending*. Vermont: Bear & company, 1984.

_____. *The Mayan Factors*. Rochester: Bear & Company, 1987.

_____. *The Mayan Factors*. Rochester: Bear & Company, 1987.

_____. *Time & the Technosphere*. Vermont: Bear & company, 2002.

Aveni, Anthony. *Empires of TIME*. Boulder: University Press of Colorado, 2002.

_____. *Empires of TIME*. Boulder: University Press of Colorado, 2002.

Badiou, Alain. *Being and Event*. New York: Continuum, 2005.

_____. *Logics of World*. New York: Continuum, 2009.

_____. *Number and Numbers*. Cambridge: Polity Press, 2008.

Barr, Stephen. *Experiments in Topology*. NY: Thomas Y. Crowell Company, 1964.

Barrow, John D. *The Infinite Book*. New York: Vintage Books, 2005.

Bellos, Alex. *Here's Looking at Euclid*. New York: Free Press, 2010.

Berlinski, David. *The Advent of the Algorithm: The 300-Year Journey from an Idea to the*
　　*Computer*. San Diego; New York; London: Harcourt, 2000.

Briggs, John and Peat David. *Turbulent Mirror: An Illustrated Guide to Chaos Theory and*
　　*the Science of Wholeness*. New York: HarperCollins, 1990.

Bunch, Bryan. *Mathematical Fallacies and Paradoxes*. New York: Dover, 1997.

Byers, William. *How Mathematicians Think*. Oxford: Princeton University Press, 2007.

Calleman. Carl Johan, *The Purposeful Universe*. Rochester: Bear & Company, 2009.

_____. *The Mayan Calendar and the Transformation of Consciousness*. Vermont: Bear
　　Company, 2004.

_____. *The Mayan Calendar*. London: Bet-Huen Books, 2001.

Chaisson, Eric and McMillan Steve. *Astronomy*. New Jersey: Pearson Education, Inc. 2004.

Clow, Barbara Hand. *The Mayan Code*. Rochester: Bear & Company, 2007.

Cobb, John B. Jr.. *Christian Natural Theology*. Philadelphia: The Westminster Press, 1976.

Cohen, Jack and Stewart, Ian, *The Collapse of Chaos*. New York:Viking, 1994.

Davis, Martin. *The Universal Computer: The Road from Leibniz to Turing*. CRC Press, 2018.

Diaz-Bolio Jose. *The Geometry of the Maya and Their Rattlesnake Art*. Yukatan: Area Maya and Mayan Area, 1965.

Edwards, Larson. *Brief Calculus*. Boston: Houghton Miffin Company, 2003.

Fraine, Jean De. *Adam and the Family of Man*. NY: ala house, 1965.

French, Karen L. *The Hidden Geometry of Life*. London: Walkins Publishing, 2012.

Gardner, Martin. *Logic Machines & Diagrams*. NY: McGraw-Hill Book Company, INC..1958.

_____. *The Colossal Book of mathematics*. NY: W.W Norton & Company, 2001.

Gleick, James. *Chaos*. AucklandPenguin Books, 1987.

Glendinning, Paul. *Math in Minutes*. NY: Quercus, 2011.

Hwang, Helen Hye-Sook. *Mago Almanac Vol 1*. Mago Books Publications, 2019.

_____. *Mago Almanac* Vol 1. Mago Books Publications, 2020.

Jackson, Tom. *Numbers*. NY: Shelter Harbor Press, 2017.

Jackson, Tom. ed. *MATHEMATICS*. NY: Shelter Haror Press,

Jynkins, John Major. *Maya Cosmohenesis 2012*. Vermont: Bear & Company,1998.

Keeton, Henry C.S. Jr. *The Topology of Feeling Extensive Connection in the Thought of Alfred North Whitehead: Its Development and Implication*. Berkeley: GTU, 1985.

Kline, Morris. *Mathematics: The Loss of Certainty*. New York: Fall River Press, 2011.

Ko, Young Woon. *Paradox, Harmony and Change*. Denver: Oputkirst Press Inc., 2005.

Krupp, E.C. *Echoes of the Ancient Skies*. NY: New American Library, 1983,

Lakoff, G. & Nunez R.E. *Where Mathematics Comes From?* New York: Basic Books, 2000.

Livio, Mario. *The Golden Ratio*. New York: Random House, Inc., 2002.

Lundy, Miranda. *Sacred Geometry*. NY: WalkerBooks, 2001.

_____. *Quadrivium*. Glastonbury: Wooden Books, 2010.

Mckenna, Terrence. *Food of the Gods, The Search for the Original Tree of Knowledge: A Radical History of Plants, Drugs, and Human Evolution*. NY: Tantor, 2012.

Melchizedek, Drumvalo. *An Ancient Secret of the Flower of Life*. Flagstaff: Light Technology Pblishing, 1998.

Men, Hunbatz. *The 8 Calendars of the Maya*. Canada: Bear & Company, 1983.

Meyer, Karl E. *Teotihuacan*. NY: Newsweek Book Division, 1973.

Min, Jiayin. *The Chalice and Blade in Chinese Culture: Gender Relations and Social Model*. Chgina: China Social Sciences Publishing House, 1995.

Ming-Dao, Deng. *The Living I Ching.* San Francisco: Harper Collins Publishers, 2006.

Northrup, Christian. *Women's Bodies. Women's Wisdom.* London: Bantam Books, 1989.

Phillips, Charles. *Aztec & Maya.* NY: Metro Books, 2011.

Pickover, Clifford A. *Surfing Through Hyperspace.* New York: Harper Collins Publisher, 1999 and 2001.

_____. *The Moebius Strip.* New York: Thunder Mouth Press, 2006.

_____. *The Loom of God.* Cambridge: Perseus Books, 1997.

Robinson, Andrew. *Lost Langeuage.* NY: BCA, 2002.

Rosen, Steven M. *Topologies of the Flesh.* Athens: Ohio University Press, 2006.

Rucker, R. *Infinity and the Mind.* Princeton: Princeton University Press, 1995.

Schneider, Michael S. *A Beginner's Guide to Construction the Universe.* NY: HarperColins, 1994.

Scientific America editor. *Scientific America.* 1996.

Scofield, Bruce and Orr, Barry C. *Mayan Astrology.* Rochester: Bear & Company, 2007.

Shesso, Renna. *Math for Mystics.* NY: Weiser Books, 2007.

Shine, Norman. *Numerology.* New York: Simon Schuster INC, 1994.

Stewart, Ian. *Concepts of Modern Mathematics.* New York: Dover Publications, Inc., 1995.

_____. *The Mathematics of Life.* New York: Basic Books, 2011.

_____. *Vision of Infinity.* New York: Basic Books, 2013.

_____. *Concepts of Modern Mathematics.* NY: Dover Publication Ins., 1995.

_____. *Why Beauty is Truth: A History of Symmetry.* 2008.

Stipp, David. *A Most Elegant Equation,* NY: asic Books, 2017.

Stray, Geoff, *The Mayan and other Ancient Calendars.* NY: Walker & Company, 2007.

_____. *Beyond 2012,* Vermont: Bear and Company, 2009.

Stuart, George E. *The Mysterious Maya.* NY: National Geographic Society, unknown.

Sung, Z. D. *The Symbol of Yi King.* New York: Pagan Book, 1969.

Swetz, Frank J. *Legacy of the Luoshu.* Wellesley: A. K. Peters, Ltd., 2008.

Tegmark, Max. *Our Mathematical Universe.* NY: Vintage, 2015.

Thompson, J. Eric S. *The Rise and Fall of Maya Civilization.* Norman: University Oklahoma Press, 1954.

Walker, Barbara G. *The I Ching of the Goddess.* New York: Harper & Row, 1986.

Weeks, Jeffrey R. *The Shape of Space,* 2nd. NY: CRC Press, 2002.

Whitehead, A.N. *Process and Reality.* New York:The Free Press, 1979.

Wilber, Ken. *Up From Eden*. New York: Anchor press. 1981.

Wilcock, David. *The Source Field Investigation*. NY: Dutton, 2001.

Wilhelm R. *I Ching*. trans. by F. Baynes. New York: Pantheon Books, 1950.

# 찾아보기